"하나님을 가까이 하라
그리하면 너희를 가까이 하시리라"

– 야고보서 4장 8절 상 –

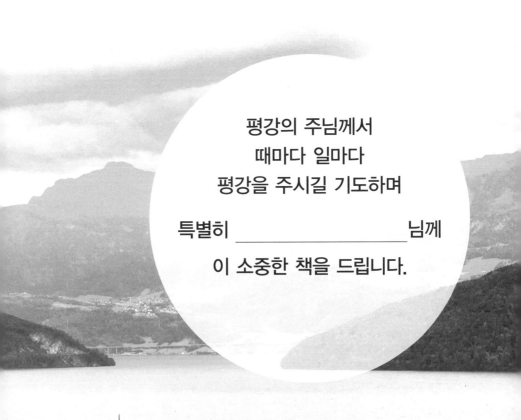

평강의 주님께서
때마다 일마다
평강을 주시길 기도하며

특별히 _____님께
이 소중한 책을 드립니다.

김장환 목사와 함께
경건생활 365일

하나님을
가까이 하라!

나침반

하나님을 가까이 하라!

저명한 인류학자 에드워드 홀(Edward T. Hall) 박사의 말에 따르면
사람에게는 네 가지 거리 개념이 있다고 합니다.
– 4m 이상 떨어져 있어야 편안함을 느끼는 공적인(Public) 관계
– 1.2m 이상 떨어져 있어야 편안함을 느끼는 사회적(Social) 관계
– 45cm까지는 괜찮은 개인적(Personal) 관계
– 가까울수록 좋은 친밀한(Intimate) 관계

우리는 가까이 두는 사람을 닮아간다고 합니다.
하나님의 사랑을 깨달은 사람은 하나님과 더 가까워질 때
만족함을 얻습니다.
부, 명예, 권력… 세상의 그 어떤 것으로도 하나님의 사람을
만족시킬 수는 없습니다.

'내 주를 가까이하게 함은' 찬송처럼, 우리 인생의 마지막까지
우리가 붙들어야 할 소원, 우리 삶에 가장 필요한 것은
나를 구원하신 하나님께 더 가까이 나아가는 것입니다.
그것 외에는 다른 무엇도 중요치 않습니다.
세상 다른 무엇보다 주님을 더 가까이, 더 가까이…
하나님을 가까이합시다. 할렐루야!

김장환(목사 / 극동방송 이사장)

1월

"내가 네게 명한 것이 아니냐
마음을 강하게 하고 담대히 하라 두려워 말며 놀라지 말라
네가 어디로 가든지 네 하나님 여호와가
너와 함께 하느니라 하시니라"

– 여호수아 1:9 –

새해의 기도

읽을 말씀 : 예레미야애가 3:17-23

● 애 3:22,23 여호와의 자비와 긍휼이 무궁하시므로 우리가 진멸되지 아니함이니이다 이것이 아침마다 새로우니 주의 성실이 크도소이다

『새해를 시작하면서 더욱 경건한 마음으로 주님께 기도합니다.

"나의 주 나의 구세주여,

주님의 어떤 일이든지 나를 써주시옵소서.

모든 일에 어떤 방법으로든 저를 요구하여 주옵소서.

저의 가난한 심령을 드리옵니다.

빈 그릇인 저를 주님의 영광으로 채워 주시고

죄스럽고 번민하는 심령을 엎으사

주님의 사랑으로 새롭게 하옵소서.

주님이 계신 곳에 제 마음이 있기를 원합니다.

주님의 영광을 널리 알리는 일에 제 입술을 사용해 주소서.

저의 모든 마음과 힘을 주님께 의지하며 드리길 원하옵니다.

흔들림 없는 신앙을 주시고 복음을 전하는 이들이

주님을 의심하지 않고 영접하는 놀라운 일이 일어나게 하여주소서. 아멘."

제가 자주 가서 설교했던 미국 *Moody Bible Institute*의 멘토인 대 전도자 무디 (*Dwight Lyman Moody*)의 「매일 아침 기도문」입니다.

루터는 "나는 해야 할 일이 많기 때문에 한 시간 더 일찍 일어나 기도한다"라고 말했습니다. 금년에도 하나님께 크게 쓰임 받기를 원하며 기도할 시간을 더욱 내야겠습니다.』-「김장환 목사의 인생 메모」중에서

기도 가운데 일하시고, 기도 가운데 심령을 회복시켜주시는 하나님을 경험하며 풍성한 열매를 드리는 한 해가 되십시오. 아멘!!!

♡ 주님, 금년에는 더욱 주님의 어떤 일이든 저를 사용해 주소서.

▦ 금년에는 더욱 주님께 영광 돌리기 위해 노력하고 있는지 살펴봅시다.

나의 영적 일지

기도의 응답

읽을 말씀 : 야고보서 4:1-10

●약 4:3 구하여도 받지 못함은 정욕으로 쓰려고 잘못 구함이니라

미국 C.C.C.(Campus Crusade for Christ)의 강사로 전 세계를 돌아다니며 천 만 명이 넘는 청년들에게 복음을 전한 조쉬 맥도웰(Josh McDowell)은 지독한 회의론자였다가 하나님을 만나 극적으로 회심했습니다.

믿지 않는 사람들과 초심자들의 마음을 누구보다 잘 아는 맥도웰 간사는 수많은 사람들과 상담을 했는데 초심자들이 가장 많이 한 질문은 "왜 나에게는 성경과 같은 극적인 기도 응답이 일어나지 않습니까?"였습니다.

맥도웰 간사가 말한 「기도 응답이 없을 때 되물어봐야 할 네 가지 질문」입니다.

1. 바라는 마음만 가지고 구하지 않고 주님께 진실로 요청했는가?
2. 예수님처럼 하나님의 뜻에 순종하는 마음으로 요청했는가?
3. 정말로 나의 이기적인 동기에서 구한 것이 아닌가?
4. 내가 구하는 것보다 더 나은 길로 인도하실지도 모른다는 사실을 믿는가?
하나님의 방법은 사람의 방법과 같지 않습니다.

사람의 생각으로 기도하며 구하는 사람의 응답은 차라리 일어나지 않는 것이 우리에게 더욱 좋은 일입니다. 진정한 그리스도인은 '소원이 이루어졌는가, 아닌가?'로 결과를 받아들이지 말고 '이것이 하나님의 뜻인가, 아닌가?'로 결과를 받아들여야 합니다. 믿음과 신앙에 나쁜 영향을 미치는 소원은 차라리 이루어지지 않는 것이 우리에게는 축복입니다.

우리의 생각보다 더 좋은 길로, 넘치도록 부어주실 선한 목자이신 주 예수님을 의지하며 금년에는 더욱 주님의 뜻을 따라 온전한 간구를 드리십시오. 아멘!!!

🤍 주님, 바라는 마음만 가지고 구하지 않고 주님께 진실로 요청하게 하소서.
🖼 「기도 응답이 없을 때 되물어봐야 할 네 가지 질문」으로 나를 점검합시다.

나의 영적 일지

감사하려는 엄청난 노력

읽을 말씀 : 골로새서 3:7-17

● 골 3:17 또 무엇을 하든지 말에나 일에나 다 주 예수의 이름으로 하고 그를 힘입어 하나님 아버지께 감사하라

영국의 명설교가이며 대전도자였던 찰스 스펄전(Charles Spurgeon)은 40대부터 극심한 관절염을 앓았습니다.

하루는 스펄전의 병을 알고 있던 한 성도가 안부를 물었습니다.

"요즘 몸은 좀 괜찮으십니까?"

스펄전은 그냥 생각대로 답했습니다.

"아직도 통증이 매우 심합니다.

빨리 병이 나아서 주님께 감사를 드리는 날이 왔으면 좋겠습니다."

이 말을 들은 성도가 놀라서 반문했습니다.

"그럼 몸이 아픈 지금은 주님께 감사하지 않고 계십니까?"

스펄전은 이 말을 듣고 그날 즉시 하나님께 회개했습니다.

"범사에 감사하라"고 전하기만 했지, 정작 육체의 고통 앞에 감사를 잊고 있었던 것입니다.

스펄전은 자서전에서 그날 이후 매일을 주님 앞에 감사하려고 엄청난 노력을 쏟았다고 고백했습니다.

하루하루를 돌아봅시다.

화분에 감사의 씨앗을 심은 날은 며칠이나 될까요?

하나님이 베푸신 모든 것이 은혜라고 고백하는 사람만이 매일 감사하며 살아갈 수 있습니다.

지나온 모든 하루도, 다가올 모든 하루도 어떤 일이 일어나든 오직 주님께 감사로 영광을 돌리고 성령을 따라 사는 그리스도인이 되십시오. 아멘!!!

🩷 주님, 어떤 상황에서도 감사를 잃지 않는 은혜를 제 마음에 매순간, 매일 허락하소서.

🎴 주님이 나에게 주신 작은 것들도 놓치지 말고 감사로 영광을 돌립시다.

나의 영적 일지

하나님을 못 믿을 때

읽을 말씀 : 누가복음 24:36-43

●눅 24:38 예수께서 가라사대 어찌하여 두려워하며 어찌하여 마음에 의심이 일어나느냐

「무드셀라 신드롬」(Methuselah's Syndrome)과 「메뚜기 신드롬」(Locust Syndrome)은 성경에서 이름을 딴 심리학의 중요한 이론입니다.

무드셀라 신드롬은 미래가 아닌 과거에만 초점을 맞추고 살아가는 사람들이 겪는 증세입니다. 앞날이 창창한 아이들의 초점은 항상 미래에 맞춰져 있습니다. 그러나 무드셀라처럼 오래 살았다고 생각하는 어른들은 과거를 회상하고 그리워합니다. 나이가 중요한 것이 아닙니다. 인생의 초점이 미래를 향해 있는가, 과거를 향해 있는가가 중요한 포인트입니다.

메뚜기 신드롬은 가나안 정탐을 다녀온 정탐꾼들이 자신들을 '메뚜기'같은 초라한 존재로 여긴 것에서 생긴 신드롬입니다. 어떤 일을 두고 무조건적으로 '나는 그 일을 할 수 없다'고 스스로를 작게 여기는 사람들이 이 증후군을 겪는 것입니다.

심리학적인 원인을 떠나 성경적으로 바라볼 때 이 두 신드롬은 하나님을 믿지 못할 때 일어난다는 공통점이 있습니다. 하나님을 믿는다고 고백은 하지만 그 능력을 믿지 않는 사람들은 자신을 미약하다고 여기며, 하나님이 허락하신 미래보다 지나온 세상의 과거에 미련을 갖습니다.

지금 우리는 어떻습니까?

하나님을 정말로 믿고 있습니까? 믿고 있다고 고백을 하면서 마음 깊은 곳에 혹시 모를 의심의 씨앗이 심겨 있지는 않습니까?

노아처럼 하나님의 약속을 믿고, 여호수아와 갈렙처럼 주신 비전을 향해 도전하는 정말로 믿는 그리스도인이 되십시오. 아멘!!!

♡ 주님, 주님을 믿는다고 고백할 때 주님의 능력도 믿는 사람이 되게 하소서.
▨ 내 마음에 혹시 무드셀라나 메뚜기 콤플렉스가 있는지 살펴봅시다.

나의 영적 일지

은혜를 구하는 기도

읽을 말씀 : 욥기 33:23-33

● 욥 33:26 그는 하나님께 기도하므로 하나님이 은혜를 베푸사 그로 자기의 얼굴을 즐거이 보게 하시고 사람에게 그 의를 회복시키시느니라

중세 시대의 신학자이자 철학자였던 「켄터베리의 안셀름」(Anselmus Cantuariensis)은 하나님의 존재와 믿음의 필요성을 증명하기 위해 평생을 바쳐 연구한 신실한 성도였습니다.

안셀름이 매일 주님께 은혜를 구하기 위해 드린 「안셀름의 기도문」입니다.

『빛이신 주님!
주님은 제 마음속을 환히 보고 계십니다.
주님 앞에선 제 모든 갈망이 환히 드러납니다.
제 안에 조금이라도 선을 원하는 마음이 있다면
그것 또한 주님께서 제게 주신 것입니다.
제가 주님이 주신 선한 마음으로 주님을 사랑하게 하시고
제가 마땅히 주님을 더욱 사랑하기를 원하게 하소서.
주님의 명령을 따라 주님을 사랑하게 하시고
주님이 맡기신 일을 완수하게 하소서.
저의 자격으로 인한 것이 아니라
모든 일을 주님의 은혜로 이루어주소서.』

주님을 향한 믿음과 의지까지도 주님의 은혜 때문에 주어진 큰 복입니다.
가장 귀한 축복인 주님의 은혜를 매일 잊지 않고 감사합시다. 아멘!!!

💗 주님, 마땅히 주님을 더욱 사랑하고, 주님이 맡기신 일을 완수하게 하소서.
🖼 행여 이룬 일이 내 힘으로 했다는 자만심이 있는지 살펴봅시다.

나의 영적 일지

이 또한 응답이다

읽을 말씀 : 시편 34:1-7

● 시 34:4 내가 여호와께 구하매 내게 응답하시고 내 모든 두려움에서 나를 건지셨도다

20세기 최고의 복음주의 신학자 중 한 사람인 제임스 패커(James Innel Packer) 교수는 90세에 갑자기 심한 눈병을 앓았습니다.

현대의학으로도 손쓸 수가 없을 정도로 시력은 급격히 나빠졌습니다.

패커 교수도 자신이 머지않아 실명될 것이라고 예감하고 오히려 담담히 받아들였습니다.

한 기자가 패커 교수를 취재하던 중 이 사실을 알고는 교수께 물었습니다.

"하나님이 왜 갑자기 이런 고난을 주셨다고 생각하시나요?"

교수는 하나님은 고난이 아닌 지시를 주신 것이라고 질문을 정정했습니다.

"하나님은 모든 것을 알고 계시는 분입니다.

제 눈의 실명 또한 하나님이 저에게 내려주신

분명한 지시라고 저는 생각합니다.

지나야 알겠지만 저는 이 또한 하나님의 뜻이라고 믿습니다."

패커 교수와 인터뷰를 마친 기자는 기사의 제목을 다음과 같이 적었습니다.

"시력을 잃었음에도 여전히 주님을 바라보다(On Losing Sight But Seeing Christ)."

광야를 걷던 이스라엘 백성들의 여정 또한 하나님과 함께 하는 여정이었듯이 이 세상에서의 여정 또한 하나님은 낮이나 밤이나 함께 하십니다.

이스라엘 백성을 낮에는 구름기둥으로 밤에는 불기둥으로 인도하셨듯이….

우리 삶에 일어나는 모든 일들에 주님의 뜻과 은혜가 충만함을 인정하십시오.

아멘!!!

♡ 주님, 제 삶에 일어나는 모든 일들에 주님의 뜻과 은혜가 충만하게 하소서.

🧎 지난날 어려웠던 일이 고난이 아닌 하나님의 지시였음을 묵상합시다.

나의 영적 일지

세상이 실망하는 이유

읽을 말씀 : 요한1서 5:1-12

● 요일 5:5 예수께서 하나님의 아들이심을 믿는 자가 아니면 세상을 이기는 자가 누구뇨

교회의 부패를 누구보다 미워했으며 인기보다는 주님을 쫓아 「시대의 예언자」라고 불린 *A.W.* 토저(Aiden Wilson Tozer) 목사님은 세상 사람들이 교회에 실망하는 이유를 다음과 같이 말했습니다.

"세상 사람들이 교회에 실망하는 이유가 무엇인지 아십니까?

교회가 세상적인 리더십이 없기 때문이 아닙니다.

오히려 교회가 세상과 너무도 비슷한 삶을 살아가고 있기 때문입니다."

하나님을 인정하는 삶의 모습을 보여주지 않고 오히려 주님을 멀리하는 삶을 살아가는 것이 세상에서 교회가 힘을 잃어가는 원인입니다.

다음은 토저 목사님이 말한 '세상에서도 주님을 바라볼 수 있도록 영적 성장을 하는 5가지 방법'입니다.

1. 고쳐야 할 잘못이 있다면 생각 대신 행동하라.

2. 그리스도인 답지 않은 습관들을 버려라.

3. 그리스도만 마음의 중심에 모셔라.

4. 마음을 열고 성령님을 초청하여 성령 충만함을 구하라.

5. 스스로에게는 누구보다 엄격하고, 다른 사람들에게는 되도록 관대하라.

세상에서도 하나님을 따를 때 성도들은 세상에서 진리의 빛을 비추는 등대의 역할을 감당하게 됩니다.

두려워말고 세상에서도 당당히 하나님을 드러내십시오. 아멘!!!

🤍 주님, 세상을 두려워 않고 세상에서도 당당히 하나님을 드러내게 하소서.

🎞 위에 있는 「영적 성장을 하는 5가지 방법」을 메모해놓고 자주 봅시다.

나의 영적 일지

영원을 위해서

읽을 말씀 : 요한복음 17:1-9

● 요 17:3 영생은 곧 유일하신 참 하나님과 그의 보내신 자 예수 그리스도를 아는 것이니이다

　영국의 왕 헨리 8세는 사랑에 빠진 궁녀와 결혼하기 위해 죄도 없는 왕비를 쫓아내고 일방적으로 이혼을 선언했습니다.

　유명한 정치가이자 「유토피아」를 쓴 유명한 작가 토마스 모어(Thomas More)는 이 일이 하나님 보시기에 좋지 않은 일이라며 영국 왕에게 직언을 고하다 반역죄로 사형을 선고 받았습니다. 그러자 모어의 사랑하는 아내와 네 명의 자녀들은 지금이라도 왕에게 용서를 구하라고 권유했습니다.

　"지금이라도 잘못을 빌면 왕이 용서해 주지 않겠어요? 한 번만 마음을 굽히면 우리 가족은 깨지지 않고 모두가 행복하게 살아갈 수 있어요."

　그러나 모어는 결심을 꺾지 않았습니다.

　"우리가 함께 이 땅에서 사는 것은 길어야 2,30년이지만 천국에서의 재회는 영원할 것이오. 나는 왕의 신하이기 이전에 하나님의 종으로 먼저 떠나겠소."

　그리스도인의 본향은 이 땅이 아니라 하늘에 있는 주님의 나라입니다.

　이 세상에서 길게는 100여 년을 살아가지만 결국 우리가 가야 할 곳은 우리의 본향 천국입니다. 이 세상에서의 시간을 가치 있게 사용하는 유일한 방법은 구원받은 그리스도인답게 주님의 말씀대로 살아가는 것입니다.

　눈앞의 작은 일에 현혹되기보다 영원한 하나님의 나라를 위한 일을 위해 결단하고 헌신해야 합니다.

　영원을 위해 유한한 시간을 투자하는 사람이 진정으로 지혜로운 사람입니다. 썩어 사라질 것과 하나님의 영원한 영광을 바꾸지 마십시오. 아멘!!!

🤍 주님, 영원을 위해 유한한 시간을 투자하는 사람이 되게 해주소서.

🥀 성경에서 내게 약속하신 주님의 말씀 세 가지를 찾아 기록하고 암송합시다.

나의 영적 일지

최우선의 가치

읽을 말씀 : 마태복음 6:26-34

● 마 6:33 너희는 먼저 그의 나라와 그의 의를 구하라 그리하면 이 모든 것을 너희에게 더하시리라

프랑스의 계몽사상가 몽테스키외(Baron Montesquieu)는 사람은 자기 자신보다 공동체를 더 소중히 여긴다고 말했습니다.

몽테스키외 스스로도 개인보다 공동체를 더 소중히 여겼기 때문입니다.

"나에게는 유익한 일이었지만 가족에게는 해가 될 수 있는 제안을 받은 적이 있습니다. 나만을 위해서는 당장 하고도 남을 일이었지만 가족 때문에 도저히 그 일을 하고 싶지 않았습니다. 저는 그 제안을 거절하고 이후로는 단 한 번도 떠올리지조차 않았습니다.

나라를 위한 일도 마찬가지였습니다. 나에게는 득이 되지만 나라에는 해가 된다는 걸 알았을 때 저는 그 일을 포기했습니다. 나에게는 유익이 되지만 가족, 나라, 나아가 온 인류에 해가 되는 일들은 저에게는 범죄나 마찬가지입니다."

이는 몽테스키외 개인의 사상이자 고백이지만 이와 같은 사고방식을 통해 한 사람이 무엇을 가장 귀한 가치로 여기는지 알 수 있습니다. 현대 사회의 가장 큰 문제도 자기 자신만의 이익을 탐하는 배금주의와 이기주의를 통해 생겨납니다. 세상은 끊임 없이 나를 높이라 속삭이고, 나만 생각하라고 유혹합니다. 하나님이 주시는 겸손한 마음을 따르지 않고 세상이 외치는 교만한 마음을 따를 때 깊은 늪에 빠진 사람처럼 결코 채울 수 없는 방법으로 행복을 구하게 됩니다.

가정보다도 자기 자신을 택하는 아버지가 비정한 가장이 될 수밖에 없는 것처럼 하나님보다도 자기 자신을 택하는 성도는 세상 유혹에 굴복한 탕자와 다름없습니다. 나보다도, 가족보다도, 때로는 세상보다도 하나님을 선택하며, 하나님을 위해 사는 진정한 제자가 되십시오. 아멘!!!

♥ 주님, 세상보다도 주 하나님을 위해 사는 진정한 제자가 되게 하소서.

🖼 요즘 살아가면서 가장 귀하게 여기는 것이 무엇인지 찾아봅시다.

나의 영적 일지

섬김의 기준

읽을 말씀 : 마가복음 1:9-15

● 막 1:15 가라사대 때가 찼고 하나님 나라가 가까웠으니 회개하고 복음을 믿으라 하시더라

　　미국 보스턴(Boston)의 유서 깊은 교회 「트리니티 처치」(Trinity Church)의 목회자였고, 헬렌 켈러에게 복음을 전한 것으로 유명한 필립 브룩스(Phillips Brooks) 목사님은 어디서나 전도를 하며 심방을 통해 복음을 전했습니다.

　　브룩스 목사님의 친구 중에는 유명한 무신론자가 있었는데 목사님은 그 친구에게 복음을 전하려고 기회가 되는 대로 일정까지 바꿔가며 찾아갔습니다.

　　건강이 좋지 않음에도 왕성하게 복음을 전하는 목사님을 많은 사람들이 걱정했지만 목사님은 "사랑하는 만큼 노력하는 것 뿐"이라며 전도를 쉬지 않았습니다. 그러나 노년에는 건강이 너무나 악화되어 1인실에서 요양을 하고 어떤 면회도 받지 않았습니다.

　　목사님을 유일하게 만날 수 있는 사람은 그때도 복음을 믿지 않던 무신론자 친구뿐이었습니다.

　　하루는 무신론자 친구가 "그토록 건강이 좋지 않음에도 왜 나만큼은 만나주냐?"라고 묻자 목사님이 웃으며 대답했습니다.

　　"다른 사람들이야 천국에서 웃으며 다시 보겠지만 자네와는 여기서가 마지막일 수도 있으니 최대한 많이 만나야지."

　　감명을 받은 친구는 결국 예수님을 구주로 영접했고 평생동안 전도한 목사님의 노력은 마침내 결실을 맺었습니다.

　　우리가 복음의 씨를 열심히 뿌릴수록 주님은 더 풍성히 거두십니다.

　　사랑한다면 끊임없이 복음을 전하며 사랑하는 만큼 섬기십시오. 아멘!!!

💙 주님, 복음의 씨를 열심히 뿌려 더 풍성한 열매를 거두게 해주소서.

🎎 복음을 꼭 전해야 할 사람을 찾아 담대히 복음을 전합시다.

나의 영적 일지

버릴 것이 없는 삶

읽을 말씀 : 베드로후서 1:1-11

● 벧후 1:3 그의 신기한 능력으로 생명과 경건에 속한 모든 것을 우리에게 주셨으니 이는 자기의 영광과 덕으로써 우리를 부르신 자를 앎으로 말미암음이라

필리핀 사람들은 코코넛 열매가 열리는 '코코스야자'를 '아낌없이 주는 나무'라고 부릅니다. 열매인 코코넛에는 가장 중요한 물이 들어있습니다.

'코코넛 워터'로 불리는 이 물은 수분 외에도 충분한 전해질과 무기질이 들어있어 영양학적으로도 뛰어납니다. 미용과 건강을 위해 물 대신 코코넛 워터만 먹는 사람이 있을 정도입니다.

필리핀 사람들도 코코스야자만 있으면 근처에 우물이 없어도 목말라 죽을 일은 없다고 생각합니다. 물을 먹고 난 뒤 코코넛의 안쪽을 긁어보면 흰 과육이 있어 배를 채울 수 있고 남겨진 껍질을 짜내면 기름을 얻을 수 있습니다.

남겨진 찌꺼기는 말려 땔감으로 쓸 수 있고 가지는 잘 말려 얹기만 해도 훌륭한 지붕이 됩니다. 겨울이 없는 필리핀에서는 야자나무만 있어도 집을 짓고 물 걱정 없이 살아갈 수 있습니다.

정말로 뿌리부터 열매, 잎 하나까지 그냥 버리는 것이 없기에 필리핀에는 "코코스야자 같은 사람이 되라"라는 속담이 있습니다.

하나부터 열까지 도움이 되는 사람처럼, 우리의 삶도 모든 순간이 하나님이 기뻐하시는 복음의 재료로 사용되면 좋겠습니다. 주님의 사랑 때문에 우리가 다른 이를 사랑할 수 있는 것처럼 우리에게 모든 것을 아낌없이 베풀어 주신 주님으로 인해 되도록 많은 것을 이웃과 나눌 수 있습니다. 모든 것이 주님의 은혜임을 고백할 때 이런 일이 가능해집니다. 주님이 주신 모든 것으로 주님을 예배하며 복음을 전하는 코코스야자 같은 성도로 살아가십시오. 아멘!!!!

💙 주님, 제 삶의 모든 순간이 빠짐없이 하나님을 기쁘시게 하게 하소서.
🏃 주님이 주신 모든 것으로 주님을 예배하며 복음을 전합시다.

나의 영적 일지

행복이 있는 곳

1월 12일

읽을 말씀 : 에베소서 3:1-7

● 엡 3:7 이 복음을 위하여 그의 능력이 역사하시는대로 내게 주신 하나님의 은혜의 선물을 따라 내가 일군이 되었노라

인도 사람들로부터 '축복받은 스승'으로 불린 한 지도자에게는 각계각층의 수많은 제자들이 있었습니다.

그중 크게 성공한 한 사업가가 은퇴를 기념하는 파티를 열었습니다.

많은 사람들이 모여 축하를 하는 성대한 자리였는데 어쩐 일인지 사업가의 표정은 썩 좋지 않았습니다. 지도자가 이렇게 기쁜 자리에서 왜 이따금씩 슬픈 표정을 짓느냐고 묻자 사업가가 다음과 같이 속내를 털어놓았습니다.

"여기 모인 모든 사람들이 저를 성공한 사람, 행복한 사람으로 알고 있지만 사실 저는 누구보다 불행한 사람입니다. 저는 어려서부터 무용을 하고 싶었습니다. 지금까지 단 한 번도 그 마음이 사그라진 적은 없지만 정작 원하지 않는 일을 하느라 평생을 허비했습니다. 제가 원한 것은 물이었지만 세상 사람들이 우유가 더 좋다고 하는 바람에 평생 눈앞에 물을 두고도 우유만 마셔댔습니다."

우리의 사명이 다하고, 생명이 다하는 날. 어떤 삶을 살아야 후회하지 않으며, 어떤 삶을 살아야 만족할 수 있을지 떠올려 보십시오.

꿈이 아닌 성공을 따라가는 사람이 결국엔 후회를 하듯이 오늘 주님이 아닌 세상을 따라가는 성도의 끝에는 결국 후회만이 남습니다.

참된 행복이 어디 있는지 알고 있다면 그 길을 따라가지 않을 이유가 없습니다. 그동안 살아왔던 세상의 길의 끝은 허무하지만 새롭게 걸어가는 복음의 길은 기쁨과 행복이 자리하고 있습니다.

하나님의 인도하심을 따라가는 길이 결국은 행복임을 잊지 마십시오. 아멘!!!

주님, 주님이 주신 비전을 향해 성실히 살아가게 하소서.

꿈 또는 비전을 적어 눈에 잘 보이는 곳에 붙여놓고 자주 봅시다.

나의 영적 일지

앞자리의 가치

읽을 말씀 : 요한복음 4:19-24

● 요 4:24 하나님은 영이시니 예배하는 자가 신령과 진정으로 예배할 찌니라

최근 전 세계를 뜨겁게 달군 한국 출신 글로벌 스타의 미국 콘서트 티켓 가격이 큰 화두가 되었습니다. 워낙 인기가 많았기에 콘서트 티켓이 경매 사이트에서 재판매가 됐는데 가장 비싸게 팔린 가격이 1만 5,000달러나 됐기 때문입니다. 좋아하는 스타를 직접 보고 싶어 하는 팬들의 마음이 어느 정도인지를 알 수 있는 이야기입니다.

이런 이유로 대부분의 콘서트 티켓은 앞쪽 자리일수록 비쌉니다.

무대와 가까운 자리는 공연을 제대로 즐기기에는 좋은 위치가 아니지만 좋아하는 스타를 가장 가까이서 보는 것이 팬들의 가장 큰 소망이기 때문입니다.

심지어 적당한 거리에서 앉아서 보는 공연 티켓보다 가수들 바로 앞에서 서서 보는 스탠드석 티켓이 더 비쌀 때도 많습니다. 더 많은 돈을 내고도 2,3시간 동안 서있어야 하지만 그 가수를 사랑하는 팬들에게는 이 자리가 가장 값진 자리입니다.

스타를 보고 싶어 하는 팬들보다 더 뜨거운 마음으로 우리는 예배를 드리고 있습니까? 작은 기쁨을 준 스타보다 우리에게 생명을 주신 주님을 우린 더욱 뜨겁게 열망해야 합니다. 전날 잠을 못 이룰 정도로 감격이 살아있는 예배, 서로 앞다투어 앞자리에 앉으려는 열정이 살아 있는 예배, 전심을 다해 주님을 열광적으로 찬양하고 말씀에 집중하는 생명력이 있는 예배를 우리는 추구해야 합니다. 느지막이 들어와 예배를 지켜보지 말고 앞자리를 차지하고자 노력하는 뜨거운 열망으로 예배를 참여하십시오. 아멘!!!

🩷 주님, 예배에 집중할 수 있는 앞자리에 앉아 주님을 만나게 하소서.
📖 우리에게 생명을 주신 주님을 뜨겁게 열망하며 예배에 참여합시다.

나의 영적 일지

믿지 않는 사람을 위해

1월 14일

읽을 말씀 : 사도행전 8:26-39

● 행 8:35 빌립이 입을 열어 이 글에서 시작하여 예수를 가르쳐 복음을 전하니

교회에 처음 나온 초신자들이 가장 힘들어하는 일 중 하나는 '언어의 적응'이라고 합니다. 오랜 신앙생활을 한 성도들은 익숙해져서 모르지만 교회에 처음 나오거나 출석한지 얼마 되지 않은 사람들은 교회에서 사용하는 대부분의 언어들이 생소하기 때문입니다.

미국 복음주의 출판협회가 수여하는 「골든 메달리온」을 두 차례나 수상한 영향력 있는 작가 밥 호스테틀러(Bob Hostetler) 목사님은 새신자들을 대상으로 설교할 때 다음의 5가지 사항을 신경 써야 한다고 말했습니다.

1. 첫 30초에 흥미를 끌 수 있는 무언가를 준비해야 한다.

2. 내 말이 아닌 하나님의 말씀을 전해야 한다.

3. 상대방이 자신을 무식하다고 느끼게 만들지 말아라.

4. 새신자들이 궁금해할 만한 내용의 답을 주고 그들의 삶에 관심을 가져라.

5. 들은 말씀을 어떻게 생활에 적용해야 하는지 명확히 가르쳐라.

믿지 않는 사람들을 위한 설교의 팁이지만 복음의 전달에도 유용하게 쓰일 수 있는 원리입니다. 전도는 우리가 아는 복음을 상대방이 이해할 수 있도록 선물하는 것입니다.

오랜 신앙생활에 빠져 우리만의 언어로 상대방에게 복음을 전한 것은 아닌지 돌아봐야 합니다.

아이와 대화할 때와 어른과 대화할 때 사용하는 언어가 다르듯이 믿지 않는 사람들을 대할 때도 배려하는 언어와 자세로 복음을 전하십시오. 아멘!!!

♡ 주님, 상대방이 자신을 무식하다고 느끼게 하는 언어를 사용하지 않게 하소서.

🎴 믿지 않는 사람들을 대할 때도 배려하는 언어와 자세로 복음을 전합시다.

나의 영적 일지

정직해야 할 이유

읽을 말씀 : 신명기 32:1-9

● 신 32:4 그는 반석이시니 그 공덕이 완전하고 그 모든 길이 공평하며 진실무망하신 하나님이시니 공의로우시고 정직하시도다

시계를 구입하러 온 한 남자가 주인과 여러 가지 이야기를 나눴습니다.

며칠 동안 시계를 하나도 못 팔았던 주인은 오랜만에 온 손님이 제법 비싼 시계를 구입하자 기뻤는데 대화 중에 손님이 구입 동기를 밝혔습니다.

"이전에 쓰던 좋은 시계가 고장이 났는데 어딜 가도 수리가 안 된다고 하더군요."

이 말을 들은 주인은 그 시계를 자기에게 보여줄 수 있냐고 물었습니다.

다음 날 손님이 쓰던 시계를 가져오자 주인은 잠시 살펴보다가 이내 멀쩡히 수리를 해주고 전날 팔았던 고가의 시계는 환불해줬습니다.

이 모습을 지켜보던 어린 딸이 그냥 팔면 될 것을 왜 그렇게까지 하냐고 묻자 아버지가 말했습니다.

"사랑하는 딸아. 세상의 모든 것은 하나님의 것이란다.

부당한 이익이라고 생각이 들 때는 과감히 포기할 줄 알아야 한단다."

「피난처」의 작가 코리 텐 붐(Corrie ten Boom) 여사의 어린 시절 이야기입니다.

여사는 아버지의 삶을 통해 배운 하나님의 말씀이 가슴속에 살아있기에 어떤 고난에도 굴하지 않고 상대방을 용서할 수 있다고 고백했습니다.

나 자신도, 내가 누리는 모든 것도 하나님이 주신 것입니다.

주님이 주신 것을 나의 것이라 속이지 말고, 주님이 주신 것을 나의 것이라 착각해서는 안 됩니다.

하나님의 주권을 인정할 때 비로소 우리는 정직하게 됩니다.

하나님 앞에 정직히 행하며 날마다 말씀을 따라 살아가십시오. 아멘!!!

💟 주님, 무슨 일을 하든지 주님께서 주심을 알고 감사함으로 하게 하소서.

🥏 부당한 이익이라고 생각이 들 때는 과감히 포기하는 사람이 됩시다.

나의 영적 일지

헌 노래와 새 노래

읽을 말씀 : 시편 96:1-13

● 시 96:1 새 노래로 여호와께 노래하라 온 땅이여 여호와께 노래할 찌어다

『성경은 "새 노래로 하나님께 노래하라"라고 우리에게 명령하고 있습니다.

그런데 왜 그냥 노래가 아니라 새 노래라고 분명하게 적어놓았을까요?

마음에서 우러나오는 진정한 고백이 담긴 찬양이 아니면 새 노래가 아닌 헌 노래가 되기 때문이라고 저는 생각합니다.

저도 유학시절에 헌 노래를 부르던 때가 있었습니다.

한국전쟁 때 미군 부대의 하우스보이로 있다가 칼 파워스 상사의 도움으로 미국 밥존스 학교로 유학을 간 저는 영어로 진행되는 수업을 도무지 따라갈 수가 없었습니다. 친구들도 처음에는 호기심을 갖고 쉬는 시간에 말을 붙였다가 의사소통이 되지 않자 더 이상 관심을 갖지 않았습니다. 거기에다가 음식도 입에 맞지 않아 절로 고향과 어머니 생각에 울적해져 기숙사 뒤뜰에서 눈물지을 때가 한두 번이 아니었습니다. 혹시 유행가를 부르면 고향 생각이 사라질까 해서 불러봤지만 하나도 위안이 되지 않았습니다. 그러던 중 한 선배를 통해 요한복음 3장 16절로 복음을 소개받고, 예수 그리스도를 구주와 주님으로 영접하게 되자 마음의 평안이 찾아오면서 헌 노래가 아닌 새 노래가 나왔습니다.

"이것이 나의 간증이요, 이것이 나의 찬송일세…."

이후에 제 삶은 완전히 바뀌어서 학업에 매진하게 되었고, 하나님이 주신 소명을 찾아 오늘날 전 세계를 다니는 복음전도자가 될 수 있었습니다.』-「김장환 목사의 인생 메모」중에서

예수님을 구주와 주님으로 영접하고, 마음에서 우러나오는 새 노래로 하나님을 찬양하고 영광을 돌리십시오. 아멘!!!

💙 주님, 주님의 은혜를 생각하며 새 노래로 하나님을 찬양하게 하소서.
🖼 아직 주님을 모르는 사람들에게 예수 그리스도를 전합시다.

나의 영적 일지

1월 17일

도전, 도전, 도전

읽을 말씀 : 여호수아 14:6-15

● 수 14:12 그날에 여호와께서 말씀하신 이 산지를 내게 주소서 당신도 그날에 들으셨거니와 그곳에는 아낙 사람이 있고 그 성읍들은 크고 견고할찌라도…

미국 캔사스 시티에 있는 컨설팅회사 「딜로이트 앤 투쉬」(Deloitte & Touche)의 직원들은 기업을 찾아다니며 일을 하게 해달라고 부탁합니다.

유명한 컨설팅 기업들에 비해 완전 무명이던 딜로이트 앤 투쉬는 먼저 찾아가는 도전적인 방식으로 급격한 성장을 거듭해 지금은 캔사스 시티에서 가장 실적이 좋은 컨설팅회사가 됐습니다. 가만있어도 일이 들어오는 지금도 이 회사의 직원들은 여전히 회사를 찾아다니며 고객들을 위해 할 수 있는 일이 무엇인지 조사합니다. 딜로이트 앤 투쉬의 사훈은 "도전이 없으면 매출도 없다"입니다.

아프리카의 앙골라 기린은 새끼를 낳자마자 뒷발로 차서 넘어뜨립니다.

세상에 태어나자마자 가혹하게 넘어진 새끼는 혼신을 다해 일어나지만 어미는 매정하게 다시 뒷발로 차서 넘어뜨리길 반복합니다. 이 과정을 통해 갓 태어난 새끼 기린은 금세 걷고 뛰는 법을 배우게 됩니다. 최대한 빨리 서있는 법을 배우지 못하면 야생의 포식자들에게 먹잇감이 되기에 비록 매정해 보일지라도 어미는 갓태어난 연약한 새끼 기린을 계속해서 넘어뜨릴 수밖에 없습니다.

이와 같이 우리도 고난을 통해 주님을 더욱 의지하게 되며, 고난을 통해 더 빠르게 믿음을 키워가게 됩니다. 주님은 결코 극복못할 고난을 주시지 않으시는 자애로우신 분입니다. 이런 주님이심을 믿는다면 고난이 우리 삶에 찾아올 때 오히려 기뻐하며 믿음으로 도전해야 합니다.

도전 정신 없이는 하나님의 말씀을 믿을 수 없고, 하나님의 말씀대로 행할 수도 없습니다. 오늘 나에게 주시는 하나님의 말씀을 따라 도전하며 하나님과 함께 승리하십시오. 아멘!!!

♡ 주님, 주님께서 나를 향해 주신 약속의 말씀을 굳게 믿고 살게 하소서.
🖼 주님께서 나를 향해 주신 약속의 말씀을 적어놓고 자주 묵상합시다.

나의 영적 일지

장애물을 넘어서

읽을 말씀 : 다니엘 3:8-18

● 단 3:17 만일 그럴 것이면 왕이여 우리가 섬기는 우리 하나님이 우리를 극렬히 타는 풀무 가운데서 능히 건져내시겠고 왕의 손에서도 건져내시리이다

180개가 넘는 발레 작품을 창작한 안무가이자 현대무용의 기틀을 세운 천재 무용수 마사 그레이엄(Martha Graham)은 많은 제자들을 두었는데 "한 명의 무용수를 세우기 위해서는 10년의 기간이 필요하다"라고 말했습니다.

"한 명의 무용수를 키우기 위해서는 혹독한 훈련이 필요합니다.

근육의 구조를 배우고 공부도 해야 합니다.

재능 있는 무용수들도 처음 배운 동작을 완벽하게 해내는 것이 쉽지 않습니다. 수도 없이 반복한 후에야 동작은 정확해지고, 자연스러워지고, 마음껏 안무에 사용할 수 있게 완성됩니다."

제이 엘리슨(Jay Allison)의 「내가 믿는 이것」(This I Believe in)이라는 책에서 그레이엄은 예수님의 제자 역시 이런 훈련의 과정을 거쳐야 한다고 말했습니다.

"신앙과 비전을 위해서도 우리는 훈련을 거듭해야 합니다.

장애물이 존재하지 않는 훈련은 없습니다.

장애물에 계속 부딪히면서도 포기하지 않고 수행해나갈 때 비로소 우리는 조금씩 완전해집니다."

불완전한 세상에서 주님의 성도로 살아가는 일은 결코 쉽지 않습니다.

하루에도 몇 번씩 갈등하게 되고, 고민하게 되고, 실패하게 됩니다.

내 힘으로 도저히 살아갈 수 없을 것 같은 무력감마저 들 때가 많습니다.

그럼에도 모든 것을 아시며 이겨낼 힘을 주시는 주님을 의지하고 말씀을 실천하며 나아갈 때 우리의 삶은 하나님이 기뻐하시는 삶으로 변화됩니다.

참된 성도로 우리를 성장시키는 고된 훈련들을 오히려 기뻐하십시오. 아멘!!!

♡ 주님, 모든 것을 아시며 이겨낼 힘을 주시는 주님을 의지하게 하소서.
🏃 장애물에 계속 부딪히면서도 포기하지 않고 삶을 수행해 나갑시다.

나의 영적 일지

희망과 절망

읽을 말씀 : 베드로전서 1:3-12

● 벧전 1:3 찬송하리로다 우리 주 예수 그리스도의 아버지 하나님이 그 많으신 긍휼대로 예수 그리스도의 죽은 자 가운데서 부활하심으로 말미암아 우리를 거듭나게 하사 산 소망이 있게 하시며

미 육군 군의관인 할 쿠시너(Hal Kushner) 소령은 베트남전에 참전했다가 포로로 잡혀 다른 수많은 포로들의 건강을 살폈습니다.

쿠시너 소령이 관찰한 다른 포로 중에는 로버트라는 매우 특이한 사람이 있었는데 수용소의 식사가 부실해 로버트의 체중은 40kg밖에 되지 않았습니다. 로버트는 이른 아침부터 끌려나가 매일 중노동을 했으나 눈빛이 총명했고 최선을 다해 자기관리를 했습니다. 그런데 6개월이 지나자 상태가 급격히 악화됐습니다. 희망의 눈은 절망으로 변했고, 제대로 걷지도 못할 정도로 쇠약해졌습니다.

쿠시너 소령이 진찰을 했지만 원인을 찾을 수 없습니다.

로버트는 숨을 거두기 며칠 전 쿠시너 소령에게 다음과 같은 고백을 했습니다.

"처음 여기 들어올 때 분명 6개월만 협력하면 풀어준다는 약속을 받았습니다. 약속한 날짜가 벌써 한 달이나 지났지만 아무리 따져도 대답조차 해주지 않습니다. 저는 이곳에서 평생 나가지 못할 겁니다."

쿠시너 소령은 이때의 경험을 통해 사람에게는 질병과 고통보다도 절망과 희망이 더욱 중요한 역할을 한다는 사실을 깨달았습니다.

우리의 인생이 죽음에서 끝이 난다면 그보다 더한 절망은 없습니다.

죽음으로 모든 것이 사라지는데 삶에서 그 어떤 행복과 즐거움을 누린다 하더라도 무슨 의미가 있겠습니까? 구원의 소망이 있는 예수 그리스도 없이는 세상에 어떤 희망도 존재할 수 없습니다.

우리의 절망을 희망으로 바꾸시려 세상에 오신 구원자 예수님을 통해 진정한 희망을 품고 살아가십시오. 아멘!!!

♡ 주님, 주님의 약속의 말씀을 믿고 붙들어 희망차게 살아가게 하소서.

🖼 구원자 예수님을 통해 진정 희망을 품고 살아가고 있는지 살펴봅시다.

나의 영적 일지

더욱 모여야 하는 이유

1월 20일

읽을 말씀 : 히브리서 10:19-29

● 히 10:25 모이기를 폐하는 어떤 사람들의 습관과 같이 하지 말고 오직 권하여 그날이 가까움을 볼수록 더욱 그리하자

마틴 루터(Martin Luther)는 제자들에게 항상 "모이기를 폐하지 말고 서로 권하라"라는 히브리서 10장 25절의 말씀을 중요하게 가르쳤습니다.

그 이유는 사람은 혼자 있을 때 죄를 지으며, 우리는 연약하기 때문에 서로를 향한 권면과 기도로 붙들어줘야 하기 때문입니다.

마틴 루터는 이 말씀을 다음과 같이 가르쳤습니다.

『대부분의 죄는 혼자 있을 때 짓게 되며, 큰 죄일수록 더욱 그렇다.
하와가 혼자 있을 때 마귀가 찾아와 유혹했다.
대부분의 사람들은 혼자 있을 때 살인을 저지르고, 물건을 훔치고,
성적인 죄를 저지른다.
마귀는 고독을 이용해 사람들을 잘못된 길로 이끄는 속성이 있기 때문이다.
성도들이 함께 모여 있게 되면 부끄러워서라도 죄를 짓지 못한다.
예수님은 두세 사람이 주님의 이름으로 모인 곳에 함께 하신다고 말씀하셨다.
주님이 계신 곳에서 어찌 죄를 짓겠는가? 나 역시 혼자 있을 때 죄를 짓는다.
하나님은 우리를 교제하도록 지으셨고 혼자 있게 짓지 않으셨다.』

끼리끼리 모인다는 말이 있는 것처럼 주님이 다시 오실 그날이 다가올수록 우리는 함께 모여 찬양하며 주님의 이름을 높이는 일에 힘써야 합니다.

혼자 있는 나의 모습이 어떤지 점검하고 죄를 멀리하며 거룩한 모임으로 더욱 은혜만을 구하십시오. 아멘!!!!

💟 주님, 주님의 재림이 다가올수록 함께 모여 찬양하며 주님을 높이게 하소서.
🖼 나는 혼자 있을 때 주로 어떤 일을 하는지 점검해 봅시다.

나의 영적 일지

강건한 믿음을 위한 기도

읽을 말씀 : 골로새서 2:6-15

● 골 2:15 정사와 권세를 벗어버려 밝히 드러내시고 십자가로 승리하셨느니라

미국 상원의회의 원목이었던 피터 마셜(Peter Marshall) 목사님은 50세라는 이른 나이에 소천하실 때까지 "정치인들이 하나님 앞에 바로 서야 나라가 바로 선다"라고 의회에서 복음을 전했습니다. 목사님은 교만하지 않고 오직 복음 앞에 바로 서도록 매일 아침 다음과 같은 기도를 드렸습니다.

『주님, 영원불멸한 주님의 말씀 아래
우리를 지켜주시기를 기도합니다.
주님이 부활하지 않으신 것처럼
침통한 믿음 생활을 하지 않게 하시고
주님의 보살핌을 받는 자녀답게 살아가게 하소서.

주님이 이미 세상을 이기셨으니 두려워할 것이 없습니다.
우리의 기도가 죽음에서 승리하신 창조주 하나님께
상달되고 있음을 항상 기억하게 하소서.
살아계신 주님의 이름으로 간구하며
주님의 권능으로 인해 오늘도 승리하기를 간구하옵나이다. 아멘..』

죽음에서 이미 승리하신 주님을 믿기에 우리는 세상의 그 어떤 위협과 고난에도 두려워하지 않을 수 있습니다. 이미 승리하신 주님의 이름 앞에 세상을 이길 권능과 굳건한 믿음을 달라고 기도하십시오. 아멘!!!

♡ 주님, 세상의 그 어떤 위협과 고난에도 두려워하지 않는 믿음을 주소서.
🖼 이미 승리하신 주님께 세상을 이길 권능과 믿음을 달라고 기도합시다.

나의 영적 일지

사랑하면 알게 된다

읽을 말씀 : 시편 26:6-12

● 시 26:8 여호와여 내가 주의 계신 집과 주의 영광이 거하는 곳을 사랑하오니

미국 일리노이주에 있는 기독교 명문 「휘튼 대학」(Wheaton College)은 매년 신학과에 지원하는 학생들을 대상으로 간단한 성경 상식을 테스트합니다.

한 번은 '다윗과 골리앗'에 대해 질문했는데 학생들의 상당수가 "골리앗이 죽지 않고 살았다"라고 대답해 미국 교계에 큰 이슈가 된 적이 있습니다.

미국에는 세계에서 가장 큰 기독교 방송국이 있고 많은 성도들이 오디오북과 영상을 활용해 매우 활발히 목사님들의 설교를 듣습니다. 기독교인의 사회 참여와 봉사도 활발합니다. 그러나 정작 성경을 보는 비율은 매우 적고, 쉬운 설교를 선호하는 현상이 있어 '성경 문맹'의 비율이 매우 높다고 합니다.

요즘 미국 10대들은 '시편'이라는 단어를 아예 모르고 잔다르크의 영어 발음이 '방주(Ark)'와 비슷해 노아의 아내인 줄 아는 사람이 12%나 된다고 합니다.

신앙 서적을 읽는 것도 좋고, 많은 설교를 듣는 것도 좋지만 그보다 먼저 하나님의 말씀인 성경을 뿌리로 우리의 믿음이 자라나야 합니다.

연인에게 사랑한다고 고백하면서 그 사람의 이름도 모르고 사는 곳도 모른다면 그 사랑이 진실되다고 말할 수 있을까요? 마찬가지로 하나님을 정말로 사랑한다면 주님의 말씀인 성경에 귀 기울이며 묵상해야 합니다. 매일 주님을 떠올리며, 주님의 말씀을 묵상하며, 기도로 주님과 대화하며 주님을 더욱 알아가기를 간절히 열망해야 합니다.

지금 우리가 주님께 고백하는 사랑이 말에서 끝나는 사랑입니까?

행동으로 이어지는 사랑입니까?

다른 무엇보다 하나님의 말씀인 성경을 가까이하고 묵상하십시오. 아멘!!!

💗 주님, 무엇보다도 하나님의 말씀인 성경을 가까이하고 묵상하게 하소서.

🖼 이번 달에, 그리고 1년 동안 성경 읽기 계획을 세웁시다.

나의 영적 일지

십자가에 눈을 맞추라

읽을 말씀 : 마가복음 8:27-38

● 막 8:35 누구든지 제 목숨을 구원코자 하면 잃을 것이요 누구든지 나와 복음을 위하여 제 목숨을 잃으면 구원하리라

미국이 지금의 연방 국가의 형태를 갖추기 전의 일입니다.

백발이 성성하고 사팔뜨기인 한 남자가 길을 가다 모인 사람들을 보기만 하면 카랑카랑한 목소리로 하나님의 말씀을 선포했습니다. 그 목소리가 얼마나 크고 명확했던지 사람들은 그에게 '하나님의 확성기'라는 별명을 붙였습니다. 멀리까지 들리는 목소리가 신기해 일부러 찾아와 무슨 이야기인지를 듣는 사람도 있었습니다.

미국의 1차 영적 대각성에 쓰임 받았다고 평가받는 하나님의 사람 조지 휫필드(George Whitefield)는 영국인이었음에도 미국에 복음을 전하기 위해 13번이나 미국을 찾았고 매년 500회 이상의 설교를 했습니다. 학자들의 연구에 따르면 휫필드의 설교를 들은 미국인은 천만 명이 넘었는데 당시 미국인의 80%나 되는 엄청난 숫자였다고 합니다.

조지 휫필드는 부자도 아니었고, 외모 또한 볼품없었습니다. 그러나 주님의 십자가에서 단 한 번도 눈을 떼지 않았기에 하나님은 미국에 놀라운 부흥과 각성을 일으키는 도구로 그를 사용하셨습니다.

그리스도인의 가장 큰 무기는 자신이 가진 재능과 능력이 아니라 하나님을 의지하는 것입니다. 부족한 것은 우리의 능력과 힘이 아니라 하나님을 향한 믿음입니다. 내 힘이 아닌 하나님의 손에 붙들린 도구로 쓰임 받을 때 우리에게 불가능한 일은 없습니다.

나를 들어 사용하시는 하나님을 바라보며 하나님이 주신 사명을 위해 오늘도 달려가십시오. 아멘!!!

💙 주님, 주님에게서 단 한 번도 눈을 떼지 않고 주님만을 의지하게 하소서.

🎴 나는 가진 재능과 능력이 아니라 주님만을 의지하는지 살펴봅시다.

나의 영적 일지

목적지가 어디인가

1월 24일

읽을 말씀 : 디모데후서 4:9-18

● 딤후 4:18 주께서 나를 모든 악한 일에서 건져내시고 또 그의 천국에 들어가도록 구원하시리니 그에게 영광이 세세 무궁토록 있을찌어다 아멘

「이상한 나라의 앨리스」의 주인공인 앨리스가 숲길을 지나다 길을 잃었습니다. 어떤 길을 선택해도 계속해서 같은 갈림길이 나와 한참을 헤매던 앨리스는 우연히 채셔 캣이라는 지혜로운 고양이를 만납니다.

갈림길 사이에 서있는 채셔 캣에게 앨리스는 지름길을 물었습니다.

"내가 어느 길로 가야 하는지 알려줄 수 있어?"

"물론이야. 그런데 너는 어디로 가고 싶은데?"

앨리스는 곰곰이 생각하다가 대답했습니다.

"아무 길이나 상관없어."

"그럼 어느 길로 가도 답은 없어."

채셔 캣은 앨리스가 원하는 곳이라면 어디로든 지름길을 만들어 줄 수 있는 능력이 있었지만 앨리스가 어디로 가야 할지 몰랐기에 길을 알려줄 수 없었습니다.

우리의 인생은 어떻습니까?

어디서 태어나, 어느 곳을 지나, 어느 곳을 향하고 있습니까? 하나님과 함께 하지 않는 허무한 인생은 죽음이라는 종착지에 다다라 정답을 찾지 못하는 길 잃은 인생과 같습니다. 구원을 받았다는 것은 주님을 믿고 의지한다는 뜻이며, 살아야 할 이유를 발견했다는 뜻이며, 향해야 할 목적지를 찾았다는 뜻입니다.

하나님을 믿고 구원받은 성도의 인생의 항로에는 망설임이 없어야 합니다.

짧은 인생이지만 하나님의 손을 붙잡고 천국이라는 본향을 향해 걸어가십시오. 아멘!!!

🤍 주님, 저의 갈 길을 환히 밝혀주시고 인도하시는 주님을 따라 살게 하소서.

🎴 내가 지금 가고 있는 길이 주님과 동행하고 있는지 살펴봅시다.

나의 영적 일지

1월 25일

말이 거쳐야 할 관문

읽을 말씀 : 잠언 12:14-22

● 잠 12:18 혹은 칼로 찌름 같이 함부로 말하거니와 지혜로운 자의
혀는 양약 같으니라

아라비아의 모든 것을 아는 현인이 있었습니다.

하루는 어떤 제자가 현인을 찾아와 말을 지혜롭게 하는 방법을 알려달라고 했습니다. 그러자 현인은 제자에게 모든 말을 하기 전에 세 가지 황금의 문을 거쳐 가게 하라고 대답했습니다.

● 첫 번째 황금의 문 / "그것이 사실인가?"라는 문입니다.

사실이 아닌 이야기는 굳이 할 필요가 없습니다.

● 두 번째 황금의 문 / "그것이 필요한 이야기인가?"라는 문입니다.

필요한 이야기가 아니라면 더더욱 할 필요가 없습니다.

● 세 번째 황금의 문 / "그것은 상대방에게 친절을 베푸는 말인가?"라는 문입니다.

때때로 진실이 아니더라도 상대방을 위해 말을 해야 할 필요가 있기 때문입니다. 사실도 아니며, 필요한 이야기도 아닌 데다가, 상대방의 기분마저 상하게 하는 말은 오히려 절대로 해서는 안 되는 말이라는 것이 현인의 가르침이었습니다.

아라비아에서 전해지는 야사를 통해 미국의 작가 베스 데이(Beth Day)가 각색한 「세 가지 황금의 문」(Three gates of gold)이라는 책의 내용입니다.

성도의 혀는 오직 복음과 찬양, 사랑과 배려를 위해서만 사용되어야 합니다. 한마디 말로도 주님의 사랑과 향기를 전할 수 있는 지혜로운 언어생활을 가꾸어 나가십시오. 아멘!!!

🫰 주님, 오직 복음과 찬양, 사랑과 배려를 위해서만 혀를 사용하게 하소서.

🖼 주님의 사랑과 향기를 전할 수 있는 지혜로운 언어생활을 합시다.

나의 영적 일지

1미터 뒤의 응답

읽을 말씀 : 히브리서 10:33-39

●히 10:36 너희에게 인내가 필요함은 너희가 하나님의 뜻을 행한 후에 약속을 받기 위함이라

미국에서 골드러시가 일었을 때의 일입니다.

메릴랜드에 살던 젊은 농부 데이비드도 골드러시 행렬에 동참했습니다.

그는 재산을 정리해 콜로라도의 금광 지대로 갔고 갖은 고생 끝에 큰 금광맥을 발견했습니다. 이 사실을 숨기고 고향으로 돌아온 데이비드는 친구들을 설득해 자금을 모으고 기계를 구입해 금광을 발견한 곳으로 돌아가 채광 작업을 시작했습니다.

드디어 최초의 채광 작업 물량이 회사 차에 실려 제련소로 보내졌습니다.

본격적으로 채광 작업에 들어가 두어 번만 더 캐내도 투자액을 환수할 수 있고, 그다음부터는 말 그대로 벼락부자가 되는 일만 남았습니다.

그런데 갑자기 금광맥이 끊겼습니다.

그럴 리가 없다며 필사적으로 팠지만 헛수고였습니다.

얼마 후 포기한 데이비드는 헐값에 기계를 팔고 집으로 돌아왔습니다.

데이비드로부터 기계를 사들인 고물상 주인은 전문 광산 기사를 고용해 조사를 했고 데이비드가 단층 광맥의 성질을 잘못 알아 포기했음을 알게 됐습니다.

데이비드가 포기한 지점에서 $1m$ 뒤에 금광맥이 있었습니다. 이로 인해 고물상 주인은 수백만 달러의 재산가가 되었습니다. 데이비드는 기회를 잡았지만 마지막 단계에서 인내하지 못해 꿈을 놓치고 만 것입니다.

우리도 좀 더 인내하지 못해 주님이 준비해 놓으신 큰 복을 얻지 못합니다.

주님께 인내하는 사람이 되게 해 달라고 기도하십시오. 아멘!!!!

🤍 주님, 저에게 믿음의 역사와 사랑의 수고와 소망의 인내를 주소서.

🎴 기회를 잡았지만 마지막 단계에서 인내하지 못해 놓친 일을 생각합시다.

나의 영적 일지

1월 27일

전도지 한 장과 구원

읽을 말씀 : 다니엘 12:1-4

● 단 12:3 지혜 있는 자는 궁창의 빛과 같이 빛날 것이요 많은 사람을 옳은데로 돌아오게 한 자는 별과 같이 영원토록 비취리라

죽을 힘을 다해 공부만 하다가 명문대에 입학했으나 삶의 목표를 잃어버린 청년이 있었습니다.

그렇게 바라던 대학에 입학했지만 생각처럼 인생은 행복하지도, 보람차지도 않았습니다. 허무한 마음에 매일 술에 취해 여자들을 찾아다녔으나 그럴수록 마음속 공허함은 더욱 커져갔고, 공허한 마음은 극심한 우울증으로 번졌습니다.

어느 날 평소와 같이 술에 취한 청년은 집에 가면 죽어야겠다는 마음을 갖고 집으로 향했습니다. 그런데 학교 앞을 지나던 청년에게 한 형제가 전도지를 건넸습니다. 대학 선교 단체의 전도 집회를 홍보하는 전단지였습니다.

그날 죽을 생각으로 술 냄새를 풍기며 비틀거리던 청년에게 건넨 그 전도지 한 장이 한 영혼을 살리는 기적으로 이어졌습니다.

전도 집회에 참석은 했지만 성경도, 예수님의 죽음도, 부활도 이해되지 않았으나 주님은 그때마다 도움을 줄 수 있는 한 사람, 한 사람을 보내주셨습니다.

예배 중 마침내 복음이 믿어지는 은혜를 경험한 이 청년은 중년이 되어서도 자신과 같은 이유로 방황하는 학생들을 찾아가 복음을 전하는 선교 단체의 간사로 활동하고 있습니다.

내가 오늘 건넨 전도지 한 장이, 내가 권한 복음 한 번이 어쩌면 한 영혼을 구하고 수많은 사람에게 복음을 전할 사역자를 세우는 기적의 씨앗이 될 수도 있습니다. 필요한 사람을 만나게 하실 하나님의 섭리를 기도하며 늘 전도지를 가지고 다니며 되도록 많은 사람들에게 복음을 전하십시오. 아멘!!!

★ 이메일 nabook24@naver.com으로 「전도지」라고 써서 보내주시면 … 각자가 쉽게 인쇄해서 사용할 수 있는 전도지 파일을 보내드리겠습니다.

♡ 주님, 저도 전도지를 돌리며, 전도지 한 장의 기적을 경험하게 하소서.

📖 지금도 죽음의 늪에 빠진 이들이 있음을 깨닫고 그들을 도웁시다.

나의 영적 일지

지옥이 있는 이유

읽을 말씀 : 누가복음 12:1-10

●눅 12:5 마땅히 두려워할 자를 내가 너희에게 보이리니 곧 죽인 후에 또한 지옥에 던져 넣는 권세 있는 그를 두려워하라 내가 참으로 너희에게 이르노니 그를 두려워하라

저명한 심장 혈관 전문의인 모리스 롤링스(Maurice Rawlings) 박사는 응급처치 끝에 사경을 헤매는 환자를 살렸습니다.

그런데 환자는 정신을 차리자마자 두려움에 떨며 이상한 소리를 외쳤습니다.

"살려주세요! 지옥은 너무 무서워요! 제발 누가 구해주세요!"

죽다가 살아난 사람은 대부분 현실에 안도하는데 이 환자는 무엇을 경험했는지 큰 공포에 사로잡혀 있었습니다. 이 모습이 어찌나 충격적이었는지 무신론자로 죽으면 모든 것이 끝이라고 생각하던 롤링스 박사도 사후 세계에 대해 다시 한번 생각하게 되었습니다.

이후 박사는 자신의 환자들을 관찰하다 교회를 다니며 믿음이 있는 사람일수록 죽음을 두려워하지 않고 무신론자이거나 교회에 다녀도 믿음이 없는 사람들은 매우 큰 공포를 느낀다는 사실을 깨달았습니다.

무신론자이자 세계 최고의 전문의인 롤링스 박사는 환자들을 통해 사후 세계를 인정할 수밖에 없었고 더 나아가 그리스도인이 될 수밖에 없었습니다.

훗날 롤링스 박사는 자신의 경험과 회심을 담은 저서인 「죽음의 문을 넘어서」(Beyond Death's Door)를 발표하며 많은 사람들에게 천국과 지옥이 정말로 존재한다는 사실을 전했습니다.

세상의 모든 진리가 담긴 성경을 통해 우리는 천국과 지옥에 대해 알 수 있습니다. 하나님이 예비하신 천국은 정말로 존재하며 믿음을 통해 죄의 심판을 피할 수 있다는 공고한 구원의 원리를 흔들리지 말고 붙잡으십시오. 아멘!!!

♡ 주님, 죽음을 두려워하는 사람들에게 주님의 생명의 복음을 전하게 하소서.

🧶 나는 지금 죽음 앞에서 두려워하고 있는지 내 믿음을 살펴봅시다.

나의 영적 일지

누구의 뜻인가

읽을 말씀 : 잠언 3:1-10

● 잠 3:5,6 너는 마음을 다하여 여호와를 의뢰하고 네 명철을 의지하지 말라 너는 범사에 그를 인정하라 그리하면 네 길을 지도하시리라

초대교회의 성도들은 서로 편지를 주고받을 때 편지 말미에 '데오 볼렌테'(*Deo Volente*)라는 문장을 적었습니다.

이는 라틴어로 "하나님의 뜻이라면"이라는 뜻입니다.

우리의 생각과 의견을 모아 어떤 일을 진행할지라도 하나님의 뜻이라면 될 것이고 그렇지 않으면 안 될 것이라는 하나님께 주권을 맡긴 겸손의 표현입니다.

이 아름다운 전통은 성도들 사이에서 계속 전해져 내려와 16세기 영국의 청교도들에게까지 이어졌습니다.

영국의 청교도인들은 습관처럼 '데오 볼렌테'(*Deo Volente*)라는 말을 사용했습니다. 설교 중에도, 대화 중에도, 편지를 쓸 때도 데오 볼렌테의 약자인 'D.V.'를 반드시 적었습니다.

지금은 이런 전통을 거의 찾아볼 수 없지만 초대 미국의 교계에서도 이 단어를 사용했다고 합니다. 부흥회나 문화 행사와 같은 포스터 문구에도 '데오 볼렌테'를 반드시 적었는데 이는 '작은 일 하나라도 하나님의 뜻이 아니면 이루어지지 않는다'라는 겸손과 신앙의 표시였습니다.

'하나님의 뜻'을 구하는 바른 성도들은 모든 일을 감사로 받으며 불평보다는 일단 순종합니다. 어떤 상황에서도 하나님의 생각이 우리의 생각보다 광대하며, 하나님이 인도하시는 길이 우리가 가고자 하는 길보다 정확하며, 하나님의 응답이 우리의 의지보다 선하심을 인정하기 때문입니다.

우리 삶에 임하는 하나님의 절대적인 주권을 인정하며 범사의 모든 것을 '하나님의 뜻'으로 받아 순종하십시오. 아멘!!!

🤍 주님, 주님의 절대적인 주권을 믿고 범사를 '주님의 뜻'으로 받게 하소서.
📖 모든 일을 감사로 받으며 불평보다는 일단 순종하며 삽시다.

나의 영적 일지

일상을 감사로 채우라

읽을 말씀 : 역대상 16:25-36

● 대상 16:34 여호와께 감사하라 그는 선하시며 그 인자하심이 영원함이로다

세계적인 여론기관의 조사에 따르면 다음과 같은 통계가 나옵니다.

『● 만약 먹을 음식이 있고, 입을 옷이 있고, 잠을 잘 집이 있다면 / 그 상태가 어떠하든 그 사람은 복받은 사람입니다.

　인류의 25%만이 이런 환경을 누리기 때문입니다.

● 만약 한 달을 여유 있게 보낼 생활비가 있고 오늘 얼마간 자유롭게 쓸 수 있는 돈이 있다면 / 그 사람은 축복받은 사람입니다.

　오직 전 세계의 8%만이 이런 환경을 누리기 때문입니다.

● 만약 속한 나라가 전쟁 중이 아니며 갑자기 끌려가 고문을 받거나 기근으로 목숨이 위태로운 상황이 아니라면 / 그 사람은 행복한 사람입니다.

　지금도 약 5억 명이 이런 위험에 처해있기 때문입니다.

● 만약 마음 편히 교회 다닐 수 있다면 / 그 사람은 축복받은 사람입니다.

　지금도 30억 명의 사람들은 교회가 없는 나라에서 마음대로 예배를 드릴 수 없기 때문입니다.

● 만약 집안에 성경이 있고, 마음껏 기도할 수 있다면 / 그 사람은 엄청난 복을 받은 사람입니다.

　세상의 30%의 사람들이 여전히 성경을 구할 수 없으며 더 많은 사람들이 잠깐의 기도도 목숨을 걸고 해야 하기 때문입니다.』

이 모든 놀라운 축복을 넘어 구원의 복음을 믿게 해주신 주님의 은혜가 얼마나 큰 축복인지 우리는 잊고 살 때가 많습니다. 매일 하루를 주님을 향한 놀라운 감사로 채우며 주님의 음성을 청종하며 순종하십시오. 아멘!!!

♡ 주님, 매일 매 순간을 주님을 향한 감사로 넘치게 하소서.

🧖 위의 5가지 상황 중에서 내게 부족한 것이 있는지 살펴봅시다.

나의 영적 일지

성도의 언어

1월 31일

읽을 말씀 : 에베소서 5:1-9

● 엡 5:4 누추함과 어리석은 말이나 희롱의 말이 마땅치 아니하니 돌이켜 감사하는 말을 하라

똑같은 능력, 똑같은 외모를 가진 두 사람이 있습니다.

다만 한 사람은 영어를 사용하는 문화권에서 태어났고, 다른 사람은 폴리네시아의 전통 언어를 사용하는 부족에서 태어났습니다.

두 사람이 지닌 능력과 외모는 동일할지라도 살면서 이뤄낼 업적, 재산 등은 아주 큰 차이가 날 것입니다. 폴리네시안 언어보다 영어를 사용하는 지역이 훨씬 더 발전했기에 다양한 기회를 얻을 수 있기 때문입니다.

이런 이유로 세계적인 경제학자 리처드 로티(Richard McKay Rorty)는 영어와 독일어를 사용하는 8%의 인구가 전 세계 40%의 부를 차지하고 있다고 설명했습니다.

저명한 사회학자 로드니 스타크(Rodney Stark)는 한발 더 나아가 사용하는 단어가 부를 이룬다고 주장했습니다.

스타크 박사는 유대인과 기독교 문화권 사회가 유독 발전하고 번창하는 이유는 사회 깊이 뿌리내린 하나님의 말씀 '로고스' 때문이며, 성경 때문에 다른 문화권보다 감사가 생활화되었기 때문에 사회가 더 빠르게 발전하고 부를 쌓았다고 주장했습니다.

역사와 사회를 연구하던 스타크 박사는 훗날 자신의 연구 결과를 집대성한 역작「기독교 승리의 발자취」를 써냈습니다.

성도의 언어는 성도의 믿음이자 능력입니다.

내 안에 있는 생명의 복음으로 감사와 축복, 긍정과 희망의 말만이 나오도록 인도해 달라고 성령님께 간구하십시오. 아멘!!!

🤍 주님, 생명의 복음으로 감사와 축복, 긍정과 희망의 말만하게 하소서.
🖼 내가 하는 말 중에 긍정적이고 복된 말이 많은지 살펴봅시다.

나의 영적 일지

2월

"여호와는 나의 빛이요 나의 구원이시니
내가 누구를 두려워하리요
여호와는 내 생명의 능력이시니
내가 누구를 무서워하리요"

– 시편 27:1 –

17만 원이 담긴 흰 봉투

읽을 말씀 : 시편 18:1-19

● 시 18:1 나의 힘이 되신 여호와여 내가 주를 사랑하나이다

『수년 전, 서울 양천구 신월동에 사시는 할머니 집사님 한 분이 목발을 짚고 극동방송을 찾아오셨습니다. 집사님은 17만 원이 담긴 흰 봉투를 건네주셨습니다. 연말을 맞아 출석하던 교회에서 형편이 어려운 할머니에게 지원해 준 10만 원과 아들이 용돈으로 준 7만 원을 고스란히 가져오신 것입니다. 매년 헌금을 갖고 오셨는데 사고를 당해 2년 동안 오시지 못하다가 이날 용기를 내어 버스와 지하철을 이용해 어렵게 오셨다고 말씀하셨습니다. 오신 사연도 감동이지만, 전해주신 사연은 더더욱 감동이었습니다.

"단칸방에서 매일 극동방송을 틀어놓고 24시간 방송을 들으면서 눈물로, 감사로 하나님의 은혜 속에 살아가고 있습니다. 너무나 감사해서 나같이 어려운 분들에게도 이 방송이 잘 들려지길 바라며 적은 돈이지만 갖고 왔습니다."

마침 점심시간이기에 함께 점심을 드시자고 말씀드렸지만 싸갖고 왔다며 가방에서 바나나 2개를 보여주셨습니다. 끼니도 바나나로 때우며 준비한 헌금이라는 사실에 가슴이 먹먹해졌습니다. "오늘은 오히려 제가 감사한 날입니다, 극동방송이 있기에 행복합니다"라는 말을 남기고 떠나신 집사님의 뒷모습을 보면서 저는 방송으로 복음을 전하는 일에 더 큰 사명감으로 무장하게 되었습니다.

극동방송은 자신의 생활비 전부를 드리는 분들의 헌금들이 모아져 세워졌고, 복음 전파 사명을 감당하고 있습니다. 두 렙돈 과부와 같은 고귀한 희생과 마음으로 섬겨주시는 분들이 있기에 이 귀한 사명을 저와 모든 직원들은 더 열심히, 아름답게 감당해나갈 것입니다.』 -「김장환 목사의 인생 메모」 중에서

하나님이 맡기신 복음전파 사역 더욱 간절히 기도하며 함께합시다. 아멘!!!

♡ 주님, 복음을 전하는 극동방송과 더 넓게 더 많이 동역하게 하소서.
🖼 나는 방송 복음 전파 사역에 어떤 역할을 하고 있는지 살펴봅시다.

나의 영적 일지

하루를 승리하라

읽을 말씀 : 요한복음 10:22-30

● 요 10:27 내 양은 내 음성을 들으며 나는 저희를 알며 저희는 나를 따르느니라

마크 배터슨(Mark Batterson) 목사는 기도하는 중에 미국의 청년들을 전도하기 좋은 아이디어들이 떠올랐습니다.

청년들이 자주 다니는 워싱턴의 극장에서 예배를 드리고, 20대들의 필수 코스인 카페를 운영하며 모임을 만드는 일 등이 배터슨 목사가 떠올린 아이디어였습니다. 그런데 배터슨 목사가 이 일들을 위한 준비를 할 때 방해를 한 사람들은 무신론자가 아니라 크리스천이었습니다.

이들은 하나님이 그런 일을 원치 않으실 거라며 다시 기도하며 전통적인 교회를 개척하라고 조언했습니다. 이에 배터슨 목사는 몇 번이고 기도를 했지만 여전히 동일한 감동을 받았습니다.

사람들의 말보다 하나님의 음성에 순종하기로 결심한 배터슨 목사는 주님만 바라보며 주신 아이디어들을 하나씩 실행했습니다.

그 결과 배터슨 목사가 극장에서 세운 「내셔널 커뮤니티 교회」(National Community Church)는 현재 미국 전역의 8개 지부에서 수만 명의 20대 청년들이 모여 예배를 드리며 새로운 시대의 방향을 제시하는 교회로 성장했습니다.

배터슨 목사는 하루를 하나님께 집중할 때 한 주를 승리할 수 있고, 한 달을 승리할 수 있다고 말했습니다. 하루하루를 주님께 집중하며, 주님의 인도하심을 따라 걸어가고자 노력하는 것이 인생의 승리의 비결입니다.

세상의 여러 잡음과 사람들의 의견보다 나를 향해 지금도 말씀하시는 주님의 음성에 귀 기울이며 오늘 하루를 승리하십시오. 아멘!!!

♡ 주님, 저를 향해 지금도 말씀하시는 주님의 음성에 귀 기울이게 하소서.

▨ 하루를 주님께 집중할 때 한 주, 한 달을 승리함을 기억합시다.

나의 영적 일지

인생의 원리

읽을 말씀 : 요한복음 14:1-7

● 요 14:6 예수께서 가라사대 내가 곧 길이요 진리요 생명이니 나로 말미암지 않고는 아버지께로 올 자가 없느니라

고대 중국인들은 자철석을 물에 띄우면 항상 같은 방향을 가리키는 현상을 발견했습니다. 항해의 필수인 나침반의 탄생이었지만 고대 중국인들은 이 현상이 무엇을 뜻하는지 몰랐습니다.

어떤 사람은 자철석이 가리키는 방향으로 가면 보석이 있다고 말했고, 어떤 사람은 자철석이 가리키는 곳에 집을 지으면 운이 좋다고 말했습니다.

몇백 년 뒤에 송나라 사람들이 자철석을 이용해 나침반으로 쓰기 전까지 자철석은 풍수지리용으로만 사용됐습니다.

송나라 사람들도 나침반의 정확한 원리는 몰랐습니다. 그러나 나침반이 분명히 같은 방향을 가리킨다는 것은 알았기 때문에 아무런 의심 없이 항해에 사용했습니다. 나침반의 정확한 원리는 600년이 지난 뒤 영국에서 밝혀졌습니다.

그러나 사람들이 나침반의 원리를 알았을 때에도, 아닐 때에도 나침반은 올바른 방향을 가리키고 있었고 이 사실을 믿는 사람만이 바다에서 정확한 항로를 계산할 수 있었습니다.

성경의 모든 것을 이해하고 알아야 하나님을 믿을 수 있는 것은 아닙니다.

말씀대로 살아보고, 말씀대로 이루어지는지 확인해 보는 것이 성경이 진짜인지 확인해 볼 수 있는 가장 빠른 방법입니다. 일단 믿어보고, 일단 실천하면 누구나 반드시 알게 됩니다.

믿음의 가장 확실한 증거는 주님을 믿음으로 우리가 받은 응답입니다. 하나님의 말씀을 믿음으로 믿음대로 일어나는 복들을 삶에서 체험하십시오. 아멘!!!

🤍 주님, 주님을 믿는 가장 확실한 증거로 우리의 기도가 응답받게 하소서.
🎞 말씀을 믿음으로 삶에서 믿음대로 일어난 복들을 이웃과 나눕시다.

나의 영적 일지

실패보다 중요한 것

읽을 말씀 : 고린도후서 7:9-16

● 고후 7:10 하나님의 뜻대로 하는 근심은 후회할 것이 없는 구원에 이르게 하는 회개를 이루는 것이요 세상 근심은 사망을 이루는 것이니라

팀 켈러(Tim Keller) 목사님의 교회에 다니던 두 명의 배우 지망생이 매우 중요한 배역의 오디션에 동시에 지망했습니다.

두 지망생 모두 신실한 그리스도인이었습니다.

한 지망생은 자기가 배우가 된 것이 하나님의 소명이며 그로 인해 자신은 성공할 수밖에 없다고 생각했습니다.

다른 지망생은 배우라는 직업과는 관계없이 자신의 모든 삶으로 하나님께 영광을 돌리려고 노력했습니다.

안타깝게도 두 지망생 모두 오디션에서 떨어졌는데 배우가 하나님이 주신 소명이라고 생각한 지망생은 하나님이 자신을 버리셨다고 생각해 믿음이 크게 흔들렸고 신앙생활도 점점 소홀해지더니 나중에는 마약에까지 손을 댔습니다.

그러나 다른 지망생은 고난 중에도 하나님이 응답하실 수 있다고 생각했습니다. 마음은 쓰리고 어려웠지만 그럴수록 하나님을 더욱 붙잡았고 그 결과 배우가 아닌 다른 방향으로 일이 잘 풀렸습니다.

고통 중에도 감사할 수 있는 사람은 마귀가 넘어뜨릴 수 없습니다.

우리에게 부족한 것은 축복이 아닌 감사입니다. 예수님을 구주로 영접하는 순간 우리의 모든 삶은 이미 주님의 손에 속한 것입니다.

실패와 성공보다 중요한 것은 성공에도 교만하지 않고 실패에도 하나님을 의지하는 한결같은 믿음입니다.

내 기준에 하나님을 맞추지 말고 하나님의 기준에 나를 맞추십시오. 아멘!!!!

💙 주님, 성공에 교만하지 않고 실패에 주님을 의지하는 한결같은 믿음을 주소서.
🖼 내 기준에 하나님을 맞추지 말고 하나님의 기준에 나를 맞춥시다.

나의 영적 일지

중심이 되는 습관

읽을 말씀 : 다니엘 6:10-22

● 단 6:10 다니엘이 이 조서에 어인이 찍힌 것을 알고도 자기 집에 돌아가서는 그 방의 예루살렘으로 향하여 열린 창에서 전에 행하던대로 하루 세번씩 무릎을 꿇고 기도하며 그 하나님께 감사하였더라

밥을 먹으면 꼭 탄산음료를 마셔야 하는 사람이 있었습니다.

살을 빼려고 열심히 운동도 하고 식이요법도 했지만 체중 감량이 쉽지 않았습니다. 식사 후 탄산음료를 마시는 습관을 포기할 수가 없었기 때문입니다.

아침에 일어나면 무조건 1시간씩 운동을 하는 사람이 있었습니다.

이 사람은 때때로 과식도 하고 군것질도 많이 했지만 정상 체중에서 벗어나지는 않았습니다.

아침에 일어나서 무조건 운동을 하는 습관이 있었기 때문입니다.

뉴욕타임스의 기자이자 「습관의 힘」의 저자인 찰스 두히그(Charles Duhigg)는 이는 '핵심 습관' 때문에 벌어지는 차이라고 말했습니다.

핵심 습관은 삶의 중요한 부분에 영향을 끼치는 가장 중요한 습관을 말합니다. 핵심 습관에 따라 어떤 사람은 부자가 되고, 부자인 사람이 가난하게 되기도 합니다. 그렇기 때문에 삶을 변화시키기 위해서는 가장 먼저 핵심 습관이 무엇인지를 파악하고 변화시켜야 합니다.

절약이 습관인 사람은 부자가 되고, 운동이 습관인 사람은 건강해지는 것처럼 예배가 습관인 사람은 하나님을 기쁘게 합니다. 예배는 하나님이 베푸신 은혜와 축복에 대한 우리의 반응이자 창조된 목적입니다. 하나님이 받으시는 온전한 예배는 또한 우리에게도 큰 기쁨과 은혜가 됩니다.

하나님께 더 가까이 나아가는 경건생활이 내 삶을 이끄는 핵심적인 습관이 되도록 가꾸십시오. 아멘!!!

♡ 주님, 예배가 생활의 우선 습관이 되어 주님을 기쁘게 하게 하소서.

🐾 먼저 나의 핵심 습관이 무엇인지를 파악하고 변화시켜 나갑시다.

나의 영적 일지

소명을 확인하라

읽을 말씀 : 사도행전 20:17-24

● 행 20:24 나의 달려갈 길과 주 예수께 받은 사명 곧 하나님의 은혜의 복음 증거하는 일을 마치려 함에는 나의 생명을 조금도 귀한 것으로 여기지 아니하노라

사람들은 욕망을 따라 움직이지만 그리스도인들은 소명을 따라 움직입니다. 욕망은 자신을 위한 것이지만 소명은 하나님이 주신 일종의 부르심입니다. 올바른 사역을 위해서는 자신의 욕망과 하나님이 주신 소명을 분별해야 합니다.

다음은 「국제 제자 훈련원」의 테리 엘튼(Terry Elton)이 쓴 「소명을 확인할 수 있는 네 가지 질문」입니다.

1. 부르심을 넘어서 준비가 되어 있는가?

   "하나님께서 나를 부르셨는가?"라는 것만큼 중요한 것이 "하나님은 어떤 사람을 부르시는가?"입니다. 훈련이 안 된 군사를 군대로 부를 수 없듯이 소명에 어울리는 준비를 해야 합니다.

2. 공동체에서 인정을 받고 있는가?

   찬양팀이 인정하지 않으면 찬양팀 리더가 될 수 없습니다. 마찬가지로 소명은 때때로 속한 공동체 구성원들의 인정을 받아야 합니다.

3. 소명에 맞는 기회가 주어졌는가?

   가장 분명한 사인 중 하나는 "소명을 펼칠 기회가 주어졌는가?"입니다.

4. 끊임없이 성장, 발전하고 있는가?

   하나님이 날마다 새로운 마음과 능력을 부어주시기 때문에 소명자는 지치지 않습니다.

모든 그리스도인에게는 하나님이 주신 분명한 소명이 있습니다. 나를 향한 하나님의 부르심을 올바로 분별하고 그 뜻을 위해 살아가십시오. 아멘!!!

♡ 주님, 올바른 사역을 위해서 주님이 주신 소명을 바르게 분별하게 하소서.
▨ 나를 향한 하나님의 부르심을 올바로 분별하고 그 뜻을 위해 살아갑시다.

나의 영적 일지

사랑이 흘러야 할 곳

읽을 말씀 : 요한1서 3:13-24

● 요일 3:17 누가 이 세상 재물을 가지고 형제의 궁핍함을 보고도 도와줄 마음을 막으면 하나님의 사랑이 어찌 그 속에 거할까보냐

어떤 나라에 극심한 가뭄으로 풀과 나무가 완전히 말라버렸습니다.

병든 어머니를 모시고 살던 소녀는 목이 말라 물을 마시고 싶다는 어머니의 소원을 들어드리기 위해 빈 항아리를 들고 방방곡곡을 헤맸습니다. 그러나 어디에도 물은 없었고 길을 거닐던 소녀는 지쳐 쓰러져 잠이 들었는데 일어나 보니 항아리에 물이 가득 차 있었습니다.

서둘러 집으로 돌아가던 소녀의 눈에 쓰러져 죽어가는 강아지가 들어왔습니다. 그냥 지나칠 수가 없어 강아지에게 물을 조금 나눠주었는데 항아리가 은으로 변하며 다시 물이 가득 찼습니다.

집으로 돌아온 소녀는 어머니에게 물을 떠드렸는데 고생한 소녀의 모습을 본 어머니는 사랑하는 딸에게 먼저 물을 건넸습니다. 그러자 항아리가 금으로 변하더니 물이 다시 채워졌습니다. 그때 한 걸인이 나타나 물을 조금 줄 수 있겠냐고 묻자 소녀는 흔쾌히 항아리를 건넸습니다. 그러자 항아리는 반짝이는 다이아몬드로 변했고 이내 하늘로 올라가 반짝이는 7개의 별이 되었습니다.

이는 톨스토이의 「북두칠성」이라는 단편입니다.

톨스토이는 사랑의 방향이 자기 자신이 아닌 이웃과 하나님을 향해야 한다는 것을 알려주기 위해 이 소설을 썼습니다.

우리의 사랑은 지금 어디로 흘러가고 있습니까?

주님의 사랑을 필요로 하고 있는 사람들에게 이미 그 사랑을 받은 우리가 흘려보내야 합니다. 예수님을 통해 하나님이 부어주신 놀라운 사랑을 다시 이웃에게, 세상으로 흘려보내십시오. 아멘!!!

🩷 주님, 부어주시는 놀라운 사랑을 이웃에게, 세상으로 흘려보내게 하소서.

🖼 사랑의 방향이 나 자신이 아닌 이웃과 하나님을 향하게 합시다.

나의 영적 일지

하나님의 약속

읽을 말씀 : 갈라디아서 3:15-22

● 갈 3:17 내가 이것을 말하노니 하나님의 미리 정하신 언약을 사백 삼십년 후에 생긴 율법이 없이 하지 못하여 그 약속을 헛되게 하지 못하리라

예수님을 믿고 구원의 확신을 얻은 청년이 있었습니다.

예수님은 분명히 믿는다고 생각했지만 그럼에도 천국에서 죽지 않고 영원히 산다는 사실은 받아들이기가 어려웠습니다. 청년은 목사님을 찾아가 이 생각을 솔직히 고백했습니다. 목사님은 요한복음 5장 24절을 펼쳐 청년에게 읽어보라고 권했습니다. 청년은 또박또박 읽었습니다.

"…나 보내신 이를 믿는 자는 영생을 얻었고…

사망에서 생명으로 옮겼느니라."

목사님은 이제 영생의 삶이 믿어지냐고 물었습니다.

그러자 청년이 화를 내며 말했습니다.

"바로 이 말씀이 안 믿어져서 목사님을 찾아왔습니다.

그런데 말씀 한 번 읽고 이 말씀이 믿어지냐고 물으십니까?"

"하나님이 분명히 말씀하신 것을 읽고도 안 믿어진다는데 내가 말하면 믿어지겠습니까? 주님을 영접하는 자는 영생을 얻는다고 하나님은 분명히 말씀하셨습니다."

이 말을 들은 청년은 하나님의 말씀이기에 믿어야 한다는 깨달음을 얻었고 신학교에 들어가 훗날 세계를 순회하며 복음을 전하는 전도자가 됐습니다.

백만 명에게 복음을 전했다고 알려진 윌버 채프먼(Wilbur Chapman)의 청년 시절 이야기입니다.

만물을 창조하신 하나님이 말씀하셨다는 사실이 믿어야 할 가장 큰 증거입니다. 하나님의 말씀인 성경을 믿고 따르는 참된 크리스천이 되십시오. 아멘!!!

💗 주님, 성경 말씀을 믿고 따르는 참된 그리스도인이 되게 하소서.

🎋 히브리서 11장 6절 말씀을 읽고 암송하며, 고백합시다.

나의 영적 일지

소중한 사람

읽을 말씀 : 마가복음 1:35-45

● 막 1:38 이르시되 우리가 다른 가까운 마을들로 가자 거기서도 전도하리니 내가 이를 위하여 왔노라 하시고

무명의 저자가 올렸지만 여러 사이트에 퍼지면서 많은 사람들에게 큰 감동과 울림을 주었던 「소중한 사람을 잃지 않는 7가지 방법」입니다.

1. 어떤 사람이든 그 사람을 소중한 인격체로 먼저 존중하라.

2. 내 마음보다 상대의 마음이 어떨지를 먼저 생각하라.

3. 일시적 관심이 아닌 장기적 관심을 표현하라.

4. 그 사람의 존재 자체에 감사하라.

5. 상대방에게 관심을 가지고 관찰하라.

6. 자신의 아픔을 먼저 치유하라.

7. 슬플 때, 힘들 때, 기쁜 일이 있을 때, 그 사람을 격려하라.

언젠가부터 많은 교회에서 전도 대상자들을 'VIP'로 부르기 시작했습니다.

단어에서 그치는 것이 아니라 정말로 상대방을 특별하고 소중한 사람으로 여긴다면 마땅히 합당한 수고와 노력으로 전도 대상자들을 대접해야 합니다.

교회에 익숙하지 않은 VIP들은 한 번의 방문도 큰 결심과 용기가 필요합니다. 이들이 마음을 열고 우리 가운데 임하시는 주님의 모습을 바라볼 수 있도록 최선을 다해 영접하고 맞이하는 것이 이미 주님을 믿는 우리가 해야 할 일입니다. 전도와 환대는 누가 하면 좋은 일이 아닌 우리가 반드시 해야 하는 일이라는 사실을 기억하십시오.

우리의 소중한 사람들에게 복음을 전하고, 복음을 모르는 사람들을 소중한 사람으로 여기고 섬기십시오. 아멘!!!

♡ 주님, 복음을 모르는 사람들을 소중한 사람으로 여기고 섬기게 하소서.
🏃 합당한 수고와 노력으로 전도 대상자들을 친절하게 대접합시다.

나의 영적 일지

먼저 조율하라

읽을 말씀 : 고린도전서 7:17-24

● 고전 7:24 형제들아 각각 부르심을 받은 그대로 하나님과 함께 거하라

척박한 오지에서 목숨을 걸고 평생 복음을 전한 선교사가 있었습니다.

고생이란 고생은 다 했지만 그럼에도 이 선교사는 언제나 감사를 잊지 않으며 한 번도 스스로를 내세우지 않고 오직 주님만을 높이며 겸손했습니다.

노년까지 아무런 구설수 없이 아름답게 주님을 섬기는 모습에 큰 감명을 받은 한 후배 선교사가 다음과 같이 질문했습니다.

"평생을 선교지에서 고생만 하셨는데도 어떻게 그렇게까지 행복해하며 감사하실 수 있습니까?"

"매일 하루를 주님께 조율하며 시작하면 됩니다.

연주회가 끝나고 악기를 조율하는 사람은 미련한 사람입니다.

아침부터 주님을 향해 내 삶을 조율하며 살아가면 인생이 보람 있습니다.

제 삶은 사람의 생각으로는 고생일 수 있지만 그리스도인의 관점으로 볼 때는 오히려 축복입니다."

미국의 사회학자 폴 딜레이드(Paul Delayed) 박사는 "모든 사람은 하나님을 위해 연주하는 다양한 악기다"라고 말했습니다.

나를 비롯한 모든 사람들에게 하나님은 그 사람만이 연주할 수 있는 특별하고 귀한 악기를 주셨습니다. 다른 사람이 가진 악기가 아니라 하나님이 나에게 주신, 나만 연주할 수 있는 악기에 집중하는 것이 온전한 사명을 이루는 삶입니다.

하나님이 창조하신 유일한 악기인 '나'의 삶을 하나님께 조율하면서 하루를 아름답게 연주하십시오. 아멘!!!

♡ 주님, 아침부터 주님을 향해 내 삶을 조율하며 살아가게 하소서.

🎨 매일 아침 나의 삶을 하나님께 조율하면서 하루를 아름답게 연주합시다.

나의 영적 일지

말을 바꿔야 성공한다

읽을 말씀 : 잠언 18:16–21

● 잠 18:21 죽고 사는 것이 혀의 권세에 달렸나니 혀를 쓰기 좋아하는 자는 그 열매를 먹으리라

억만장자이자 자선사업가인 리치 디보스(Richard M. DeVos)는 "성공하기 위해서는 긍정적인 사람이 되어야 하고, 긍정적인 사람이 되기 위해서는 말을 바꿔야 한다"라고 말했습니다.

디보스는 사업에 성공하려는 열망으로 원래 자기 이름인 리처드를 '부자'라는 뜻의 '리치'로 바꿔 불렀습니다.

다음은 디보스가 말한 「성공을 부르는 힘을 가진 10가지 말」입니다.

01. 내 잘못입니다.

02. 미안합니다.

03. 당신은 할 수 있습니다.

04. 당신을 믿습니다.

05. 당신을 신뢰합니다.

06. 당신이 자랑스럽습니다.

07. 고맙습니다.

08. 당신이 필요합니다.

09. 사랑합니다.

10. 축복합니다.

다른 사람을 인정하고, 세우며, 도움을 구할 때 혼자 힘으로 할 수 없는 성공을 이루게 됩니다. 그러나 이보다 더 중요한 것은 하나님을 인정하며 모든 것을 맡기는 것입니다. 겸손히 스스로를 낮추고, 다른 사람을 축복하며, 하나님을 의지하십시오. 하는 모든 일이 잘되고 형통할 것입니다. 아멘!!!!

🖤 주님, 겸손과 축복의 말을 하며 주님을 더욱 의지하게 하소서.

🖼 위 10가지 말을 외워 가까운 사람들에게부터 자주 사용합시다.

나의 영적 일지

진정으로 원하는 것

읽을 말씀 : 베드로전서 4:1-11

● 벧전 4:2 그 후로는 다시 사람의 정욕을 좇지 않고 오직 하나님의
뜻을 좇아 육체의 남은 때를 살게 하려 함이라

이단과 매춘의 덫에 빠져 괴로워하는 한 청년이 있었습니다.

청년은 자신이 죄에 빠져 있다는 것을 알고 다시 주님께로 돌아가고 싶었으나
뜻대로 되지 않자 매일 울면서 기도했습니다.

"주님, 저를 이 정욕에서 건져주세요.

죄를 떠나 주님 곁으로 돌아가고 싶습니다."

그렇게 한참을 기도하던 청년은 순간 중요한 깨달음을 얻었습니다. 말로는 회
개를 하고 있지만 자신의 속마음은 여전히 죄가 주는 쾌락에서 떠나지 않기를
바라고 있다는 것이었습니다. 입으로는 죄에서 구해달라고 부르짖었지만 마음
속으로는 "아직은 아닙니다. 조금만 더 즐기고요"라고 말하고 있었던 것입니다.

신학자 키르케고르 역시 한때 매춘의 유혹에 괴로워했습니다.

한참을 갈등하던 키르케고르(Kierkegaard)는 유혹을 이기게 해달라고 기도하는
것이 아니라 하나님의 은혜를 구한다고 기도하는 것이 경건하고 거룩한 삶의 비
결임을 깨달았습니다.

죄를 멀리하는 것보다 하나님을 가까이하는 것이 거룩한 삶의 비결입니다.

멀리 떨어진 곳에서 더 강한 빛을 비추어 달라고 기도하지 말고, 두 발로 죄에
서 멀어져 빛 가까이 걸어가기를 결단하십시오. 하나님께 다가갈 때 죄로부터는
저절로 멀어지게 됩니다.

하나님 곁에서 우리가 한시도 떠나지 않는다면 죄가 끼어들 틈은 저절로 사라
집니다. 오직 하나님 곁에 머물기를 진정으로 바라십시오. 아멘!!!

♡ 주님, 오직 주님 곁에 머물기를 진정으로 바라고 바라니 도와주소서.

▨ 주님의 은혜를 진정으로 구하는 기도하는 삶을 삽시다.

나의 영적 일지

2월 13일

약함을 고백하라

읽을 말씀 : 로마서 8:22-30

● 롬 8:26 이와 같이 성령도 우리 연약함을 도우시나니 우리가 마땅히 빌바를 알지 못하나 오직 성령이 말할 수 없는 탄식으로 우리를 위하여 친히 간구하시느니라

신사참배를 거부하다 순교당한 주기철 목사님은 흔들리지 않는 믿음의 표본으로 알려져 있습니다. 7년 동안 고초를 겪으면서도 다니엘과 같이 단 한 번도 하나님을 향한 뜻을 굽히지 않았기 때문입니다. 그러나 아들인 주광조 장로님의 이야기를 들어보면 우리의 생각과는 달리 주기철 목사님은 누구보다 자신의 연약함을 주님 앞에 고백한 사람이었다고 합니다.

목사님은 성격이 강하지 못해 언제라도 신사참배를 할까 봐 고민하셨고, 고문을 당할 때마다 더 이상은 버티기 힘들 것 같다고 주님께 부르짖었습니다. 그럼에도 이다음에 뵐 주님을 생각하며 오직 은혜를 구하고 하루하루를 버티셨다고 합니다.

죽음 앞에서도 흔들림 없었던 주기철 목사님의 믿음은 자기가 세운 것이 아니라 전부 하나님이 주신 은혜였습니다.

연약한 우리의 힘으로는 작은 십자가를 지고 살아가는 것도 쉽지가 않습니다. 그러나 주님이 주시는 힘으로는 능치 못할 것이 없습니다. 우리의 힘으로 이겨내기 어려운 고난도 나의 연약함을 고백하며 주님만을 의지할 때 이겨낼 수 있습니다.

우리의 강함은 세상 사람들과 다릅니다. 재물과 재능과 권세에 있는 것이 아니라 자신의 약함을 인정하고 하나님이 주시는 힘을 간구하는 것이 그리스도인의 강함입니다.

연약함을 고백하며 주님을 구하는 자녀들에게 넘치고도 남을 은혜를 부어주시는 주님만을 붙드십시오. 아멘!!!

♡ 주님, 저의 연약함을 고백하며 주님만을 의지하오니 이겨낼 수 있게 하소서.
▨ 내 힘으로 이겨내기 어려운 고난을, 나의 연약함을 고백하며 이깁시다.

나의 영적 일지

가장 귀한 업적

읽을 말씀 : 요한복음 12:20-28

● 요 12:25 자기 생명을 사랑하는 자는 잃어버릴 것이요 이 세상에서 자기 생명을 미워하는 자는 영생하도록 보존하리라

아브라함 카이퍼(Abraham Kuyper)는 네덜란드의 수상이자 목사였으며, 신학자이자, 국회의원이자, 200권이 넘는 베스트셀러 작가였습니다.

이 중에서 카이퍼가 가장 먼저 시작한 일은 목회였습니다.

당시 유럽에는 자유주의신학이 불길처럼 번졌는데 카이퍼는 복음주의 중심의 신학교를 세우고 기존의 기독교를 지키기 위해서 목회를 그만두고 교수가 되었다가 정치에 입문했습니다.

정치계에서도 큰 업적을 세우고 훌륭한 저서를 남긴 카이퍼는 수상의 자리에까지 올랐으나 그가 가장 귀하게 여긴 업적은 사람들에게 복음을 전한 것이었습니다.

실제로 카이퍼의 삶의 방향은 그가 있던 자리와 맡았던 직책에 상관없이 항상 복음이었습니다.

카이퍼는 딸에게 보낸 편지에 자신의 삶의 목적을 다음과 같이 적었습니다.

"나는 매일 밤 잠들기 전 주님의 십자가를 바라볼 때마다 〈내가 너를 위해 내 생명을 주었는데 너는 나를 위해 무엇을 주었느냐?〉라고 말씀하시는 것 같단다. 딸아, 이 부름에 답하기 위한 나의 소명과 과업보다 더 영광스러운 일은 없단다. 주님을 섬기는 일이 내 삶에서 가장 영광스러운 일이란다."

우리가 살아가는 삶의 모습은 달라도 모든 삶의 목적은 오직 한 가지 '예수 그리스도를 위해서'로 귀결되어야 합니다.

내가 아닌 주님을 위해 달려가는 인생이 되십시오. 아멘!!!

🤍 주님, 저의 모든 삶의 목적이 오직 '예수 그리스도를 위해서'이게 하소서.
🖼 나를 위해서가 아닌 주님을 위해 달려가는 인생이 되게 합시다.

나의 영적 일지

늦은 때란 없다

읽을 말씀 : 로마서 11:25-36

● 롬 11:29 하나님의 은사와 부르심에는 후회하심이 없느니라

미국의 한 할머니가 환갑을 한참 넘긴 66세에 갑자기 산을 오르기 시작했습니다. 그것도 보통 산이 아니라 미국에서 가장 높은 산들을 올랐습니다. 더 늦기 전에 새로운 도전을 하고 싶다고 생각하다가 어렸을 때부터 하고 싶었던 등산이 떠오른 것입니다.

특별한 훈련도 없이 매일매일 조금씩 산을 오른 할머니는 30년 뒤 4421m 높이로 미국에서 가장 높은 산인 휘트니산(Mount Whitney) 정상을 비롯해 97개의 봉우리를 모두 올랐습니다.

산을 오를 때마다 몸 상태는 거짓말처럼 좋아졌고 마라톤에도 도전해 시니어 대회 신기록을 8개나 세웠습니다.

캘리포니아주 의회에서는 할머니의 업적을 기리기 위해 휘트니산에서 가장 험한 봉우리를 할머니의 이름을 따서 '크룩스 봉우리'라고 지었습니다.

90세 때의 건강검진에서 심장과 폐가 20대 초반과 같다는 진단을 받은 훌다 크룩스(Hulda Crooks) 할머니는 자서전에서 젊음의 비결을 다음과 같이 말했습니다.

"사용하지 않는 근육은 점점 약해집니다. 몸이 점점 약해지고 민첩성을 잃어가고 있다면 지금 더 많이 사용하고 움직여야 할 때라는 신호입니다."

사명자의 삶에 멈춤이란 없습니다. 잠시 쉬었다 갈지라도 우리는 하나님이 우리에게 명하신 그 길을 삶의 마지막까지 계속해서 걸어가야 합니다. 하나님이 주신 소명을 완수하는 그날까지 하나님이 모든 것을 책임져주실 것을 믿고 계속해서 움직이고 도전하는 것이 그리스도인의 소명입니다.

더 늦기 전에 지금, 바로, 오늘, 시작하십시오. 아멘!!!

♡ 주님, 주님이 주신 소명을 완수하기까지 사명자의 삶을 살게 하소서.

🦶 움직이고 도전하는 것을 더 늦기 전에 지금, 바로, 오늘, 시작합시다.

나의 영적 일지

구름 속 무지개

읽을 말씀 : 창세기 9:8-17

● 창 9:13 내가 내 무지개를 구름 속에 두었나니 이것이 나의 세상과의 언약의 증거니라

『강릉 사천의 고즈넉한 바닷가 한편에는 「오버 더 레인보우」(Over the Rainbow)라는 카페가 있습니다. 카페 안에 발을 들여놓기만 해도 오감이 열리는 느낌이 듭니다. 그윽한 커피 향에 후각이 열리고, 부드러운 찬양 소리에 청각이 열리고, 수준 높고 독특한 화풍의 그림들이 눈에 들어와 시각이 열립니다.

카페에 걸려 있는 그림을 그린 사람은 이장우 화백입니다.

이 화백은 서번트 증후군인 자폐 장애가 있지만 뛰어난 실력으로 멋진 그림을 그려냅니다. 어린 시절 아주 잠깐 그림을 배웠지만 그 이후에는 독학으로 유명한 화가가 됐습니다. 그런데 이런 유명한 화백의 작품이 영동극동방송 사옥에도 걸려 있습니다.

이장우 화백의 아버지는 사업에 실패한 가장 힘든 시절에 극동방송을 청취하며 견뎌낸 열혈 애청자입니다. 약국을 경영하시던 이 화백의 아버지는 얼마 전 폐암으로 천국에 가시기 전, 영동극동방송에 이 화백의 그림을 기증했습니다.

이장우 화백은 아무것도 보이지 않는 구름 속에서 태어난 것 같은 아픔이 있었지만, 하나님은 서서히 그 구름을 걷고 약속의 무지개를 띄워주셨습니다.

이 화백은 하나님이 주신 은사와 재능으로 많은 사람들에게 위로가 되는 그림을 그리는 무지개 같은 화가로 살아가고 있습니다.

완전하신 하나님의 뜻과 계획을 믿고 살아갈 때 하나님의 약속처럼 아름답고 다른 사람들에게 기쁨을 주는 무지개 같은 삶을 살아가게 됩니다.』 - 「김장환 목사의 인생 메모」 중에서

어떤 순간에도 하나님의 뜻을 신뢰하십시오. 아멘!!!

🩶 주님, 어떤 상황에서도 늘 함께하시는 주님이 주신 소망을 갖게 하소서.
🧩 오늘도 나와 함께 하신다는 주님의 약속을 믿으며 살아갑시다.

나의 영적 일지

신뢰의 중요성

읽을 말씀 : 갈라디아서 3:15-22

● 갈 3:18 만일 그 유업이 율법에서 난 것이면 약속에서 난 것이 아니리라 그러나 하나님이 약속으로 말미암아 아브라함에게 은혜로 주신 것이라

로마와 카르타고가 '포에니 전쟁'을 벌이던 때의 일입니다.

치열한 전투 중 로마의 장군 마르쿠스 레굴루스(Marcus Atilius Regulus)가 포로로 잡혔습니다.

카르타고는 불리한 전세를 뒤집기 위해서 마르쿠스에게 로마로 돌아가 항복을 권유하면 목숨을 살려주겠다고 제안했습니다.

마르쿠스는 제안을 받아들여 로마로 돌아갔습니다. 그러나 항복을 권유하지 않고 카르타고의 정보를 속속들이 전달하며 버티기만 하면 전쟁은 곧 승리할 것이니 끝까지 싸우라고 격려했습니다.

로마에 정보를 준 마르쿠스가 카르타고로 돌아가려 하자 사람들은 돌아가면 죽을 것이 뻔하니 그냥 남으라고 말했습니다. 그러자 마르쿠스는 단호하게 대답했습니다.

"적과의 약속이지만 약속은 반드시 지켜야 합니다.

내가 목숨이 아까워 여기 남는다면 온 세상 사람들이 로마 사람들과 한 약속은 믿을 수 없다고 할 것입니다."

마르쿠스는 카르타고로 돌아가 모진 고문 끝에 죽었지만 로마인들을 향한 사람들의 신뢰는 더욱 두터워졌습니다.

한 사람의 잘못으로도 완전히 무너질 수 있는 것이 신뢰입니다.

나 한 사람이 그리스도인을 대표할 수도 있다는 사실을 기억하며 주님 앞에 선 것처럼 세상에서도 정직하고 진실하게 살아가십시오. 아멘!!!

🖤 주님, 제가 그리스도인을 대표할 수도 있음을 기억하게 하소서.

📖 주님 앞에 선 것처럼 세상에서도 정직하고 진실하게 살아갑시다.

나의 영적 일지

변화시키시는 주님

읽을 말씀 : 골로새서 3:1-10

● 골 3:10 새 사람을 입었으니 이는 자기를 창조하신 자의 형상을 좇아 지식에까지 새롭게 하심을 받는 자니라

영화 「이보다 더 좋을 수는 없다」의 마지막 대사는 영화 역사상 가장 아름다운 고백 장면으로 꼽힙니다.

성격적인 문제로 제대로 된 사랑을 한 번도 하지 못했던 남자 주인공은 모든 것을 변화시킬 강렬한 사랑을 경험하게 만든 여자에게 다음과 같이 고백합니다.

"당신은 내가 더 좋은 사람이 되고 싶게 만들어요."

미국 테네시에서 폭발적 부흥을 하고 있는 「그리스도 장로교회」(Christ Presbyterian Church)의 스콧 솔즈(Scott Sauls) 목사님은 한 결혼식에 참석했다가 신랑의 동생에게 다음과 같은 말을 들었습니다.

"저는 한 평생 형을 싫어했습니다.

물과 기름같이 서로가 맞는 구석이 하나도 없었습니다.

그런데 형수님을 만난 뒤 형이 좋아지기 시작했습니다.

형수님을 만난 뒤 형은 좋은 사람으로 변했습니다."

목사님은 이 말이 마치 예수님과 성도의 관계를 표현한 것처럼 느껴졌습니다. 예수님과 함께 할 때 우리의 최상의 모습이 나오며, 예수님과 함께 있기만 해도 우리의 나쁜 것들이 좋은 것으로 변화되기 때문입니다.

이것은 예수님과 함께 하는 성도에게 자연스럽게 일어나는 당연한 변화입니다. 주님과 함께하는 것만으로도 사람들에게 사랑과 존경을 받는 좋은 변화들이 일어납니다. 더 나은 사람이 되려고 노력하지 말고 주님과 가까이 하기를 갈구하십시오. 아멘!!!

♡ 주님, 사랑과 존경을 받는 좋은 변화를 위해 주님과 가까이 있게 하소서.

🧩 더 나은 사람이 되려고 노력하기보다 주님과 가까이하기를 갈구합시다.

나의 영적 일지

최고의 하루를 보내라

읽을 말씀 : 시편 16:1-11

● 시 16:11 주께서 생명의 길로 내게 보이시리니 주의 앞에는 기쁨이 충만하고 주의 우편에는 영원한 즐거움이 있나이다

미국의 유명한 카운슬러이자 심리 치료사인 주얼 D. 테일러(Jewel Diamond Taylor)는 인생을 힘들어하는 사람들 대부분이 문제를 멀리 보는 공통점이 있다는 것을 알았습니다.

오늘 하루를 바꿔야 삶이 변하는데 대부분의 상담자들은 언젠가는 삶이 변할 것이라고 막연히 생각했습니다.

다음은 테일러가 말한 「최고의 하루를 보내는데 도움을 주는 7가지 방법」입니다.

1. 부정적인 영향을 줄 수 있는 사람과 많은 시간을 보내지 말라.
2. 중요하지 않은 것에 시간을 낭비하지 말라.
3. 시간을 낭비하게 만드는 일이 무엇인지 파악하라.
4. 하나의 목적을 이룰 때마다 자신에게 상을 줘라.
5. 가장 중요한 일부터 해결하라.
6. 혼자서 모든 것을 하려고 하지 마라.
7. 효율적인 일을 위한 최적의 공간을 조성하라.

하루를 행복하게 보내는 사람은 평생을 행복하게 보낼 수 있습니다.

하루를 주님 앞에 바로 서는 사람은 평생을 사명자로 살아갈 수 있습니다.

그러나 반대로 하루를 주님을 잊고 살면 평생을 주님과 멀어질 수 있습니다. 하루를 소중하게 여기고, 하루를 주님과 함께 보내고자 더욱 노력해야 합니다.

하나님이 주신 하루를 최고로 행복하게 보내고자 노력하십시오. 아멘!!!

💛 주님, 하루하루를, 평생을, 주님 앞에 바로 서는 사명자로 살게 하소서.
🖼 나의 시간을 낭비하게 만드는 일이 무엇인지 파악합시다.

나의 영적 일지

먼저 무릎을 꿇으라

읽을 말씀 : 잠언 15:25-33

● 잠 15:33 여호와를 경외하는 것은 지혜의 훈계라 겸손은 존귀의 앞 잡이니라

스위스의 한 산 중턱에 아주 작은 길 하나만 있는 험로가 있었습니다.

두 마리 염소가 서로 다른 방향에서 오다가 이 길에서 마주쳤습니다. 두 염소는 서로 길을 지나가려 했지만 폭이 좁아 도저히 비켜 갈 수가 없었습니다.

한참이 지나고 한 염소가 무언가를 결심한 듯 돌연 무릎을 꿇었습니다.

위쪽에서 내려오던 염소가 무릎을 꿇은 염소를 밟고 내려가자 다른 염소 한 마리도 위쪽으로 올라갈 수 있었습니다.

이 광경을 목격한 사람들은 좁은 길에서는 누군가 양보해야 한다는 일차원적인 교훈만을 얻었습니다.

그러나 스위스의 신학자 울리히 츠빙글리(Ulrich Zwingli)는 이 광경을 보고 다음과 같은 신앙의 교훈을 얻었습니다.

"하나님 앞에 먼저 넙죽 엎드리는 성도만이 하나님이 예비하신 은총의 길로 올라갈 수 있습니다."

십자가 앞에 고개를 숙이고 철저히 회개하고 순종하는 사람을 주님은 높이 세우십니다.

주님 앞에 겸손한 사람만이 사람들을 겸손하게 섬길 수 있습니다.

겸손함으로 사람을 섬기는 성도를 주님은 우물을 양보한 야곱처럼 높이 세워주시고 넘치는 축복을 부어주십니다.

하나님 앞에서 철저히 자세를 낮추고 회개하며 주님의 음성을 기다리십시오. 아멘!!!

🩷 주님, 주님 앞에 철저히 자세를 낮추고 주님의 음성을 기다리게 하소서.

🖼 나는 주님 앞에서 먼저 넙죽 엎드리는 성도인가 살펴봅시다.

나의 영적 일지

2월 21일

황금원의 법칙

읽을 말씀 : 디모데전서 2:1-10

● 딤전 2:4 하나님은 모든 사람이 구원을 받으며 진리를 아는데 이르기를 원하시느니라

세계 최고의 싱크탱크(think tank)들이 모여 있는 랜드 연구소(RAND Corporation)의 연구원인 사이먼 시넥(Simon Sinek)은 모든 조직이 올바로 소통하고 조직원들이 성장하기 위해서는 "황금원의 법칙이 필요하다"라고 말했습니다.

'황금원 이론'은 '무엇을', '어떻게', '왜'라는 세 가지 질문에 올바로 대답할 수 있을 때 완성되는 동심원입니다. 조직을 구성하는데 너무도 당연한 질문 같지만 의외로 많은 조직에서 가장 기본적인 이 질문들을 무시하고 막연한 소통을 하고 있다고 합니다.

외국의 한 신학자는 이 이론을 교회의 제자 훈련에 다음과 같이 접목했습니다.

● 교회는 무엇을 해야 하는가?
  복음을 전파해 그리스도의 제자를 만들어야 한다.
● 어떻게 제자를 만들 수 있는가?
  말씀을 배우고 예수님과 동행하는 삶을 통해 만들 수 있다.
● 왜 만들어야 하는가?
  세상 모든 문제를 해결하고 구원받을 수 있는 유일한 길이기 때문이다.

교회의 목적이 무엇인지, 성도의 삶이 무엇인지를 올바로 규정하고 배울 때 주님이 세워주신 푯대를 향해 달려가는 신앙생활이 됩니다.

그리스도인에게 이 길 외에 다른 길은 없습니다.

무엇을 믿고, 어떻게 살아야 하며, 왜 그 일을 해야 하는지 명확히 깨달으십시오. 아멘!!!

♡ 주님, 뭘 믿고, 어떻게 살아야 하며, 왜 그 일을 해야 하는지 알게 하소서.
🕮 교회의 목적이 무엇인지, 성도의 삶이 무엇인지를 올바로 배웁시다.

나의 영적 일지

감사를 처방하라

읽을 말씀 : 시편 145:8-17

●시 145:10 여호와여 주의 지으신 모든 것이 주께 감사하며 주의 성
도가 주를 송축하리이다

사업이 잘되지 않아 직원들 월급조차 주지 못할 위기에 처한 남자가 있었습니다. 집으로 돌아온 남자의 눈에 건강에 이상이 생겨 전전긍긍하는 아내의 모습이 보였습니다.

여러 가지의 걱정을 누구에게도 털어놓지도 못하는 남자의 마음에 한 말씀이 떠올랐습니다.

'아무것도 걱정하지 말라.'

너무도 잘 아는 말씀이었습니다.

그러나 눈앞에 놓인 걱정들 때문에 남자는 말씀대로 할 수가 없었습니다.

'주님, 도대체 어떡해야 합니까? 방법을 알려주세요.'

한참을 기도하던 중 마음에 '감사'라는 단어가 떠올랐습니다.

걱정을 버리려고 하는 것이 아니라 오히려 감사할 때 성경 말씀대로 평안이 찾아왔습니다.

남자는 아내를 비롯한 모든 걱정이 있는 주변 사람들에게 깨달음을 나눴고 '감사'의 처방전을 받은 사람들은 하나같이 말씀이 약속한 축복을 경험했습니다.

「감사 치료」(Thank You Therapy)의 저자 돈 베이커(Don Baker)의 이야기입니다.

베이커는 감사는 식전, 식후, 하루 중 아무 때나 처방할 수 있는 최고로 효과적인 치료제라고 말했습니다.

감사는 하나님이 주신 평안을 누릴 수 있는 성도의 강력한 무기입니다.

주님의 말씀대로 범사에 감사하는 처방을 내리십시오. 아멘!!!

🤍 주님, 걱정을 버리려고 하는 것이 아니라 오히려 감사하게 하소서.

📖 주님의 말씀대로 범사에 감사하는 효과적인 치료제를 가집시다.

나의 영적 일지

성도가 배워야 할 것

읽을 말씀 : 시편 119:105-112

● 시 119:108 여호와여 구하오니 내 입의 낙헌제를 받으시고 주의 규례로 나를 가르치소서

덴마크의 철학자이자 시인인 키르케고르(Søren Kierkegaard)가 쓴 「우리가 배워야 할 것」이라는 시입니다.

『하늘에 계신 우리 아버지여,
많은 사람이 사는 세상 속에서
아버지께 마땅히 배워야 할 것을
우리는 배우지 못하고 있습니다.

어디선가 누구에게 그것을 잠시 배웠다 해도
사회에서 우린 다시 그것을 쉽게 잊습니다.

우리가 아버지가 가르쳐 주신 그것을 잊지 않게 도우소서.
길가의 백합화와 새들을 통해 다시 깨우치게 하소서.
조금씩이라도, 아주 일부라도 배운 것을 까먹지 않게 도우소서.
바로 침묵과 순종, 그리고 기쁨을!』

잠잠히 주님을 기다리며, 주님의 음성에 순종하며, 그 가운데 기쁨을 누릴 줄 아는 것이 그리스도인이 받은 큰 복입니다. 주님이 말씀을 통해 가르치시는 귀한 덕목들을 배우며 살아가는 은혜 안에서 하루를 보내십시오. 아멘!!!

🤍 주님, 주님의 음성에 순종하며, 그 가운데 기쁨을 누리게 하소서.
🎴 주님이 말씀을 통해 가르치시는 귀한 덕목들을 배우며 살아갑시다.

나의 영적 일지

말씀과 다른 삶

읽을 말씀 : 야고보서 1:19–27

● 약 1:22 너희는 도를 행하는 자가 되고 듣기만 하여 자신을 속이는
  자가 되지말라

인터넷의 여러 사이트에서 컵라면 하나 때문에 큰 이슈가 생긴 적이 있습니다. 국내에서 판매되는 컵라면과 해외에서 판매되는 컵라면의 건더기가 한눈에도 알 수 있을 정도로 큰 차이가 났기 때문입니다. 심지어 해외 판매용의 가격이더 저렴했습니다. 몇몇 사람들은 차이가 너무 난다며 글의 진위를 의심했지만글의 내용은 모두 사실이었습니다.

20년 전 외국에서 광고 사진과 실제 내용물이 크게 차이가 난다는 이유로 한국의 컵라면이 숱하게 고소를 당했기 때문입니다.

이것은 비단 우리나라만의 문제는 아닙니다. 최근 한 외국 방송인이 많은 레스토랑이 사진과 다른 음식을 판매한다며 주문한 제품이 사진과 다를 경우 무조건 다시 만들어줄 것을 요청하는 영상을 공개했습니다.

재밌는 것은 항의를 받고 다시 만든 음식은 광고 사진과 흡사했다는 것입니다. 사실 사진과 똑같이 만들어 줄 수 있지만 귀찮다는 등의 사소한 이유로 음식을 대충 만들고 있었다고 생각할 수 있다고 합니다.

세상 사람들이 오늘날 기독교인들을 안 좋게 바라보는 것은 어쩌면 우리의 잘못일 수도 있습니다. 말씀이 가르치는 성도의 삶은 어떤 모습입니까?

그 모습이 지금 우리의 삶의 모습과 얼마나 닮아있습니까?

세상 사람들은 우리의 말이 아닌 삶의 모습을 통해 진리를 발견합니다.

말씀과 동떨어진 삶을 살고 있지는 않은지 우리 스스로의 모습을 돌아보며 주님께 더욱 집중합시다. 아멘!!!

💜 주님, 주님의 말씀과 동떨어진 삶을 살지 않도록 도와주소서.
🧩 우리 스스로의 모습을 성경에 비춰보며 주님께 더욱 집중합시다.

나의 영적 일지

충성된 청지기

읽을 말씀 : 베드로전서 4:1-11

● 벧전 4:10 각각 은사를 받은대로 하나님의 각양 은혜를 맡은 선한 청지기 같이 서로 봉사하라

어떤 목사님이 서울에 교회를 개척하면서 한 가지 원칙을 세웠습니다.

'재정의 30%는 반드시 구제, 선교, 장학금 목적으로 사용할 것.'

목사님은 어떤 상황에서도 이 원칙을 철저히 지키겠다는 마음을 갖고 교회를 개척했습니다. 개척 후 첫 예배를 드리고 성도들이 드린 헌금을 확인해 보니 8만 원 정도였습니다. 30%면 2만 원 정도로 한 달을 모아도 10만 원 정도밖에 되지 않는 적은 액수였습니다. 워낙 적은 액수다 보니 목사님과 재정 관리를 맡은 성도들 간에 오랜 회의가 이어졌습니다.

"적은 돈이지만 세 분야에 골고루 나눠서 사용하자."

"아니다. 일단은 가장 급한 곳부터 집중하자."

주님을 위해 한 달에 10만 원을 어떻게 사용하냐를 놓고 오랜 논의가 오갔습니다. 그로부터 교회는 급격히 부흥했고 하나님은 백배가 넘는 축복을 주셨습니다. 주님을 위해 예전과는 비교도 되지 않는 큰 액수를 사용할 수 있지만 한 달 재정이 10만 원 남짓이었던 때나 수천만 원인 지금이나 재정을 사용하기 위한 열띤 회의는 여전히 이어졌습니다. 재정의 액수보다 귀한 재정을 어떻게 사용할 것인지가 더 중요하다는 사실을 목사님과 성도들은 알고 있기 때문입니다.

청지기의 일은 주인이 맡긴 것을 올바로 지키고 명령을 따라 나누어주는 것뿐입니다. 우리가 세상에서 얻고 누리는 모든 것들은 하나님이 잠시 맡겨주신 것입니다. 하나님이 주신 복을 지혜롭게 관리하고 사용하는 충성된 청지기가 되십시오. 아멘!!!

♡ 주님, 주님께서 맡긴 것을 올바로 지키고 명령을 따라 나누게 하소서.

🎴 충성된 청지기의 삶이 무엇인지 생각하며 행동합시다.

나의 영적 일지

주님이 인정하실 때까지

읽을 말씀 : 빌립보서 3:10-16

● 빌 3:14 푯대를 향하여 그리스도 예수 안에서 하나님이 위에서 부르신 부름의 상을 위하여 좇아가노라

멕시코 출신의 길거리 연주자였던 카를로스 산타나(Carlos Santana)는 우연한 기회에 유명한 프로듀서에게 발탁되어 일약 스타가 됐습니다.

데뷔와 동시에 세계적인 공연인 「우드스톡」(Woodstock) 페스티벌에서 전설적인 공연을 한 산타나는 세계에서 가장 주목받는 기타리스트가 됐습니다. 자신의 이름을 딴 밴드를 만들어 발표하는 앨범마다 수천만 장씩 팔리며 성공 가도를 달리던 산타나는 돌연 재즈를 하겠다며 음악 스타일을 바꿨습니다.

기존에 산타나가 하던 락과는 완전히 다른 장르였습니다. 산타나를 발탁한 명프로듀서 빌 그레이엄(Bill Graham)도 난색을 표했고 몇 장의 앨범이 나왔지만 판매가 저조해 더 이상 계약을 하자고 찾아오는 음반사도 없었습니다. 그러나 산타나는 싸늘한 반응에도 포기하지 않고 자신이 하고 싶은 음악을 계속했습니다. 무려 25년이 지나 발표된 앨범 「슈퍼내추럴」은 2천 500만 장이나 팔렸고 그래미 8관왕이라는 역사상 두 명밖에 세우지 못한 대기록을 세웠습니다.

산타나가 돈을 위해 꿈을 포기했거나 1년만 일찍 포기했더라면 결코 이런 기록을 세우지 못했을 것입니다.

그리스도인의 목적은 세상이 아닌 하나님의 인정을 받는 것입니다. 세상 모든 사람의 인정을 받는다고 해도 주님이 기뻐하시지 않는 일은 아무런 의미가 없는 헛된 업적입니다. 제사보다 찬양을 더 기뻐하시는 주님께 우리가 드릴 것은 찬양과 감사와 예배입니다. 믿기 전의 낡은 습관들은 모두 벗어버리고 하나님을 기쁘시게 하는 새로운 습관의 삶을 입으십시오. 아멘!!!

♡ 주님, 나의 삶의 목적이 세상이 아닌 하나님의 인정을 받게 하소서.

🎴 주님을 기쁘시게 하는 새로운 습관의 삶을 입읍시다.

나의 영적 일지

2월 27일

책임져야 할 얼굴

읽을 말씀 : 요한복음 14:25–31

● 요 14:27 평안을 너희에게 끼치노니 곧 나의 평안을 너희에게 주노라 내가 너희에게 주는 것은 세상이 주는 것 같지 아니하니라 너희는 마음에 근심도 말고 두려워하지도 말라

기도하는 대통령으로 알려진 에이브러햄 링컨(Abraham Lincoln)이 기적적으로 미국 대통령에 당선된 직후 백악관으로 참모들을 불러 모아 내각을 구성하고 있었습니다.

한 비서가 배경도 좋고 실력도 좋은 한 사람을 추천했습니다. 뽑아두면 힘이 될 것이 확실했지만 링컨은 그 사람의 이름을 듣자마자 단칼에 거절했습니다.

"그 사람은 안 돼. 난 그 사람 얼굴이 마음에 들지 않아."

외모는 타고난 것이라 어쩔 수 없지 않냐는 비서의 말에 링컨이 대답했습니다.

"세상에 태어났을 때는 부모님이 물려준 얼굴이지만 그 뒤로는 자신이 만들어가야 하네. 살아온 인생이 얼굴에 드러나는 법이거든. 마흔이 넘으면 자기 얼굴에 책임을 져야 하네."

마흔 살이 넘으면 자기 얼굴에 책임을 져야 한다는 말은 링컨이 가장 먼저 한 말입니다. 연구 결과에 따르면 같은 얼굴이라도 평소에 많이 짓는 표정에 따라 인상이 달라진다고 합니다.

웃을 때와 찡그릴 때 사용하는 근육이 다르기 때문에 많이 짓는 표정에 따라 생기는 주름과 발달하는 근육이 다르다고 합니다.

지금 나의 얼굴은 어떻습니까?

주님이 주신 기쁨과 소망이 저절로 드러나는 밝은 얼굴입니까?

아니면 근심과 걱정에 싸여 있는 어두운 얼굴입니까?

천국 소망의 기쁨이 서려있는 얼굴의 주인공이 되십시오. 아멘!!!

♡ 주님, 주님이 주신 기쁨과 소망이 저절로 드러나는 밝은 얼굴을 주소서.
🙏 천국 소망의 기쁨이 스며있는 얼굴의 주인공이 됩시다.

나의 영적 일지

가치 있는 일이라면

읽을 말씀 : 고린도전서 9:16-23

● 고전 9:16 내가 복음을 전할찌라도 자랑할 것이 없음은 내가 부득 불 할 일임이라 만일 복음을 전하지 아니하면 내게 화가 있을 것임 이로라

한때 미국 켄터키주에 사는 사람이라면 해리 콜린스(Harry Collins)라는 이름을 모르는 사람이 없었습니다. 어떤 사람은 그를 뛰어난 마술사, 다른 사람은 싹싹한 영업 사원으로 알고 있었습니다.

두 사람 다 맞습니다. 콜린스는 45년 동안 「프리토레이」(Frito-Lay)의 제품을 가장 많이 팔아 훗날 임원의 자리에까지 오른 전설적인 세일즈맨이었습니다.

또한 밤마다 마술 클럽에서 공연을 하며 이름을 날린 성공한 마술사이기도 합니다. 더 이상 돈을 벌 필요가 없을 정도로 성공을 한 뒤에도 콜린스는 매일 밤 공연을 했습니다. 사람들에게 즐거움을 주는 것이 자신의 천직이었기 때문입니다.

하루는 영업 실적이 신통치 않아 고민하던 젊은 세일즈맨이 콜린스의 공연을 보고 찾아가 조언을 구했습니다.

"오늘도 물건을 하나도 팔지 못했습니다.

선생님도 고객에게 거절당할 때가 있으셨나요?"

콜린스는 아주 많았다고 대답했습니다.

세일즈맨이 몇 번이나 다시 찾아가야 하냐고 묻자 콜린스가 말했습니다.

"제가 죽거나 고객이 죽기 전까지 저는 포기하지 않습니다."

가치 있는 일이라면 돈이 많아도, 나이가 들어도, 시간이 들어도 포기하지 않아야 합니다.

그리스도인인 우리가 생의 끝까지 포기하지 말아야 할 일은 바로 전도입니다. 영혼을 살리는 가치 있는 일을 결코 포기하지 마십시오. 아멘!!!

♡ 주님, 영혼을 살리는 가치 있는 전도를 숨질 때까지 하게 하소서.

⚔ 내가 어떤 경우에도 포기해서는 안 되는 일이 무엇인지 찾아봅시다.

나의 영적 일지

3월

"보라 하나님은 나의 구원이시라
내가 의뢰하고 두려움이 없으리니
주 여호와는 나의 힘이시며 나의 노래시며
나의 구원이심이라"

– 이사야 12:2 –

3월 1일

시간의 양, 시간의 질

읽을 말씀 : 에베소서 5:1-21

● 엡 5:16 세월을 아끼라 때가 악하니라

『저는 보통 새벽 3시 30분 정도면 일어나 중보 기도로 하루를 시작합니다.

방송사에는 아침 6시 전에 도착해 책상에 올라온 서류들을 결재하고 여러 일정을 챙기며 방송 사역을 시작합니다. 매시간도 아닌 매분 단위로 일정을 조정하며 조금이라도 더 많은 일을 감당하려고 노력하고 있습니다.

이런 생활 패턴은 사역을 시작한 뒤에는 늘 똑같았습니다.

그러다 보니 젊은 시절에는 지방 사역과 해외 사역으로 눈코 뜰 새 없이 바빠 가정, 특히 세 자녀들에게 다른 아버지들처럼 시간을 할애해서 놀아주지 못했습니다. 그래서 자녀들과의 부족한 시간이란 간극을 메우는 방법이 무엇일지를 놓고 깊은 고민을 했습니다.

결국 더 많은 시간보다는 더 가치 있는 시간으로 승부를 내자는 결론을 내렸습니다.

적은 시간이지만 함께 하는 시간들을 아이들의 인생 속에서 평생 기억될 경험과 추억들을 만들어주려고 부단히 노력해 부족한 시간의 간극을 해결했습니다.

요즘 많은 부모들이 물질적으로 모든 것을 지원해 주고 아이들이 하고 싶다는 것을 다해 주는 것이 부모의 역할이라고 착각하고 있습니다.

그러나 더 중요한 것은 시간입니다. 많은 시간도 중요하지만, 좋은 시간을 보내고 있는지를 함께 고민해야 합니다. 자녀 교육도, 경건 시간도 마찬가지입니다.』-「김장환 목사의 인생 메모」 중에서

유한하고 제한적인 시간을, 더 풍성한 가정을 위해, 더 풍성한 영성을 위해 지혜롭게 활용하십시오. 아멘!!!

🩶 주님, 주어진 시간을 잘 활용하는 선한 청지기가 되게 하소서.

🧶 요즘 자녀들과 나는 어떤 시간을 보내고 있는지 돌아봅시다.

나의 영적 일지

남은 인생의 가치

읽을 말씀 : 출애굽기 4:11-17

3월 2일

● 출 4:15 너는 그에게 말하고 그 입에 말을 주라 내가 네 입과 그의 입에 함께 있어서 너의 행할 일을 가르치리라

황제의 곁에서 비서 역할을 하던 독일의 공작이 있었습니다.

황제는 공작의 능력을 높이 사 중요한 일들을 대부분 공작에게 맡겼습니다. 그러자 공작은 황제를 제외한 다른 사람들에게 점점 무례하게 대하며 교만해졌고 급기야 공작을 좋아하는 사람은 아무도 없었습니다.

하루는 공작이 습관적으로 예배를 드리러 교회에 갔는데 기도 중에 눈을 들어보니 십자가에 '3'이라는 숫자가 빛을 발하며 떠올랐습니다.

신앙을 소홀히 했던 공작은 양심에 찔려 하나님이 자신에게 '3일'이라는 시간을 주셨다고 생각했습니다. 집으로 돌아온 공작은 3일 뒤 세상을 떠날 것처럼 선정을 펼치고 주변 사람들을 챙겼습니다.

3일이 지나도 죽지 않자 3달이 남은 줄 알고 다시 선정을 베풀었고, 3달이 지나자 3년을 완전히 다른 사람처럼 살았습니다. 3년이 지나자 공작은 모든 공직자와 백성들에게 존경받는 훌륭한 사람이 되어 있었고 황제는 자신의 후계자로 공작을 지목했습니다.

신성로마제국의 성군으로 추앙받은 루드비히 4세(Ludwig Ⅳ)의 이야기입니다.

오늘을 마지막처럼 살아갈 때 헛된 것에 시선을 빼앗기지 않고 가장 중요한 일을 선택하게 됩니다.

오늘 나에게 가장 중요한 일은 하나님이 나에게 맡겨주신 그 일입니다.

세상의 일에 마음이 분주해 있다면 고요한 가운데 성령님의 인도하심을 기다리십시오. 오늘 주신 하루를 하나님이 주신 마지막 날이라고 생각하며 마땅히 해야 할 일을 하십시오. 아멘!!!

♡ 주님, 주님이 주신 하루, 오늘이 마지막 날이라고 생각하며 살게 하소서.
🖼 헛된 것에 시선을 빼앗기지 말고 가장 중요한 일을 선택합시다.

`나의 영적 일지`

죄에 약한 인간

읽을 말씀 : 욥기 13:20-28

● 욥 13:23 나의 불법과 죄가 얼마나 많으니이까 나의 허물과 죄를 내게 알게하옵소서

북중미에서만 자라는 만치닐 나무는 치명적인 독성으로 '죽음의 나무'로 불립니다. 나뭇잎이 풍성하고 15m까지 곧게 자라는 만치닐 나무는 사과와 비슷한 열매를 맺습니다. 달콤한 향이 나는 열매는 작은 사과와 비슷해 모르는 사람들은 무심코 맛을 봅니다.

달콤한 향처럼 처음에는 맛도 달지만 독성이 있는 수액이 나오며 곧 입안의 모든 감각이 마비되고 식도까지 얼얼해집니다. 운이 좋으면 하루 정도 지나고 다시 회복되지만 열매를 많이 먹거나 알레르기 반응이 생기면 목숨을 잃기도 합니다.

만치닐 나무 수액의 독성을 알아서인지 현지에서는 달콤한 향과 탐스러운 열매에도 불구하고 짐승들은 만치닐 나무 근처에도 가지 않고 물고기 미끼로 사용해도 걸려드는 물고기가 한 마리도 없다고 합니다. 그러나 달콤한 향과 보암직한 열매에 마음을 빼앗긴 사람들은 현지인들이 붙여놓은 금지 표지에도 기어코 나무에 가까이 가거나 열매를 따서 맛을 보는 사람이 많다고 합니다.

달고 맛있어 보이지만 먹으면 죽을 수도 있는 만치닐 열매처럼 죄 역시 피할 수 없는 사망의 결과로 우리를 넘어뜨립니다. 잠깐의 쾌락을 약속하는 향긋한 죄의 냄새에 마음을 빼앗기지 말고 오직 성령의 충만함을 입어 성령의 법을 따라야 합니다. 죄로 인해 타락한 인간은 공의와 정의의 하나님을 더욱더 의지하는 수밖에 없습니다.

내 인생의 키를 마귀도 아닌, 나도 아닌, 하나님의 손에 맡기십시오. 아멘!!!

🤍 주님, 오직 성령의 충만함을 입어 성령의 법을 따라 살게 하소서.

🖼 잠깐의 쾌락을 약속하는 향긋한 죄의 냄새에 마음을 빼앗기지 맙시다.

나의 영적 일지

영혼을 담아서

읽을 말씀 : 사무엘상 15:20-31

3월 4일

● 삼상 15:22 사무엘이 가로되 여호와께서 번제와 다른 제사를 그 목소리 순종하는 것을 좋아하심 같이 좋아하시겠나이까 순종이 제사보다 낫고 듣는것이 수양의 기름보다 나으니

세계적인 바이올리니스트 아이작 스턴(Isaac Stern)이 중국의 바이올린 유망주들을 위해 초청을 받았습니다. 이미 피아노를 비롯한 클래식의 몇몇 분야에서 두각을 나타내던 중국은 전국적으로 클래식 유망주들을 대거 모집해 조직적으로 양성하고 있었습니다. 스턴에게 가르침을 받기 위해 모인 아이들 중에는 이미 유명 콩쿠르에서 입상을 한 경력이 있는 아이들도 있었습니다.

유망주들의 연주를 듣고 난 뒤 한 관계자가 스턴에게 소감을 물었습니다.

그러자 스턴은 두 가지 소감을 이야기했습니다.

"첫째로 아이들의 실력에 놀랐습니다. 10살도 안 된 아이들이 기술적으로 완벽하게 연주하는 모습은 난생처음입니다.

둘째로 이토록 영혼이 없는 연주도 처음입니다."

기술적으로 완벽한 연주라도 연주자의 마음과 열정이 들어있지 않으면 감동을 줄 수 없습니다.

마찬가지로 우리가 하나님께 드리는 예배도 아무리 완벽한 형식을 갖춘다 해도 우리의 마음과 영혼이 담겨 있지 않으면 하나님이 받으시지 않습니다. 겉으로만 그럴싸한 묵상과 예배, 감사와 찬양이 아닌 나를 구원해주신 하나님을 향한 감격이 살아있는 진정한 경배와 찬양을 주님께 드려야 합니다.

하나님이 기뻐 받으시는 예배는 화려한 예배가 아닌 우리의 진심이 담긴 예배입니다. 중심을 보시고 우리의 마음을 기뻐 받으시는 주님을 열과 성을 다하여 섬기십시오. 아멘!!!

🖤 주님, 우리의 마음과 영혼이 담겨 있는 참된 예배를 하게 하소서.

🖼 우리의 마음을 기뻐 받으시는 주님께 열과 성을 다해 예배합시다.

나의 영적 일지

한눈을 팔지 마라

읽을 말씀 : 마태복음 24:3-14

● 마 24:4 예수께서 대답하여 가라사대 너희가 사람의 미혹을 받지 않도록 주의하라

일본의 한 권투선수가 바쁜 일이 있어 택시를 타고 시내로 가던 중이었습니다. 시내가 막혀 약속시간 안에 도착할 수 있을지 초조해지자 자신도 모르게 반복해서 창밖을 바라보는 행동을 한다는 사실을 깨달았습니다. 길이 막혀 답답한 택시 기사가 창밖을 바라보자 자신도 같이 창밖을 바라보는 것 같았습니다.

이후 선수는 만나는 사람에게 이 원리를 응용해 실험을 했는데 모든 사람이 자신의 시선을 따라 한눈을 팔았습니다.

언제 어디서라도 갑자기 한눈을 팔면 자연스레 상대방의 시선도 따라왔습니다. 심지어 주먹이 마구 교차되는 링 위에서의 상대 선수조차도 시선을 따라 한눈을 팔았습니다.

이 선수는 이때의 경험으로 링 위에서 종종 시선을 관중석으로 돌려 상대를 방심하게 만든 후에 공격하는 필살기로 세계 챔피언이 되었습니다.

이 선수의 필살기는 나중에 그 원리가 밝혀졌지만 당시 당하는 선수들은 왜 당하는지도 모른 채 그저 방심했다고만 생각했습니다.

'한눈팔기'로 유명한 일본의 미들급 세계 챔피언 와지마 고이치의 이야기입니다.

한눈을 팔면 틈이 생기기 마련입니다.

세상의 모든 문제를 해결할 분명한 답을 찾았다면 이제 그 답을 향해 평생 전진해야 합니다. 골고다 언덕 십자가에서 나를 위해 모든 물과 피를 쏟으신 주님을 끝까지 바라보십시오. 아멘!!!

💗 주님, 세상의 모든 문제를 해결해 주시는 주님만을 바라보게 하소서.

🎴 나를 위해 모든 물과 피를 쏟으신 주님을 끝까지 바라봅시다.

나의 영적 일지

치즈 버거의 유혹

읽을 말씀 : 갈라디아서 3:15–22

● 갈 3:22 그러나 성경이 모든 것을 죄아래 가두었으니 이는 예수 그리스도를 믿음으로 말미암은 약속을 믿는 자들에게 주려 함이니라

러시아 정교회는 사순절 기간인 6주 정도는 성도들에게 육식을 하지 말 것을 권합니다. 오브치니코바(Ovchinnikova)라는 성도는 16년 동안이나 사순절 동안 육식을 하지 않고 정교회의 교리를 잘 지켰습니다.

그런데 17년째 사순절에 시내에 나왔다가 맥도날드 매장 앞에 붙은 포스터를 보고는 유혹을 참기가 너무 힘들어 햄버거를 사 먹고 말았습니다.

치즈 버거와 너깃을 먹고 매장을 나온 오브치니코바는 큰 회의감에 빠졌습니다. 16년이나 잘 지켜온 자신의 신앙이 한순간에 무너진 느낌이었습니다.

다음날 오브치니코바는 맥도날드를 상대로 고소장을 제출했습니다.

'치즈 버거 사진을 너무 먹음직스럽게 광고했다'라는 이유였습니다.

오브치니코바가 정신적 피해 보상까지 요구한 배상액은 한국 돈으로 고작 2만 원이었습니다. 오브치니코바가 원했던 것은 돈이 아니라 한순간의 유혹에 넘어간 자신의 실수를 납득시킬만한 외부 요인이었습니다.

아주 작은 틈에도 넘어질 수 있는 것이 인간이며, 어떻게든 죄를 합리화하고 책임을 전가하고자 하는 것 또한 인간의 습성입니다.

마귀의 유혹과 간교는 다양한 모습으로 우리를 공격합니다.

생각지도 못한 상황에서도 유혹이 도사리고 있을 수 있기에 우리는 늘 깨어 죄의 덫을 경계해야 합니다.

죄의 원인을 외부가 아닌 내부에서 찾으며, 내 힘이 아닌 하나님이 주신 힘으로 모든 것을 이겨낼 은혜를 달라고 기도하십시오. 아멘!!!

💜 주님, 주님이 주신 힘으로 모든 것을 이겨낼 은혜를 주소서.
🌀 죄의 원인을 외부가 아닌 내부에서 찾으며 더욱 주님을 의지합시다.

나의 영적 일지

3월 7일

니시자카의 십자가

읽을 말씀 : 에베소서 3:5-13

● 엡 3:12 우리가 그 안에서 그를 믿음으로 말미암아 담대함과 하나님께 당당히 나아감을 얻느니라

일본에서 처음으로 순교자가 생긴 도시는 나가사키입니다.

20명의 일본인 그리스도인과 6명의 선교사가 교토에서 출발해 한 달 동안 끌려다니며 고통을 받다가 마침내 나가사키에 도착해서 십자가 처형을 당했는데, 이들을 기념한 곳이 '일본 26성인 기념관'입니다.

그곳에는 26개의 동상이 있는데 이 중 3개는 당시 열두 살, 열세 살, 열다섯 살에 순교당한 어린아이 동상입니다.

그 어린 것들이 부모와 같이 처형을 당한 것입니다.

이들 중 한 아이가 자기 눈앞에서 부모가 십자가에 달리는 것을 보고 핍박하는 자에게 이렇게 물었다고 합니다.

"내가 달려야 할 십자가는 어디에 있습니까?"

또한 6명의 선교사 중 필리핀에서 온 로렌조 루이스는 "나는 믿음을 버리느니 차라리 천 번을 죽겠다"라고 고백했습니다.

날 위해 십자가에서 피를 흘리신 주님의 보혈은 수많은 사람들의 희생과 믿음으로 나에게까지 전해져 온 생명의 복음입니다. 구원은 예수님이 거저 주신 은혜지만 그 은혜가 나에게 전해오기까지는 수많은 사람의 희생과 노력, 기도가 있었습니다.

새로운 생명을 주는 복음은 또한 우리의 생명을 걸 만큼 귀하고 중한 복음입니다. 고귀한 보혈을 통해 전해진 소중한 이 복음을 내 생명과 같이 소중히 여기며 힘써 전하십시오. 아멘!!!

💜 주님, 보혈을 통해 전해진 이 복음을 소중히 여기며 살게 하소서.

🖼 주님의 복음을 내 생명과 같이 소중히 여기며 힘써 전합시다.

나의 영적 일지

말씀을 경외하라

읽을 말씀 : 레위기 25:13-21

● 레 25:17 너희는 서로 속이지 말고 너희의 하나님을 경외하라 나는 너희 하나님 여호와니라

파푸아뉴기니는 전 국민의 70%가 기독교인이라지만 지금도 내전 못지않은 민족 갈등이 심각한 나라입니다.

부족 문명으로 서로 다른 865개의 언어가 공존하고 있으며 같은 말을 쓰는 부족이 아니면 무조건 적으로 간주하는 '원톡'(wantok) 문화가 뿌리 깊이 자리 잡고 있기 때문입니다.

국내의 한 선교사가 10년 넘도록 미히 부족을 찾아가는 노력 끝에 복음을 전했습니다. 매일 선교사를 통해 성경을 배우던 미히 부족 사람들은 십계명을 배운 후에는 서로 두려워 떨며 집으로 돌아가지 않으려 했습니다.

"하나님이 죄인인 저를 용서하지 않으실까 봐 두려워요."

모든 부족 사람들이 하나님의 주신 거룩한 열 개의 계명을 듣고는 경외심에 두려워 떨고 있었습니다. 말씀을 듣고 하나님을 경외하는 부족 사람들의 모습을 본 선교사는 그동안 자신은 하나님의 말씀을 죽어있는 말씀으로, 머리로만 받았다는 사실을 깨닫고 크게 회개했습니다.

하나님의 말씀은 이 세상에, 나의 삶에 분명히 일어난 확고한 약속입니다.

하나님은 이 약속을 결코 어기지 않으시고 창세부터 영원까지 분명히 지키시는 신뢰의 주님이십니다. 주님을 믿음으로 구원받는 줄로 믿는다면 주님이 약속하신 말씀이 반드시 그대로 일어나리라는 사실 또한 믿어야 합니다.

사랑과 큰 복을 주시는 하나님은 또한 공의와 심판의 하나님이십니다.

하나님을 경외하며 겸손히 하나님만을 의지하며 살아가십시오. 아멘!!!

🖤 주님, 주님을 경외하며 겸손히 주님만을 의지하며 살아가게 하소서.
🖼 주님의 말씀은 나의 삶에 분명히 일어난 확고한 약속임을 믿읍시다.

나의 영적 일지

구원의 대가

3월 9일

읽을 말씀 : 마태복음 20:20-28

● 마 20:28 인자가 온것은 섬김을 받으려 함이 아니라 도리어 섬기려 하고 자기 목숨을 많은 사람의 대속물로 주려 함이니라

「카피스트라노 밸리 크리스천 스쿨」(Capistrano Valley Christian School)의 성경 학부 학장인 션 맥도웰(Sean McDowell)은 믿음이 없는 한 회사의 경영자와 대화 중이었습니다. 복음을 전하는 맥도웰에게 경영자는 솔직한 자신의 생각을 고백했습니다.

"믿어야 구원받는다는 사실이 저는 이해되지 않습니다. 정말로 사랑의 하나님이라면 믿지 않는 사람도 구원해 주셔야죠. 저희 회사에도 기계를 자주 망가트리는 직원이 있지만 저는 그에게 아무런 대가도 요구하지 않고 용서합니다. 학장님은 사랑하는 자녀가 집안의 전등을 깨트리면 대가를 요구하실 건가요?"

언뜻 듣기에는 너무도 타당한 논리입니다.

그러자 맥도웰은 이 질문에 다음과 같이 대답했습니다.

"물론 저도 전등을 깨트린 자녀를 회사의 직원처럼 대가 없이 용서할 겁니다. 하지만 깨트린 전등은 누군가는 돈을 내고 사 와야 하지 않겠습니까?"

경영자는 직원 대신 자신이, 자녀 대신 아버지가 돈을 내면 되지 않냐고 대답했습니다.

"맞습니다. 정확히 그 일이 하나님이 우릴 위해 하신 일이며 하셔야만 하는 일이셨습니다. 우리를 용서해 주시기 위해 하나님은 예수님이라는 대가를 지불하셨습니다."

예수님을 믿지 않고서는 결코 구원받을 수 없는 이유는 예수님만이 바로 우리의 죄를 대신해 죽으셨기 때문입니다. 나를 구원하기 위해 대속하여 죽으신 예수님이 유일한 구원의 방법임을 믿으십시오. 아멘!!!

💟 주님, 저를 구원하기 위해 대속하여 죽으신 예수님을 깊이 생각하게 하소서.

🎞 주 예수님을 믿지 않고서는 결코 구원받을 수 없다는 것을 믿고 전합시다.

나의 영적 일지

그날이 오면

읽을 말씀 : 디모데후서 4:9-18

● 딤후 4:18 주께서 나를 모든 악한 일에서 건져내시고 또 그의 천국에 들어가도록 구원하시리니 그에게 영광이 세세 무궁토록 있을찌어다 아멘

　　미국 「풀러 신학교」(Fuller Theological Seminary)의 이사이자 베스트셀러 작가인 존 오트버그(John Ortberg) 목사님이 사람들에게 가장 많이 받은 질문은 "도대체 하나님은 왜?"입니다.

　　신앙생활을 하다 보면 우리 역시 인생과 세상에 일어나는 이런저런 일들을 용인하시는 하나님의 뜻을 이해할 수 없는 순간들이 찾아옵니다.

　　오트버그 목사님은 한 칼럼에서 이 문제에 대해 다음과 같이 답변했습니다.

　　"말문이 트인 어린아이처럼 우리는 주님께 계속해서 '왜?'라고 묻습니다.

　　왜 죄 없는 소년이 병에 걸려야 하고, 왜 착하게 사는 사람들이 더 고생을 받아야 하고, 왜 아직도 여기저기서 신앙을 위해 목숨을 걸어야 하고, 왜 테러로 인해 무고한 사람들이 희생해야 하는지 말입니다.

　　제 생각에 주님은 한결같이 이렇게 답하고 계실 것 같습니다. '사랑하는 자녀들아, 조금만 참아라. 우리가 누릴 영원에 비해 지금의 순간은 아주 잠깐에 불과하단다. 나를 다시 보게 되는 약속의 그날이 오면 모든 것이 바로잡히고 오직 감사와 기쁨만이 넘치는 하나님의 선하심을 보게 된단다. 아주 잠시 후에 말이야.'"

　　구원을 통해 우리가 누리게 될 영원한 천국은 세상에서의 삶과 비할 수 없는 완벽하고 놀라운 축복입니다. 그 약속과 축복을 믿기에 우리는 세상에서 그 어떤 일을 겪더라도 기뻐할 수 있고, 믿음을 포기하지 않을 수 있습니다.

　　천성을 향해 걷는 순례자처럼 신실하신 주님의 약속을 믿으며 주님의 말씀만을 바라보고 의지하십시오. 아멘!!!

🤍 주님, 주님의 약속을 믿으며 주님의 말씀만을 바라보고 의지하게 하소서.
🎚 구원을 통해 우리가 누리게 될 영원한 복과 천국을 사모하며 삽시다.

`나의 영적 일지`

종이를 채워봅시다

읽을 말씀 : 요한복음 1:9-18

● 요 1:16 우리가 다 그의 충만한데서 받으니 은혜 위에 은혜러라

국내의 한 교회에서 있었던 일입니다.

학생부 부장을 맡고 있던 장로님에게 한 학생이 개인 면담을 요청했습니다. 평소 믿음 생활을 열심히 하고 평판도 아주 좋은 학생이었습니다. 그런데 그 학생이 앉자마자 대뜸 자신이 이단에 빠졌다고 고백했습니다. 학생이 면담을 요청한 이유는 평소 존경하는 장로님에게 포교를 하고 싶어서였습니다.

어안이 벙벙해진 장로님은 하도 어이가 없어 종이와 펜을 건네며 지금 믿고 있는 이단이 왜 진리이며 무엇이 좋은지 쓰라고 했습니다. 학생은 앉은 자리에서 순식간에 일목요연하게 그 이유에 대해 4장이나 적었습니다.

이 모습을 본 장로님은 더욱 놀랐습니다. 학생을 타일러 일단 집으로 보내고 자신도 종이에 예수님이 어떤 분이고 왜 믿어야 하는지에 대해서 적었습니다. 그런데 1장을 채우기가 버거웠습니다. 장로님은 확고한 진리를 믿고 있다는 안도감에 안일한 신앙생활을 하고 있음을 깨닫고는 크게 회개한 뒤 전에 없는 열과 성을 다해 다시 학생들을 가르치기 시작했습니다.

진리를 알고, 생명의 말씀을 믿는 사람은 뜨거운 열정을 품고 말씀을 실천해야 합니다. 우리의 삶은 아는 만큼 실천하는 신앙입니까? 머리만 커지고 말만 많아지는 헛똑똑이 신앙은 아닌지 점검해야 합니다. 풍성한 열매로 좋은 나무인지를 알 수 있는 것처럼 복음의 열매가 우리 신앙생활 가운데 맺혀 있어야 합니다.

내가 정말로 하나님을 믿고 있는지, 얼마만큼 그 말씀을 실천하며 순종하고 있는지 돌아보고 회개하십시오. 아멘!!!

💙 주님, 진리인 생명의 말씀을 열정을 품고 실천하며 살게 하소서.

✗ 내가 정말로 하나님을 믿고 있는지, 그 말씀을 실천, 순종하는지 돌아봅시다.

나의 영적 일지

뭔가 다른 그리스도인

3월 12일

읽을 말씀 : 로마서 14:13-23

● 롬 14:18 이로써 그리스도를 섬기는 자는 하나님께 기뻐하심을 받으며 사람에게도 칭찬을 받느니라

미국의 한 한인 신학교에 독특한 이력의 신입생이 입학했습니다.

이름만 대면 알만한 미국의 대기업에 다니던 청년이었는데 갑자기 회사를 그만두고 신학을 하겠다고 입학했습니다. 심지어 출석 중인 교회도 없을 정도로 그동안 기독교와는 아무런 접점이 없었습니다. 이를 이상하게 여긴 한 교수가 이 신입생을 불러 신학을 하게 된 동기에 대해 묻자 청년은 매우 뜻밖의 대답을 했습니다.

"제가 다니던 직장에서 부서는 달랐지만 언제나 눈에 띄는 사람이 있었습니다. 항상 밝게 웃고 모든 사람의 말을 유의 깊게 들어줘서 인기가 매우 많았습니다. 같은 회사에 다니면서도 일과 경쟁에 치여 사는 저와는 완전히 다른 세상을 살아가고 있는 것 같았습니다. 그 동력이 무엇인지 너무나 궁금했습니다. 말 한마디 섞어본 적 없었지만 어느 날 용기를 내어 제가 궁금한 점을 묻자 그는 「예수 그리스도」라는 한 마디로 대답했습니다. 예수님과 동행하기에 어떤 상황에서도 즐겁고 밝게 살아갈 수 있다며 자신이 예수님을 만난 이야기를 해줬습니다. 그는 회사에 들어오기 전에 이 학교에서 신학을 전공했다고 말했습니다. 그 예수님을 만나고 싶어서 이 학교에 입학했습니다."

주님과 항상 동행하는 그리스도인은 요셉처럼 형통한 사람입니다. 하는 모든 일이 잘될 뿐 아니라 그 사람으로 인해 다른 사람들이 하나님의 살아계심을 느끼게 하는 것이 진정한 형통입니다. 머무는 곳 어디에서도 하나님의 살아계심을 전하는 요셉과 같이 형통한 그리스도인이 되십시오. 아멘!!!

🩷 주님, 주님의 살아계심을 영향력있는 생활로도 전하게 하소서.

🖼 항상 밝게 웃고 모든 사람의 말을 유의 깊게 들어 주님을 높입시다.

나의 영적 일지

그 사랑을 한 번만 더

읽을 말씀 : 로마서 10:9-15

● 롬 10:15 보내심을 받지 아니하였으면 어찌 전파하리요 기록된바 아름답도다 좋은 소식을 전하는 자들의 발이여 함과 같으니라

「죽으면 죽으리라」의 저자 안이숙 사모님은 일제 치하 말 신사참배를 거부하고 평양 시내에서 당당히 복음을 전하다가 평양 형무소에 갔습니다.

형무소에는 이미 같은 죄목으로 주기철 목사님이 수감되어 있었습니다.

감시가 워낙 삼엄했기에 안이숙 사모님과 주기철 목사님은 작은 손동작으로 글씨를 쓰는 것만으로 대화를 할 수 있었습니다.

하루는 주기철 목사님이 안이숙 사모님에게 다음과 같은 사인을 보냈습니다.

"사모님은 여기서 나가면 가장 먼저 뭐를 하고 싶으세요?"

마땅한 대답이 떠오르지 않은 사모님은 목사님은 무얼하고 싶으시냐고 되물었습니다. 주기철 목사님은 잠시 막혀있는 천장을 바라보며 생각하더니 다음과 같이 대답했습니다.

"밖으로 나갈 수만 있다면 단 한 번이라도 좋으니 강단에서 하나님의 사랑을 전하고 싶습니다. 하나님이 우리를 얼마나 사랑하시는지 말입니다."

목사님의 말에 큰 감동을 받은 사모님은 그날부터 감옥에서도 간수들과 다른 죄수들에게 '죽으면 죽으리라'의 심정으로 복음을 전했습니다.

6년 뒤 형무소를 나와서도 평생을 복음을 전하며 하나님의 종으로 살다가 소천하셨습니다.

나를 살리신 하나님의 놀라운 사랑. 그 사랑 하나만으로도 우리의 삶을 드리기에 차고 넘치는 이유가 됩니다. 하나님의 놀라운 사랑을 세상에 전하십시오. 아멘!!!

💚 주님, 때를 얻든지 못얻든지 주님의 놀라운 사랑을 세상에 전하게 하소서.

🧩 내가 복음을 전해야 할 사람들의 명단을 만들어 기도하며 전합시다.

나의 영적 일지

오직 예수님처럼

읽을 말씀 : 베드로전서 1:13-25

● 벧전 1:25 오직 주의 말씀은 세세토록 있도다 하였으니 너희에게 전한 복음이 곧 이 말씀이니라

　「어바이딩 라이프 미니스트리즈」(Abiding Life Ministries)의 설립자 마이클 웰즈(Michael Wells) 목사님이 자주 사용하던 예화입니다.

　바쁘게 온 세상을 돌며 '그리스도인이 성공하는 법'을 가르치는 인기 강사가 있었습니다. 훗날 이 강사가 죽어서 천국에 갔는데 많은 성도들이 알아보고는 강의를 요청했습니다. 강사는 그날부터 하루에 한 번씩 천국의 성도들을 위해 특강을 했고 많은 천국 성도들이 몰려와 들었습니다.

　그런데 하루는 맨 앞자리에 예수님이 앉아 계셨습니다.

　예수님은 강사의 강의를 주의 깊게 들을 뿐 아니라 열심히 필기까지 하셨습니다.

　강사는 강의를 마치고 바로 예수님께 달려가 물었습니다.

　"도대체 무얼 그리 적고 계시는지요?

　저는 주님이 하신 말씀을 기반으로 강의를 만든 것 뿐인데요?"

　그러자 예수님이 눈을 크게 뜨며 반문하셨다고 합니다.

　"그래? 나는 전부 처음 듣는 소린데?"

　예수님과 말씀이 아닌 다른 곁가지에 집중하고 있지는 않습니까?

　예수님은 이미 공생애의 삶으로 성도의 삶의 본을 보여주셨고, 말씀으로 우리가 믿고 행해야 할 모든 바를 가르치셨습니다. 주님의 가르침을 배우고, 믿고, 실천하는 것이 우리가 평생 동안 꾸준히 실천해야 할 경건의 습관입니다.

　오직 예수님을 바라보며 예수님을 본받으십시오. 아멘!!!

🤍 주님, 오직 주님을 바라보며 주님을 본받는 복된 삶을 살게 하소서.
📖 예수님과 말씀이 아닌 다른 곁가지에 집중하고 있는지 살펴봅시다.

나의 영적 일지

3월 15일

성취의 3단계

읽을 말씀 : 시편 103:1-8

● 시 103:5 좋은 것으로 네 소원을 만족케 하사 네 청춘으로 독수리 같이 새롭게 하시는도다

유럽 최고의 사회교육 전문가인 카테리나 란도(Caterina Rando) 박사는 수많은 상담과 임상 연구를 통해 모든 사람들은 자신이 꿈꾸는 바를 이룰 수 있는 재능도 함께 가지고 있다고 믿었습니다.

다음은 란도 박사가 말하는 「성취를 이루기 위한 가장 중요한 3단계」입니다.

● 1단계 / 생각을 종이에 적어라.

　종이에 적을 수 없는 목표는 간밤에 꾸고 난 뒤 기억이 나지 않는 흐릿한 꿈과 같습니다. 머릿속에 담긴 막연한 생각은 글로 적을 때 구체화됩니다.

● 2단계 / 목표를 강력하게 선언하라.

　자신도 이룰 수 없는 목표라고 생각하는 순간 이미 성취는 물 건너갔습니다. 진심을 다해 내가 세운 목표를 이룰 수 있다고 믿는 사람만이 선언할 수 있습니다.

● 3단계 / 사람들에게 선포하라.

　사람들이 비웃든 말든 되도록 많은 사람들에게 전하는 행동은 그 자체로 열정을 끌어올립니다.

하나님이 나의 가슴에 심어주신 비전은 무엇입니까?

그 비전을 성취함으로 복음을 전하는 것이 우리가 세상에 태어난 이유입니다.

하나님이 나에게 주신 비전을 찾을 때 우리는 삶의 목적을 찾게 됩니다.

하나님이 나에게 주신 비전을 생각만 해도 심장은 뛰기 시작합니다.

하나님이 나에게 주신 비전을 이룰 때 우리의 사명이 완수됩니다.

주님이 주신 비전을 이룰 수 있다고 믿으며 강력히 선포하십시오. 아멘!!!

♡ 주님, 주님이 주신 목표를 적고, 선언하고, 선포해 이루게 하소서.

▨ 주님이 주신 비전을 이룰 수 있다고 믿으며 강력히 선포합시다.

나의 영적 일지

복음의 소리, 생명의 소리

읽을 말씀 : 이사야 42:1-5

● 사 42:3,4 상한 갈대를 꺾지 아니하며 꺼져가는 등불을 끄지 아니하고 진리로 공의를 베풀 것이며 그는 쇠하지 아니하며 낙담하지 아니하고 세상에 공의를 세우기에 이르리니 섬들이 그 교훈을 앙망하리라

『평소 극동방송을 즐겨듣는다는 한 교수님이 방송사에 전화를 주셨습니다.

슬하에 두 자녀를 두고 교수라는 번듯한 직업까지 있는, 모두가 부러워할 환경을 가진 교수님이었지만 아무에게도 털어놓을 수 없는 아픔과 상처가 있어서 전화를 걸었다고 말씀하셨습니다.

남편의 오랜 방황으로 위기에 처한 가정이 그 문제였습니다.

'시간이 지나면 나아지겠지…'했던 남편의 방황이 도무지 끝날 기미가 안 보였습니다. 시간이 흐를수록 교수님의 마음속 고통도 점점 커져갔습니다.

그때 평소 애청하던 극동방송에서 이사야 41장 말씀이 흘러나왔습니다.

"두려워 말라 내가 너와 함께 함이니라.

놀라지 말라 나는 네 하나님이 됨이니라"

이 말씀을 듣는 순간 누구에게도 내색하지 않고 꾹꾹 감춰왔던 상처가 하나님 앞에 드러나며 눈물이 터져 나왔습니다. 그동안 자존심과 교만으로 꽁꽁 묶여있던 마음을 주님께 내어놓고 오직 은혜만을 구했습니다.

교수님의 내면이 회복되면서 상황도 차차 나아졌습니다. 그날 들었던 짧은 복음의 소리가 교수님의 삶을 구하고, 가정을 구하는 생명의 소리였던 것입니다.

세상 모든 곳에 이 귀한 하나님의 말씀을 전해야 할 이유가 바로 여기에 있습니다. 누군가 들을까 싶은 곳에도 전해지는 복음의 소리가 벼랑 끝에 서 있는 어떤 이들을 다시 일으켜 세우고 생명을 살리는 구원의 소리가 됩니다.』 - 「김장환 목사의 인생 메모」 중에서

하나님이 주신 이 귀한 복음을 전 세계에 전파하는 소리가 되십시오. 아멘!!!!

🤍 주님, 복음으로 위기를 겪고 있는 모든 가정의 눈물을 닦아 주소서.

🏃 소리 없이 아파하고, 울고 있는 이웃에게 도움이 됩시다.

나의 영적 일지

3월 17일

공동체의 정체성

읽을 말씀 : 시편 133:1-3

●시 133:1 형제가 연합하여 동거함이 어찌 그리 선하고 아름다운고

일본의 1인 가구 비율은 전체 가정의 32%로 아시아권에서는 매우 높은 수준입니다. 그래서 뭐든지 혼자서 즐길 수 있는 문화가 매우 발달했는데 그중 하나가 혼자서 편하게 밥을 먹을 수 있는 1인 식당입니다.

1990년대에 일본으로 여행을 갔던 사람들이 가장 놀랐던 것 중 하나가 1인 식당이었습니다. 혼밥 손님도 다른 사람의 눈치를 보지 않고 편하게 밥을 먹을 수 있게 도서실처럼 칸막이가 쳐있는 식당으로 최근 우리나라에도 이와 비슷한 식당들이 많이 생겨나고 있습니다.

그런데 최근 일본에는 1인 식당에서 벗어나 '스몰 레스토랑' 문화가 유행이라고 합니다. 10명 정도의 손님들이 칸막이가 없는 자유로운 바에서 서로 마주 앉아 식사를 나누는 문화입니다. 비록 모르는 사람들이지만 혼자가 외로운 사람들이 사사로운 이야기로도 교제를 하고자 하기 때문입니다.

몇십 년 전의 일본처럼 1인 식당이 생겨나고 있는 우리나라도 가까운 미래에 외로움을 달래기 위한 스몰 레스토랑이 생겨날지도 모릅니다.

하나님은 사람을 결코 혼자서 살아가게 창조하지 않으셨습니다.

서로의 믿음을 세워주고, 서로의 비전을 위해 격려할 수 있는 하나님이 세우신 공동체가 우리 교회가 되어야 합니다.

연약한 영혼들이 서로를 위해 기도하고 겸손한 마음으로 섬길 때 하나님이 주시는 놀라운 은혜와 기쁨이 우리 관계를 통해 흘러들어옵니다. 바른 공동체의 본을 교회를 통해 세상에 보이고, 참 진리와 기쁨이 있는 공동체로 외로운 사람들을 초청하십시오. 아멘!!!

♡ 주님, 믿음을 세워주고, 비전을 위해 격려할 수 있는 사람이 되게 하소서.

🏃 참 진리와 기쁨이 있는 공동체나 교회로 외로운 사람들을 초청합시다.

나의 영적 일지

하나님의 표지판

읽을 말씀 : 데살로니가후서 3:1–5

● 살후 3:5 주께서 너희 마음을 인도하여 하나님의 사랑과 그리스도
  의 인내에 들어가게 하시기를 원하노라

    캐리 슉(Carry Shook) 목사님이 개척한 미국의 텍사스에 위치한 「우드랜즈 교회」(Woodlands Church)는 개척 당시 성도가 8명이었지만 20년 만에 1만 6,000명이 넘는 성장을 이루었습니다.

    미국을 넘어 전 세계 200여 개의 나라에 매주 예배를 중계하며 만방에 복음을 전파하고 있는 목사님은 매번 맞는 한 달이 주님이 남겨주신 마지막 30일이라 생각하고 오로지 비전에 집중하는 것을 부흥의 비결로 꼽았습니다.

    다음은 캐리 슉 목사님이 말한 「하나님이 우리의 일상에 주시는 네 가지 표지판」입니다.

  ● 첫째, 일방통행입니다.

    하나님이 주신 확신이 있다면 어떤 문제가 있든지 우리는 순종하며 직진해야 합니다.

  ● 둘째, 멈춤입니다.

    분명한 확신이 없을 땐 일단 멈추고 다시 하나님의 뜻을 구해야 합니다.

  ● 셋째, 유턴입니다.

    부정적인 마음과 태도로 길을 잘못 들었다면 서둘러 돌아가야 합니다.

  ● 넷째, 양보입니다.

    때때로 다른 사람을 위해, 더 적합한 사람을 위해 나의 잔을 양보할 수 있어야 합니다.

    하나님은 매일 우리의 삶을 가장 바른길로 인도해 주십니다.

    오늘도 우리 삶에 임하는 하나님의 표지판을 올바로 분별하십시오. 아멘!!!

♡ 주님, 일방통행, 멈춤, 유턴, 양보할 줄 아는 지혜로운 사람이 되게 하소서.

🖼 주님은 매일 나의 삶을 가장 바른길로 인도해 주시는 분이심을 믿읍시다.

나의 영적 일지

목숨을 건 증언

읽을 말씀 : 고린도전서 15:12-20

● 고전 15:17 그리스도께서 다시 사신 것이 없으면 너희의 믿음도 헛되고 너희가 여전히 죄 가운데 있을 것이요

오랫동안 법조계에서 활동을 하다가 은퇴 후 쉬고 있는 어르신이 있었습니다. 젊은 시절 법대 학장을 할 정도로 명석하고 명망 있던 어르신은 수차례 예수님을 믿어보려고 노력했지만 논리적으로 도무지 이해가 되지 않았습니다.

성경도 읽어보고, 주변 사람들의 간증도 들어보고, 가끔씩 교회도 나갔지만 어떤 설교를 듣고 어떤 말씀을 읽어도 도저히 받아들일 수가 없었습니다.

은퇴 후에 여유 시간이 많아진 어르신은 종종 성경을 보고 묵상했습니다.

그러던 어느 날 어르신은 가끔 출석하던 동네 교회 목사님에게「신앙 판결문」이라고 적힌 종이 두 장을 들고 찾아갔습니다.

마침내 주님이 믿어진다는 고백이 담긴 간증문이었습니다.

『인간으로 오신 예수님을 하나님으로 믿는 것은 제자들에게도 쉽지 않았던 일이었습니다. 내가 평생을 이 문제로 고민했듯이 말입니다. 예수님이 정말로 하나님의 아들이 아니라면 거짓을 위해 모든 제자들이 목숨을 버렸다는 말이 됩니다. 나는 거짓을 위해 목숨을 버리는 사람을 지금껏 본 적이 없습니다. 그러므로 나는 이제 예수님의 십자가와 부활을 믿습니다. 예수님이 말씀하신 천국과 모든 약속을 사실로 믿습니다. 수많은 사람이 목숨을 걸고 진실이라고 고백한 이 사실 외에 무엇을 믿을 수가 있겠습니까?』

거짓을 위해 목숨을 걸 사람은 세상에 한 명도 없습니다. 분명히 살아계시고 역사하시는 하나님을 증언하는 허다한 무리의 증언을 믿으십시오. 그리고 하나님의 살아계심을 고백하는 허다한 무리 중 한 사람이 되십시오. 아멘!!!

🩶 주님, 더 늦기 전에 하나님의 살아계심을 고백하며 전하게 하소서.

🖼 나도 예수님의 십자가와 부활을 철저히 믿고 있는지 살펴봅시다.

나의 영적 일지

흔적이 어디에 있는가

읽을 말씀 : 갈라디아서 6:11-18

● 갈 6:17 이 후로는 누구든지 나를 괴롭게 말라 내가 내 몸에 예수의 흔적을 가졌노라

미국 *NFL*(미식축구) 리그는 세계 여러 메이저 스포츠 중에서 시즌도 가장 짧고 경기 수도 가장 적습니다. 1년 중 3개월이 시즌이고 한 팀당 16경기만 치르면 시즌이 끝납니다. 그럼에도 *NFL*은 미국에서 광고료와 입장료가 가장 비싼 스포츠고 선수들은 한 경기당 최소 20억 원이 넘는 높은 보수를 받습니다. 비록 경기 수는 너무나 적지만 때때로 선수들은 죽음을 감수할 정도의 위험천만한 큰 부상이 도사리고 있기 때문입니다.

로니 로트(Ronnie Lott)를 비롯한 몇몇 선수들은 경기에 나가기 위해 부상으로 부러진 손가락을 아예 절단해 버렸습니다. 이런 부상을 당하지 않고 무사히 은퇴를 한 선수들도 손가락이 기형적으로 휘어있거나 꺾여 있는 경우가 대부분입니다. 부러지고 잘린 손가락이 오히려 최고의 *NFL* 선수라는 징표이자 흔적인 것입니다.

어떤 분야든 최고가 되기 위해 노력하는 사람들은 희생을 두려워하지 않으며 그 희생의 흔적은 몸에 남습니다.

우리 삶에는 어떤 흔적이 있습니까?

어떤 열매가 맺혀 있습니까?

나를 구원하기 위해 모든 물과 피를 쏟으사 십자가에서 증명하신 주님처럼 신앙생활이 길어질수록 분명한 복음의 흔적이 우리 삶에도 새겨져야 합니다.

우리의 삶에 주님을 위해 희생한 어떤 흔적이 있는지 살펴보고 두려워하지 말고 세상 가운데 제자의 삶을 살아가십시오. 아멘!!!

🤍 주님, 세상을 두려워하지 않고 세상 가운데 제자의 삶을 살아가게 하소서.

🖼 나의 삶에 주님을 위해 희생한 어떤 흔적이 있는지 살펴봅시다.

나의 영적 일지

길이 있는 곳

읽을 말씀 : 로마서 12:14-21

● 롬 12:15 즐거워하는 자들로 함께 즐거워하고 우는 자들로 함께 울라

미국의 저명한 정신과 의사의 베스트셀러인 「아직도 가야 할 길」의 저자 스콧 펙(Scott Peck)은 중학교 때 정신적으로 심각한 방황을 했습니다.

삶의 의미를 찾지 못해서 자살을 준비하던 펙은 모든 준비를 갖춰놓고 마지막으로 학교 선생님을 찾아가 상담을 했습니다.

첫 번째로 찾아간 담임 선생님과 두 번째로 찾아간 교장 선생님은 펙의 고민을 귀담아 듣지않고 오히려 먹고 살만하니 배부른 소리를 한다며 혼을 냈습니다. 마음에 큰 상처를 받은 펙은 마지막으로 학교에서 천재로 유명한 수학 선생님을 찾아가 속마음을 털어놨습니다.

수학 선생님은 펙의 고민을 진지하게 들어준 뒤 다음과 같이 말했습니다.

"네가 너무 힘든 상황이라는 것은 정말 잘 알겠어.

하지만 내가 감히 조언을 할 수 있는 일은 아닌 것 같구나.

앞으로 어떻게 해야 할지 함께 생각해 보는 것은 어떨까?"

아무런 내용도 없는 조언이었지만 펙에게는 선생님의 이 말이 너무 큰 도움이 되었습니다. 이후 사람의 정신을 공부하며 의사가 된 펙은 계속해서 세상의 다양한 종교를 탐구하다 주님을 만나 그리스도인이 되었고 자신이 얻은 깨달음과 평안을 책으로 펴내 사람들에게 전하며 살아가고 있습니다.

세상에는 많은 길이 있으나 답이 없고, 성경에는 오직 한 길만이 있으나 유일한 진리입니다. 혼란한 세상 가운데 모든 문제의 해답을 주시는 예수 그리스도라는 길을 따라 걸어가십시오. 아멘!!!

💗 주님, 세상 가운데 모든 문제의 해답을 주시는 주님을 따라가게 하소서.

🖼 내가 주님께 얻은 깨달음과 평안을 사람들에게 전하며 살아갑시다.

나의 영적 일지

아침은 드셨습니까

읽을 말씀 : 요한복음 6:22-27

● 요 6:27 썩는 양식을 위하여 일하지 말고 영생하도록 있는 양식을 위하여 하라 이 양식은 인자가 너희에게 주리니 인자는 아버지 하나님의 인치신 자니라

　　미국 *PCA* 장로 교단의 파송으로 한국에서 33년간 선교를 한 알빈 스넬러 *(Alvin Sneller)* 선교사는 은퇴 후 미국에서 한국어로 성경을 가르칠 정도로 한국을 사랑했습니다.

　　아직 교회가 없는 농어촌 지역에 교회를 세우며 또한 신학교에서 후학 양성에도 열심을 내셨던 알빈 선교사는 강의 때마다 학생들에게 같은 질문을 던졌습니다.

　　"여러분, 아침은 드시고 오셨습니까?"

　　강의 시간이 아침이든, 점심이든, 혹은 저녁이든 선교사는 항상 아침을 먹고 왔냐고 물었습니다. 외국인이라 한국말이 서툴러서 하는 질문이라고 생각하기에는 그의 한국어는 매우 유창했습니다. 결국 호기심을 못 이긴 한 학생이 "왜 매번 아침을 먹고 왔냐고 물으십니까?"라고 물었습니다.

　　"제가 말한 건 육의 양식이 아니라 영의 양식입니다. 학생들이 육의 양식은 잘 챙기는 것 같은데 영의 양식은 아침도 잘 안 챙겨 먹고 오는 것 같습니다."

　　하나님의 말씀을 정말로 영혼의 양식이라 믿는다면 끼니를 챙기듯이 말씀을 챙겨야 합니다. 한 끼만 굶어도 배가 고파 바로 음식을 찾게 되는 것처럼 영의 양식인 말씀의 공복에도 민감하게 반응해야 합니다. 주님의 말씀이 꿀보다 달다고 고백했던 다윗처럼 하나님의 말씀을 우리 영혼의 영약으로 여기십시오.

　　하루를 살아갈 힘이 되며 우리의 약속이 되시는 주님의 말씀을 매 끼니 챙기십시오. 아멘!!!

♡ 주님, 생명의 양식인 주님의 말씀을 중히 여기며 자주자주 보게 하소서.

▧ 살아갈 힘이 되며 우리의 약속이 되시는 주님의 말씀을 매 끼니 챙깁시다.

나의 영적 일지

고통과 행복

읽을 말씀 : 시편 141:1-10

● 시 141:5 의인이 나를 칠찌라도 은혜로 여기며 책망할찌라도 머리의 기름 같이 여겨서 내 머리가 이를 거절치 아니할찌라 저희의 재난 중에라도 내가 항상 기도하리로다

미국의 명망 있는 문예 잡지 「애틀랜틱 먼슬리」(Atlantic Monthly)에서 하버드대학교 졸업생 중 최고의 엘리트 268명의 인생을 72년간 추적했습니다.

'인생에는 행복해지는 법이 있을까?'라는 연구 주제로 심리학, 의학, 사회학 등 하버드대 최고의 전문가들이 정해진 기간마다 이들의 삶을 분석했습니다.

대학을 졸업한 이들은 저마다 최고의 직장에 취직했습니다. 그중에는 미국 대통령인 J.F. 케네디도 있었습니다. 그런데 10년이 지나자 20명이 심각한 정신적 고통을 호소했습니다. 50세가 되던 때에는 30%가 정신적 질환을 앓았습니다. 최고의 능력, 최고의 학벌을 가진 이들이었지만 인생의 마지막까지 아름다운 경우는 거의 없었습니다.

애틀랜틱 먼슬리는 이 연구 결과를 '하버드 엘리트라는 껍데기, 그 아래엔 고통받는 심장뿐이었다'라는 제목의 기사로 발표했습니다.

학자들이 이들의 삶을 통해 발표한 「인생을 행복하게 만드는 7가지 요소」는 다음과 같았습니다. 앞쪽에 있는 순서대로 가장 중요한 비중입니다.

❶ 고통에 적응하는 자세 ❷ 교육 ❸ 안정적인 결혼

❹ 금연 ❺ 금주 ❻ 운동 ❼ 적당한 체중

50세가 되던 해에 이중 5,6개를 갖춘 사람 중 50% 이상이 행복하게 살았고 불행하게 사는 비율은 10%도 되지 않았습니다.

고난도 감사함으로 받아들이는 사람이 인생에서의 행복의 비결을 깨달은 사람입니다. 내 삶에 일어나는 모든 일들을 하나님이 주신 선물로 여기고 오직 감사하십시오. 아멘!!!

🤍 주님, 고난도 감사함으로 받아들이는 성숙한 믿음의 사람이 되게 하소서.

🖼 내 삶에 일어나는 모든 일들을 주님이 주신 선물로 여기고 오직 감사합시다.

나의 영적 일지

거룩한 불만

읽을 말씀 : 잠언 28:1-6

3월 24일

● 잠 28:5 악인은 공의를 깨닫지 못하나 여호와를 찾는 자는 모든 것을 깨닫느니라

어린 시절부터 교회를 다녔지만 교회에 큰 불만을 가진 청년이 있었습니다.

창업을 준비하던 청년의 눈에는 교회의 부조리나 불합리한 모습들이 너무도 많이 보였습니다.

청년은 교회 안에서도 스스럼없이 다른 사람들에게 불만을 표현했고 심지어 교회에 나오겠다는 초신자에게도 "우리 교회는 절대 나오지 마세요"라고 말할 정도로 큰 반감을 가졌습니다.

그러나 하나님은 이 청년의 마음에 사업가가 아닌 목회자의 비전을 주셨습니다. 청년은 그동안의 자신의 행동들이 오히려 다른 사람들의 마음을 힘들게 했음을 깨닫고 성경적인 방법으로 문제를 해결해 나갔습니다.

청년은 훗날 교회를 개척하면서도 청년 시절 품었던 불만을 떠올리며 비판이 아닌 개선을 목적으로 힘써 사역을 했습니다.

이 교회는 새로운 전도 방법과 청소년 사역으로 미국 전역에 신선한 바람을 일으키기 시작했습니다.

그는 자신이 청년 시절 품었던 불만들을 하나님께서 거룩한 불만으로 이끌어 주셨다고 고백했습니다.

비판이 목적인 불만은 아무런 덕이 되지 못합니다.

하나님의 교회를 바로 세우고 더 많은 사람들이 모일 수 있는 교회가 되려면 희생을 아끼지 말고 서로 협력하며 힘을 합쳐야 합니다.

하나님의 뜻을 세상에 널리 알리는 교회가 되도록 거룩한 불만을 품으십시오. 아멘!!!

🤍 주님, 우리 교회가 주님의 뜻을 세상에 널리 알리는 교회가 되도록 하소서.

🧎 우리 교회가 더 많은 사람들이 모일 수 있는 교회가 되도록 헌신합시다.

나의 영적 일지

걸어가기만 하라

읽을 말씀 : 로마서 8:11-17

● 롬 8:14 무릇 하나님의 영으로 인도함을 받는 그들은 곧 하나님의 아들이라

「긍정의 힘」의 저자로 잘 알려진 조엘 오스틴(Joel Osteen) 목사가 운동을 하려고 집 근처 산에 올랐습니다. 밑에서 보기에는 가벼운 운동을 하기에 좋은 산처럼 보였지만 생각보다 길은 험하고 가팔랐습니다.

조금씩 힘에 부쳐 더 이상은 못 오르겠다는 생각이 들었을 때 옆에 있는 안내 표지판이 눈에 들어왔습니다.

'여기서 2시간을 더 올라가면 정상입니다.'

오스틴 목사는 지금도 힘든데 2시간은 도저히 버티지 못할 것 같아 산을 내려 오기로 결정했습니다. 그런데 정상에서 내려오던 한 노신사가 이 모습을 보고는 뜻밖의 말을 했습니다.

"거의 다 올라왔으니 포기하지 마세요.

저를 믿어요. 저는 방금까지 정상에 있다 내려오는 중이에요.

10분만 올라가면 정상에 갈 수 있어요."

표지판에는 분명히 2시간이라고 적혀 있었지만 노인의 말을 믿은 오스틴 목사는 다시 산을 올랐고 정말 10분 뒤에 정상에 오를 수 있었습니다.

정상에 올라본 사람이 길을 잘 알듯이 우리의 인생의 바른길을 가장 잘 아시는 분은 주님이십니다. 주님이 가라고 명하신 그 길은 때론 좁고, 험할지라도, 결국에 도달하는 곳은 젖과 꿀이 흐르는 푸른 초원인 줄 믿으십시오. 이 믿음이 있는 사람만이 자기를 부인하고 주님의 인도하심을 온전히 좇을 수 있습니다.

나의 모든 길을 가장 잘 아시는 주님의 인도하심을 믿고 따르십시오. 아멘!!!

♡ 주님, 저의 모든 길을 가장 잘 아시는 주님의 인도를 믿고 따르게 하소서.

🎴 내 인생의 바른길을 가장 잘 아시는 분은 주님이심을 고백합시다.

나의 영적 일지

하나님의 대접

읽을 말씀 : 갈라디아서 6:1-10

● 갈 6:7 스스로 속이지 말라 하나님은 만홀히 여김을 받지 아니하시나니 사람이 무엇으로 심든지 그대로 거두리라

한 목사님이 교회 주보에 「교회 나오지 마십시오」라는 칼럼을 적었습니다. 유머러스한 내용이지만 깨달을 부분이 많은 내용입니다.

1. 일이 바빠서 시간이 없으면 교회에 나오지 마십시오.

　하나님도 여러분의 자투리 시간을 받고 싶어 하지 않으십니다.

2. 여기저기 쓰느라 돈이 없으면 헌금하지 마십시오.

　하나님도 여러분이 쓰다 남은 물질을 받고 싶어 하지 않으십니다.

3. 심신이 지쳐 있으면 봉사하지 마십시오.

　기쁜 마음이 아닌 찌든 마음의 봉사는 하나님도 원하지 않으십니다.

4. 직분이 너무 버겁다고 생각되면 언제든지 포기하십시오.

　하나님은 제사가 아닌 찬양을, 직분이 아닌 중심을 보십니다.

5. 말씀대로 살지 못하겠으면 차라리 크리스천이 아니라고 하십시오.

　크리스천의 복은 누리고 싶고, 의무는 감당하지 못하는 사람은

　하나님도 기뻐하지 않으십니다.

이 글이 주는 교훈은 무엇입니까?

하나님을 예배하고 섬기는 일은 억지로, 어쩔 수 없이 해드리는 일이 아닙니다. 죄에 빠진 우리를 구원해 주신 주님께 오로지 감사와 찬양의 마음으로 우리의 전부를 드리는 것이 진정한 예배입니다.

시간도, 물질도, 재능과 은사도, 나의 모든 좋은 것을 기쁜 마음으로 하나님께 올려드리십시오. 아멘!!!

🤍 주님, 오로지 감사와 찬양의 마음으로 주님께 우리의 전부를 드리게 하소서.

🖼 주님께 기쁜 마음으로 시간도, 물질도, 나의 모든 것도 올려드립시다.

나의 영적 일지

잘못된 근거

3월 27일

읽을 말씀 : 이사야 40:1-11

● 사 40:8 풀은 마르고 꽃은 시드나 우리 하나님의 말씀은 영영히 서리라 하라

미꾸라지 어항에 천적인 메기를 넣으면 미꾸라지들이 살기 위해 쉴 새 없이 움직이기에 더 건강해지고 활력이 넘친다는 말이 있습니다.

이를 '메기 효과'라고 부르는데 저명한 역사학자인 아놀드 토인비(Arnold Joseph Toynbee)가 저서에 인용한 뒤 세계적으로 퍼졌지만 밝혀진 바에 의하면 근거 없는 낭설이었습니다. 실제로 실험 결과 미꾸라지들은 극심한 스트레스를 받아 도망도 포기하고 제 자리에서 숨을 거뒀습니다.

간단한 실험으로 알 수 있는 결과였지만 '메기 효과'는 유명인이 책에서 언급했다는 이유만으로 수십 년의 세월 동안 사람들에게 진실로 받아들여졌습니다.

최근에도 비슷한 일이 있었습니다.

한 사진작가가 국립공원에서 앞선 세 마리의 늑대를 따라가는 늑대 무리를 사진 찍었습니다. 영국의 국영방송 *BBC*는 앞에 선 세 마리가 무리의 리더인 암컷이라고 방송했고, 이 내용을 본 어떤 전문가는 앞선 세 마리는 리더가 아닌 병들고 약한 늑대들이며 이는 약자를 배려하는 늑대의 습성이라고 인터넷에 반박 게시물을 올렸습니다. 그러나 1993년에 생태학자들이 발표한 논문들에 따르면 이 두 주장 모두 틀린 것이며 늑대는 무리의 우두머리나 보호 대상자가 존재하지 않는다고 합니다.

하나님의 말씀 말고는 세상에 확실한 진리는 존재할 수 없습니다.

시간이 조금만 흘러도 변할지 모르는 헛된 지식보다는 변하지 않는 고결한 주님의 말씀을 더욱 알기 원하십시오. 아멘!!!

♡ 주님, 사람의 말인 정보가 아니라 하나님의 말씀을 따라 살게 하소서.
🐾 시간이 흘러도 변하지 않는 주님의 말씀을 열심히 따릅시다.

나의 영적 일지

1대 10대 100

읽을 말씀 : 사도행전 8:15-25

● 행 8:22 그러므로 너의 이 악함을 회개하고 주께 기도하라 혹 마음에 품은 것을 사하여 주시리라

페덱스(Fedex)가 미국의 작은 지방의 스타트업 기업에서 세계 3대 물류 회사로 성장할 수 있었던 것은 '1대 10대 100 법칙' 때문이었습니다.

이 법칙은 매우 단순합니다. 만약 페덱스 회사 내에서 물건을 배송하다 어떤 실수를 했다고 치면 그 실수 상황을 처리하는데 드는 비용은 1입니다.

그런데 만약 실수를 알고서도 인정하지 않고 고객에게 배달을 했다면 그 상황을 처리하는데 드는 비용은 10배인 10입니다.

여기서도 수습하지 않고 심지어 잘못을 고객에게 전가하거나 모른 척한 후 나중에 이 일을 처리하는 데는 100배인 100의 비용이 든다는 것이 '1대 10대 100의 법칙'입니다.

우리나라 속담에도 '가래로 막을 일을 호미로 막는다'라는 말이 있듯이 누구나 알 수 있는 진리이지만 막상 눈앞에 일이 닥쳤을 때 정말로 책임을 지는 것은 소수이기에 페덱스는 세계적인 기업으로 성장하면서도 미국 내에서 고객들이 가장 만족하는 기업이 될 수 있었습니다.

1대 10대 100의 법칙은 영적 생활에도 그대로 적용됩니다.

작은 죄를 바로 회개하지 않고 마음속에 묻어두면 더 많은 거짓들이 쌓이며 영혼을 더럽힙니다. 작은 죄라도 즉시 회개하고 다시는 짓지 않겠다고 결단해야 우리 영혼이 죄의 먼지로 더럽혀지지 않습니다.

"죄는 그 모양이라도 멀리하라"라는 주님의 말씀처럼 작은 죄도 조심하며 즉각 회개하는 거룩한 성도가 되십시오. 아멘!!!

🩶 주님, 죄를 지었을 때 미루지 않고 즉각 회개하게 하소서.
🎏 실수를 감추지 않고 바로 해결해 바른 영혼을 갖도록 합시다.

나의 영적 일지

3월 29일

감사의 제목

읽을 말씀 : 시편 52:1–9

● 시 52:9 주께서 이를 행하셨으므로 내가 영영히 주께 감사하고 주의 이름이 선함으로 주의 성도 앞에서 내가 주의 이름을 의지하리이다

한경직 목사님이 목회 때 교인 중에 '감사 할아버지'라는 별명으로 불린 분이 있었습니다. 이 할아버지는 무슨 일이 있어도 "감사합니다"라는 말을 달고 사셨습니다. 얼마나 감사하는 말을 입에 달고 사셨는지 주변 사람들이 듣기 지겨울 정도였습니다.

하루는 할아버지가 장에서 고기 한 근을 사서 집으로 돌아가다가 돌부리에 걸려 넘어졌습니다. 설상가상으로 어디선가 나타난 개가 땅에 떨어진 고기를 입에 물고 도망갔습니다. 이 모습을 본 마을 사람들은 아무리 감사 할아버지라고 해도 이번에는 감사하지 못할 것이라고 예상했습니다. 그러나 할아버지는 일어나자마자 "하나님! 감사합니다!"라고 크게 외쳤습니다.

이 모습을 보고 한 청년이 이상하게 여겨 도대체 무엇이 감사하시냐고 묻자 할아버지가 대답했습니다.

"고기는 잃어버렸으나 입맛은 그대로 있지 않은가? 고기는 또 사면 그만이지만 입맛이 없으면 아무리 고기가 많아도 먹지를 못한다네."

어두운 밤하늘에서도 빛나는 달을 바라보는 사람이 있고, 환한 낮에도 어두운 그늘만 바라보는 사람이 있습니다. 넓은 하늘에 환한 달이 빛나도 바라보지 않으면 길을 찾을 수 없습니다. 주님은 이미 모든 상황 가운데 우리가 넉넉히 이길 충분한 은혜를 부어주셨습니다. 그로 인해 우리는 범사에 감사할 수 있습니다. 하나님이 주신 감사의 제목은 이미 우리 삶에 차고 넘칠 정도로 충만합니다.

이미 주신 것에 감사하며 감사로 충만한 삶을 살아가십시오. 아멘!!!

🤍 주님, 이미 주신 것에도 감사하며 늘 감사로 충만한 삶을 살아가게 하소서.

🔲 매일 감사 제목을 써가면서 오늘도 조목조목 감사하며 삽시다.

나의 영적 일지

진심이 능력이다

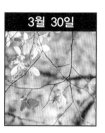
3월 30일

읽을 말씀 : 디모데전서 4:6-16

● 딤전 4:15 이 모든 일에 전심전력하여 너의 진보를 모든 사람에게 나타나게 하라

　　미국의 명망 높은 경영자이자 외교관이던 드와이트 모로(*Dwight Morrow*)가 하루는 정·재계 유력 인사들을 집으로 초대했습니다.

　　모인 사람들 중에는 차기 대통령 후보로 거론되는 사람들도 있었습니다.

　　그들 중 한 후보가 중간에 일이 있어 자리를 떠나자 모로와 다른 사람들은 그 사람이 대통령 후보로 적합한지를 놓고 열띤 토론을 벌였습니다.

　　모로는 그 정치인이 마음에 들었습니다. 하지만 다른 정치인들은 능력은 있을지 몰라도 호감 가는 성격은 아니라며 대통령에는 어울리지 않는다고 혹평했습니다. 한참을 갑론을박하던 중에 갑자기 모로의 딸이 불쑥 끼어들었습니다.

　　"하지만 저는 그 아저씨가 좋아요.

　　그 아저씨는 분명 훌륭한 대통령이 될 거예요."

　　모로가 그 이유를 묻자 딸이 엄지를 치켜들며 말했습니다.

　　"제 손가락에 붙인 반창고를 보고 엄지가 괜찮은지 물어본 사람은

　　그 아저씨뿐이었어요."

　　딸의 말처럼 불의와 타협하지 않고 진실을 추구한 캘빈 쿨리지(*Calvin Coolidge*)는 대중을 향한 정치인의 신뢰를 회복한 대통령으로 사람들에게 기억됐고 임기가 끝날 때까지 레임덕 없이 국민들의 신뢰와 지지를 받았습니다.

　　사람을 감동시키는 것은 유창한 말보다 작은 친절입니다.

　　사랑에서 우러나오는 관심과 진심으로 사람들에게 신뢰를 주고 칭찬받는 그리스도인이 되십시오. 아멘!!!

♡ 주님, 진심으로 친절과 배려와 사랑을 실천하며 살게 하소서.

📖 현혹시키는 말보다 신뢰와 사랑을 실천하는 삶을 위해 노력합시다.

나의 영적 일지

날마다 드리는 감사

읽을 말씀 : 골로새서 3:9-17

● 골 3:17 또 무엇을 하든지 말에나 일에나 다 주 예수의 이름으로 하고 그를 힘입어 하나님 아버지께 감사하라

영국의 물리학자 데니스 파핀(Denis Papin)은 사람들에게 '불행한 천재'라고 불렸습니다. 일반적으로 제임스 와트(James Watt)가 개발했다고 알려진 증기기관을 100년이나 먼저 개발했지만 시대를 앞서간 기술도 인정받지 못하고 투자도 받지 못해 빈털터리로 유럽을 전전했습니다.

게다가 기독교를 믿는다는 이유로 다르게 믿는 사람들에게 가는 곳마다 멸시를 받고 때로는 고문을 당했습니다. 그럼에도 파핀은 단 한 번도 다른 사람들을 원망하거나 불평을 내뱉지 않고 오직 하나님께 감사하는 삶을 살았습니다.

데니스 파핀은 자신이 감사하는 이유에 대해 다음과 같이 글을 썼습니다.

『나는 매일 세 가지 사실로 인해 하나님께 감사를 드립니다.

● 첫째는 날마다 주시는 일용할 양식으로 인한 감사이고

● 둘째는 건강한 육체를 주심으로 인해 감사이며

● 셋째는 천국이라는 영원한 소망을 주심으로 인한 감사입니다.』

오늘 내가 누리는 것만으로 주님께 드릴 감사의 제목은 평생토록 차고 넘칩니다. 감사는 어제, 오늘, 내일뿐 아니라 평생 동안 주님께 드릴 삶의 제사입니다. 어제 나는 몇 가지 감사를 주님께 드렸습니까? 영원토록 찬양받기에 합당하신 주님께 우리는 오늘도, 내일도 감사를 빼먹지 않고 올려 드려야 합니다.

감사하지 않는 성도는 은혜를 받을 자격이 없는 성도입니다.

오늘 주님께 드릴 감사의 제목을 적어보고 날마다 기쁨으로 주님께 감사의 제사를 드리십시오. 아멘!!!!

🩷 주님, 매일매일 주님이 주신 은혜를 생각하면서 감사의 마음으로 살게 하소서.

🖼 작은 일이라도 주님께 감사하며 기쁜 마음으로 살아갑시다.

나의 영적 일지

4월

"여호와는 내 편이시라
내게 두려움이 없나니 사람이 내게 어찌할꼬
여호와는 나의 능력과 찬송이시요
또 나의 구원이 되셨도다"

– 시편 118:6,14 –

4월 1일

하나님 나라의 외교관

읽을 말씀 : 베드로전서 2:1-10

● 벧전 2:9 오직 너희는 택하신 족속이요 왕 같은 제사장들이요 거룩한 나라요 그의 소유된 백성이니 이는 너희를 어두운데서 불러내어 그의 기이한 빛에 들어가게 하신 자의 아름다운 덕을 선전하게 하려 하심이라

『하나님은 부족한 종인 저에게 여러모로 과분한 상을 많이 주셨습니다.

그중에 특히 기억나는 상 하나는 지난 2021년에 서울국제포럼에서 수여한 '영산외교인상'입니다. 민간 외교와 한미 동맹 발전을 위해 헌신한 공로를 인정한다는 내용의 상이었습니다.

반기문 전 유엔 사무총장은 "정부가 할 수 없거나 손이 닿지 못하는 외교 분야에서 탁월한 리더십으로 국익 증진에 기여하고, 인적 네트워크를 이용해 대한민국의 위상을 높였다"면서 "그야말로 민간외교의 표상"이라고 축하의 말을 전했습니다.

제 삶을 돌아봤을 때 저 같은 부족한 종이 하나님의 일을 감당하고 과분한 상까지 받게 된 것은 그야말로 전적인 하나님의 은혜라는 말 외에는 표현할 방도가 없습니다.

저는 그날 수상소감에서도 밝혔지만 외교는 한 사람이 하는 것이 아니라 우리 국민 모두가 함께해야 하는 일이라고 생각합니다.

전도도 마찬가지입니다.

하나님을 믿는 우리는 이제 천국 국민입니다.

세상에 잠시 흩어져 나그네와 같은 삶을 살아가고 있지만 믿는 모든 사람은 하나님 나라에서 파송된 외교관입니다.』 -「김장환 목사의 인생 메모」 중에서

어디서든 복음을 전하며, 주 예수 그리스도를 온 세상에 전하는 사명을 감당하는 천국의 외교관이 되십시오. 아멘!!!

🤍 주님, 때를 얻든지 못 얻든지 그리스도의 복음을 전하게 해주소서.

🖼 우리는 하나님 나라의 외교관으로 부름받았음을 기억합시다.

나의 영적 일지

떠받치는 믿음

4월 2일

읽을 말씀 : 히브리서 11:1-6

● 히 11:6 믿음이 없이는 기쁘시게 못하나니 하나님께 나아가는 자는 반드시 그가 계신 것과 또한 그가 자기를 찾는 자들에게 상 주시는 이심을 믿어야 할찌니라

뉴욕 최고의 명소 중 하나인 브루클린 브리지는 교각이 없는 현수교입니다.

겉으로 보기에는 강바닥에 벽돌을 세운 다리 같지만 이스트강을 가로질러 뉴욕의 동쪽과 남쪽을 연결하는 이 거대한 다리를 지탱하는 것은 단 두 줄의 케이블입니다.

강 사이의 거리가 워낙 멀어 이 강을 가로지르는 현수교를 세우는 것은 과학적으로 불가능했으나 천재 엔지니어 존 로블링(John A. Roebling)이 강철을 꼬아 만든 케이블을 개발함으로 다리를 세울 수 있었습니다.

가장 중요한 일은 헬기나 연을 이용해 두꺼운 메인 케이블을 강 사이에 거는 일이었습니다. 메인 케이블만 연결되면 보조 케이블은 하나씩 걸기만 하면 거대한 다리의 토대가 완성됩니다. 위로는 차가 쉴 새 없이 다니고 밑으로는 수많은 사람들이 거니는 브루클린 브리지를 세운 것은 튼튼하고 강한 단 두 줄의 메인 케이블입니다.

가장 튼튼한 케이블만 잘 붙들면 다리는 저절로 세워지듯이 그리스도인은 하나님을 향한 믿음을 다른 무엇보다 단단히 붙들어야 합니다.

주님의 손을 꼭 잡고 놓지 않을 때 우리 삶에 필요한 모든 일들은 저절로 채워질 것입니다. 우리에게 가장 좋은 것을 주시기를 원하시는 주님이 항상 우리 곁에 계십니다.

끝 날까지 우리를 보살펴주시겠다는 주님만을 붙들며 주님만으로 만족하십시오. 아멘!!!

♡ 주님, 주님만을 붙들고 주님만으로 만족한 삶을 살게 하소서.
🎨 튼튼하고 강한 주님의 약속으로 내 마음을 꽉 채웁시다.

나의 영적 일지

단 한 가지 후회

읽을 말씀 : 베드로전서 1:20-25

● 벧전 1:23 너희가 거듭난 것이 썩어질 씨로 된 것이 아니요 썩지 아니할 씨로 된 것이니 하나님의 살아 있고 항상 있는 말씀으로 되었느니라

스페인의 위대한 작가인 로페 데 베가(Lope de Vega)는 임종을 눈앞에 두고 침대에 누워 있었습니다. 의사와 함께 수많은 제자, 지인들이 그의 마지막을 지켜보기 위해 자리를 채웠습니다.

베가가 점점 다가오는 죽음을 느끼며 힘들어하자 그의 조력자이자 팬이었던 친구가 다음과 같이 위로했습니다.

"자네는 이미 천 편이 넘는 훌륭한 작품들을 남겼네. 이 작품들은 스페인뿐 아니라 전 세계를 놀라게 한 훌륭한 작품들이야. 세상 사람들은 자네의 이름과 작품을 영원히 기억할 테니 두려워하지 말고 편히 눈을 감게나."

그러자 베가는 다음과 같이 말했습니다.

"나는 그동안 하나님을 믿고 살아왔지만 그래도 죽음 앞에서 두려워하지 않을 수가 없네. 그동안 작품을 위해 신앙생활을 잘하지 못했지만 이제 무엇이 중요한 일인지 마침내 깨달았네. 하나님을 기쁘시게 하는 선행을 하나라도 더할 수 있다면 내가 그동안 남긴 모든 업적과도 바꾸고 싶네."

이 세상은 유한하나 천국에서의 삶은 영원합니다.

세상에서의 모든 시간이 끝나는 순간 우리의 인생에는 어떤 후회가 남아있을까요? 아마도 더 많이 벌고, 더 즐기고, 더 성공하지 못한 후회 보다 하나님이 주신 사명에 온전히 헌신하지 못한 후회가 더 크고 깊을 것입니다.

오늘 하루가 주님이 주시는 마지막 날이라고 생각하십시오.

당장 천국에 가도 후회하지 않을 그런 하루를 만들어가십시오. 잠시 떠날 세상이 아닌 영원히 거할 하늘나라에 필요한 준비를 하십시오. 아멘!!!

♡ 주님, 주님을 기쁘시게 하는 선행을 하나라도 더하게 하소서.

❈ 천국에서의 영원한 삶을 생각하며 오늘도 필요한 준비를 합시다.

나의 영적 일지

믿을 수 없는 세상

읽을 말씀 : 야고보서 1:12-18

● 약 1:17 각양 좋은 은사와 온전한 선물이 다 위로부터 빛들의 아버지께로서 내려오나니 그는 변함도 없으시고 회전하는 그림자도 없으시니라

「더 이상 의존하지 마세요」(Codependent No More, Melody Beattie)라는 책이 1980년대 미국에서 선풍적인 인기를 끌었습니다.

책의 내용은 지금 봐도 파격적입니다. 부부 사이, 부모와 자녀 사이, 모든 가족 사이에 서로 의지하지 말고 독립적인 삶을 살라는 내용입니다. 사람은 이기적인 존재이기에 가족 간에도 100% 신뢰할 수 없는데 가족이기 때문에 믿을 수 있다는 생각 때문에 상처를 받고 자신의 삶을 살아가지 못한다는 내용입니다.

파격적인 내용이지만 미국 전역을 휩쓴 베스트셀러였다는 것은 이 말에 많은 사람들이 어느 정도 공감했다는 뜻이기도 합니다.

1990년대 일본에서는 나까다니 교수의 「통쾌한 경제학」이라는 책이 베스트셀러에 올랐습니다. 이 책은 경제학이 주된 내용이지만 '정부가 모든 것을 알아서 해줄 것이라고 믿지 말라'는 핵심 메시지가 들어있습니다. 나까다니 교수는 정부가 불합리한 모든 문제를 해결해 줄 것이라 믿기 때문에 정부는 표를 위해 지키지도 못할 공약을 하고 사람들은 자신의 문제를 해결할 기회를 잃는다고 생각했습니다.

세상이 아무리 발전하고 풍족해져도 우리가 겪는 여러 문제들을 전부 해결할 수는 없습니다. 우리가 믿고 의지하고 따라야 할 것은 오직 진리이신 주님의 말씀뿐입니다. 그 말씀대로 살아갈 때만 이 세상의 모든 문제에서 벗어나 확실한 평안과 행복, 그리고 구원을 얻게 됩니다.

믿을 수 없는 세상, 믿을 수 없는 사람 가운데 유일하게 의지하고 믿어야 할 분인 주 예수 그리스도를 붙드십시오. 아멘!!!

🩷 주님, 세상에서 오직 믿어야 할 한 분은 주님임을 알게 하소서.

🏮 어떤 일이든지 피난처 되시는 주님을 의지하며 감당합시다.

나의 영적 일지

4월 5일

철제공의 기도

읽을 말씀 : 시편 69:13-18

● 시 69:13 여호와여 열납하시는 때에 나는 주께 기도하오니 하나님이여 많은 인자와 구원의 진리로 내게 응답하소서

UN 안전보장이사회는 국제 사회가 해결하기 어려운 문제들을 어떤 방향으로 해결할지를 놓고 중요한 투표를 하는 모임입니다.

한국전쟁의 참전 결정도 바로 이곳에서 이루어졌습니다.

안전보장이사회는 중요한 문제가 있을 때마다 커다란 철제함에 투표를 하는데 수십 년 전에 처음으로 들여온 철제함이 너무 낡아 교체를 해야 했습니다.

투표함을 교체하기 위해 철제함의 뚜껑을 열었더니 그 안에 뜻밖의 비밀이 숨겨져 있었습니다. 철제함 안에는 다음과 같은 글이 적혀 있었습니다.

『안전보장이사회에서 이루어지는 모든 결정이
창조주 하나님의 뜻에 합당한 결정이 되어서
우리 역사에 올바른 주님의 뜻이 이루어지기를 기도합니다.
– 철제공, 폴 안토니오(Paul Antonio, Tinsmith)』

폴 안토니오는 이탈리아에서 미국으로 이민와서 작은 마을에 사는 신실한 성도였습니다. 안토니오는 자신은 미약한 한 인간이지만 하나님을 향한 간절한 기도가 세상을 구할 수 있다는 사실을 깨닫고 온 마음을 다해 철제함에 한 글자 한 글자를 새겨 넣었습니다.

세상의 여러 가지 일들에 무력함을 느낄 때 우리는 기도해야 합니다.

우리의 기도가 세상을 변화시킬 힘이라는 사실을 믿으며 더욱 합심하여 기도하십시오. 아멘!!!

♡ 주님, 우리의 기도가 세상을 변화시킬 힘이라는 사실을 믿게 하소서.

🖼 우리 역사에 올바른 주님의 뜻이 이루어지기를 기도합시다.

나의 영적 일지

내 주여 뜻대로

읽을 말씀 : 누가복음 22:39-46

● 눅 22:42 가라사대 아버지여 만일 아버지의 뜻이어든 이 잔을 내게 서 옮기시옵소서 그러나 내 원대로 마옵시고 아버지의 원대로 되기 를 원하나이다 하시니

독일의 벤자민 슈몰크(Benjamin Schmolck) 목사님은 종교 전쟁으로도 불리는 '30년 전쟁'으로 큰 상처를 입은 독일인의 마음을 치유하기 위해 매일 동분서주 바쁘게 사람들을 찾아다니며 복음을 전했습니다.

어느 날 먼 지역의 심방을 마치고 돌아오는 목사님을 본 마을 사람들은 집에 불이 났으니 빨리 가보라고 말했습니다. 서둘러 집에 가보니 목사님의 집은 이미 완전히 불에 탔고 사랑하는 두 자녀는 집안에서 미처 빠져나오지 못한 채 숨을 거두고 말았습니다.

새까맣게 타버린 자녀들의 시신을 안고 목사님은 하나님께 울부짖었습니다. 그 울음은 도저히 말로는 표현할 수 없는 슬픈 감정과 원망 섞인 외침이었습니다. 인생에서 겪을 수 있는 가장 큰 아픔을 겪고 있는 목사님은 예수님을 세상에 보내어 십자가에서 죽게 하신 하나님의 마음을 느끼며 위로를 받았습니다.

목사님은 하나님이 주신 이 마음을 담아 인생에서 가장 괴롭고 힘든 순간에도 하나님께 감사하며「내 주여 뜻대로」(549장, 통 431장)라는 찬송을 썼습니다.

『내 주여 뜻대로 행하시옵소서.

큰 근심 중에도 낙심케 마소서.

주님도 때로는 울기도 하셨네.

날 주관하셔서 뜻대로 하소서.』

주님 역시 우리를 위해 세상의 모든 고초를 몸소 겪으셨습니다.

십자가의 고난 앞에서도 우리를 구원하기 위해 묵묵히 순종하신 주님을 본받아 모든 일을 주님께 맡기고 순종할 수 있도록 믿음과 은혜를 구하십시오. 아멘!!!

🤍 주님, 험한 고통 중에도 베푸신 은혜를 생각하며 주님을 예배하게 하소서.

🛐 지금 주님의 뜻을 잘 알 수 없어도 주님이 최고를 주실 것을 믿읍시다.

나의 영적 일지

고난 중에도 찬송을

읽을 말씀 : 야고보서 5:10-20

● 약 5:13 너희 중에 고난 당하는 자가 있느냐 저는 기도할 것이요 즐거워하는 자가 있느냐 저는 찬송할찌니라

　빌라도에게 재판을 받고 십자가를 지신 예수님은 골고다까지 800m나 되는 험한 길을 걸으셨습니다. 이 길은 「십자가 수난의 길」이라는 뜻의 「비아 돌로로사」(Via Dolorosa)라고 불립니다.

　수난의 길인 비아 돌로로사는 고통만이 기다리고 있는 죽음의 길이었습니다.

　이 길은 주님이 원해서 걸으신 길이 아닙니다. 주님은 이 길을 피할 수 있으면 피하게 해달라고 기도하셨습니다.

　예수님은 힘겹게 도착한 골고다 언덕에서 자신이 지고 온 십자가에 달려 모든 물과 피를 쏟아야 할 것을 알고 계셨습니다.

　그러나 비아 돌로로사는 하나님의 뜻대로 행하신 순종의 길이었습니다.

　예수님은 자기를 부인하고 하나님의 뜻에 순종하셨기에 이 길을 걸으셨습니다. 그만큼 우리를 사랑하셨기에 우리를 구원할 유일한 방법인 십자가를 하나님은 포기하지 않으셨고 주님은 순종하셨습니다.

　그리고 비아 돌로로사는 죽음을 넘어선 생명이 있는 부활의 길이었습니다.

　하나님의 뜻을 따라 순종하는 이 길에 죽음이라는 끝이 아닌 영원한 생명이 있는 부활의 길이 있음을, 예수님을 믿음으로 하나님이 예비하신 이 은혜를 누릴 수 있음을, 고난받으신 예수님을 통해 이제 온 세상이 알게 됐습니다.

　부활의 소망이 없는 인생은 어떤 부귀영화를 누린다 해도 죽음이 끝인 허무한 삶입니다. 죽음과 부활을 통해 우리에게 구원의 길, 영생의 길을 열어주신 산 소망이신 예수님을 굳건히 믿고 이 기쁜 소식을 속히 다른 사람에게 알리십시오. 아멘!!!

🤍 주님, 고난 중에도 구원과 영생의 길인 부활의 소망을 잊지 않게 하소서.

🖼 지금 나의 고난이 이해가 안돼도 주님의 큰 뜻이 있음을 믿읍시다.

나의 영적 일지

바흐가 느낀 골고다

읽을 말씀 : 갈라디아서 6:11-18

● 갈 6:14 그러나 내게는 우리 주 예수 그리스도의 십자가 외에 결코
자랑할 것이 없으니 그리스도로 말미암아 세상이 나를 대하여 십자
가에 못 박히고 내가 또한 세상을 대하여 그러하니라

클래식 역사에서 빼놓을 수 없는 위대한 음악가인 요한 세바스찬 바흐(Johann
Sebastian Bach)가 「아, 골고다」라는 곡을 쓸 때였습니다.

바흐의 아내 안나는 남편의 작업에 방해가 되지 않도록 작업실을 거치지 않고
조용히 다녔습니다.

그런데 어느 늦은 밤 침실에서도 들릴 정도로 큰 울음소리가 들렸습니다. 어
디가 아픈가 싶어 달려가 보니 바흐가 책상에 성경을 펴놓고 엎드려 울고 있었
습니다. 작곡을 위해 마태복음에 나오는 예수님의 고난을 묵상하다가 감정이 복
받쳐 참을 수가 없었던 것입니다.

아내가 온 것도 모르고 펑펑 우는 남편을 두고 밖으로 나온 안나도 큰 감동을
느껴 복도에 앉아 눈물을 흘렸습니다. 훗날 안나는 「내 남편 바흐」라는 책을 통
해 이 일화에 대한 소회를 다음과 같이 남겼습니다.

"남편이 그토록 힘겨운 고통을 느끼며 곡을 쓴다는 것을 저는 몰랐습니다. 아
마 완성된 곡을 듣는 사람들도 몰랐겠지요. 남편은 이 모든 순간을 오직 하나님
과만 공유하길 원했기에 단 한 번도 사람들에게는 말하지 않았습니다."

예수님이 나를 위해 겪으신 고난, 성경이 믿는 자들에게 약속한 축복, 부활과
천국을 향한 소망 등 성경의 말씀들을 우리는 어떤 의미로 받아들이고 있습니
까? 성경에 나오는 주님의 모든 고초와 축복, 구원과 축복의 약속은 다른 사람이
아닌 바로 나에게 주시는 귀한 말씀입니다.

말씀 가운데 주님이 주시는 은혜를 더욱 깊이 느끼게 해달라고 고요한 가운데
말씀을 묵상하십시오. 아멘!!!

🖤 주님, 제게도 오직 주님과만 공유하길 원하는 순간이 있게 하소서.

🧎 고난, 축복, 소망 등 성경 말씀을 묵상하며 주님의 은혜를 가슴에 새깁시다.

나의 영적 일지

예수님은 누구신가

읽을 말씀 : 디모데후서 2:3-13

● 딤후 2:8 나의 복음과 같이 다윗의 씨로 죽은 자 가운데서 다시 살 으신 예수 그리스도를 기억하라

윌리엄 글래드스턴(William Ewart Gladstone)은 영국의 최고령 총리이자 젊은 시절 부터 세상과 타협하지 않고 하나님의 뜻을 따라 살려고 노력한 위대한 신앙인입 니다.

다음은 영국 함대 거리(Fleet Street)에 있는 글래드스턴 기념비에 새겨진 그의 신 앙 고백입니다.

『그리스도는 우리를 아버지께로 인도하시며,

하나님의 아들로 삼아주시려고 인간의 모습으로 이 세상에 오셨다.

··· 주님은 하늘의 별이자, 굳건한 반석이자, 순전한 어린 양이시다.

단절을 잇고 화평케 하는 중재자이시며 완전한 평화를 세상에 주실 분이시다.

많은 위인이 세상에 나타나고 떠나갔지만 오직 주님만은 계속 살아 계신다.

헤롯이 주님을 죽일 수 없었고 사탄도 주님을 유혹할 수 없었다.

죽음도 주님을 데려갈 수 없었으며, 무덤이 주님을 붙잡아 둘 수도 없었다.

주님은 부활하셨고, 우리의 완전한 소망이 되셨다.

완전하시고 아름다우시고 나의 구주이신 주님,

내가 생각하는 모든 것, 내가 쓰는 모든 것, 내 존재의 모든 것이

예수 그리스도의 살아계심을 나타내길 원한다.』

우리의 삶을 통해 세상에 나타내고 싶고, 전하고 싶은 예수님은 어떤 분이십 니까? 그분에 대한 나의 마음을 적어보고 더 늦기 전에 다른 사람에게 내가 만 난, 죽음을 이기고 부활하신 예수님을 전하십시오. 아멘!!!

💛 주님, 제가 전하고 싶은 예수님은 어떤 분인지 바르게 깨닫게 하소서.

🎴 이웃에게 내가 만난 예수님을 전하는 일에 전심을 다합시다.

나의 영적 일지

내 눈의 들보

읽을 말씀 : 마태복음 7:1-6

● 마 7:5 외식하는 자여 먼저 네 눈속에서 들보를 빼어라 그 후에야 밝히 보고 형제의 눈속에서 티를 빼리라

우리나라에서 실제로 있었던 일입니다.

한 마을의 입구에 아무도 쓰지 않는 공터가 있었습니다.

언제부터인가 사람들은 이 공터에 몰래 쓰레기를 버리기 시작했습니다.

처음에는 한두 명이 버리더니 마을 입구부터 공터에까지 쓰레기가 쌓여 외관도 좋지 않을 뿐 아니라 악취로 인해 주민들의 피해가 이만저만이 아니었습니다.

결국 마을 주민들 중 60여 명이 의견을 모아 공터에 CCTV를 달아달라는 탄원서를 냈습니다. 구청은 탄원서를 받고 나서 며칠 뒤 CCTV를 달았는데 깜박하고 주민들에게 설치했다는 사실을 알리지 않았습니다. 그리고 1주일 뒤 CCTV를 분석해 쓰레기 무단투기범을 붙잡았는데 놀라운 사실이 밝혀졌습니다.

쓰레기를 버린 사람은 총 20명 정도였는데 그중 13명이 탄원서를 낸 사람들이었습니다. 자기들이 쓰레기를 버려놓고 CCTV를 달아달라고 탄원서를 낸 것도 놀라운데 CCTV가 설치됐을지 모르는 상황에서도 쓰레기를 버렸다는 사실이 더욱 놀라웠습니다. 이 이야기는 당시 뉴스에도 등장해 화제를 모았습니다.

남의 거짓말을 지적하기 전에 내가 먼저 정직해야 하고, 남의 불의를 탓하기 전에 내가 먼저 정의로워야 합니다.

세상이 어두운 이유는 우리가 빛으로 살아가지 못하기 때문입니다.

사람과 사회를 탓하기보다 주님의 말씀과 뜻대로 살아가고자 노력하십시오. 아멘!!!

🤍 주님, 내로남불이 아닌 정의로운 삶을 살 수 있는 선한 마음을 주소서.

🧎 어두운 세상에서도 주님께 영광 돌리는 빛나는 삶을 삽시다.

나의 영적 일지

가치를 알아보는 눈

읽을 말씀 : 고린도전서 9:19~27

● 고전 9:25 이기기를 다투는 자마다 모든 일에 절제하나니 저희는 썩을 면류관을 얻고자 하되 우리는 썩지 아니할 것을 얻고자 하노라

미국 서부 시대에 실제로 있었던 이야기입니다.

캘리포니아의 한 가난한 농부가 갑자기 마당에 솟아난 웅덩이 때문에 골머리를 썩고 있었습니다. 갑자기 땅을 뚫고 쏟아지는 시커먼 물 때문에 더 이상 가축에게 물을 먹일 수가 없었습니다. 아무리 흙을 파서 메꿔도 소용이 없고 검은 물은 주변의 하천까지 모두 오염시켰습니다.

도저히 손을 쓸 수 없었던 농부는 몰래 웅덩이를 덮어놓고 다른 사람에게 아무 문제가 없는 것처럼 속여 농장을 팔았습니다. 하마터면 헐값에 넘길 뻔한 농장을 제값을 받고 팔았으니 농부의 마음은 날아갈 것 같았습니다.

계약이 성사된 다음 날 농부는 지인들을 모두 불러 성대한 파티를 벌였습니다. 그러나 몇 주가 지난 뒤 농부가 농장을 판 일은 인생 최대의 실수가 되었습니다. 썩은 물인 줄 알았던 웅덩이는 사실 유전이었던 것입니다. 덕분에 농부에게 속아서 농장을 산 사람은 백만장자가 되었습니다. 석유가 뭔지 몰랐던 농부는 양심까지 속여가며 제 발로 찾아온 큰 축복을 놓쳤습니다.

가치를 모르는 사람에게는 세상의 어떤 금은보화가 눈앞에 주어진다 해도 쓰레기처럼 보일 뿐입니다.

우리의 눈은 무엇을 보석으로 여기고 있습니까?

세상에서의 복락이 아닌 하나님을 기쁘시게 하는 영혼 구원의 열매를 가장 귀한 보석으로 여기고 있습니까?

하나님의 아들, 독생자의 귀한 보혈로 주어진 구원이라는 놀라운 은총을 세상의 그 무엇과도 바꾸지 마십시오. 아멘!!!

🖤 주님, 주님이 주신 구원이라는 큰 복에 감사하는 자가 되게 하소서.

🖼 주님의 귀한 보혈로 주어진 구원이라는 놀라운 은총을 감사합시다.

나의 영적 일지

선교사가 된 메달리스트

읽을 말씀 : 요한복음 4:34-42

● 요 4:38 내가 너희로 노력지 아니한 것을 거두러 보내었노니 다른
　사람들은 노력하였고 너희는 그들의 노력한 것에 참예하였느니라

　초등학교 때부터 탁구선수 생활을 하다가 테니스 엘보로 큰 고생을 하던 선수
가 있었습니다. 부상에도 세계탁구선수권에서 우승할 정도로 뛰어난 실력이었
지만 진통제도 듣지 않을 정도로 상태는 점점 악화됐습니다.

　그러던 중 기도라도 해보라는 지인의 말을 듣고 기도원에 들어가 하루 종일
하나님께 매달렸는데 기도 중에 십자가에 피 흘리신 예수님이 마음에 떠오르자
하나님의 말씀을 읽으면서 구원을 받았습니다. 기도원을 내려오자 6년 동안 어
떤 명의도 고치지 못했던 팔꿈치가 깨끗하게 나았습니다.

　다시 선수 생활을 시작했지만 이번엔 간염이라는 시련이 찾아왔습니다. 그는
자신을 깨끗케 하신 주님이 이번에도 낫게 해주시리라는 믿음으로 오로지 훈련
에 매진했습니다. 간염은 차도가 없었지만 하나님은 간염을 이겨낼 수 있는 힘
을 주셨습니다. 여러 어려움에도 한 경기 한 경기 승리를 거듭하던 선수는 국가
대표가 되어 올림픽에 나갔고 결승전에서 중국 선수를 이기고 금메달을 목에 걸
었습니다.

　금메달보다 더 값진 것은 하나님을 깨닫고 놀라운 능력을 체험한 것이었습니
다. 이 모든 것에 하나님의 뜻이 있다고 생각한 선수는 금메달을 목에 건 영광스
러운 순간을 뒤로하고 은퇴한 뒤 M국에서 선교사로 헌신하며 복음을 전하는 제
2의 삶을 살고 있습니다.

　그리스도인의 진정한 소망은 세상의 금메달이 아닌 천국의 면류관에 있습니
다. 주님을 다시 만나는 그날 착하고 충성된 종이라는 칭찬을 받을 수 있도록 새
로운 소망과 힘을 주신 주님을 위해 새로운 삶을 살아가십시오. 아멘!!!

♡ 주님, 천국 면류관의 소망을 갖고 주님을 충성스럽게 따르게 하소서.
🧎 지금 주님의 착하고 충성된 종의 삶을 살고 있는지 돌아봅시다.

나의 영적 일지

보이지 않는 이유

읽을 말씀 : 마태복음 13:14-23

● 마 13:14 이사야의 예언이 저희에게 이루었으니 일렀으되 너희가 듣기는 들어도 깨닫지 못할 것이요 보기는 보아도 알지 못하리라

인도의 저명한 정신과 전문의 안소니 드 멜로(Anthony de Mello)가 사람들의 영성을 위해 쓴 「1분 지혜」라는 책에 나오는 이야기입니다.

신앙생활을 열심히 하던 한 청년이 목사님을 찾아가 다음과 같이 물었습니다.

"목사님, 어떻게 해야 하나님을 만날 수 있습니까?

아무리 열심히 기도하고, 말씀을 읽고, 예배를 드려도

도대체 하나님을 만날 수가 없습니다."

"하지만 나는 지금도 자네 곁에 계시는 하나님이 보인다네."

청년이 그런데 왜 자신은 하나님을 볼 수 없는지 묻자 목사님이 대답했습니다.

"술에 취해 집에 가는 사람을 본 적이 있는가?

세상은 무엇 하나 변한 것 없지만 술에 취한 사람은 제대로 걷지를 못하고 비틀거리다 심지어 넘어지기까지 하네. 뻔히 계시는 하나님이 자네 눈에 보이지 않는다면 지금 다른 무엇에 취해 있는 건 아닌지 돌아봐야 한다네."

하나님은 언제나 동일하신 사랑과 은혜를 우리에게 부어주고 계십니다.

변한 건 하나님이 아니라 하나님을 바라보는 우리의 눈과 마음입니다.

어제나 오늘이나 영원토록 동일하신 주님의 한결같은 사랑을 의심하지 마십시오. 다만 고요한 가운데 언제나 함께 하시고 지켜주시는 주님의 은혜를 더욱 느끼게 해달라고 기도로 간구하십시오.

지금도 나를 바라보시고, 보호해 주시는 하나님의 눈과 손이 있음을 믿으십시오. 아멘!!!!

♡ 주님, 변하지 않는 마음으로 언제, 어디서나 주님을 바라보게 하소서.

🎋 눈에 보이지 않는다 해도 늘 나와 함께 하시는 주님을 믿읍시다.

나의 영적 일지

또 다른 응답

읽을 말씀 : 잠언 16:1-7

● 잠 16:1 마음의 경영은 사람에게 있어도 말의 응답은 여호와께로서 나느니라

음악적 재능도 출중하고 신앙생활도 열심히 하는 음악인이 있었습니다.

첼로를 연주했던 그는 어느 날부터 시력이 급격히 나빠졌습니다. 바로 앞에 있는 악보도 보이지 않아 미리 외우지 않으면 연주가 불가능할 정도였습니다. 그는 매일 밤 주님 앞에 간절히 무릎을 꿇고 기도했습니다.

"주님, 제 눈을 다시 밝게 해주십시오.

밝아진 눈으로 평생 주님을 찬양하겠습니다."

그러나 그의 기도와는 상관없이 눈은 점점 더 나빠져 갔습니다.

하나님이 자신의 기도를 들어주지 않는다고 생각한 그는 크게 실망했습니다.

그런데 하루는 브라질에서 오페라 공연을 하던 중 가수들의 파업으로 원래 지휘하기로 한 지휘자가 공연 당일 쫓겨나는 황당한 일이 일어났습니다.

당장 어떻게든 지휘자를 구해야 하는 상황에 극단 관계자가 평소 악보를 모두 외우던 첼리스트를 기억하고 대타 지휘를 부탁했습니다.

첫 지휘자 데뷔를 성공적으로 마치고 무대를 내려온 그는 하나님이 기도에 응답하지 않으신 이유가 무엇인지 깨달았습니다.

'20세기 최고의 지휘자'로 불리는 토스카니니(Arturo Toscanini)는 극적인 데뷔 공연을 마치고 오히려 자기가 원하는대로 기도에 응답하지 않으신 하나님께 감사의 기도를 드렸습니다.

모든 것을 다 아시는 분은 오직 하나님 한 분뿐이십니다.

우리의 모든 기도에 가장 좋은 응답으로 화답하시는 주님을 믿으며 우리의 삶을 주님의 손에 맡겨드리십시오. 아멘!!!

♡ 주님, 우리에게 가장 필요한 좋은 것을 주시는 주님을 의지하게 하소서.
▨ 우리에게 가장 좋은 것을 주시는 주님께 내 삶의 방향을 맡깁시다.

나의 영적 일지

4월 15일

다시 일으켜 세운 찬송

읽을 말씀 : 시편 9:9-20

● 시 9:11 너희는 시온에 거하신 여호와를 찬송하며 그 행사를 백성 중에 선포할찌어다

맥도날드와 더불어 세계에서 가장 유명한 프랜차이즈인 'KFC'를 세운 커넬 샌더스(Harland David Sanders)는, 1008번의 거절에도 굴하지 않았던 사람, 63세의 늦은 나이에 마침내 성공한 사람으로 알려져 있습니다.

하지만 샌더스에 대해 아직 잘 알려지지 않은 사실이 있습니다.

샌더스가 마지막으로 사업에 실패한 62세 때 그는 정신적으로 완전히 무너져 정신병원에 입원할 정도로 상태가 좋지 않았습니다. 치료의 효과를 보지 못한 샌더스는 괴로운 마음에 밤중에 몰래 병원을 탈출했는데 그때 어디선가 들리는 아름다운 노래에 이끌려 홀린 듯 찾아갔습니다.

그 노래는 한 여인이 예배당에서 홀로 부르고 있던 「너 근심 걱정 말아라」(432장, 새 382장)라는 찬송이었습니다.

『너 근심 걱정 말아라 주 너를 지키리/ 주 날개 밑에 거하라 주 너를 지키리/ 어려워 낙심될 때에 주 너를 지키리/ 위험한 일을 당할 때 주 너를 지키리』

예수님 없이 돈만 벌려고 인생을 살다 이렇게 됐다는 사실을 깨달은 샌더스는 그 자리에서 펑펑 눈물을 흘리며 회개 기도를 했습니다. 그리고 하나님은 그 즉시 샌더스의 병을 낫게 하셨고 다시 한번 일어나 도전할 힘을 주셨습니다.

샌더스를 회개시키고, 다시 일으키고, 마침내 성공시킨 계기는 한 여인의 아름다운 찬송이었습니다.

하나님을 떠난 성공은 모래 위에 세운 아슬아슬한 집이나 마찬가지입니다.

먼저 내 안에 믿음의 반석을 든든히 세운 뒤 그 위에 하나님이 주시는 사명을 따라 과감히 도전하십시오. 아멘!!!

♡ 주님, 무엇보다 먼저 내 안에 믿음의 반석을 든든히 세우게 하소서.

🖼 내 삶은 모래 위에 있는지 반석 위에 있는지 살펴봅시다.

나의 영적 일지

생명을 살리는 주파수 스티커

읽을 말씀 : 디모데후서 4:1-8

● 딤후 4:2 너는 말씀을 전파하라 때를 얻든지 못 얻든지 항상 힘쓰라
범사에 오래 참음과 가르침으로 경책하며 경계하며 권하라

『작년 초 이틀 동안의 방송으로 3천 8백여 애청자들께 3만 5천여 장의 극동방
송 주파수 스티커를 보내드린 적이 있습니다.

많은 분들이 자동차, 현관문, 화장실, 사업장, 심지어 유모차에 붙인 스티커를
보고 극동방송을 듣게 됐다고 고백합니다. 극동방송 주파수 스티커 보급 방송
중 한 애청자가 보내주신 사연을 소개합니다.

"작년에 저는 심적으로 무척이나 힘들고 지쳐 있었습니다. 갈급해진 심령이
회복되기를 간구하고 있던 중 달리는 앞차 유리에 붙어 있는 극동방송 스티커
를 발견했습니다. 저런 방송이 있나 싶어 라디오를 켰더니 제 영혼을 채워 줄 하
나님의 말씀이 나오는 방송이었습니다. 가장 힘든 시기 극동방송을 알게 해주신
하나님께도 감사했지만, 차량에 스티커를 붙인 성도에게도 정말 감사합니다. 극
동방송을 들으며 제 영혼이 소생되고 새 힘을 얻었습니다. 극동방송을 듣고 난
뒤 삶에 매우 큰 은혜가 임했고 하나님을 진실로 믿게 됐습니다. 제 경험을 간증
하며 지인들에게 극동방송을 들어보라고 권하고 있는데 저도 되도록 많은 곳에
스티커를 붙여서 극동방송을 많은 사람들에게 알리고 싶습니다."

하나님께서는 우리가 생각하지 못한 다양한 방법으로 복음이 전해지게 하십
니다. 작은 스티커 한 장이지만 기도하는 마음으로 이 스티커를 붙일 때 또 한 생
명이 주님께로 돌아오는 역사가 일어납니다. 생명의 말씀이 쉬지 않고 방송되는
극동방송을 듣게 하십시오. 기적이 일어납니다. 우리는 지금 생명을 전하고 있
습니다.』-「김장환 목사의 인생 메모」중에서

복음을 들을 수 있는 방법을 찾아 여기저기에 다양하게 알립시다. 아멘!!!

♡ 주님, 항상 복음을 전하거나 들을 수 있는 방법을 알리게 하소서.
🖼 나의 영적 주파수를 항상 하나님께 맞춥시다.

나의 영적 일지

깨어 준비하라

읽을 말씀 : 누가복음 21:29-38

● 눅 21:36 이러므로 너희는 장차 올 이 모든 일을 능히 피하고 인자 앞에 서도록 항상 기도하며 깨어 있으라 하시니라

한국 교회에도 큰 영향을 준 '설교의 대가' 마틴 로이드 존스(Martyn Lloyd Jones) 목사님은 설교 시간에 조는 성도들에게 다음과 같이 말했습니다.

"설교가 시작될 때부터 자는 건 성도 책임이지만

설교 중간에 자는 건 내 책임입니다."

이 말은 하나님의 말씀을 올바로 전하고 올바로 받기 위해서는 전하는 사람과 듣는 사람 모두 노력이 필요하다는 뜻입니다.

인터넷 검색창에 '설교시간 졸음'이라고 쓰면 '설교 시간에 졸지 않는 방법'에 대한 질문과 수많은 칼럼들이 쏟아져 나옵니다. 저마다의 이유와 방법이 있겠지만 무엇보다 기억해야 할 것은 우리가 매주 드리는 예배는 매번 드릴 때마다 열정과 진심을 다해 하나님께 아름답게 올려드려야 할 기쁜 예배라는 사실입니다.

예수님이 겟세마네에서 피와 땀을 흘리며 기도하실 때 예수님을 가장 사랑한다고 고백한 제자들은 자고 있었습니다.

예수님이 베드로에게 하신 "네가 한 시간도 깨어있을 수 없더냐"라는 책망은 오늘날 우리에게 하시는 것일 수도 있습니다.

생명의 은인이 내 앞에 있는데 잠이 온다는 것은 어떠한 이유라도 변명일 수밖에 없습니다. 예배는 나의 죄를 사해주시고, 영생을 선물로 주시고, 다함이 없는 넘치는 은혜를 매일 부어주시는 주님을 만나고 찬양하는 시간입니다.

일분 일초도 마음이 다른 곳을 향해선 안 되는 시간입니다.

말씀 가운데 부어주시는 주님의 은혜와 은총을 깨어 놓치지 마십시오. 아멘!!!

♡ 주님, 말씀 가운데 부어주시는 주님의 은혜를 하나도 놓치지 않게 하소서.

※ 설교 노트를 준비해 설교를 들을 때 노트하며 들읍시다.

나의 영적 일지

행복을 만드는 힘

읽을 말씀 : 시편 84:1-12

● 시 84:10 주의 궁정에서 한 날이 다른 곳에서 천날보다 나은즉 악인의 장막에 거함보다 내 하나님 문지기로 있는 것이 좋사오니

역사상 열 손가락 안에 꼽히는 대 제국인 에스파냐와 로마제국을 무너트리고 유럽을 점령한 나폴레옹(Napoleon)은 숨을 거두기 얼마 전 자신의 인생을 다음과 같이 회고했습니다.

"내 생애의 행복한 날은 단 6일 밖에 존재하지 않았다."

'불가능은 없다', '오늘의 불행은 잘못 보낸 지난 시간의 보복이다'라는 말을 남긴 나폴레옹과는 전혀 어울리지 않는 말이었습니다.

'빛의 천사'로 불린 헬렌 켈러(Helen Adams Keller)는 노년에 자신이 살아온 인생에 대해 사람들에게 다음과 같이 말하곤 했습니다.

"내 인생에서 행복하지 않았던 날은 단 하루도 없었습니다."

보지도, 듣지도, 말하지도 못하는 선천적 장애를 안고 태어났지만 평생을 다른 이를 위해 힘써왔던 헬렌 켈러의 삶은 온 유럽을 정복했던 황제 나폴레옹의 삶보다 행복하고 값진 삶이었습니다.

세상의 모든 것을 누리는 한평생보다도 주님을 믿고, 주님의 말씀을 행하며 살아가는 단 하루가 훨씬 값지고 행복한 삶입니다.

우리의 삶은 지금 불행합니까? 아니면 행복합니까?

삶 가운데 행복이 없다고 느낀다면 인생의 행복을 주님이 아닌 다른 곳에서 찾고 있는지 점검해 보십시오.

주님이 없이는 세상 전부를 가진다 해도 결코 참된 행복을 누릴 수 없습니다.

참된 행복이 있는 주님의 곁을 한평생 떠나지 마십시오. 아멘!!!

♡ 주님, 어떤 삶이 값진 삶인지 느끼고 깨닫게 하소서.

📿 참된 행복으로 향하는 나침반을 주님께로 향하게 합시다.

나의 영적 일지

아내를 사랑하기에

읽을 말씀 : 로마서 8:31-39

● 롬 8:32 자기 아들을 아끼지 아니하시고 우리 모든 사람을 위하여 내어주신 이가 어찌 그 아들과 함께 모든 것을 우리에게 은사로 주지 아니하시겠느뇨

평생 선천적 시각장애인으로 산 남자가 있었습니다.

형편이 어려워 제대로 된 검사도 받지 못하다가 중년의 나이에 삶이 안정되어 생전 처음으로 안과를 찾았습니다. 검사 결과 놀랍게도 수술만 하면 시력을 회복할 수 있었습니다. 수술 비용도 크지 않았지만 남자는 한참을 망설이다가 수술을 포기했습니다.

의사는 평생 소원인 시력을 회복할 수 있는데 갑자기 포기하는 이유가 무엇이냐고 물었습니다. 너무 안타까웠기 때문입니다.

"저에게는 스무 살에 만나 결혼한 아내가 있습니다. 아내는 누구보다 심성이 고왔지만 얼굴에 흉한 화상 자국이 있다고 말했습니다. 앞이 보이지 않는 저는 아무 상관이 없었지요. 그런데 제가 시력을 회복할 수 있다는 소식을 들은 아내가 자기 얼굴을 보고 제 마음이 멀어질까 봐 걱정하는 걸 느꼈습니다. 아내 덕분에 제가 이렇게 살 수 있었기에 아내가 어떤 모습이든 저는 사랑할 자신이 있습니다. 다만 제가 아내의 얼굴을 봤다는 사실만으로도 아내는 마음이 불편할 겁니다. 평생 시각장애인인 저를 믿고 살아준 아내를 위해 저는 수술을 포기하겠습니다."

국내에서 실제로 있었던 아름다운 실화입니다.

정말로 사랑하는 사람은 자신의 유익을 포기할 수 있습니다. 하나님이 가장 사랑하는 독생자를 우리를 위해 포기하신 것도 그만큼 우리를 사랑하시기 때문입니다. 세상의 그 무엇보다 나를 사랑하시는 주님께 드릴 수 있는 최선의 사랑을 드리십시오. 아멘!!!

🩵 주님, 평생토록 나를 사랑하신 주님께 최선의 사랑을 드리게 하소서.
🖼️ 우리가 가진 모든 것은 주님이 주신 것이니 남의 허물을 덮고 삽시다.

나의 영적 일지

가장 아름다운 결합

4월 20일

읽을 말씀 : 디모데전서 5:1-12

● 딤전 5:8 누구든지 자기 친족 특히 자기 가족을 돌아보지 아니하면 믿음을 배반한 자요 불신자보다 더 악한 자니라

세상에서 가장 아름다운 그림을 그리고 싶어 하는 화가가 있었습니다.

화가는 마을의 존경받는 목사님을 찾아가 세상에서 가장 아름다운 것이 무엇이냐고 물었습니다. 목사님은 하나님을 향한 믿음이라고 대답했습니다. 수첩에 '믿음'을 적고 어떻게 그림으로 표현할지 고민하던 화가의 눈에 이제 막 결혼한 것 같은 부부가 보였습니다. 사랑으로 가득한 이 부부의 모습은 일순간 세상을 아름답게 바꿨습니다.

화가는 믿음이라고 적은 수첩에 '사랑'이라는 단어를 더 적었습니다.

며칠 뒤 전쟁터에 나갔다 돌아온 군인과 대화를 나눈 화가는 믿음과 사랑에 더해 '평화' 역시 세상에서 꼭 필요한 가치라는 것을 느꼈습니다. 이 세 가지 가치를 어떻게 그려야 할지 깊이 고민하던 화가는 마침내 그림을 완성했는데 화폭에는 '단란한 가정'이 그려져 있었습니다.

화가는 길가다 우연히 본 한 가정의 모습에서 사랑과 믿음, 평안이 모두 존재함을 목격한 것입니다.

가정은 하나님이 허락하신 가장 소중하고 귀한 공동체입니다.

우리는 가정에서 하나님의 사랑과 서로를 향한 믿음, 진정한 쉼을 맛볼 수 있어야 합니다. 말씀이 가르치는 참다운 가정의 모습을 모르기에 세상에는 가정의 위기가 찾아오고 있습니다. 하나님이 창조하신 가정의 아름다움과 행복이 무엇인지 믿는 우리들이 세상에 보여줘야 합니다.

서로를 인정하고 부모를 공경하며 자녀를 사랑하는 믿음의 원리대로 가정을 바로 세우십시오. 아멘!!!

🤍 주님, 사랑과 믿음, 평안과 쉼이 존재하는 가정을 이루게 하소서.
🖼 주님을 향한 믿음이 세상에서 가장 아름다운 일임을 믿읍시다.

나의 영적 일지

기적의 가격

읽을 말씀 : 요한계시록 21:1-8

● 계 21:6 또 내게 말씀하시되 이루었도다 나는 알파와 오메가요 처음과 나중이라 내가 생명수 샘물로 목 마른 자에게 값 없이 주리니

눈이 펑펑 내리는 어느 겨울날 테스라는 8살짜리 아이가 약국으로 뛰어 들어왔습니다.

"약사님, 기적을 일으키는 약을 주세요. 저희 부모님이 말하시는 걸 몰래 들었는데 저희 형 앤드류를 살리기 위해서는 기적이 필요하대요."

약사는 아이를 진정시키고 사정을 상세히 물었습니다. 이야기를 들어 보니 형이 많이 아픈데 치료를 받을 돈이 없어 위급한 것 같았습니다.

옆에서 이야기를 듣던 손님이 테스에게 물었습니다.

"내가 그 기적이라는 약을 줄 수 있을 것 같구나. 그런데 돈은 얼마나 있니?"

아이는 자신의 저금통을 탈탈 털어 가져온 1달러 10센트를 주머니에서 꺼냈습니다.

"그거면 됐구나. 그럼 형에게 약을 주러 가볼까?"

마침 약국에 있던 손님은 소아마비의 기전을 최초로 밝혀낸 미국의 명의 칼튼 암스트롱(Carlton Armstrong)이었습니다.

암스트롱의 수술로 형인 앤드류는 건강을 회복했습니다.

이후 테스의 부모님이 감사의 의미로 어떻게든 돈을 마련해 몇 번이나 찾아갔지만 그때마다 암스트롱은 기적의 값은 1달러 10센트면 충분하다며 번번이 거절했습니다.

아이의 모든 것을 무엇보다 소중하게 여긴 암스트롱처럼 하나님은 마음을 다해 드리는 우리의 모든 것을 기쁘게 여기십니다. 우리의 모든 기도와 간구를 들어주시는 주님께 필요한 모든 것을 구하십시오. 아멘!!!

♡ 주님, 모든 필요를 은혜로 주시는 주님께 필요한 모든 것을 구하게 하소서.

🙆 우리의 기도와 간구를 들어주시는 주님께 기도하며 의지합시다.

나의 영적 일지

빛을 두려워말라

4월 22일

읽을 말씀 : 요한복음 1:6-18

● 요 1:7 저가 증거하러 왔으니 곧 빛에 대하여 증거하고 모든 사람으로 자기를 인하여 믿게 하려 함이라

커다란 동굴에 모여 살던 수많은 사람들이 있었습니다.

언제부터 동굴에서 살았는지, 어떤 이유로 살게 되었는지는 알 수 없었지만 태어날 때부터 동굴에서 사는 사람들은 동굴에서의 삶을 당연하게 받아들였습니다.

그런데 커다란 동굴의 한쪽에서는 한 줄기 밝은 빛이 흘러나오고 있었습니다. 어두운 동굴 안에서만 살던 사람들은 밝은 빛을 보고 두려워했습니다.

때때로 호기심에 빛을 따라가는 사람도 있었지만 그렇게 나간 사람들은 다시는 동굴로 돌아오지 않았기 때문에 동굴 안의 사람들은 더더욱 빛을 두려워했습니다. 빛을 따라 나간 사람들이 죽었거나 큰일을 당해 다시는 동굴 안으로 들어오지 못한다고 생각했기 때문입니다.

그러나 동굴 밖의 세상은 밝은 햇빛이 비추고 녹음이 푸르른 그야말로 천국과도 같은 곳이었습니다. 동굴을 나간 사람들은 너무도 행복해 동굴 안으로 다시는 돌아오지 않은 것이었지만 동굴 안의 사람들은 여전히 빛이 두려워 발을 떼지 않았습니다.

어둠 속에서만 지내는 사람은 빛을 두려워할 수밖에 없습니다. 그러나 진정으로 살기 위해서는 그 빛을 따라가야 합니다. 빛이 있는 곳에 밝은 세상과 구원이 있고 십자가의 보혈로 완성된 영생이 있습니다.

어둠 속에서 빛을 따라 한 걸음씩 걸어 나갈 용기를 내야 합니다.

어두운 세상을 밝힐 유일한 희망인 예수 그리스도를 어둠 속에서 살고 있는 사람들에게 전하십시오. 아멘!!!

♡ 주님, 어두운 세상을 밝힐 유일한 분인 예수 그리스도를 전하게 하소서.
🧩 어둠 속에서 살고있는 사람들에게 세상의 빛이신 주님을 전합시다.

나의 영적 일지

그 이름을 믿기에

읽을 말씀 : 사도행전 4:8-14

● 행 4:12 다른 이로서는 구원을 얻을 수 없나니 천하 인간에 구원을 얻을만한 다른 이름을 우리에게 주신 일이 없음이니라 하였더라

1914년 영국의 한 신문에 다음과 같은 어이없는 구인 광고가 실렸습니다.
『모험가 구함.
어렵고, 보수도 적고, 혹한의 추위에 몇 달간 어둠이 지속되는 곳으로 함께 떠날 모험가 구함.
위험한 일들이 계속 일어나고 안전한 귀환을 보장할 수 없음.
하지만 성공하면 영광과 명예를 얻을 수 있음.
– 어니스트 섀클턴(Ernest Henry Shackleton), 벌링턴가 4번지』

이런 일을 하겠다고 나설 사람은 지구상에 단 한 명도 없을 것 같지만 이 짧은 광고를 보고 무려 5,000명이 넘는 사람들이 찾아왔습니다.

197:1의 경쟁률이었기에 훗날 이 광고는 사람들의 열정을 끌어내는 기적과도 같은 광고문으로 알려졌지만 실상은 달랐습니다.

섀클턴은 이미 남극점 탐험으로 이름이 알려진 모험가였기 때문에 사람들은 광고의 내용보다는 어니스트 섀클턴이라는 이름을 믿고 몰려든 것입니다.

예수 그리스도, 이 이름보다 더 확실한 구원의 증거는 없습니다.

예수 그리스도, 이 이름 외에는 구원의 능력을 줄 이름이 없습니다.

우리를 구하시고, 우리를 위해 돌아가시고, 우리를 위해 다시 살아나사 모든 인류를 구원하신 바로 그 예수 그리스도를 믿어야 합니다.

한 사람의 이름이 숱한 어려움을 감당할 이유가 되듯이 유일한 구원의 이름인 예수 그리스도를 붙들고 살아가십시오. 아멘!!!

💛 주님, 유일한 구원의 이름인 예수 그리스도를 붙들고 살아가게 하소서.
🧩 확실한 구원의 증거인 예수 그리스도, 그 이름과 능력을 꼭 붙듭시다.

나의 영적 일지

바로 지금

읽을 말씀 : 에베소서 5:15-21

● 엡 5:16 세월을 아끼라 때가 악하니라

한 네티즌이 자신이 유학 시절에 겪었던 일이라며 어느 인터넷 사이트 게시판에 올린 글입니다.

『교양 심리학 강의 시간에 교수님이 칠판에 이런 글을 적었습니다.

'만약 내가 3일 후에 죽는다면….'

"3일 후에 죽는다면 지금 어떤 일을 할 것인지 세 가지만 떠올려 보세요."

교수님은 모든 학생들의 대답을 빠짐없이 들었습니다.

대부분의 학생들은 비슷한 대답을 했습니다.

가족이나 친구와 시간을 보내거나 소소한 취미를 마저 하거나, 전하지 못한 용서나 사랑의 말을 전하기 위해 용기를 내겠다는 내용들이었습니다.

모든 학생들이 말을 마치자 교수님은 칠판을 지우고 다시 다음과 같은 문장을 적었습니다.

'*Do it now!* (지금 당장 하세요!)'』

미국의 심리학자인 미르나 루이스(*Myma Lewis*)는 60세 이후에 어떻게 살지는 45세 전에 결정해야 한다고 말했습니다. 50세가 넘어서는 그동안 살아온 삶의 습관을 바꾸기가 쉽지 않기 때문입니다.

우리가 언젠가 하고 싶어 하는 그 일, 언젠가 주님을 위해서 하고 싶어 하는 그 일들을 시작하기에 가장 적합한 때는 바로 지금일지도 모릅니다.

남은 인생에서 가장 중요하다고 생각되는 일을 지금 바로 시작하십시오.

아멘!!!

♡ 주님, 인생에서 가장 중요하다고 생각되는 일을 지금 하게 하소서.

🖼 지금 바로 주님을 위해 하고 싶었던 가장 중요한 일을 시작합시다.

나의 영적 일지

신념이 변화시킨 인생

읽을 말씀 : 출애굽기 20:1-11

● 출 20:6 나를 사랑하고 내 계명을 지키는 자에게는 천 대까지 은혜를 베푸느니라

너무나 가난해 제대로 배우지 못했고, 능력도 없어 허드렛일을 하다가도 수시로 쫓겨나는 청년이 있었습니다.

청년은 이대로는 인생에 답이 없다고 느껴 어느 날 「10가지 수칙」을 정하고 절대로 어기지 않기로 다짐했습니다.

01. 부지런히 일하며 수입에 맞는 소비를 한다.

02. 지키지 못할 약속은 하지 않고 진실만을 말한다.

03. 좋은 친구를 가려 사귀되 끝까지 사귄다.

04. 다른 이의 험담을 하지 않는다.

05. 어떤 것이든지 요행을 바라는 행동을 하지 않는다.

06. 정신을 흐트러지게 하는 술과 음료는 피한다.

07. 내 비밀과 타인의 비밀은 결코 말하지 않는다.

08. 어떤 순간에도 돈은 빌리지 않는다.

09. 스스로의 행동에 책임을 지고 남의 탓으로 돌리지 않는다.

10. 하루를 마치기 전에는 기도하며 스스로를 돌아본다.

무일푼의 흙수저 제임스 가필드(James A. Garfield)를 미국 20대 대통령으로 만든 것은 「고난 중에 마음 먹은 10가지 수칙」이었습니다.

우리는 위 10가지 수칙 중에 몇 가지가 필요할까요?

올바른 수칙이 인생을 변화시키듯이 하나님의 말씀을 따라 새로운 삶을 살아가십시오. 아멘!!!

♡ 주님, 삶이 힘들어도 주님의 말씀을 품고 바른길로 성실히 가도록 인도하소서.

📖 위 10가지 수칙을 내 삶에 벤치마킹하며 성실히 살아봅시다.

나의 영적 일지

한 달란트의 재능

읽을 말씀 : 마태복음 25:19-30

● 마 25:21 그 주인이 이르되 잘 하였도다 착하고 충성된 종아 네가 작은 일에 충성하였으매 내가 많은 것으로 네게 맡기리니 네 주인의 즐거움에 참예할찌어다 하고

나이가 차고도 직업을 구하지 못해 걱정하는 청년이 있었습니다.

아버지는 마을의 유력자인 친구를 어렵게 집으로 초대해 아들의 일자리를 부탁했습니다. 아버지의 친구는 청년을 불러 몇 가지 질문을 했습니다.

"대학에 자리가 하나 있긴 한데 수학은 좀 하니?"

"아니요. 수학은 예전부터 잘 못했습니다."

"그럼 회계도 못할 테니 은행도 안 되겠군.

과학이나 역사, 혹은 그밖에 내세울 만한 특기가 있다면 뭐든지 말해봐라."

청년은 남들보다 잘한다고 말할 수 있는 건 아무것도 없다고 대답했습니다. 표정이 굳은 아버지의 친구는 마지못해 그래도 혹시 모르니 연락처를 적어달라고 말했습니다.

청년이 내민 쪽지를 본 아버지의 친구는 지나가듯 한마디를 던졌습니다.

"그래도 글씨 하나는 잘 쓰는구나."

사소한 칭찬이었고, 일자리를 구했다고 연락을 주지도 않았지만 이 지나가는 듯한 칭찬으로 인해 청년은 자신도 어떤 일이든 하나는 잘할 수 있다는 자신감을 갖고 글을 쓰기 시작했습니다. 「몬테 크리스토 백작」을 쓴 프랑스의 대표 작가 알렉상드르 뒤마(Alexandre Dumas)의 이야기입니다.

한 달란트의 재능도 분명한 재능입니다. 하나님은 우리 모두에게 하나님의 일을 기꺼이 감당할 수 있는 능력과 큰 복을 주셨습니다.

주님이 맡겨주신 일을 주님이 주신 능력으로 감당해 나가십시오. 아멘!!!

🤍 주님, 주님의 일을 기꺼이 감당할 수 있는 능력과 큰 복을 주소서.
📖 주님이 우리에게 맡겨주신 일과 능력과 재능에 감사합시다.

나의 영적 일지

4월 27일

변화의 증거

읽을 말씀 : 누가복음 19:1-10

● 눅 19:8 삭개오가 서서 주께 여짜오되 주여 보시옵소서 내 소유의
절반을 가난한 자들에게 주겠사오며 만일 뉘 것을 토색한 일이 있으
면 사배나 갚겠나이다

성경은 사람이 구원을 받으면 이전과 완전히 다른, 그리스도 안에서 새로운
피조물이 된다고 말합니다.

다음은 성경에 나오는「변화된 사람들의 10가지 모습」입니다.

01. 요셉처럼 자신을 죽이려고 했던 사람도 섬기게 됩니다(창 50:17).

02. 발람처럼 하나님이 기뻐하시지 않는 일은 거절합니다(민 22:34).

03. 니느웨 백성처럼 회개하며 죄로 물든 과거에서 떠납니다(욘 3:5).

04. 다윗처럼 하나님의 뜻에 순종합니다(삼하 24:17).

05. 삭개오처럼 재산을 구제에 사용합니다(눅 19:8).

06. 아나니아처럼 세상의 법도를 정직하게 지킵니다(행 22:12).

07. 바울처럼 하나님의 뜻을 따라 범사에 감사합니다(살전 5:18).

08. 예수님의 비유에 나온 세리처럼 진심으로 회개합니다(눅 18:13).

09. 바나바처럼 원수도 사랑하며 사람들과 좋은 관계를
    유지하려고 노력합니다(행 11:24).

10. 초대교회 성도들처럼 부활하신 주님을 통해 살아있는 소망을
    품고 삽니다(벧전 1:3).

위 10가지 중 우리의 모습과 비슷한 것은 몇 가지 일까요?

진리의 말씀은 모든 삶을 송두리째 변화시킬 힘이 있기에 하나님을 믿는 구원
은 말이 아닌 삶으로 나타납니다.

말씀에 기록된 변화된 삶의 모습이 나의 삶이 되도록 구원의 감동을 회복하십
시오. 아멘!!!

♡ 주님, 말이 아닌 변화된 삶으로 주님의 구원을 세상을 향해 증명하게 하소서.

🎽 나도 주님의 은혜와 능력으로 누구처럼 새사람이 되기를 기도합시다.

나의 영적 일지

왕께 드릴 이유

읽을 말씀 : 시편 84:1-12

● 시 84:11 여호와 하나님은 해요 방패시라 여호와께서 은혜와 영화를 주시며 정직히 행하는 자에게 좋은 것을 아끼지 아니하실 것임이니이다

고대로부터 인도에 전해져 내려오는 이야기입니다.

충분히 먹고 살 능력이 있지만 일하기 싫다는 이유 하나로 대로변에서 구걸하는 거지가 있었습니다. 하루는 왕이 평민의 옷을 입고 거리를 살펴보다가 이 거지를 발견했습니다.

한눈에 보기에도 아픈 곳이 하나도 없는 건강한 상태였습니다.

왕이 다가가자 거지는 다리를 부여잡고 한 푼만 달라고 애걸했습니다.

이 모습을 본 왕이 말했습니다.

"매일 구걸만 하지 말고 나가서 일을 좀 하지 그러시오?

혹시 나에게 줄 건 없소?"

자존심이 상한 거지는 몰래 숨겨두었던 곡식 자루에서 밀 한 알을 꺼내 던졌습니다. 왕은 거지가 던진 밀을 주운 뒤 자루에서 무언가를 꺼내 거지의 자루에 넣었습니다.

거지가 집에 돌아와 확인해 보니 밀 한 알 크기의 황금이었습니다.

욕심을 버리고 밀을 한 줌만 건넸더라면 큰 부자가 될 수 있었는데 그 기회를 놓친 거지는 땅을 치고 후회했습니다.

아이가 자신이 가장 소중하게 여기는 과자를 아버지에게 드릴 때 아버지는 세상 그 누구보다 큰 행복을 느끼며 더 귀한 것을 베풉니다. 아들의 과자를 귀하게 여기거나 탐을 내서가 아니라 가장 아끼는 과자를 건네준 아들의 사랑 때문입니다. 하나님은 돈보다 주님을 더 사랑하는 우리의 마음을 원하십니다.

돈보다도 귀한 마음을 담아 하나님을 향한 사랑을 표현하십시오. 아멘!!!

🩷 주님, 주님을 가장 사랑하는 마음을 드리며 표현하게 하소서.

🖼 자신의 가장 소중한 것을 나누며 사는 사랑의 삶을 실천합시다.

나의 영적 일지

행복을 거두는 방법

읽을 말씀 : 베드로후서 1:1-11

● 벧후 1:10 그러므로 형제들아 더욱 힘써 너희 부르심과 택하심을
굳게 하라 너희가 이것을 행한즉 언제든지 실족지 아니하리라

한 성도가 목사님을 찾아와 고민을 털어놨습니다.

"목사님, 제 삶에는 어떤 행복도 찾아오지 않고 있습니다.

가족, 친구 할 것 없이 만나는 사람마다 왜 저에게 아무런 기쁨을 주지 못하는 걸까요?"

목사님은 창고에서 작은 천을 꺼내 성도 앞에 놓았습니다.

"성도님, 이 천을 드릴 테니 옷을 지어 입을 수 있겠습니까?"

"이렇게 작은 천으로 어떻게 옷을 만드나요?"

이 말을 들은 목사님이 고개를 끄덕이며 대답했습니다.

"맞는 말씀이십니다. 천이 작으면 옷을 만들 수 없고, 간장 종지에 국을 담을 수 없듯이 이웃을 먼저 사랑하고 먼저 베풀지 않으면 행복을 느낄 수 없습니다. 먼저 웃는 얼굴로 인사하고, 다른 사람들의 필요에 귀 기울인다면 성도님의 행복을 담는 그릇도 점점 커질 것입니다."

행복의 비밀은 받는 것이 아니라 주는 것이기에 하나님은 주는 것이 받는 것보다 훨씬 복되다고 말씀하셨습니다.

하나님은 독생자 예수님까지도 아낌없이 우리에게 주셨습니다.

하나님의 은혜 없이는 우리는 단 한 순간도 살아갈 수 없습니다. 모든 것을 아낌없이 주신 주님의 은혜에 감사한다면 우리도 아낌없이 베풀며, 나누며 살아가야 합니다. 하나님께도, 사람에게도 받기만을 기다리지 말고 먼저 드리고, 베풀며 행복을 거두는 삶을 살아가십시오. 아멘!!!

♡ 주님, 주님께 드리고, 이웃에게 베풀며 행복을 누리며 살아가게 하소서.
🧎 주님께도, 사람에게도 받기만을 기다리지 말고 먼저 드립시다.

나의 영적 일지

논쟁을 피하라

읽을 말씀 : 디모데전서 6:11-21

● 딤전 6:20 디모데야 네게 부탁한 것을 지키고 거짓되이 일컫는 지식의 망령되고 허한 말과 변론을 피하라

그리스의 현인 소크라테스(Socrates)는 회의의 광장인 아고라 광장에서 당시 지혜롭다고 여겨지던 많은 지식인들에게 토론으로 망신을 주곤 했습니다.

소크라테스에게 톡톡히 망신을 당한 한 사람은 도저히 분이 풀리지 않아 어두운 밤에 소크라테스를 찾아가 몽둥이로 흠씬 두들겨 팼습니다.

다행히 멀리서 이 모습을 본 친구가 서둘러 달려와 소크라테스는 목숨을 건졌지만 이미 피가 흥건할 정도로 심하게 상처를 입었습니다.

"내가 저 놈의 얼굴을 똑똑히 봤네,

우리도 곧 찾아가 똑같이 갚아줘야 하지 않겠나?"

그러자 소크라테스는 웃으며 그럴 필요 없으니 걱정 말고 집으로 돌아가라고 말했습니다.

친구가 그렇게 맞고서 억울하지도 않냐고 묻자 소크라테스가 대답했습니다.

"자네는 길 가다 나귀에 차였다고 나귀에게 복수를 할 수 있는가?

말이 안 통해서 폭력을 쓰는 사람은 짐승이나 다름없으니…

그냥 넘어갈 수밖에."

옳고 그름을 떠난 격한 논쟁은 사람의 마음만 상하게 합니다.

때론 마음이 상하고 억울할지라도 예수 그리스도가 유일한 구원의 길이며 세상의 소망이라는 사실을 말이 아닌, 논쟁이 아닌, 거룩한 삶으로 보여주십시오. 아멘!!!

♡ 주님, 언제 어디서나 세상의 소망이신 주님을 삶으로 보여주게 하소서.

🖼 격한 논쟁으로 옳고 그름을 따지지 말고 온유한 마음으로 살아갑시다.

나의 영적 일지

5월

"너희 성도들아 여호와를 경외하라
저를 경외하는 자에게는 부족함이 없도다
젊은 사자는 궁핍하여 주릴찌라도
여호와를 찾는 자는 모든 좋은 것에 부족함이 없으리로다"

— 시편 34:9,10 —

시간이 부족합니다

읽을 말씀 : 디모데후서 4:1-8

● 딤후 4:2 너는 말씀을 전파하라 때를 얻든지 못 얻든지 항상 힘쓰라
범사에 오래 참음과 가르침으로 경책하며 경계하며 권하라

『제가 아는 한 해군 제독님이 있습니다. 이분은 장로님으로 현역 시절에도, 전역 후에도 군 장병들에게 복음을 전파하기 위해 애쓰고 계시는 귀한 믿음을 가진 분입니다. 이분이 왜 이토록 군 복음화를 위해 헌신하게 됐는지 간증을 들을 기회가 있었는데 목회자인 제게도 큰 도전이 됐습니다.

제독님에게는 사관학교 시절 아주 친한 동기가 있었다고 합니다. 장교로 임관한 후 그 제독님은 군함에서 근무를 했고, 동기는 해군 비행기 조종사가 됐습니다. 그런데 동기가 비행기를 탈 때마다 제독님에게 찾아와서는 "하늘을 나는 것이 너무 두려우니 네가 믿는 예수님을 내게도 꼭 소개해 달라"라고 여러 차례 부탁했다고 합니다. 그러나 제독님은 바쁘다는 이유로 복음을 전하지 못했고 다음에 한 번만 더 찾아오면 복음을 꼭 전해야겠다고 마음을 먹었을 때, 안타깝게도 그 동기가 비행기 추락사고로 순직했다는 청천벽력 같은 소식을 들었습니다.

제독님은 그동안 많은 기회가 있었음에도 친구에게 복음을 전하지 못한 것에 대해 그날 밤 통곡하면서 처절하게 하나님께 회개 기도를 드렸습니다. 그리고 지금도 매년 현충일이면 국립현충원을 찾아 동기의 묘비 앞에서 다시는 이런 슬픔이 없도록 더욱 열심히 복음을 전하겠다고 다짐한다고 합니다.

그렇습니다. 복음을 전할 수 있는 시간은 우리가 생각하는 것만큼 그렇게 많이 남아 있지 않습니다.』-「김장환 목사의 인생 메모」중에서

바로 오늘 찾아온 그 기회가 하나님이 우리에게 주신 마지막 기회일 수도 있습니다. 영혼을 살릴 기회를 놓치는 슬픔과 후회가 없도록 바로 오늘, 생각나는 분들에게 꼭 복음을 전하십시오. 아멘!!!

♡ 주님, 복음을 전할 수 있는 시간이 많이 남지 않았음을 알게 하소서.
🎞 오늘 내 가족과 이웃, 동료에게 예수님을 소개하는 복음을 전합시다.

나의 영적 일지

교만의 가면

읽을 말씀 : 잠언 18:10-20

● 잠 18:12 사람의 마음의 교만은 멸망의 선봉이요 겸손은 존귀의 앞 잡이니라

성경에 보면 하나님이 가장 싫어하시는 죄 중에 하나는 '교만'입니다.

그러나 이 교만은 때때로 다양한 껍데기를 쓰고 마치 교만이 아닌 것처럼 위장해 우리 삶에 스며듭니다.

다음은 미국의 유명한 작가이면서 신앙 상담 팟캐스트를 운영하는 샤 바인즈(Shae Bynes)가 쓴 「교만의 5가지 가면」입니다.

1. 두려움(Timidity)

   두려운 사람은 진실을 행하지 못합니다. 두려운 이유는 하나님을 의지하지 못하기 때문이고 이는 곧 교만입니다.

2. 미루기(Procrastination)

   일을 계속해서 미루는 행동은 대부분 내가 그 일을 할 이유가 없다는 교만에서 나옵니다.

3. 가식(Faking It)

   어떤 포장이든 자신의 솔직한 상태를 인정하지 않는 것은 교만입니다.

4. 독립심(Independence)

   누군가의 도움이 필요 없다는 생각 자체는 매우 위험한 교만입니다.

5. 과한 집착(Preoccupation)

   인생을 원하는 대로만 살려고 하는 생각에서 나오는 교만한 행동입니다.

하나님을 잊는 것이 교만이며 하나님께 모든 것을 맡기는 것이 순종입니다. 나를 내려놓고 하나님만 의지하는 순종의 사람이 되십시오. 아멘!!!

♡ 주님, 저를 내려놓고 교만을 물리치고 순종하며 살게 하소서.

🖼 날마다 내려놓음을 실천하는 순종의 사람이 됩시다.

나의 영적 일지

불평의 이유

읽을 말씀 : 시편 37:1-8

● 시 37:8 분을 그치고 노를 버리라 불평하여 말라 행악에 치우칠 뿐
이라

친구인 두 사람이 차에서 큰 가방을 내리고 있었습니다.

위에서 가방을 던지던 친구가 실수로 너무 강하게 던져 가방이 다른 친구의 머리에 맞는 사고가 일어났습니다. 그러나 맞은 사람은 화를 내거나 짜증을 내지 않고 오히려 웃음을 보였습니다. 두 사람은 사업을 하러 함께 다른 지역으로 떠나 크게 성공을 한 뒤 돌아왔는데 챙겨온 가방에는 돈이 가득 들어 있었기 때문입니다.

돈이 가득 든 가방이 우리의 머리를 치고 간다고 생각해 보십시오.

혹이 나고 피가 난다고 해도 화보다는 웃음이 날 것입니다.

그런데 만약 하나님의 일을 하다가 고난을 겪는다면 어떨까요?

돈 가방과 같이 웃을 수 있을까요? 아니면 광야의 이스라엘 백성들처럼 작은 고난에도 바로 불평이 터져 나올까요?

이 질문에 명확히, 곧바로 대답할 수 없다면 하나님을 향한 우리의 믿음과 사랑은 돈 가방만 못한 것이라고 밖에 생각할 수 없습니다.

나의 신앙생활은 어떻습니까? 고난 중에도 하나님을 의지하며 기쁨을 누리는 신앙입니까? 주님 한 분만으로 만족한다는 고백을 드릴 수 있습니까?

아니면 작은 고난에도 불평불만을 쏟아내며 투정 부리는 신앙입니까?

어떤 상황에도 감사하고 기뻐할 수 있는 가장 큰 선물을 하나님은 이미 우리에게 주셨습니다. 나를 살리기 위해 십자가의 고난도 기꺼이 감내하셨던 주님처럼 주님의 일을 불평이 아닌 기쁨과 감사로 감당하십시오. 아멘!!!

🩷 주님, 고난 중에도 하나님을 의지하며 기쁨을 누리는 신앙인이 되게 하소서.

🖼 우리를 위해 기꺼이 십자가의 고난을 감내하신 주님을 생각합시다.

나의 영적 일지

자투리의 위력

읽을 말씀 : 시편 1:1-6

● 시 1:2 오직 여호와의 율법을 즐거워하여 그 율법을 주야로 묵상하는 자로다

피아니스트를 꿈꾸는 14살짜리 소년이 있었습니다.

어느 날 피아노 레슨 선생님이 얼마나 연습을 하는지 물었습니다.

"일주일에 몇 번, 몇 시간 정도 연습을 하니?"

"매일 하루에 한 시간은 연습하려고 노력 중이에요."

선생님은 다음과 같이 조언했습니다.

"하루에 한 시간은 생각보다 만들기가 쉽지 않단다. 대신 5분, 10분이라도 자투리 시간이 날 때마다 피아노 연습을 해보렴. 생각보다 더 많이 집중해서 연습할 수 있을 거야."

소년은 선생님의 조언을 따라 연습을 했는데 정말로 더 자주 더 많이 연습할 수 있었습니다. 이후 피아노뿐 아니라 어떤 일이든지 자투리 시간을 투자한 소년은 바람대로 성공한 피아니스트가 됐고, 그 이후에는 대학에서 문학을 가르치는 교수가 됐습니다.

이야기의 주인공인 존 어스킨(John Erskine)은 수십 권의 베스트셀러를 쓴 작가로만 알려졌지만 뉴욕 필하모닉 오케스트라와 연주를 할 정도로 최정상의 실력을 가진 피아니스트였습니다.

기도와 말씀 묵상, 전도는 큰 이벤트가 아니라 우리의 일상이 되어야 합니다. 하루의 남는 시간들을 경건을 위해 사용하십시오. 경건을 위한 시간을 따로 준비해 하나님과 교제하십시오. 시시때때로 말씀을 묵상하며, 기도로 주님과 대화하고, 복음을 전하는 진정한 그리스도인이 되십시오. 아멘!!!

♡ 주님, 시간을 허비하지 않고 경건의 연단에 사용하는 부지런한 성도가 되게 하소서.

🖼 성경과 전도지를 들고 다니면서 힘이 닿는 대로 전하고 묵상합시다.

나의 영적 일지

온전한 지혜

읽을 말씀 : 에베소서 6:1-7

● 엡 6:1-3 자녀들아 너희 부모를 주 안에서 순종하라 이것이 옳으니라 네 아버지와 어머니를 공경하라 이것이 약속 있는 첫계명이니 이는 네가 잘 되고 땅에서 장수하리라

미국 보스턴출산교육협의회(Boston Association for Childbirth Education)는 오랜 연구 끝에 「10대 청소년을 위한 행동 강령 10계명」을 만들었습니다.

보스턴출산교육협의회는 지역 교사들에게 되도록 매일 이 지침을 아이들과 함께 외울 것을 권하고 있습니다.

01. 우리를 키워준 부모를 실망시키지 마라.

02. 술을 마시기 전에 미래를 생각하라.

03. 우리도 언제가 명령을 내리게 되니 윗사람의 명령에 순종하라.

04. 겸손한 마음으로 과시욕을 이겨내라.

05. 더러운 생각을 멀리하고 인생을 건강하게 만드는 건전한 생각을 하라.

06. 절망을 주는 나쁜 친구 말고, 희망을 주는 좋은 친구를 사귀라.

07. 이성 교제는 자신과 어울리는 상대와 신중하게 진행하라.

08. 교우관계는 되도록 넓게, 최대한 많은 사람을 만나라.

09. 하나님과 이웃을 사랑하라.

10. 영혼의 문제에 관심을 가져라.

교육 없는 자유는 방종을 초래합니다.

우리 자녀가 진정으로 하나님 안에서 자유함을 누리며 기쁜 삶을 살아가길 원한다면 무엇보다도 말씀을 올바로 가르쳐야 합니다. 진리의 빛이 없는 자유는 결국은 죄로 귀결됩니다. 사랑하는 아이들을 위해 성경 말씀을 따라 온전한 지혜를 가르쳐 알게 하십시오. 아멘!!!

♡ 주님, 사랑하는 아이들을 주님 안에서 잘 양육하고 돌보게 하소서.

🖼 보다 많은 아이들을 주님 앞으로 인도할 수 있도록 기도합시다.

나의 영적 일지

제자도의 핵심

읽을 말씀 : 로마서 12:1-13

● 롬 12:1 그러므로 형제들아 내가 하나님의 모든 자비하심으로 너희를 권하노니 너희 몸을 하나님이 기뻐하시는 거룩한 산 제사로 드리라 이는 너희의 드릴 영적 예배니라

길을 가다가 보석 가게에서 값진 보석을 발견한 당신은 그 보석이 너무나 아름다워 어떤 희생을 치르더라도 반드시 구입하고야 말겠다고 결심했다고 생각합시다.

"이 보석을 사고 싶습니다. 얼마면 되죠?"

"당신 계좌에 있는 돈을 전부 다 줘야 합니다."

신용카드와 통장을 넘기니 보석상은 지갑도 달라고 했습니다.

"그것으로 부족합니다. 지금 가지고 있는 지갑과 시계, 모든 것을 다 주세요."

"여기 있습니다. 이제 됐나요?"

보석상은 집과 차, 심지어 가족까지 모두 다 달라고 말했습니다.

당신은 보석을 위해서라면 뭐든지 할 수 있기에 보석상이 원하는 것을 다 주었습니다. 그러자 보석상이 말했습니다.

"하나 빼먹었군요. 바로 당신입니다.

당신까지 나에게 주어야 이 보석을 가질 수 있습니다.

내가 어떤 것을 달라고 하기 전까지는 당신이 소유를 누려도 됩니다.

하지만 이 보석을 줬기에 당신의 모든 것은 내 것이라는 사실을 명심하세요.

언제든 내가 필요하다고 하면 소유권을 나에게 넘겨야 합니다."

마크 베일리(Mark Bailey) 목사님이 '제자도'를 설명할 때 사용하는 예화입니다. 주님이 주시는 보석은 이처럼 우리의 모든 것을 주님께 드려야 얻을 수 있습니다. 모든 것을 주님께 완전히 맡기면서 성실하게 살아가는 참된 그리스도의 제자가 되십시오. 아멘!!!

🤍 주님, 내 모든 것을 주님께 내어드리는 삶을 살게 하소서.

🎴 세상의 어떤 값진 유혹에도 흔들리지 않는 참된 그리스도의 제자가 됩시다.

나의 영적 일지

하나님과 멀어지고 있을 때

읽을 말씀 : 시편 101:1-8

●시 101:7 거짓 행하는 자가 내 집 안에 거하지 못하며 거짓말 하는 자가 내 목전에 서지 못하리로다

주님을 처음 영접했을 때의 감격을 잊을 수 있는 그리스도인은 단 한 명도 없을 것입니다. 그렇다면 반대로 우리가 하나님과 점점 멀어지고 있을 때는 우리 삶에 어떤 일이 일어날까요?

영국의 「크리스천투데이」에서 소개한 「하나님과 관계가 멀어지고 있을 때 나타나는 5가지 신호」입니다.

1. 마음속에서 쓸데없는 잡생각이 많이 떠오른다.

　하나님은 우리의 마음과 생각을 지켜주시는 주님이시기 때문입니다.

2. 삶의 방향을 어디로 정해야 할지 모른다.

　하나님은 우리의 삶을 언제나 푸른 초장으로 인도해 주시는 목자이시기 때문입니다.

3. 유혹이 찾아올 때 속절없이 넘어간다.

　죄는 성도들이 대적하여 무찔러야 할 대상이기 때문입니다.

4. 하나님의 뜻을 올바로 분별하지 못한다.

　하나님과 충분히 대화하는 사람만이 하나님의 음성을 구별할 수 있기 때문입니다.

5. 주님이 아닌 세상을 바라보며 살아간다.

　우리의 소망은 땅이 아닌 주님께 있어야 하기 때문입니다.

혹시 요즘 우리 생활에 이런 신호가 있습니까?

인생의 성패는 하나님을 향한 믿음을 잃지 않는 일에 있습니다.

세상의 유혹을 뿌리치고 더욱더 주님께 가까이 가기만을 원하십시오. 아멘!!!

♡ 주님, 소망을 주님께 두고 믿음을 잃지 않고 주님께 나아가도록 하소서.

🧩 지금 나와 주님과의 관계는 어느 정도 밀접한지 살펴봅시다.

나의 영적 일지

네 부모를 공경하라

읽을 말씀 : 신명기 5:10-21

● 신 5:16 너는 너의 하나님 여호와의 명한대로 네 부모를 공경하라 그리하면 너의 하나님 여호와가 네게 준 땅에서 네가 생명이 길고 복을 누리리라

미국 버지니아주에 있는 웹스터 감리교회(Webster Methodist Church)에서 26년간 교회학교 교사로 봉사하다 세상을 떠난 부인이 있었습니다.

부인의 장례식에서 추도를 맡은 딸 안나 자비스(Anna Maria Jarvis)는 어머니의 가르침을 다음과 같이 회상했습니다.

"어머님은 항상 십계명의 5계명을 가르치셨습니다.

저는 어머니의 위대한 사랑에 어떻게 보답할 수 있을지 구체적인 방법을 생각하며 자랐습니다. 성경 말씀대로 부모님을 기쁘게 하는 일이 하나님께 큰 복을 받는 비결이기도 했습니다."

추도를 마친 안나는 어머니가 생전에 좋아하던 카네이션을 모든 사람들에게 나눠줬습니다. 이 역시 어머니의 가르침에 따라 사람들을 섬긴 것이었습니다. 어머니를 진정으로 사랑한 안나의 추도사와 행동은 곧 다른 지역으로 퍼져갔고 백화점 왕인 존 워너메이커(John Wanamaker)의 귀에도 들어갔습니다.

계속해서 퍼져가는 입소문과 워너메이커의 적극적인 도움으로 미국 정부는 1914년부터 5월 둘째 주일을 「마더스 데이」(Mother's Day)로 지정했습니다. 훗날 아버지의 역할도 점차 강조되면서 「어버이 주일」로 이름이 바뀌었고 이날이 구세군을 통해 한국에 들어오면서 지금까지도 「어버이날」로 지켜지고 있습니다.

어떤 상황에서도 부모님을 공경하는 것은 하나님이 주신 귀한 계명입니다.

낳아주시고 길러주신 은혜를 생각하며, 부모님을 공경하라고 말씀하신 주님의 말씀에 순종하여 우리가 할 수 있는 최선을 다하여 부모님을 섬기십시오. 아멘!!!

🖤 주님, 부모님께 감사하며 공경하고 최선을 다해 섬기게 하소서.
🖼 부모님께 감사와 사랑을 표현하며 은혜에 감사한다며 선물합시다.

나의 영적 일지

인생의 의미

읽을 말씀 : 고린도전서 2:1-5

● 고전 2:2 내가 너희 중에서 예수 그리스도와 그의 십자가에 못 박히신 것 외에는 아무 것도 알지 아니하기로 작정하였음이라

　　나치가 헝가리에 군수 공장을 만들어 수용소의 유대인들을 강제로 노역시켰습니다. 이 정보를 입수한 연합군은 나치의 보급력을 약화시키려고 정밀 폭격으로 대부분의 공장을 폭파했습니다.

　　공장을 재건하기에는 너무나 큰 비용과 시간이 소요될 것으로 예상한 나치는 헝가리의 공장들을 폐허로 두었고 수용소의 유대인들도 더 이상 노역에 동원되지 않았습니다. 그러나 유대인들을 그냥 둘 수 없었던 나치는 다음날부터 유대인들을 무너진 공장터로 매일 불러냈습니다.

　　하루는 이쪽의 폐허 잔해를 저쪽으로 옮기고 다음날은 저쪽의 폐허 잔해를 이쪽으로 옮기도록 지시했습니다.

　　수용소의 유대인들은 의미 없는 노동으로 하루하루를 보냈습니다.

　　그렇게 몇 주가 지나자 이상한 일이 일어났습니다.

　　그저 이쪽에 있는 돌을 저쪽으로 옮기기만 하면 되는데도 정신적 고통을 호소하는 유대인들이 급격히 늘었습니다. 그들 중 일부는 일부러 죽으려고 총을 든 군인에게 달려들기도 했고 벽돌로 달려들다 최후를 맞기도 했습니다.

　　의미 있는 삶을 위해 죽음을 선택하는 사람이 있는 것처럼 의미 없는 삶은 때론 죽음보다 괴롭습니다.

　　구원받은 성도의 삶의 의미는 바로 믿음에서 옵니다.

　　이 귀한 믿음을 세상의 그 어떤 것과도 바꾸지 말고, 그 어떤 고난에도 포기하지 마십시오. 그 어떤 부귀영화를 누리는 삶이라 하더라도 주님이 없는 삶은 연기처럼 사라질 의미 없는 삶임을 기억하십시오. 아멘!!!

🤍 주님, 이 세상에서 의미 있는 삶이 무엇인지 생각하게 하소서.
🖼 의미 있는 삶을 위해 주님만을 사랑하며 주님만을 닮아갑시다.

나의 영적 일지

할 수 있다는 생각

읽을 말씀 : 마가복음 9:21-29

● 막 9:23 예수께서 이르시되 할 수 있거든이 무슨 말이냐 믿는 자에게는 능치 못할 일이 없느니라 하시니

부단한 노력 끝에 꿈에 그리던 메이저리그에 입성했으나 저조한 성적으로 곧바로 마이너리그로 강등된 선수가 있었습니다.

자신의 부족한 재능에 절망한 선수는 야구를 그만두고 고향에 돌아가 다른 일을 찾아보기로 결심했습니다.

이런 그의 마음을 눈치챈 아내는 남편을 볼 때마다 다음과 같이 격려의 말을 전했습니다.

"당신은 최고가 될 수 있는 재능이 있어요."

"당신은 분명히 최고의 선수가 될 수 있어요.

이 사실을 당신이 모를까 봐 난 너무 안타까워요."

아내의 꾸준한 격려에 그는 낙향의 마음을 접고 선수 생활을 이어갔습니다. 한 해가 지나고 그는 다시 메이저리그로 승격됐고 최고의 팀인 뉴욕 양키스의 명실상부한 에이스가 되어 2년 연속 월드시리즈 우승을 이끌었습니다.

뉴욕 양키스가 등번호 영구 결번까지 한 로날드 기드리(Ronald Ames Guidry)의 이야기입니다.

한 사람의 믿음이 사람들을 변화시킵니다. 하물며 모든 일을 할 수 있다고 우리에게 말씀하신 분은 전능하신 하나님입니다.

전능하신 하나님이 모든 일을 할 수 있다고 말씀하셨는데 우리가 할 수 없는 일이 무엇이겠습니까? 주님이 주시는 힘과 믿음으로 주님이 가르쳐 주신 길로 나아가며 순종해야 합니다.

하나님이 힘을 주셨기에 내가 모든 일을 능히 할 수 있음을 믿으십시오. 아멘!!!

♡ 주님, 우리에게 허락하신 변화의 힘을 믿으며 희망차게 살게 하소서.
🦾 좌절과 낙담 대신 능력이신 주님을 내 마음에 모시고 삽시다.

나의 영적 일지

5월 11일

성장해야 지킨다

읽을 말씀 : 마태복음 25:14-21

● 마 25:21 그 주인이 이르되 잘 하였도다 착하고 충성된 종아 네가 작은 일에 충성하였으매 내가 많은 것으로 네게 맡기리니 네 주인의 즐거움에 참예할찌어다 하고

미국의 500대 기업의 평균 수명은 15년 정도라고 합니다.

현재 누구나 알만한 대기업들도 15년 뒤에는 역사의 뒤안길로 사라질 확률이 매우 높다는 뜻입니다.

그런데 덴마크의 펌프 전문 기업인 「그런포스」(Grundfos)는 63년 동안 매년 성장을 거듭하고 있는 이례적인 기업입니다. 63년 동안 경제적인 위기가 수도 없이 찾아왔지만 단 한 번의 예외도 없이 매년 더 나은 매출과 영업이익을 기록했습니다.

주민 7천여 명의 작은 소도시의 허름한 농가에서 시작한 「그런포스」는 이제 매년 4조에 가까운 매출을 올리는 세계적인 기업이 됐습니다.

이런 성장을 가능하게 한 그런포스의 비결은 두 가지입니다.

● 첫째, 돈이 아닌 비전으로 직원들을 이끄는 것.

● 둘째, 현실에 안주하지 않고 1%라도 더 나은 성장을 목표로 삼는 것.

아무리 어렵고 힘든 상황이더라도 노력하고 기도하는 사람에게는 하나님의 길이 보입니다. 어렵다고 주저앉아 있으면 결국은 쓰러져 다시 일어설 힘마저 잃게 됩니다. 전도가 더 어려워지고 미혹의 영이 날뛰는 세상이지만 하나님이 세우신 푯대를 향해 우리 모두가 함께 노력한다면 세상의 어떤 위기에도 복음과 생활은 더욱 흥왕할 것입니다.

내가 받은 구원, 내가 누리는 은혜에 안주하지 말고 주님의 말씀을 따라 복음을 전하고 제자 삼는 참된 제자가 되십시오. 아멘!!!

♡ 주님, 주님께서 세우신 푯대를 향해 노력하는 주님의 제자가 되게 하소서.

🖼 내가 받은 구원, 내가 누리는 은혜에 안주하고 있는지 점검합시다.

나의 영적 일지

반드시 응답하신다

읽을 말씀 : 시편 118:1-9

● 시 118:5 내가 고통 중에 여호와께 부르짖었더니 여호와께서 응답하시고 나를 광활한 곳에 세우셨도다

믿음의 집안으로 목회자도 배출한 신앙 명문가에서 자란 여인이 있었습니다. 다른 형제, 자매들은 주님을 만나 신앙생활을 했지만 이 여인은 기독교 신앙에 반감을 갖고 다른 종교를 선택했고, 결혼도 다른 종교를 믿는 사람과 했습니다. 가족들은 포기하지 않고 계속해서 전도했지만 그럼에도 여인은 절대로 고집을 꺾지 않았습니다.

그러던 어느 날 손이 덜덜 떨리고 걷기가 힘들어 병원에 갔더니 파킨슨병이라는 진단이 나왔습니다. 젊은 나이에 별다른 병력이 없는 사람이 걸리기는 힘든 병이었습니다. 진통제 없이는 하루도 견딜 수 없는, 인생에서 가장 힘든 시기를 맞은 여인은 마침내 하나님을 찾아 울며 부르짖었습니다. 마음에 찾아드는 지옥과 죽음에 대한 불안감을 이겨내게 해달라고 매일 교회를 찾아 울부짖었습니다.

"주님, 그동안의 죄를 용서해 주시고, 마음에 드는 죽음과 불안을 이겨내게 도와주소서."

1년 동안 비가 오나, 눈이 오나 매일 주님께 부르짖자 기적이 일어났습니다. 현대의학으로 고칠 수 없어 불치병으로 불리는 파킨슨병이 1년 만에 깨끗이 나았습니다. 이 과정을 지켜본 남편과 시댁도 하나님을 믿게 됐습니다.

죽음의 문턱에서 만난 하나님이 여인뿐 아니라 한 가정, 한 가문을 구원에 이르게 하는 놀라운 일을 하셨습니다. 우리의 간절한 부르짖음을 전부 들으시고 반드시 응답하시는 진정한 주님이십니다. 내 모든 기도를 들어주시는 주님께 나의 모든 마음을 솔직히 아뢰며 모든 문제를 주님께 맡기십시오. 아멘!!!

♡ 주님, 힘들 때일수록 더욱 주님을 의지하게 하소서.
🖼 우리의 간절한 부르짖음에 반드시 응답하시는 주님께 기도합시다.

나의 영적 일지

행복과 축복의 차이

읽을 말씀 : 에베소서 2:1-10

● 엡 2:8 너희가 그 은혜를 인하여 믿음으로 말미암아 구원을 얻었나니 이것이 너희에게서 난 것이 아니요 하나님의 선물이라

행복을 뜻하는 영어 단어 '해피니스'(Happiness)는 '우연히 일어나다'라는 뜻의 '해픈'(Happen)에서 파생된 단어입니다. 생각지도 못한 일이 잘 풀릴 때 우리는 행복을 느끼고, 우연히 길에서 오래된 친구를 만날 때 우린 행복을 느낍니다.

우리가 예상할 수 없는 미래에 일어나는 일을 통해 우리는 행복도 느끼고 불행도 느낍니다. 바꿔 말하면 행복도 불행도 우리의 노력으로 보장할 수 없다는 뜻입니다.

행복과 비슷한 뜻으로 많이 사용되는 '축복'이라는 뜻의 영어 단어 '블레싱'(Blessing)은 '피 흘리다'라는 뜻의 '블리드'(Bleed)에서 나왔습니다. 내가 누리는 축복은 내가 아닌 다른 사람이 대신 피를 흘렸기에 받는 것이라는 뜻입니다.

그리스도인들이 누리는 모든 축복은 주님이 십자가에서 흘리신 보혈 때문인 것처럼 말입니다.

예수님이 산상수훈에서 말씀하신 축복은 '해피니스'가 아닌 '블레싱'입니다. 행복은 우연히 살아가며 어쩌다 누리는 사건이지만, 나를 위해 피 흘리신 주님을 믿는 사람은 '축복'이 '일상'입니다.

주님의 보혈이 이미 우리에게 임했기 때문에 우리의 삶에 더 이상 우연한 행복은 필요가 없습니다.

복음을 믿고 구원 받은 순간이 우리 삶에 일어날 수 있는 가장 큰 복임을 믿고 그 은혜에 감사해야 합니다. 주님의 보혈을 믿음으로 매일을 주님이 주시는 큰 복 가운데 살아가십시오. 아멘!!!

♡ 주님, 매일매일 주님이 주시는 큰 복 가운데서 참된 행복을 누리게 하소서.

📖 주님의 보혈을 믿음으로 매일을 주님이 주시는 큰 복으로 살아갑시다.

나의 영적 일지

다른 복음의 위험

읽을 말씀 : 베드로후서 3:9-18

5월 14일

● 벧후 3:17 그러므로 사랑하는 자들아 너희가 이것을 미리 알았은즉 무법한 자들의 미혹에 이끌려 너희 굳센데서 떨어질까 삼가라

단편 소설 「어느 쥐의 유언」에 나오는 내용입니다.

한 마을에서 가장 오래 살았던 지혜로운 쥐가 세상을 떠나며 다른 쥐들에게 다음과 같은 유언을 남겼습니다.

『우리가 쥐로 살아가면서 조심해야 할 것이 크게 세 가지가 있다.

● 첫째는 쥐구멍이다. / 고양이를 평지에서 만나면 죽은 목숨이지만 근처에 쥐구멍이 있거나 좁은 틈이 있다면 얼마든지 살 수 있다.

● 둘째는 쥐덫이다. / 쥐덫에 걸리면 빠져나갈 방법은 없다. 평소 쥐덫에 놓인 먹이만 탐내지 않는다면 쥐덫을 얼마든지 피할 수 있다.

● 셋째는 쥐약이다. / 쥐약은 우리가 평생 조심해야 하는 가장 위험한 물건이다. 고양이는 어딜 가도 고양이고, 쥐덫은 어디에 놓여도 쥐덫이지만 쥐약은 어디에 어떤 모양으로 들어있을지 알 수가 없어 피할 수가 없기 때문이다. 그러니 다른 무엇보다도 쥐약을 먹지 않도록 각별히 조심해야 한다.』

하나님을 믿지 않는 무신론자보다 위험한 사람은 가려진 거짓 복음을 믿는 사람입니다. 이런 사람들은 눈과 마음이 가려져 죽어가는 줄도 모른 채 서서히 죽어갑니다.

말씀을 바로 알고 성령님의 인도하심으로 깨닫지 못하면 잘못된 가르침에 미혹됩니다. 말씀을 바로 알 수 있도록 더 깊이 묵상하고 기도로 지혜를 간구하십시오. 영을 미혹케하는 거짓 복음을 경계하며 말씀이 전하는 바른 빛에 거하십시오. 아멘!!!

♡ 주님, 거짓 복음에 속지 않고 진실하고 바른 복음을 따르게 하소서.

▦ 진짜와 가짜를 구별하는 능력을 달라고 주님께 기도합시다.

나의 영적 일지

함께 성장하는 기쁨

읽을 말씀 : 출애굽기 18:19-27

●출 18:20 그들에게 율례와 법도를 가르쳐서 마땅히 갈 길과 할 일을 그들에게 보이고

러시아 첼로계의 대부로 불리는 피아티고르스키(Gregor Piatigorsky)가 아직 무명인 시절 가진 첫 연주회에서 있었던 일입니다.

어쩐 일인지 20세기 최고의 첼리스트로 불리는 카잘스(Pablo Casals)가 가장 앞자리에 앉아 있었습니다. 카잘스를 보고 너무나 흥분한 피아티고르스키는 극심한 부담감에 그날 연주회를 완전히 망치고 말았습니다. 하지만 카잘스는 연주회가 끝나고 격한 박수로 피아티고르스키를 응원했습니다.

이 모습에 감명을 받은 피아티고르스키는 그 뒤로 카잘스에게 종종 가르침을 청했고 두 사람은 스승과 제자가 됐습니다. 사이가 막역해진 피아키고르스키가 한 번은 카잘스에게 첫 연주회에서 있었던 일에 대해 물었습니다.

"그날 제 연주는 엉망진창이었습니다.

그런데도 왜 그렇게 열심히 박수를 쳐주셨나요?"

카잘스는 첼로를 꺼내 그날 피아키고르스키가 했던 주법을 그대로 보여주며 대답했습니다.

"자네가 그날 연주했던 이 테크닉은 내가 처음 본 것이었네.

나는 자네를 통해서 새로운 주법을 배울 수 있었지.

지금도 자네를 제자로서 가르치고 있지만 또한 배우고 있다네."

진정한 스승과 제자는 서로를 발전시키는 아름다운 관계로 이어져 있습니다. 제자들의 선생이 되셨지만 또한 겸손히 발을 씻겨주셨던 예수님처럼 서로의 부족한 부분을 채워주며 아름다운 관계를 이루는 스승이 되고, 제자가 되십시오. 아멘!!!!

♡ 주님, 서로의 부족한 점을 채워주는 참된 스승과 제자가 되게 하소서.

▨ 나에게 좋은 가르침을 주신 고마운 선생님께 감사를 전합시다.

나의 영적 일지

주님이 함께 하십니다

읽을 말씀 : 이사야 43:1-5

5월 16일

● 사 43:1하,2 …너는 두려워 말라 내가 너를 구속하였고 내가 너를 지명하여 불렀나니 너는 내 것이라 네가 물 가운데로 지날 때에 내가 함께할 것이라 강을 건널 때에 물이 너를 침몰치 못할 것이며 네가 불 가운데로 행할 때에 타지도 아니할 것이요 불꽃이 너를 사르지도 못하리니

『하나님께서는 극동방송의 전파를 통해 듣는 한 사람, 한 사람을 위로하시며 새 힘을 주고 계십니다. 애청자 한 분의 사연을 간략하게 소개해 드리겠습니다.

"목사님! 저는 서울에 살고 있는 두 딸아이의 엄마입니다.

3년 전 외도를 시작한 남편은 이제 양육비도 주지 않고 아이들도 만나려 하지 않습니다. 이런 고난 중에도 하나님께서는 극동방송을 통해 날마다, 때마다 함께하시며 제가 혼자가 아님을 느끼게 해주셨습니다.

2019년 가을. 집을 못 구해 발을 동동 구르고 있을 때 큰 딸이 소망의 기도에 보낸 기도 문자에도 응답하셔서 바로 다음 날 좋은 집을 구했습니다.

목사님께서는 기억 못 하시겠지만 2016년쯤 저희 교회에 어린이합창단과 함께 오셔서 저에게 힘 있게 악수해 주셨고, 900회 '소망의 기도' 특집에서는 "제 발로 올 때까지 하나님께 맡기라" 하시며 친정아버지처럼 저를 위로해주셨습니다.(이하 생략)"』

상황이 아무리 절벽 끝으로 치닫고 있더라도 하나님이 함께해 주심을 느끼니 고난 중에도 기쁨과 평안이 있다고 애청자는 고백했습니다. 사는 동안에 고통과 고난이 전혀 없을 수는 없습니다. 그러나 그 어떤 고통과 고난 중에도 주님은 우리와 함께 하십니다.』─「김장환 목사의 인생 메모」 중에서

함께 하시는 주님으로 인해 두려워하거나 놀라지 말고 내가 사망의 음침한 골짜기를 다닐지라도 거기에 이미 우리 주님이 계시며, 우리와 함께 하십니다.

주님의 선하심과 인자하심이 항상 우리와 함께 하심을 굳건히 믿고 평안과 위로를 얻고 누리십시오. 아멘!!!

♡ 주님, 찬양과 주님의 말씀이 위로와 소망이 되게 하소서.

🧩 영적 전쟁에서 승리하는 성도들이 됩시다.

나의 영적 일지

5월 17일

십자가에 못 박힌 삶

읽을 말씀 : 누가복음 14:25-35

● 눅 14:33 이와 같이 너희 중에 누구든지 자기의 모든 소유를 버리지 아니하면 능히 내 제자가 되지 못하리라

한 성도가 갈라디아서를 묵상하다가 "내가 그리스도와 함께 못 박혔나니"라는 사도 바울의 고백을 보고 궁금점이 생겨 에이든 토저(Aiden Wilson Tozer) 목사님을 찾아갔습니다.

"목사님, 십자가에 못 박힌 삶이 도대체 어떤 의미입니까?"

목사님이 대답했습니다.

"십자가에 못 박힌 삶은 세 가지 의미가 있습니다.

● 첫째 / 주님만을 바라보는 삶입니다.

　십자가에 못 박힌 사람은 한쪽밖에 바라볼 수 없습니다.

● 둘째 / 주님만을 따르는 삶입니다.

　십자가에 달린 사람은 자신이 가고 싶은 곳으로 갈 수 없습니다.

● 셋째 / 주님의 계획 대로 살아가는 삶입니다.

　십자가에 못 박히는 사람은 자기 자신의 계획을 가질 수 없습니다."

토저 목사님은 성경이 말하는 백배의 결실을 맺는 축복 받는 사람은 십자가에 달린 삶을 살아가는 성도라고 말했습니다.

십자가에 달리는 삶은 고난이 아닌 영혼의 결실을 백배로 맺는 축복 받은 삶입니다.

주님의 십자가를 마음에 새기고 내가 주인인 삶이 아닌 주님이 주인인 삶을 통해 성경이 약속한 백배의 축복을 누리십시오. 주님을 향해 시선을 고정하고 복음으로 살고, 복음을 전하는 삶을 사십시오. 아멘!!!

♡ 주님, 주님만을 바라보고, 따르고, 주님의 계획대로 살아가게 하소서.

　성경이 말하는 백배의 결실을 맺는 사람이 되기 위해 노력합시다.

나의 영적 일지

네 가지 교만

읽을 말씀 : 시편 31:17-24

● 시 31:23 너희 모든 성도들아 여호와를 사랑하라 여호와께서 성실
한 자를 보호하시고 교만히 행하는 자에게 엄중히 갚으시느니라

「세상과 기독교, 그리고 그리스도인의 관계와 역할」에 대해서 평생을 연구한
신학자 리처드 니부어(Helmut Richard Niebuhr)가 말한 「교만의 네 가지 종류」입니다.

● 첫째 / 권력적 교만(Authority pride)입니다.
   내가 다른 사람보다 지위가 더 높다고 생각해 군림하는 교만입니다.
   직장, 사회뿐 아니라 교회에서도 만연한 교만의 모습입니다.
● 둘째 / 지식적 교만(Intelligent pride)입니다.
   내가 다른 사람보다 더 많이 안다고 생각하는 사람은 다른 사람의 말을 경
   청하지 않습니다.
● 셋째 / 도덕적 교만(Moral pride)입니다.
   남들보다 선행을 많이 하고 도덕적 우위에 있다고 생각하는 것도 교만의
   다른 모습입니다.
● 넷째 / 영적인 교만(Spiritual pride)입니다.
   내 신앙이 남들보다 낫다고 생각하고, 유독 하나님과 더 특별한 관계를 유
   지하고 있다고 생각하는 사람은 영적인 교만에 빠진 사람입니다.
니부어는 다른 무엇보다도 영적인 교만이 가장 위험하다고 경고했습니다.
영적인 교만은 죽음에도 이를 수 있는 무서운 교만이기 때문입니다.
예수님이 보여주신 겸손의 본을 따라갈 때 교만의 덫을 피할 수 있습니다.
말씀이 가르치는 지혜를 따라 사람 앞에, 또 주님 앞에 늘 겸손 하십시오.
아멘!!!

♡ 주님, 영과 육이 교만에 빠지지 않고 오직 겸손으로 제 삶을 채워주소서.
🖼 위의 4가지 교만 중에 내게 해당되는 것이 있는지 살피고 조심합시다.

나의 영적 일지

신실한 친구

읽을 말씀 : 고린도전서 1:1-9

● 고전 1:9 너희를 불러 그의 아들 예수 그리스도 우리 주로 더불어 교제케 하시는 하나님은 미쁘시도다

청나라 시대 명서예가 정판교가 스승에게 친구에 대해 물었습니다.

"스승님, 어떤 사람을 친구라고 부를 수 있습니까?"

스승은 누구와도 될 수 있는데 "친구에는 특히 네 종류가 있다"라고 대답했습니다.

● 첫째 / 꽃과 같은 친구입니다.

꽃이 필 때는 그 아름다움에 가까이하지만 시들면 떠나버리는 사람입니다.

● 둘째 / 저울과 같은 친구입니다.

친구가 중요한 사람이면 무거운 무게를 달 듯이 고개를 숙이지만 자기보다 못한 친구는 업신여기는 사람입니다.

● 셋째 / 산과 같은 친구입니다.

작은 묘목도 거목으로 키워내는 산처럼 묵묵히 지원해 주고 응원해 주는 능력 있는 사람입니다.

● 넷째 / 땅과 같은 친구입니다.

어려운 일에도 친구 곁을 떠나지 않고 묵묵히 기다리며 한 알의 씨앗이 결실을 맺을 때까지 기다리는 사람입니다.

우리는 네 종류의 친구 중에 어떤 친구일까요?

그리스도인들은 세상 사람들의 좋은 이웃이자 좋은 친구가 되어야 합니다.

사랑으로 서로를 믿어주고 하나님이 주신 귀한 성령의 열매를 함께 맺어가는 서로에게 좋은 친구가 되십시오. 아멘!!!

🖤 주님, 나는 이웃들에게 어떤 좋은 친구가 되고 있는지 깨닫게 하소서.

🖼 주님이 주신 선한 마음으로 주변 사람들에게 좋은 사람이 됩시다.

나의 영적 일지

있어야 할 곳, 해야 할 것

읽을 말씀 : 갈라디아서 5:9-15

● 갈 5:13 형제들아 너희가 자유를 위하여 부르심을 입었으나 그러나 그 자유로 육체의 기회를 삼지 말고 오직 사랑으로 서로 종노릇하라

세상에 태어난 지 얼마 안 된 아기 낙타가 엄마에게 물었습니다.

"엄마 우리는 왜 발굽이 세 개로 갈라져 있죠?"

"그건 사막의 모래 위를 걸을 때도 미끄러지지 않기 위해서란다."

아기 낙타가 다시 물었습니다.

"우리 눈썹이 이렇게 긴 이유는요?"

"사막의 거센 바람에 날리는 모래를 막아내고 눈을 보호하기 위해서지."

아기 낙타는 그래도 궁금한 게 많다는 듯 다시 물었습니다.

"알겠어요. 그런데 등 위에 커다란 혹은 왜 있죠?"

"사막에는 물이 없기 때문에 물을 보관하기 위해서란다."

아기 낙타는 엄마의 설명을 들었지만 단 한 가지가 이해되지 않았습니다.

"그런데 엄마, 그렇다면 우리는 왜 사막이 아닌 동물원에 있죠?"

있어야 할 곳에 있지 않으면 필요한 능력도 사용할 수 없습니다.

그리스도인은 교회에 모여 하나님을 예배해야 하지만 또한 세상으로 나가 복음을 전해야 합니다. 우리는 성전에 모여 함께 예배하고, 하나님을 찬양하며 은혜를 나눠야 합니다.

또한 받은 은혜와 말씀으로 세상에 나가 행동으로, 말로, 복음을 직접 전해야 합니다. 주님을 따르고 주님을 전하는 일이 그리스도인의 삶에서 가장 중대한 일이기 때문입니다. 하나님이 우리에게 주신 자리로 나아가 빛과 소금의 역할을 감당하십시오. 아멘!!!

♥ 주님, 제게 주신 자리에서 꼭 필요한 소금과 빛의 성도가 되게 하소서.

✍ 하나님을 예배해야 하지만 또한 세상으로 나가 복음을 전합시다.

나의 영적 일지

하나님의 울타리

읽을 말씀 : 고린도전서 7:17-24

● 고전 7:22 주 안에서 부르심을 받은 자는 종이라도 주께 속한 자유 자요 또 이와 같이 자유자로 있을 때에 부르심을 받은 자는 그리스 도의 종이니라

아동 심리학에는 '놀이 치료'라는 요법이 있습니다.

놀이를 하며 아이들의 닫힌 마음을 열고 트라우마를 치료하는 효과가 뛰어난 방법입니다.

아이들은 주어진 환경에서 자기가 하고 싶은 대로 마음껏 놀 수 있지만 다음 의 세 가지 상황의 경우에는 엄격히 제재를 받습니다.

1. 아이가 다칠 위험에 처할 때

2. 치료자인 선생님을 다치게 할 상황에 처할 때

3. 기물을 부수려고 할 때

심리학자들의 연구에 따르면 아이들이 정말로 자유로운 것은 '울타리'가 있을 때라고 합니다.

울타리가 없는 넓은 운동장에서는 아이들이 중앙에서만 놀지만 울타리를 쳐 놓으면 공간을 100% 활용해 훨씬 더 자유롭게 놀 수 있다고 합니다. 규율과 규 칙이 없는 자유는 오히려 혼돈이 될 수도 있기에 어떤 상황에서도 최소한의 규 칙은 정해놔야 합니다.

사람도 하나님의 울타리 안에서 참된 자유를 누릴 수 있습니다.

하나님의 법도를 벗어난 자유는 우리를 쾌락만을 추구하는 죄의 구렁텅이에 빠지게 만듭니다. 죄가 있는 곳에는 하나님도 없고 구원도 없습니다. 주님을 믿 고 따를 때 죄를 미워하게 되고, 죄에서 돌아오게 됩니다.

참된 행복이 있는 하나님의 테두리 안에서 자유를 누리십시오. 아멘!!!

🧡 주님, 주님의 울타리 안에서 참된 자유와 행복을 누리게 하소서.

📖 하나님의 법도를 벗어난 잘못된 자유의 삶을 사는지 살펴봅시다.

나의 영적 일지

소망을 나누라

읽을 말씀 : 에베소서 4:1-8

● 엡 4:4 몸이 하나이요 성령이 하나이니 이와 같이 너희가 부르심의
  한 소망 안에서 부르심을 입었느니라

3대째 기독교를 믿는 가정에서 태어나 전교 1등을 놓치지 않을 만큼 공부를 잘하는 학생이 있었습니다.

그런데 아버지가 심장마비로 갑자기 돌아가시고 가세가 급격히 기울어 학업을 계속할 수 없게 됐습니다. 어머니는 방황하는 아들을 위해 끊임없이 기도했지만 아들은 하나님을 원망하며 말 그대로 막 나가기 시작했습니다. 동네의 유명한 깡패가 되어 닥치는 대로 사람들을 괴롭히고 돈을 뺏다가 급기야는 마약에까지 손을 댔습니다.

주님 안에 반듯하게 자라오던 인생이 한순간에 망가져 경찰의 수배를 피해 도망 다니는 신세가 됐습니다. 전국 팔도를 도망 다니며 숨을 곳을 찾던 중 어느 날 들어간 곳이 기도원이었습니다.

기도원의 찬송 소리를 듣는 순간 항상 자신을 위해 기도하던 어머니가 떠오른 아들은 그곳에서 하나님을 만났습니다. 밤새 울다가 성령 체험을 했는데 그 순간 기적같이 마약에서 벗어나 자유로운 몸이 됐습니다.

어둠 속에 버려진 자기 인생을 살리신 주님의 복음을 전하기 위해 신학교에 들어가 목사님이 된 아들은 자기와 같이 마약으로 고생하는 사람들의 재활을 돕는 사역을 20년이 넘게 계속하고 있습니다.

하나님이 우리에게 주신 소망과 큰 복은 다른 사람과 나누라고 허락하신 것입니다. 같은 아픔, 같은 어려움을 겪는 사람들을 찾아가 우리를 구원하신 하나님의 놀라운 소망을 함께 나누십시오. 아멘!!!

♡ 주님, 소망과 하나님의 큰 복을 가족, 이웃들과 나누며 살게 하소서.

🙏 과거 내가 경험했던 고통 속에서 살고 있는 이웃들을 찾아가 도웁시다.

나의 영적 일지

피해야 할 말

읽을 말씀 : 잠언 18:1-9

● 잠 18:4 명철한 사람의 입의 말은 깊은 물과 같고 지혜의 샘은 솟쳐 흐르는 내와 같으니라

우리나라의 대표 영어 신문인 코리아 헤럴드에 실렸던 「성공하는 사람들이 절대로 하지 않는 다섯 가지 말」입니다.

1. "우리는 항상 이래왔어."

   현실에 안주할 때 위기가 찾아옵니다.

   과거가 아닌 미래를 바라보며 더욱 발전을 도모해야 합니다.

2. "사실은…."

   항상 사실만을 말하는 사람은 이 말을 덧붙일 필요가 없습니다.

   '사실은'이라는 표현을 자주 사용하는 사람은 오히려 신용도가 떨어집니다.

3. "그건 내 알 바 아니지."

   자기 문제가 아닌 다른 사람의 문제에 관심을 갖다가 우연히 성공한 많은 사람들이 있습니다.

4. "그 사람은 좀 별로야."

   성공한 사람들은 다른 사람을 비난하거나 탓하지 않습니다.

5. "그 사람이 뭐라든 신경 안 써."

   자기 의견을 관철하는 것도 중요하지만 남들의 가치 있는 조언을 귀담아듣는 것은 더욱 중요합니다.

기독교의 역사는 불가능을 극복한 믿음의 역사입니다.

하나님을 믿는 사람이 주님 안에 있으면 정말로 불가능이 없습니다.

전지전능하신 주 하나님을 믿기 때문입니다.

놀라운 능력의 주님을 믿고 주님이 주신 비전을 일구어 나가십시오. 아멘!!!

🤍 주님, 능력의 주님을 믿고 주님이 주신 비전을 더 견고히 하게 하소서.

🧎 실패에도 우리를 사랑하시는 주님을 의지하며 다시 시작합시다.

나의 영적 일지

기도의 기적

읽을 말씀 : 마가복음 9:21-29

● 막 9:29 이르시되 기도 외에 다른 것으로는 이런 유가 나갈 수 없느 니라 하시니라

미국의 한 병원 문 앞에 버려진 아이가 있었습니다.

아이는 정신지체에 뇌성마비라는 장애가 있었고 감염으로 두 눈까지 실명된 상태였습니다. 버려진 아이의 상태를 확인한 의사들도 아이가 곧 죽을 거라고 예상했습니다. 이렇게 세 가지 중증 장애를 가진 아이를 맡아서 키울 사람을 찾는 일도 불가능했습니다.

그러나 가여운 아이의 소식을 들은 은퇴한 간호사가 자신이 집으로 데려가 돌보겠다고 자청했습니다. 혼자서 음식을 먹을 수도 없는 아이를 위해 간호사는 튜브로 우유를 먹이고 아이의 온몸을 주무르며 하나님께 기도했습니다.

"하나님, 이 아이에게도 하나님의 계획이 있으실 줄 믿습니다.

아이를 살려주시고 꼭 하나님을 찬양하는 사람이 되게 해주세요."

하나님은 이 간절한 기도에 응답하셨습니다.

이유식을 씹지도 못하던 아이는 5살이 되면서 손가락을 움직였고, 15살이 되면서 걸을 수 있었습니다. 그리고 16살 때 한 번 들은 음악을 그대로 피아노로 연주하는 믿을 수 없는 천재성을 보였습니다.

기적의 피아니스트라 불리는 '레슬리 렘키'(Leslie Lemke)를 만든 것은 하나님께 기도하면 반드시 들어주실 것을 믿고 포기하지 않았던 사랑이 충만한 한 여인이 었습니다. 렘키가 피아니스로 데뷔한 날 언론은 '메이 부인의 사랑과 기적'이라는 기사를 실었습니다.

사랑은 생명을 살리고, 기도는 기적을 이룹니다. 하나님이 주신 마음으로 이웃을 사랑하며 무엇보다 간절히 기도하십시오. 아멘!!!

🤍 주님, 나를 위해 그리고 가족과 이웃을 위해 항상 기도하게 하소서.

🧎 기도만이 살길이고 기도만이 기적을 이룰 수 있음을 기억합시다.

나의 영적 일지

부자의 묘비명

읽을 말씀 : 요한복음 5:19-29

● 요 5:24 내가 진실로 진실로 너희에게 이르노니 내 말을 듣고 또 나 보내신 이를 믿는 자는 영생을 얻었고 심판에 이르지 아니하나니 사망에서 생명으로 옮겼느니라

조선시대 한 마을에 엄청난 부자가 있었습니다.

부자는 평생 돈을 버는 일에만 힘을 쏟았습니다. 거부가 된 뒤에도 돈을 쓰지도 않고 모으기만 했습니다. 돈 때문에 다른 사람에게 해를 끼치진 않았지만 그렇다고 어려운 사람을 돕지도 않았습니다. 나이가 들어 죽을 때가 되자 부자가 유일하게 욕심을 낸 것은 비석이었습니다. 부자는 아들을 불러 자기가 죽거든 큰 비석을 세우고 멋진 비문을 새겨 달라고 유언했습니다.

아버지가 돌아가시자 유언대로 아들은 도시에서 최고로 꼽히는 문장가를 불러 비문을 부탁했습니다. 부자의 삶은 오로지 돈만 벌다가 떠난 인생이었음을 알게 된 문장가는 곰곰이 생각하다 멋진 필체로 다음과 같은 네 글자만을 비문에 새겼습니다.

"식사식사(食事食死). 먹기 위해 일했고, 잘 먹다가 죽었다"라는 뜻입니다.

주님을 만나 구원받지 못한다면 모든 사람의 인생은 그 과정이 어떠하든 이 비문에 적힌 내용과 다르지 않습니다.

인생은 잘먹고 잘살다 가기 위한 여정이 아니며 죽는다고 모든 것이 끝나는 것도 아닙니다. 지금 우리가 살아가는 순간들이 죽음 뒤의 영생을 얻을 기회이자 준비할 유일한 시간입니다.

죽음을 인생의 끝으로 보느냐, 아니면 시작으로 보느냐에 따라 사람의 삶은 완전히 달라집니다. 창조주 하나님을 믿고, 그 아들 예수 그리스도를 믿음으로 영원을 준비하는 진짜 가치 있는 삶을 사십시오. 아멘!!!

♡ 주님, 짧은 세상의 여정보다 영원한 천국을 소망하며 살게 하소서.

🧶 잘 먹고 잘 사는 것보다 예수 그리스도를 믿는 가치 있는 삶을 삽시다.

나의 영적 일지

거장의 눈, 주님의 눈

읽을 말씀 : 시편 9:1-9

● 시 9:1 내가 전심으로 여호와께 감사하오며 주의 모든 기사를 전하리이다

르네상스 시대 가장 뛰어난 천재 중 한 명인 미켈란젤로(Michelangelo)가 시스티나 성당의 천장에 성화를 그리고 있었습니다.

천장 아래에서 보기에 그림은 이미 완성된 것 같았습니다. 그러나 미켈란젤로는 아직 멀었다며 매일 사다리를 타고 높은 천장에 올라가 그림을 그렸습니다.

미켈란젤로의 그림을 돕던 조수도 보다 못해 다음과 같이 물었습니다.

"선생님, 이만하면 다 그리지 않으셨습니까?"

"자네 눈에는 다 그렸을지 모르지만 내 눈에는 아니네."

미켈란젤로는 그로부터 몇 달이나 더 그림에 매진했습니다.

그림을 완성한 뒤에도 몇 날 며칠을 천장을 바라보며 그림을 점검하던 미켈란젤로를 보고 조수가 다시 물었습니다.

"선생님, 이제는 정말 완성하지 않으셨습니까?"

"내 눈에는 끝난 것이 확실한데 주님이 보시기엔 어떨지 모르기 때문에 걱정하는 거라네."

미켈란젤로가 그린 이 그림은 「천지창조」입니다.

하나님은 제사보다 순종을, 외면보다 내면을 바라보십니다.

나를 위해 가장 최선의 것을 베풀어주시는 주님께 우리도 부족하지만 열과 성을 다해 최선을 다해 섬겨야 합니다.

하나님께 드리는 모든 일들은 내가 할 수 있는 최선의 정성으로 올려드리십시오. 아멘!!!

♡ 주님, 내 눈이 아니라 주님의 눈으로 세상을 바라보게 하소서.

🖼 가장 좋은 것만 주시는 주님께 나도 가장 좋은 것만을 드립시다.

나의 영적 일지

앙골라의 전도

읽을 말씀 : 사도행전 14:1-7

● 행 14:1 이에 이고니온에서 두 사도가 함께 유대인의 회당에 들어가 말하니 유대와 헬라의 허다한 무리가 믿더라

아프리카에 수많은 선교사들을 파송하고 현지 교회를 후원하던 미국의 한 대형 교단이 있었습니다. 한 번은 그 교단에서 현지인 사역자들을 교육하기 위해 그들을 미국으로 초청했습니다.

미국의 사역자들은 교회 학교와 부흥회, 예배에 대한 이런저런 노하우들을 가르쳤습니다. 그리고 가장 중요한 전도에 대해서 가르치는 시간이 되었습니다. 강사는 준비한 다양한 전도 전략을 미리 소개한 뒤 아프리카 현지 사역자들에게 물었습니다.

"사람들을 효과적으로 전도하는 법을 알려드리기 전에 질문을 하나 하겠습니다. 현지에서는 어떤 방식으로 전도를 하십니까?"

앙골라에서 온 마리아라는 사역자는 다음과 같이 답했습니다.

"저는 전도 방법이라는 말이 잘 이해되지 않습니다.

저희는 팸플릿을 나눠주거나 행사를 통해 전도를 하지 않습니다.

다만 복음을 전할 마을에 신실한 한두 가정을 이사시킵니다. 이사 간 성도들이 열심히 마을 사람들을 섬기면 몇 주 뒤에 다들 하나님을 알고 싶어 합니다."

예수님도 세상의 낮은 사람들과 함께 살아가셨을 뿐이지만 예수님의 성품과 말씀에 감화된 사람들이 먼저 죄를 고백하고 주님을 구주로 영접했습니다.

좋은 말씀과 특별한 선물도 좋지만 가장 효과적이고 중요한 전도 방법은 복음으로 변화된 우리의 삶입니다.

우리의 삶을 통해 참 진리이신 예수님을 전하십시오. 아멘!!!

♡ 주님, 가장 좋은 전도는 우리의 삶이라는 것을 잊지 않게 하소서.

▨ 말씀을 전하는 것보다 올바른 행동이 더 큰 감동이라는 것을 기억합시다.

나의 영적 일지

성령 충만을 사모하라

읽을 말씀 : 사도행전 2:32-42

● 행 2:38 베드로가 가로되 너희가 회개하여 각각 예수 그리스도의 이름으로 세례를 받고 죄 사함을 얻으라 그리하면 성령을 선물로 받으리니

예전에 미국의 한 거짓 영성가가 성도들을 상대로 「로자리오 묵주」라는 물건을 팔았습니다.

그는 성도들을 다음과 같은 말로 현혹시켰습니다.

"이 묵주를 만지면서 매일 아침 '모든 일이 잘될거다'라고 외치며 하루를 시작하십시오. 그러면 성령님이 우리의 삶에 임재하실 것입니다."

더 큰 충격은 이 거짓 영성가에게 속아 묵주를 구입하고 그의 가르침을 따르는 성도가 많이 생겼다는 사실입니다.

누구보다 성령님에 대해서 강조했던 20세기를 대표하는 복음주의 신학자 토레이(R. A. Torrey) 목사님은 사람들이 성령에 대해 잘 모르기 때문에 성령을 단지 미신이나 신비한 힘으로 치부한다고 말했습니다.

예수님은 성령을 "또 다른 보혜사"라고 말씀하시며 영원토록 우리와 함께 하신다고 말씀하셨습니다(요 14:16). 이 말씀은 성령님이 곧 예수님과 동일한 영이시며 예수님처럼 우리를 돕고 가르치고 중재하기 위해 보내주신 대언자라는 의미입니다.

예수님을 구주로 믿으면 우리 안에 성령님이 내주하십니다.

우리는 무엇보다 성령 충만을 사모해야 합니다.

성령님의 인도하심 없이는 우리는 흔들리고, 넘어지는 연약한 사람입니다.

성령님을 바로 알고, 온전히 성령님의 인도하심을 따르며 살아가십시오.

아멘!!!

♡ 주님, 연약한 인간임을 깨닫고 성령님의 인도하심을 따르게 하소서.

🧩 성령님을 바로 알고 온전히 따르며 성령 충만을 사모합시다.

나의 영적 일지

5월 29일

꿈을 향한 사다리

읽을 말씀 : 시편 110:1-7

● 시 110:3 주의 권능의 날에 주의 백성이 거룩한 옷을 입고 즐거이 헌신하니 새벽 이슬 같은 주의 청년들이 주께 나오는도다

미국의 육상 영웅인 찰스 패덕(Charles William Paddock)은 꿈에 대한 특강을 하기 위해 클리블랜드의 한 고등학교에 갔습니다.

패덕이 꿈을 가지고 있는 사람은 손을 들라고 하자 한 학생이 눈을 빛내며 자신의 꿈을 당당히 말했습니다.

"저도 선수님처럼 꼭 올림픽에서 금메달을 따고 싶어요!"

학생의 진지한 표정을 본 패덕은 다음과 같은 진지한 조언을 했습니다.

"큰 꿈을 가지는 것은 매우 중요하지.

그러나 그 꿈은 멀리 있기 때문에

그곳까지 다다르기 위해서는 네 가지 사다리가 필요하단다.

바로 '인내와 헌신, 훈련과 믿음'이지.

끝까지 포기하지 않으면 하나님이 그 꿈을 반드시 이루어주시리라 믿는다."

학생은 그날부터 패덕의 말대로 네 가지 사다리와 하나님을 향한 믿음을 갖고 열심히 꿈을 향해 매진했습니다.

시간이 흐르고 패덕에게 꿈을 고백했던 이 학생의 이름은 미국 체육계 명예의 전당에 올랐습니다.

그는 베를린 올림픽에서 4개의 금메달을 따 유명해진 미국의 육상 스타 제시 오웬즈(Jesse Owens)였습니다.

하나님이 주신 비전을 이루는 데는 믿음과 더불어 인내와 훈련, 헌신이 필요합니다. 하나님이 주신 재능을 낭비하지 말고 꿈을 향한 사다리로 사용하십시오. 아멘!!!

♡ 주님, 비전을 이루기 위해 믿음과 더불어 인내와 훈련, 헌신하게 하소서.
🎞 주님 안에서의 간절한 소망이 담긴 꿈은 반드시 이루어짐을 믿읍시다.

나의 영적 일지

믿음의 눈을 가집시다

읽을 말씀 : 히브리서 11:1-12

● 히 11:1 믿음은 바라는 것들의 실상이요 보지 못하는 것들의 증거니

『1973년 빌리그래함 한국전도대회는 5월 30일부터 6월 3일까지 5일 동안 여의도 광장에서 열렸는데 마지막 날에 백만 명이 넘는 많은 인원이 모여 단일대회로서는 세계에서도 유래를 찾아볼 수 없는 일로 손꼽히고 있습니다.

그런데 처음부터 여의도 광장이 대회 장소로 거론된 것은 아니었습니다. 서울운동장과 남산이 유력한 후보지였는데 수만 명을 수용할 수 있는 정도여서 일반적인 빌리그래함 전도대회의 장소로서는 적합하지 않았습니다. 결국 다른 장소를 물색하던 중 시설분과위원장인 조동진 목사님이 여의도 광장에서 집회를 하면 어떻겠냐고 제안을 했습니다. 당시에는 여의도 광장이 공원화되기 전이어서 주로 국가행사에 사용되던 때였습니다.

수십만 명 이상을 동원해 본 경험이 없는 한국교회였기에 당연히 인원 동원과 의자, 스피커 설치 등을 이유로 반대의 목소리가 많았습니다. 그러나 누군가가 기도하면서 준비해 보자는 말을 했고, 정부의 허가까지 받을 수 있었습니다. 저는 그것을 가능하게 하신 분이 하나님이심을 믿습니다. 첫날인 5월 30일 51만, 5월 31일 46만, 6월 1일 48만, 6월 2일 65만, 그리고 마지막 날인 6월 3일에는 110만 명이 참석하게 됐고, 그 대회를 계기로 한국교회는 놀라운 부흥과 성장을 거듭하게 됩니다. 똑같은 상황을 보면서도 누군가는 부정적으로, 누군가는 믿음의 눈으로 바라봅니다.』 -「김장환 목사의 인생 메모」 중에서

하나님께서는 믿음의 눈을 가진 사람들을 찾으시고, 그들을 통해 일하십니다. 전지전능하신 하나님의 자녀답게 제한 없이 일하시는 주님을 바라보십시오. 아멘!!!

빌리그래함 전도대회

💙 주님, 매사에 믿음의 눈으로 하나님의 뜻을 구하며 기도하게 하소서.
🦌 나는 전지전능하신 주님을 믿음의 눈으로 바라보는지 살펴봅시다.

나의 영적 일지

위대한 주님, 작은 종

읽을 말씀 : 에베소서 6:4-7

● 엡 6:6 눈가림만 하여 사람을 기쁘게 하는 자처럼 하지 말고 그리스도의 종들처럼 마음으로 하나님의 뜻을 행하여

중국에 「내지 선교회」를 세워 중국 선교의 통로를 개척한 허드슨 테일러(James Hudson Taylor) 선교사님이 호주 멜버른에 있는 한 대형교회에 초청을 받아 방문한 적이 있었습니다.

말씀 선포에 앞서 한 사회자가 유창한 언변으로 허드슨 테일러를 거창하게 소개했습니다.

"이제부터 우리가 만나게 될 인물은 선교 역사에 한 획을 그은 놀라운 믿음의 거장입니다. 척박한 중국에서 목숨을 두려워하지 않고 복음을 전하며 선교회까지 세우신 놀라운 분입니다."

허드슨 테일러가 이룬 모든 업적을 줄줄이 외우던 사회자는 다음과 같은 칭찬을 마지막으로 허드슨 테일러에 대한 소개를 마쳤습니다.

"「우리의 위대한 손님」 허드슨 테일러 선교사님을 소개합니다!"

놀라운 칭송이었지만 연단에 올라선 허드슨 테일러의 표정은 어두웠습니다. 테일러는 잠시 망설이다가 다음과 같은 말로 설교를 시작했습니다.

"사랑하는 성도님들 반갑습니다.

저는 위대한 주님의 작은 종 허드슨 테일러입니다."

그리스도인의 목적은 자신의 위대함을 세상에 알리는 것이 아니라 세상에 하나님의 진리를 전하는 도구로 순종하는 것입니다.

위대한 내가 되고자 하는 모든 욕망을 내려놓고 위대하신 주님을 위해 기꺼이 순종하는 작은 도구가 되십시오. 아멘!!!

💗 주님, 기꺼이 주님의 작은 종이 될 수 있도록 보살펴주소서.
🖼 세상에 주님의 진리를 전하는 도구로 순종하고 있는지 확인합시다.

나의 영적 일지

6월

"너는 마음을 다하여 여호와를 의뢰하고
네 명철을 의지하지 말라
너는 범사에 그를 인정하라
그리하면 네 길을 지도하시리라"

– 잠언 3:5,6 –

그날의 역사를 다시 한번

읽을 말씀 : 역대하 7:11-18

● 대하 7:14 내 이름으로 일컫는 내 백성이 그 악한 길에서 떠나 스스로 겸비하고 기도하여 내 얼굴을 구하면 내가 하늘에서 듣고 그 죄를 사하고 그 땅을 고칠찌라

『1973년 5월 30일부터 6월 3일까지 여의도광장에서 열렸던 빌리 그래함 한국전도대회의 감동을 많은 분들이 아직도 잊지 못하고 있습니다.

20세기 최고의 복음전도자 빌리 그래함 목사님의 설교를 통역한 저 역시 그날 현장에서 누린 감격과 영광 또한 그 어떤 것과도 바꿀 수 없을 정도로 소중한 추억입니다. 말씀을 사모하는 성도들이 전국에서 구름같이 모여들었고 맨바닥에 엎드려 기도하며 힘을 다해 하나님을 찬양했습니다.

닷새 동안 320만 명이 모여 7만 2천 명이 예수님을 구주로 영접하는 부흥의 역사가 일어났습니다. 그로 인해 지역 교회에는 강력한 전도와 기도의 바람이 불었고 기념비적인 부흥과 성장이 뒤따랐습니다.

극동방송은 한국교회와 함께 2023년 6월 3일 토요일, 서울월드컵경기장에서 빌리 그래함 한국전도대회 50주년(희년) 기념집회를 준비하고 있습니다. 1년 전부터 광주와 서울, 부산에서 열린 준비모임에 참석한 많은 분들이 기념집회를 위한 헌신을 서약하며 후원을 약정하고 전도 대상자를 품고 기도해 오셨습니다. 우리를 너무나도 사랑하시는 하나님께서 6월 3일 집회를 통해 다시 한번 놀랍게 역사하실 줄 믿습니다.

모여 기도할 때 능력이 생깁니다. 함께 찬양할 때 기쁨이 넘칩니다.

계속 전도할 때 생명이 살아납니다..』- 「김장환 목사의 인생 메모」 중에서

교회의 부흥은 나라를 부강하게 합니다. 6월 3일에 있을 빌리 그래함 한국전도대회 50주년 기념집회에서 많은 사람들이 구원 받고, 교회가 부흥 되기를 기도하고, 전도 대상자와 함께 꼭 참석하십시오. 아멘!!!

🤍 주님, 주님께서 지금까지 행하신 기적 같은 일들을 기억하게 하소서.

📖 이번 전도대회를 통해 다시 한번 부흥이 이 땅에 일어나길 기도합시다.

나의 영적 일지

백성의 마음을 아는 법

읽을 말씀 : 요한1서 4:7-15

● 요일 4:9 하나님의 사랑이 우리에게 이렇게 나타난바 되었으니 하나님이 자기의 독생자를 세상에 보내심은 저로 말미암아 우리를 살리려 하심이니라

아바스 왕조는 고대 중동지역에서 가장 번성한 왕국이었습니다.

이 왕국을 다스리던 5대 왕인 하룬 알 라시드는 역대 모든 왕들의 지혜를 합한 것보다도 뛰어나다고 할 정도로 백성들의 칭송을 받았습니다.

라시드는 백성들을 위한 선정을 베풀었고 누구보다 지혜롭게 백성들이 겪고 있는 현안들을 공명정대하게 해결했습니다.

그러나 라시드가 처음 왕이 되었을 때는 백성들의 불만이 들끓었습니다.

평생 왕족으로 살아왔기에 백성들이 겪고 있는 문제와 실제적인 어려움이 무엇인지를 제대로 살피기 어려워 동떨어진 판단을 내렸기 때문입니다.

라시드는 고심 끝에 백성들 사이로 들어가는 방법을 택했습니다. 틈만 나면 평민의 옷을 입고 평민들 틈에서 함께 지내던 라시드는 마침내 백성들의 눈높이에서 문제를 이해하게 됐으며 이때부터 성군으로 불리기 시작했습니다.

어떤 사람의 마음을 가장 잘 아는 방법은 그 사람의 위치에 서보는 것입니다. 예수님은 이 땅에 온전한 인간으로 오셔서 우리에게 다가오는 모든 유혹들을 직접 경험하시고 이겨내셨기에 우리의 마음과 심정을 누구보다 잘 알고 계십니다.

주님은 저 높은 곳 위에서 우리를 바라보시기만 하는 분이 아닙니다.

우리 곁에 항상 함께 계시며 우리의 모든 아픔과 슬픔을 아시고 위로하시는 친구이자 위로자이십니다.

주님께 가까이하는 것이 우리에게 복입니다.

누구보다 우리를 잘 아시는 주님께 우리의 모든 걱정을 아뢰며 참된 위로를 받으십시오. 아멘!!!

🤍 주님, 우리를 잘 아시며 우리와 동행하시는 주님, 저의 삶을 도와주소서.

🖼 누군가의 마음을 상하게 했는지 돌아보고 주님께 잘못을 아룁시다.

나의 영적 일지

염려를 이기는 지혜

읽을 말씀 : 누가복음 12:22-31

● 눅 12:22 또 제자들에게 이르시되 그러므로 내가 너희에게 이르노니 너희 목숨을 위하여 무엇을 먹을까 몸을 위하여 무엇을 입을까 염려하지 말라

미국의 전국복음주의협회장이었던 허드슨 아머딩(Hudson Taylor Armerding)은 그리스도인과 믿지 않는 사람들의 가장 큰 차이는 "염려하는가, 염려하지 않는가?"라고 말했습니다.

예수님도 분명히 우리들에게 "무슨 일에도 염려하지 말라"라고 말씀하셨지만 연약한 우리는 매일 걱정을 안고 살아갑니다.

아머딩은 염려가 많은 그리스도인들을 위해 다음과 같이 「염려를 이기는 다섯 가지 지혜」라는 글을 썼습니다.

1. 하나님은 우리의 모든 상황을 아신다.
2. 우리가 염려한다고 상황이 바뀌지는 않는다.
3. 우리의 염려만큼 일의 결과가 나쁜 경우는 매우 드물다.
4. 언제나 유쾌한 일만 일어날 수는 없다.
5. 아무리 걱정을 해도 해결되거나 이루어지는 일은 없다.

성경에 나오는 수많은 믿음의 위인들도 염려를 계속 붙들고 있었다면 어떤 사역도 감당하지 못했을 것입니다. 내 앞에 거대한 산처럼 쌓인 문제들을 나는 해결할 수 없지만 주님은 능히 하실 수 있습니다.

주님께 모든 것을 맡기는 믿음이 있을 때 어떤 문제와 시련이 찾아와도 걱정하지 않고 평안 가운데 거할 수 있습니다. 나의 능력이 아닌 주님의 전능하심으로 문제를 해결한다고 우리의 생각을 바꿔야 합니다. 나를 사랑하고 돌봐주시는 주님을 믿음으로 산재한 모든 어려움과 염려를 버리십시오. 아멘!!!

♡ 주님, 저를 돌보시는 주님께 믿음으로 모든 염려를 맡겨 버리게 하소서.

🐾 내 마음을 힘들게 하는 문제들을 종이에 정리한 후 주님께 기도로 맡깁시다.

나의 영적 일지

예수님의 손과 발

읽을 말씀 : 디모데전서 4:6-16

● 딤전 4:10 이를 위하여 우리가 수고하고 진력하는 것은 우리 소망을 살아 계신 하나님께 둠이니 곧 모든 사람 특히 믿는 자들의 구주시라

독일 베를린에는 2차 대전 때 폭격을 당해 건물 곳곳이 파괴된 교회가 있습니다. 교회의 중심에는 많은 사람이 기도하러 오는 예수님상이 있었는데 이 예수님상도 폭격으로 한 팔이 잘려나가 흉물스러운 모습이 됐습니다.

만 명에 가까운 사람들이 매주 예배를 드리러 오는 곳이었기에 이 교회를 어떻게 보수해야 하는지를 놓고 많은 사람들의 의견이 오갔습니다.

지붕이 멀쩡한 곳이 없을 정도로 훼손됐기에 아예 철거를 하고 새로 지어야 한다는 의견, 역사적 의미가 있는 건물이기에 최대한 원형을 살리고 보수를 해야 한다는 의견도 있었습니다.

수많은 토론과 회의 끝에 교인들은 다음과 같이 결정했습니다.

『전쟁의 참상을 교훈하기 위해 교회는 지금 모습 그대로 놔둘 것.

팔이 날아간 예수님상도 그대로 놔둘 것.

대신 우리가 주님의 팔이 되어 더욱 열심히 섬기고 복음을 전할 것.』

'지붕 없는 교회', '깨진 교회' 등으로 불리는 독일의 「카이저 빌헬름 기념 교회」에는 지금도 팔 없는 예수님의 동상이 있습니다.

기쁜 소식인 복음을 전하는 발이 바로 우리의 발이어야 합니다.

어려운 이웃을 도와야 할 자비의 손이 바로 우리의 손이어야 합니다.

낙심하는 이들을 돕는 것이 우리의 마음이어야 합니다.

주님의 크신 사랑을 먼저 깨달은 우리가 그 사랑을 손과 발로 전해야 합니다.

주님의 말씀대로 이웃을 사랑하고 먼저 섬기십시오. 아멘!!!

♡ 주님, 제가 복음을 전하는 발과 자비를 베푸는 손이 되게 하소서.

🧩 누구에게 복음을 전하는 발과 자비를 베푸는 손이 되어야 할지 생각합시다.

나의 영적 일지

거장의 협연

읽을 말씀 : 시편 28:1-9

● 시 28:7 여호와는 나의 힘과 나의 방패시니 내 마음이 저를 의지하여 도움을 얻었도다 그러므로 내 마음이 크게 기뻐하며 내 노래로 저를 찬송하리로다

폴란드의 이그나츠 파데레프스키(Ignacy Jan Paderewski)는 그의 이름을 딴 국제 콩쿠르가 있을 정도로 세계적으로 유명한 음악가입니다.

파데레프스키가 미국의 카네기홀에서 공연을 할 때였습니다.

엄마를 따라온 한 아이가 연주가 지루했는지 갑자기 무대 위로 올라갔습니다. 아이는 겁도 없이 파데레프스키의 옆에 앉아 젓가락 행진곡을 연주했습니다.

관객들은 웅성거리기 시작했고 진행 요원이 급하게 올라와 아이를 끌어내려 했습니다.

그때 잠시 연주를 멈춘 파데레프스키는 진행 요원들을 내려보내고 아이의 귀에 속삭였습니다.

"안녕? 연주를 참 잘하는구나. 괜찮으니 처음부터 다시 한번 연주해 볼래?"

꾸중이 아닌 격려를 들은 아이는 미소를 지으며 젓가락 행진곡을 처음부터 다시 연주했고, 파데레프스키는 아이의 어설픈 연주에 맞춰 즉흥적으로 연주를 했습니다.

아이의 연주는 여전히 어설펐으나 거장의 손길이 함께 하자 객석의 모든 사람들에게 감동을 선물할 멋진 연주곡이 되었습니다.

작고 연약한 우리도 주님을 위해 최선을 다한다면 거장이신 주님의 손길이 우리 삶에 임합니다. 주님의 손길에 우리의 삶이 들릴 때 우리의 작은 땀과 노력이 거장의 작품을 만드는 아름다운 재료로 사용됩니다.

누구보다 나를 사랑하시고 나의 일거수일투족을 보호하시는 주님이 나의 곁에 계심을 믿고 다만 나의 할 일을 다하십시오. 아멘!!!

💗 주님, 주님이 제 곁에 계심을 믿고 해야 할 일을 알게 하시고 다하게 하소서.
🖼 우리의 머리카락 한 올까지도 보호하시는 주님을 믿고 할 일을 합시다.

나의 영적 일지

탐욕의 덫

읽을 말씀 : 디모데전서 6:3-10

● 딤전 6:10 돈을 사랑함이 일만 악의 뿌리가 되나니 이것을 사모하는 자들이 미혹을 받아 믿음에서 떠나 많은 근심으로써 자기를 찔렀도다

미국 동북부에 있는 작은 도시 로드아일랜드에서 허드렛일을 하며 살던 메리 버터워스(Mary Butterworth)라는 여인이 있었습니다.

자신과 남편을 비롯해 모든 가족들이 열심히 일을 했지만 가난을 벗어나기는 너무나 힘들었습니다. '배불리 먹을 음식값을 버는 것'이 온 가족의 소원이었습니다. 그러던 어느 날 세탁 일을 하던 메리에게 기막힌 아이디어가 떠올랐습니다. 풀을 먹인 천에 쉽게 얼룩이 지는 것을 보고 위조지폐를 만들면 좋을 거라는 생각이 들었습니다.

손재주가 좋았던 메리는 아무도 눈치채지 못할 정도로 정교한 위조지폐를 만들었습니다. 첫 위조지폐로 평생소원인 배불리 먹을 수 있는 음식을 구입했지만 그녀의 욕심은 여기서 멈추지 않았습니다. 메리의 탐욕은 위조지폐를 찍을수록 커져만 갔고, 나중에는 일손이 모자라 가족까지 동원해 무려 10년 동안 위조지폐를 찍어냈습니다.

도시에서 가장 큰 저택을 몇 채나 가지고 온갖 명품들로 채웠지만 그래도 메리의 탐욕은 채워지지 않았습니다. 메리와 가족들이 찍어낸 위조지폐가 어찌나 많았는지 미국 한 주의 경제에도 악영향을 미치게 됐고 이로 인해 시작된 수사로 결국 메리와 가족들의 죄는 만천하에 드러나고 말았습니다.

세상에서 가장 강력한 문장은 '조금만 더'라고 합니다.

조금만 더 가지면 만족이 있다는 마귀의 속삭임을 멀리하고 하나님이 주신 은혜에 지금 만족하는 사도 바울과 같은 고백이 넘치는 삶을 살아가십시오. 아멘!!!

🤍 주님, 작은 것에도 만족하며 주님이 주신 모든 것에 감사하게 하소서.

🖼 어려움에 처했을 때도 마귀의 속삭임을 멀리하고 주님만을 바라봅시다.

나의 영적 일지

6월 7일

우리에 뛰어든 사람

읽을 말씀 : 야고보서 1:12-18

● 약 1:15 욕심이 잉태한즉 죄를 낳고 죄가 장성한즉 사망을 낳느니라

약 10년 전 미국에서 가장 큰 「브롱크스 동물원」(Bronx Zoo)에서 일어난 일입니다. 모노레일을 타고 동물원을 관광하던 한 남자가 갑자기 호랑이 우리로 떨어졌습니다. 이 모습을 본 관광객들은 깜짝 놀라 바로 신고를 했지만 더 놀라운 일은 다음에 벌어졌습니다.

매우 높은 곳에서 떨어진 남자는 여기저기 큰 부상을 입었는지 거동이 불편한 듯했지만 아픈 몸을 이끌고 오히려 호랑이에게 다가갔습니다. 남자의 접근에 놀란 호랑이는 주변을 돌며 경계하다가 남자를 향해 달려들어 마구 공격했습니다.

다행히 재빨리 달려온 구조 요원들 덕분에 남자는 구조되어 목숨을 건졌습니다. 이후 벌어진 조사에서 이 사고의 원인이 밝혀졌습니다.

남자는 사고로 떨어진 것이 아니라 자진해서 모노레일에서 호랑이 우리로 몸을 던진 것이었습니다. 그 이유는 단 하나 '호랑이를 가까이서 보고 싶어서'였습니다.

높은 곳에서 떨어지고 호랑이에게 공격당하면 어떻게 될 것인지는 세 살 먹은 아이도 아는 일입니다. 남자는 단순한 호기심 때문에 추락으로 팔과 다리가 부러지고, 호랑이에게 물려 폐가 뚫리고 날카로운 발톱에 살점이 떨어져 나갈 것을 알면서도 우리로 몸을 던졌습니다.

죄의 결과가 사망인 걸 알면서도 행하는 사람은 호랑이 우리에 몸을 던지는 것과 다를 바가 없습니다. 주님의 귀한 보혈로 인해 우리가 누리는 구원의 은혜가 더럽혀지지 않도록 죄는 그 모양이라도 조심하십시오. 아멘!!!

🤍 주님, 우리가 누리는 구원의 은혜가 더럽혀지지 않게 지켜주소서.

📖 주님의 귀한 보혈로 구원받았음을 한시도 잊지 맙시다.

나의 영적 일지

우리가 모여야 하는 이유

읽을 말씀 : 사도행전 2:33-42

● 행 2:42 저희가 사도의 가르침을 받아 서로 교제하며 떡을 떼며 기도하기를 전혀 힘쓰니라

신앙생활을 하다 보면 가끔씩 사람에게 상처를 받을 때가 있습니다.

이런 경우 많은 성도들이 '차라리 혼자서 신앙생활을 하는 것이 어떨까?'라는 생각을 합니다.

미국의 저명한 선교 학자인 하워드 A. 스나이더(Howard A. Snyder) 교수가 이런 성도들에게 전하는「그래도 우리가 교회에서 모여야 하는 이유」입니다.

1. 하나님은 그리스도를 통해 나를 하나님 백성의 일원으로 만드셨습니다.
2. 예배는 나침반과 같이 우리를 바른길로 이끌어줍니다.
3. 여러 지체들과 어울리는 것은 영적 성장과 사역의 수단입니다.
4. 하나님은 우리에게 그리스도인 공동체의 일부가 되라고 명령하셨습니다.
5. 예배를 통해 서로에게 사랑을 전하며 하나님께 우리를 드릴 수 있습니다.
6. 교회 활동을 통해 자기중심적인 사고방식/개인주의를 극복할 수 있습니다.
7. 교회를 통해 찬양, 교훈, 회개라는 예배의 가장 중요한 세 가지 요소에
   참여할 수 있습니다.

예배는 단지 교회에 가는 행위가 아닙니다.

예배는 그리스도 몸의 일원이 된 지체들이 주님과의 연합을 공고히 하고 주님을 기쁘시게 하는 진정한 찬양을 올려드리는 행위입니다.

그리고 성도들과 함께 주님께 감사와 영광을 돌려드리는 시간입니다.

예배 가운데 역사하시고 예배 가운데 임하시는 하나님을 진정한 예배로 섬기십시오. 아멘!!!

🫀 주님, 진정한 찬양으로 예배드리며 주님을 올바로 섬기게 하소서.

🖼 무엇을 하든지 언제나 주님을 기쁘시게 하는 일상생활을 합시다.

나의 영적 일지

구원의 가능성

읽을 말씀 : 요한복음 3:31-36

● 요 3:36 아들을 믿는 자는 영생이 있고 아들을 순종치 아니하는 자는 영생을 보지 못하고 도리어 하나님의 진노가 그 위에 머물러 있느니라

프랑스어를 사용하는 캐나다 몬트리올의 영어 일간지인 「몬트리올 가제트」(Montreal Gazette)에 실린 이야기입니다.

폴 토마스는 선천적 시각장애인으로 66년을 살았습니다.

어느 날 토마스는 깜박하고 지팡이를 들고 나오지 않았는데 충분히 조심했음에도 계단에서 발을 헛디뎌 머리를 크게 다쳤습니다. 쓰러진 토마스를 보고 빠르게 신고한 주민 덕분에 다행히 생명에는 지장이 없었습니다.

그런데 검진 결과를 확인한 의사가 토마스에게 수술을 권유했습니다.

"머리는 이상이 없는데 얼굴 뼈가 좀 상해서 수술을 해야 할 것 같습니다. 그런데 혹시 눈도 같이 수술을 해드릴까요?"

토마스는 이해할 수가 없었습니다.

눈을 수술한다는 뜻이 무엇이냐고 묻자 의사가 대답했습니다.

"선생님은 간단한 수술만 하면 앞을 볼 수 있습니다. 여태 모르셨습니까?"

수술을 받은 토마스는 정말로 세상을 볼 수 있었습니다.

그는 지금까지 단 한 번이라도 검사를 받아봤다면 완전히 다른 삶을 살 수 있는 기회가 있었습니다.

인간의 힘으로는 죄를 극복하고 구원을 받기란 불가능합니다. 그러나 구원은 주 예수님을 믿으면 언제든, 누구든, 얻을 수 있는 놀라운 가능성이 있습니다.

이제까지 모르고 있었다면 우리의 힘으로 해결할 수 없는 죽음의 문제를 예수님이 주신 십자가 보혈을 통해 구원받으십시오. 아멘!!!

♡ 주님, 주님의 보혈로 죄를 용서받고 구원받을 수 있음에 감사하게 하소서.
🖼 오직 주님의 십자가 보혈로만 구원받을 수 있음을 믿고 세상에 알립시다.

나의 영적 일지

감옥에서의 깨달음

읽을 말씀 : 마태복음 16:21-28

6월 10일

● 마 16:26 사람이 만일 온 천하를 얻고도 제 목숨을 잃으면 무엇이 유익하리요 사람이 무엇을 주고 제 목숨을 바꾸겠느냐

   미국 공군의 전투기 조종사였던 하워드 러틀리지(Howard Rutledge)는 베트남에 파병됐다가 적군의 포로가 됐습니다.
   하워드는 감옥에서 열악한 대우를 받으며 하루하루를 버텼습니다. 그러나 금방 끝날 것 같은 감옥생활은 한 달이 지나고, 1년이 지나도 끝나지 않았습니다. 다른 포로들은 도중에 세상을 떠나거나, 스스로 목숨을 끊는 사람도 있었지만 하워드는 몇 년 동안 몸도 정신도 온전한 상태로 버텨 고국으로 돌아왔습니다. 전쟁 영웅이 된 하워드는 「적들 앞에서」(In the Presence of Mine Enemies)라는 자서전을 냈는데 이 책을 통해 지독한 감옥에서 버틸 수 있었던 비결을 다음과 같이 밝혔습니다.
   『포로로 잡히기 전의 저는 세상에서 가치 있는 것이 무엇인지 분별하지 못했습니다. 그래서 주일에도 교회에 가지 않고 일을 하거나 놀러 다녔습니다. 교회는 심심할 때 가끔 가면 되는 덜 소중한 일이었습니다. 그러나 생과 사의 갈림길에 놓이자 마침내 가장 중요한 것이 무엇인지를 깨달았습니다. 제가 그토록 소홀히 했던 신앙이 제 인생에 무엇보다 가장 귀한 일이었습니다. 육체의 굶주림보다 영혼의 굶주림이 훨씬 더 괴롭다는 사실을 저는 감옥에서 깨달았고 그때라도 전심으로 하나님을 찾자 주님이 버틸 용기를 주셨습니다.』
   하나님이 없는 삶은 아무리 큰 성공을 거두고 큰 업적을 이룬다 하더라도 속이 텅텅 빈 공허한 인생일 뿐입니다. 우리 삶의 가장 중요한 목적인 하나님께 드리는 예배를 통해 덧없는 인생의 알맹이를 채우십시오. 아멘!!!!

💟 주님, 인생에서 가장 중요한 것이 무엇인지 깨닫게 하소서.
🖼 나는 삶의 중요한 목적 중 하나인 예배를 중요시하는지 생각합시다.

나의 영적 일지

있는 그대로의 주님

읽을 말씀 : 요한1서 5:1-10

● 요일 5:10 하나님의 아들을 믿는 자는 자기 안에 증거가 있고 하나님을 믿지 아니하는 자는 하나님을 거짓말 하는 자로 만드나니 이는 하나님께서 그 아들에 관하여 증거하신 증거를 믿지 아니하였음이라

20세기에 가장 영향력 있는 작가 중 한 명인 영국의 길버트 키스 체스터턴 (Gilbert Keith Chesterton)은 12살 때부터 하나님은 존재하지 않는다고 믿었습니다.

16살이 되던 해에는 각자 다른 종교, 다른 행위로 모두가 구원받을 수 있다는 불가지론자가 됐습니다. 체스터턴은 불가지론과 완전히 반대의 주장을 펼치는 기독교를 파훼하기 위해 무신론자들이 쓴 책들을 모조리 읽었습니다.

그런데 무신론자들이 쓴 책을 읽으면 읽을수록 기독교가 진리라는 사실을 알게 됐습니다.

무신론자들이 쓴 책들은 100권이면 100권 모두 저마다 다른 이유를 들어 기독교를 비판했습니다. 그들의 주장에는 어떤 공통점도, 대안도 없었습니다.

철저한 분석을 통해 체스터턴은 마침내 자신을 어려서부터 무신론자로 만들고, 불가지론자로 만들었던 세상에 대한 의문들이 성경으로 인해 해결될 수 있음을 깨닫고 주님 앞에 무릎을 꿇었습니다.

체스터턴은 이후 기독교를 변증하기 위해 수많은 책들을 집필했고, 영적 거장으로 불리는 필립 얀시(Philip Yancey)와 C.S. 루이스(C.S. Lewis) 등 많은 지성인들이 그의 책을 통해 영향을 받고 변화되었습니다.

기독교를 의심하지 않고 인정할 때 하나님의 존재하심을 체험하게 된다는 것이 체스터턴이 주장한 '역설의 진리'입니다.

의심하는 사람은 아무리 많은 증거가 있어도 믿지 못합니다.

때로는 믿고 나서야 보이는 진리가 있습니다.

하나님의 말씀을 있는 그대로 인정하고 먼저 믿으십시오. 아멘!!!

♡ 주님, 주님을 믿으며 주님의 존재하심을 생활 중에도 체험하게 하소서.
🖼 나는 하나님의 존재하심을 의심하지 않고 믿고 있는지 생각해 봅시다.

나의 영적 일지

환난을 당하더라도

읽을 말씀 : 데살로니가전서 3:1-7

● 살전 3:3 누구든지 이 여러 환난 중에 요동치 않게 하려 함이라 우리로 이것을 당하게 세우신 줄을 너희가 친히 알리라

프랑스의 부유한 귀족 가문에서 태어나 미모와 지성을 모두 갖춘 여인이 있었습니다. 이 여인에게는 꿈이 있었지만 가문 간의 약속으로 16살밖에 안 된 어린 나이에 22살이나 많은 프랑스 최고의 부유층과 결혼을 해야만 했습니다.

그런데 결혼을 하자마자 거짓말처럼 온갖 악재들이 닥쳤습니다.

건강해 보였던 남편은 시름시름 앓았고, 괴팍한 시어머니 밑에서 시집살이까지 해야 했습니다. 사랑하는 아이는 천연두로 세상을 떠났고 여인은 다행히 목숨은 건졌으나 후유증으로 외모가 흉측해졌습니다.

10년 뒤 여인은 재산, 남편, 자녀, 외모, 모든 것을 잃었습니다. 그러나 그 과정을 통해 위로해 주시는 하나님을 만났고, 인생이 힘들수록 하나님을 깊이 체험했습니다. 고난 중에도 하나님을 의지하는 그녀의 묵상은 당대의 신학자들에게까지 큰 영향을 미쳤습니다. 복음을 전한다는 이유로 8년이나 감옥에 갇혔지만 그녀는 믿음을 포기하지 않고 하나님이 주신 감동을 책으로 썼습니다.

「예수 그리스도를 깊이 체험하기」의 저자이자 17세기를 대표하는 영성의 대가인 잔느 귀용(Jeanne Guyon)의 이야기입니다.

세상 모든 것을 잃었더라도 하나님을 만났다면 행복한 사람이며 구원받은 사람입니다. 구원의 감격을 느끼며 생의 마지막까지 확신하며 살아간다면 그 자체로 우리는 이미 세상에서 가장 큰 복을 받은 사람입니다. 그리스도인에게는 믿음이 삶의 유일한 목적이며, 믿음이 가장 좋은 피난처가 됩니다.

환난을 당하더라도, 큰 복을 누리더라도, 나를 구원하신 하나님을 전적으로 의지하십시오. 아멘!!!

🖤 주님, 어떤 고난이 닥쳐도 오직 주님만을 의지하여 승리하게 하소서.
🧑 세상살이가 힘들더라도 하나님 안에 있다면 행복한 사람임을 고백합시다.

나의 영적 일지

비누가 없는 삶

읽을 말씀 : 누가복음 4:16-23

● 눅 4:18 주의 성령이 내게 임하셨으니 이는 가난한 자에게 복음을 전하게 하시려고 내게 기름을 부으시고 나를 보내사 포로 된 자에게 자유를, 눈먼 자에게 다시 보게 함을 전파하며 눌린 자를 자유케 하고

미국의 한 호텔에서 일하던 데릭 케욘고(Derreck Kayongo)는 직원들과 대화를 하다가 손님들이 한 번 사용한 비누들이 전부 폐기된다는 사실을 알았습니다.

데릭의 고향인 우간다에서는 비누가 없어 수많은 사람들이 죽어갔습니다.

그런데 지구 반대편인 미국에서는 오히려 셀 수도 없을 만큼 많은 비누들이 매일 버려지고 있었습니다.

데릭은 호텔의 허락을 받아 그날부터 폐기되는 비누들을 재활용하는 방법을 연구했습니다.

선진국 사람들은 버려진 비누를 보고 아무것도 느끼지 못했습니다.

그러나 우간다에서 살다 온 데릭은 이 비누가 고향의 수많은 사람들을 살릴 수 있다는 사실을 알았습니다. 서로 다른 성분의 비누를 재활용하려면 많은 연구가 필요했고, 설비를 세워야 했습니다.

일개 호텔 직원인 데릭에게는 쉽지 않은 일이었지만 그럼에도 데릭은 포기하지 않고 마침내 비누를 재생산하는 시설을 완성했습니다. 데릭의 눈에는 버려지는 비누가 누군가를 살릴 생명이었기 때문에 결코 포기할 수 없었습니다.

2011년 「CNN이 선정한 올해의 영웅」에 선정된 데릭은 지금도 자원봉사자들과 함께 버려지는 비누를 개발도상국에 보내고 있습니다.

비누가 없는 삶을 경험한 사람이 비누의 소중함을 깨달은 것처럼 구원의 소중함을 깨닫는 사람은 구원이 없는 삶을 경험한 사람입니다. 사람의 생명을 살리는 구원의 복음을 온 열정을 다해 서둘러 전하십시오. 아멘!!!

♡ 주님, 우리의 작은 관심이 어떤 이에겐 전부일 수 있음을 깨닫게 하소서.

🔲 내가 가지고 있지만 쓰고 있지 않은 것을 필요한 사람들과 나눕시다.

나의 영적 일지

왜 하나님은

읽을 말씀 : 에베소서 5:1-7

● 엡 5:2 그리스도께서 너희를 사랑하신 것 같이 너희도 사랑 가운데
서 행하라 그는 우리를 위하여 자신을 버리사 향기로운 제물과 생축
으로 하나님께 드리셨느니라

　안셀무스(Anselm)는 스콜라 철학의 창시자이자 하나님의 실존을 대중들에게 이
해시키기 위해 평생을 노력했습니다.
　다음은 안셀무스가 복음을 전하기 위해 쓴 「왜 하나님은 사람이 되셨는가?」
(Cur Deus Homo?)라는 글입니다.
　『하나님은 왜 사람이 되셨는가?
　유능한 화가도 그림을 망치면 캔버스를 버리고 다시 그린다.
　누구보다 유능한 화가인 하나님은
　왜 스스로 망친 캔버스가 되기를 선택하셨는가?
　캔버스의 일부분이 되어 찢기고 버림받는 고통을 참으셨는가?
　그것은 하나님이 세상을 '이처럼' 사랑하셨기 때문이다.
　하나님은 우리를 세상에서 가장 사랑하시고, 가장 가치 있게 여기셨다.
　그렇기에 망가진 피조물이라 할지라도 버리지 않고
　자신의 모든 것을 포기해서라도 구원하고자 사람으로 오신 것이다.」
　하나님이 예수님을 이 땅에 보내신 이유, 예수님을 십자가에 달리게 하신 이
유, 그렇게 해서라도 우리를 구원하고자 하신 이유는 바로 우리를 이처럼 사랑
하셨기 때문입니다.
　하나님이 보여주신 사랑은 '더' 할 수 없는 온전한 사랑 그 자체입니다.
　가장 귀한 희생을 통해 사랑을 표현하신 주님께 내 모든 사랑을 드리며 평생
의 구주와 주님으로 섬기십시오. 아멘!!!

💗 주님, 사랑의 마음이 무엇보다 소중함을 잊지 않게 하소서.
🖼 가장 귀한 희생을 통해 사랑을 표현하신 주님께 내 모든 사랑을 드립시다.

나의 영적 일지

드림의 훈련

읽을 말씀 : 고린도후서 9:1-10

● 고후 9:7 각각 그 마음에 정한 대로 할 것이요 인색함으로나 억지로 하지 말찌니 하나님은 즐겨 내는 자를 사랑하시느니라

감리교의 창시자 존 웨슬리(John Wesley)가 처음 사역을 시작했을 때 받은 돈은 대략 30파운드(한화 4만 5,000원) 정도였습니다.

지금과는 물가가 달랐지만 당시에도 겨우 입에 풀칠이나 할 수 있는 돈이었습니다. 웨슬리는 이중 28파운드만 있어도 충분히 살 수 있다고 생각해 나머지 금액은 구제에 사용했습니다. 이후 헌금이 많아져 수입이 60파운드로 늘었지만 여전히 28파운드만 쓰고 나머지는 구제에 사용했습니다.

웨슬리의 수입은 다시 그 두 배인 120파운드가 됐고, 얼마 안 되어 다시 또 두 배가 됐지만 그럼에도 여전히 28파운드만 사용하고 나머지는 구제에 사용했습니다. 웨슬리는 이후에도 얼마를 벌더라도 최소한의 생활비만 남기고는 전부 구제에 사용했습니다.

웨슬리는 자신의 이런 삶의 방식에 대해 다음과 같이 말했습니다.

"하나님이 수입을 늘려주신 것은 생활의 수준을 높이라는 것이 아니라 나눔의 기준을 높이라고 주신 기회입니다. 하나님이 주신 큰 복은 다시 하나님께 드려야 합니다."

성경에는 믿음과 기도에 대한 구절이 1,000절 정도 나오지만 물질과 돈에 대한 구절은 2,000절이 넘습니다. 물질과 돈을 지혜롭게 사용하는 일이 믿음을 지키고, 그리스도인으로 살아가는데 중요하기 때문입니다.

우리의 욕심을 내려놓고 두 렙돈의 과부처럼 하나님을 기쁘시게 할 줄 아는 그리스도인이 되십시오. 아멘!!!

💙 주님, 물질과 은사를 지혜롭게 쓰는 선한 청지기가 되게 하소서.

🖼 늘림이 아닌 나눔의 삶이 주님을 기쁘시게 한다는 것을 잊지 맙시다.

나의 영적 일지

친구를 위하여 목숨을 버리면

읽을 말씀 : 요한복음 15:9-17

● 요 15:13 사람이 친구를 위하여 자기 목숨을 버리면 이에서 더 큰 사랑이 없나니

『서울 지하철 역촌역 근처에 있는 작은 공원인 '은평평화공원'에는 6.25 한국 전쟁에 참전했다가 28살의 젊은 나이로 전사한 '윌리엄 해밀턴 쇼(William Hamilton Shaw, 서위렴 2세)'라는 미국 해군 대위의 동상이 있습니다.

쇼 대위는 1922년에 평양에서 사역하던 윌리엄 얼 쇼 선교사의 외아들로 태어났습니다. 고등학교를 졸업하고 미국으로 건너가 하버드대학교에서 박사 공부를 하던 중 한국전쟁 발발 소식을 듣고 참전했으나 안타깝게도 1950년 서울 수복 작전 중에 전사하고 맙니다.

먼저 공부를 끝내라는 부모님의 만류에도 쇼 대위는 다음과 같은 편지를 썼다고 합니다.

"아버지, 어머니! 지금 한국인들은 전쟁 중에 자유를 지키려고 분투하고 있습니다. 제가 지금 기꺼이 가지 않고 전쟁이 끝난 뒤 평화로울 때에 선교사로 들어가려 한다면 그것은 제 양심상 도저히 허락되지 않는 비겁한 일입니다."

한국인보다 한국을 더 사랑했던 쇼 대위는 비록 장렬히 전사했지만 그의 희생정신을 기억하던 부모님과 아내, 아들과 며느리가 이후 선교사로 내한해 대를 이어 많은 사람들에게 복음을 전했습니다.

그리스도인들은 나라를 사랑하는 데 앞장서며 친구를 위해 목숨조차 버릴 줄 아는 사람들입니다.』 - 「김장환 목사의 인생 메모」 중에서

주님께서 우리를 위해 희생하신 것처럼 우리도 다른 사람들을 위해 사랑하며 희생하며 헌신하는 삶을 살기를 소망하십시오. 아멘!!!

🤍 주님, 이웃을 위하여 나부터 주님의 사랑을 실천하게 하소서.

🖼 나라를 위해 희생하신 분들을 기억하고 후손들을 위해 기도합시다.

나의 영적 일지

발을 씻기신 이유

읽을 말씀 : 요한복음 13:4-15

● 요 13:14 내가 주와 또는 선생이 되어 너희 발을 씻겼으니 너희도
서로 발을 씻기는 것이 옳으니라

　　중동 지역의 대부분은 사막이거나 건조합니다.

　　무더운 날에는 50도도 넘어가기 때문에 하루 종일 땀이 나는데 사막지대를
건너기라도 하면 발은 하루 종일 모래로 뒤덮입니다. 온종일 땀이 고여 있고 모
래투성이로 하루를 보내기 때문에 중동에서는 발을 매우 더럽게 여깁니다.

　　동등한 지위의 사람들끼리는 남의 발을 손으로 가리켜서도 안 됩니다.

　　부끄러운 곳을 지적하는 무례한 행위이기 때문입니다. 이 지역의 사람들이 누
군가에게 줄 수 있는 가장 큰 모욕도 신고 있는 신발을 들어 때리는 것입니다.

　　발을 씻기는 일은 하인 중에서도 가장 낮은 하인이 해야 하는 천한 일이었습
니다. 예수님이 제자들의 발을 씻기려고 하실 때 제자들은 큰 충격을 받았고 예
수님이 발을 씻겨주셨던 것 역시 이런 이유 때문이었습니다.

　　"하나님의 아들인 내가 이처럼 낮아졌듯이

　　너희도 스스로를 낮추어 다른 사람들을 섬겨라."

　　이제 곧 십자가의 대업을 이루실 예수님이 제자들에게 마지막으로 가르치셨
던 것은 '겸손'입니다.

　　겸손하지 못한 사람은 예수님과 아무 상관이 없습니다.

　　만왕의 왕이신 주님은 제자들의 발을 씻기시고, 세상의 가장 낮은 사람들을
찾아가 사랑과 은혜를 베푸신 겸손의 주님이셨습니다.

　　높아지고 강해지려고 하는 세상의 속성을 따라 살지 말고 더 낮게, 더 약한 사
람들을 찾아가 섬기는 사랑의 속성을 따라 사십시오. 아멘!!!

♡ 주님, 주님 앞에서 겸손한 삶을 살고 있는지 다시 깨닫고 더욱 겸손하게 하소서.

🙇 가장 낮은 곳에 있는 약한 사람들을 찾아가 섬기도록 노력합시다.

나의 영적 일지

영적인 공허

읽을 말씀 : 요한복음 6:60-71

● 요 6:63 살리는 것은 영이니 육은 무익하니라 내가 너희에게 이른 말이 영이요 생명이라

리 앳워터(Lee Atwater)는 미국 정치계를 움직이는 킹메이커였습니다.

공화당의 두 명의 후보를 대통령으로 만든 그는 승리를 위해서 수단과 방법을 가리지 않았습니다. 앳워터가 손을 대는 선거마다 승리를 거뒀기에 그는 정치인이라면 누구나 영입하고 싶어 하는 최고의 참모였습니다.

그러나 영광의 나날은 영원하지 않았습니다. 10년 넘도록 나는 새도 떨어트릴 정도의 최고 권력을 누리던 앳워터는 돌연 뇌종양 판정을 받았습니다.

건강은 급격히 나빠져 수술을 한다 해도 가망이 없는 상태에까지 이르렀습니다. 인생 최고의 자리에서 돌연 죽음을 마주한 앳워터는 의지할 분이 하나님밖에 없음을 깨달았습니다. 정계 은퇴를 선언한 앳워터는 뇌종양이 아니었다면 회개하지 못했을 것이라며 오히려 뇌종양을 주신 하나님께 감사하다는 내용을 담은 사과 편지를 그의 정적들에게 보냈습니다.

"저는 세상에서 어떤 부와 권력을 누린다 해도 인생은 공허할 뿐이라는 사실을 여러분께 전하는 증인입니다. 영적으로 비어있지 않도록 조심하십시오."

하루하루를 참회의 마음으로 복음을 전하던 앳워터는 마지막으로 기자들에게 "하나님을 만나 부디 행복하십시오"라는 말을 남기고 세상을 떠났습니다.

의미 있는 인생은 결국 '하나님을 만났는가'로 결정됩니다. 최고의 부와 권력을 누리더라도 마음속에 하나님이 계시지 않다면 공허한 인생일 뿐입니다.

인생이 덧없고 의미 없이 느껴질 땐 마음속에 하나님이 계신지부터 확인하십시오. 아멘!!!!

🩷 주님, 제 안에 하나님이 계심을 의심치 않고 더욱 굳건하게 믿게 하소서.

🎴 내 삶은 영적으로 비어있는지, 채워져 있는지 매 순간 확인합시다.

나의 영적 일지

이 풍랑이 지나면

읽을 말씀 : 시편 23:1-6

● 시 23:4 내가 사망의 음침한 골짜기로 다닐찌라도 해를 두려워하지 않을 것은 주께서 나와 함께 하심이라 주의 지팡이와 막대기가 나를 안위하시나이다

남아프리카 공화국에서는 여름철이면 1주일에 2,3일 정도는 아침부터 하루 종일 강풍이 붑니다. 어떨 때는 1,2시간 뒤에 바람이 그치지만 심한 날은 어떤 야외 활동도 할 수 없을 정도로 강한 바람이 불어 어설프게 공사한 집은 지붕이 날아가기도 합니다.

그럼에도 남아프리카공화국 사람들은 이 강풍을 싫어하지 않고 오히려 '의사 선생님'이라는 뜻을 붙여 '케이프 닥터'(Cape Doctor)라고 부릅니다.

온 도시에 불어닥치는 강풍이 매연과 먼지를 비롯한 모든 공해를 남극으로 날려버리기 때문입니다.

케이프 닥터가 몰아치고 나면 며칠은 청명한 하늘과 맑은 공기가 유지됩니다. 간간이 휘몰아치는 강풍은 생활에 큰 어려움을 주지만 그 이상의 놀라운 이득을 주는 축복이기도 합니다.

우리 삶에 때때로 찾아오는 고난들도 겪고 나면 오히려 축복일 때가 많습니다. 고난을 통해 먼지가 쓸려나가듯 믿음 생활에 집중하지 못하게 방해하는 요소들이 쓸려나간다면 오히려 그리스도인들에게는 축복이자 주님의 큰 은총입니다. 이 풍랑 가운데도 주님의 은혜가 우리에게 임하며, 이 풍랑 가운데도 선장이신 주님은 우리 인생의 키를 놓지 않고 꼭 붙들고 목적지로 인도하고 계십니다.

내 삶에 몰아치는 풍랑을 통해 그 안에서 선명히 드러나는 주님을 목도하십시오. 아멘!!!

💛 주님, 모든 것이 합력하여 선을 이루게 하시는 주님을 믿고 감사하게 하소서.

🖼 고난이 닥쳐도 우리에게 가장 좋은 것만을 주시는 주님을 믿고 따릅시다.

나의 영적 일지

연인이 아닌 신부

읽을 말씀 : 이사야 62:1-8

● 사 62:5 마치 청년이 처녀와 결혼함 같이 네 아들들이 너를 취하겠고 신랑이 신부를 기뻐함 같이 네 하나님이 너를 기뻐하시리라

「다윗의 장막」 저자이자 세계 50여 개국을 돌아다니며 복음을 전하는 부흥사 타미 테니(Tommy Tenney)는 자신의 사역의 원동력은 "오직 하나님을 향한 열망이자 갈망"이라고 말했습니다.

다음은 테니가 쓴 「하나님이 찾으시는 사람」이라는 기도문의 일부입니다.

『우리는 항상 하나님께 달라고만 간구하지만
하나님은 우리가 "당신의 종이 되겠습니다"라고 말하기를 바라십니다.
하나님이 우리를 섬기는 것이 아니라
우리가 하나님을 섬겨야 하기 때문입니다.

하나님은 데이트하고 헤어지는 연인이 아닌
영원히 헌신할 신부를 원하십니다.
주님의 틀 위에서 저를 새롭게 빚으시고
주님의 마음을 닮아 긍휼과 확신,
헌신과 사랑으로 나아가는 제자가 되게 하소서. 아멘.』

하나님은 필요할 때만 찾아가는 해결사가 아닌 우리 인생의 모든 순간을 함께하시는 동반자이자 선장이십니다. 하나님을 나에게 맞추려 하지 말고, 나를 하나님께 맞추게 해달라고 간구하십시오. 아멘!!!

🩷 주님, 제가 주님의 충성된 종이 되어 주님을 섬기게 하소서.
🧎 평생의 동반자 되신 하나님이 찾는 사람이 될 수 있도록 간구합시다.

나의 영적 일지

예수님처럼

읽을 말씀 : 요한복음 13:12-20

● 요 13:15 내가 너희에게 행한것 같이 너희도 행하게 하려하여 본을 보였노라

'어떻게 하면 예수님처럼 살 수 있을까?'를 깊이 고민하던 20대 의대생이 있었습니다. 예수님의 삶을 시시때때로 묵상하면서 청년은 예수님이었다면 하셨을 것 같은 일들로 자기 삶을 채워나갔습니다.

사람의 몸만 고쳐서는 소용이 없다는 생각에 찾아오는 환자들에게는 짧게라도 반드시 복음을 전했고, 거부하는 사람들에게는 신앙서적과 말씀 CD를 선물했습니다.

급한 환자가 있다고 연락이 오면 새벽에도 마다하지 않고 찾아가 극진히 진료했으며 가난한 사람에겐 돈을 받지 않고 오히려 자신이 사비를 털어 진료를 도왔습니다. 심지어 피가 부족한 환자를 위해 수혈까지 했습니다.

하루하루를 예수님을 닮은 삶으로 채워가던 이 청년 의사는 안타깝게도 33살에 유행성 출혈열로 갑작스레 세상을 떠났습니다.

누구나 부러워할 직업을 가졌던 청년은 부를 남기지도 못했고, 유명해지지도 못했고, 장수하지도 못했습니다.

그러나 그를 통해 예수님의 사랑을 깨달은 4,000명이 넘는 사람들이 장례식장을 채웠고, 그를 기리는 마음으로 생전의 이야기들을 담아 「그 청년 바보 의사」라는 책을 펴냈습니다.

말씀의 관점으로 바라볼 때 바보 의사 안수현 씨처럼 세상을 보는 관점이 변합니다. 예수님의 말씀을 따라 세상을 위해서가 아닌 복음을 위해서 인생을 살아가십시오. 아멘!!!

💚 주님, 어떻게 하면 주님처럼 살 수 있는지를 깊이 생각하게 하소서.

🎨 주님의 관점에서 세상을 보고 주님의 말씀을 따라가는 삶을 삽시다.

나의 영적 일지

변화시키는 성도

읽을 말씀 : 디모데전서 4:6-16

6월 22일

● 딤전 4:16 네가 네 자신과 가르침을 삼가 이 일을 계속하라 이것을
  행함으로 네 자신과 네게 듣는 자를 구원하리라

미국의 평범한 자동차 영업사원인 돈 플로우(Don Flow)는 어느 날 중요한 사실을 깨달았습니다.

똑같은 자동차를 사도 남자보다는 여자가, 백인보다는 유색인종이 더욱 비싼 값을 치르고 있었습니다. 판매원들은 개인 재량에 따라 마진을 남길 수 있는데 상대적으로 자동차를 잘 알고 동등한 위치에 있는 백인 남자들이 좋은 서비스를 받고 있었습니다. 지역, 직업, 구입하고자 하는 자동차 종류는 아무 상관이 없었습니다.

신실한 그리스도인인 플로우는 이 사실을 놓고 며칠 동안 주님께 기도했습니다. 전반적으로 민감한 사항이라 큰 불이익을 당할 수도 있었습니다. 하지만 플로우는 주님의 말씀을 따라 정직하게 모든 사람에게 동일한 가격으로 차를 팔고 서비스를 제공하기로 결심했습니다.

미국의 한 도시에 사는 평범한 그리스도인의 결단이었지만 이 결단은 미국 전역에 큰 변화를 일으켰고 몇 달 후 미국 대부분의 자동차 판매사원들이 플로우와 같은 방식으로 차를 팔기 시작했습니다.

주님 앞에 바로 선 한 사람의 성도가 때로는 세상을 변화시킵니다. 교회 안에 생기는 여러 문제들은 다른 누구의 문제가 아닌 바로 우리의 문제입니다. 주님의 마음을 알고 뜻대로 행하는 그 한 사람이 바로 나, 우리가 되어야 합니다.

내 안에 주시는 성령님의 작은 감동이라도 무시하지 말고 즉각 실천하십시오. 아멘!!!

♡ 주님, 그리스도인으로서 결단 있는 삶을 사는지 생각하며 변화 있게 하소서.

🐾 작은 감동이라도 주님의 선물이라 생각하고 적극적으로 실천합시다.

나의 영적 일지

만나서 전하라

읽을 말씀 : 요한복음 4:34-42

● 요 4:39 여자의 말이 그가 나의 행한 모든 것을 내게 말하였다 증거하므로 그 동네 중에 많은 사마리아인이 예수를 믿는지라

같은 마을에 사는 여인을 보고 첫눈에 반한 남자가 있었습니다.

수줍음이 많은 남자는 여인의 주변에서 기웃거리기만 할 뿐 한 번도 먼저 말을 걸거나 선물을 건네지 못했습니다.

고민 끝에 남자가 선택한 방법은 편지였습니다.

남자는 자신이 누군지도 밝히지 않은 채 그저 "당신을 사랑합니다"라는 고백만 담은 편지를 매일 보냈습니다.

남자가 매일 같은 편지를 보낸 지 두 달이 지나자 그 여인이 결혼을 한다는 소문이 퍼졌습니다.

그런데 상대는 편지를 보낸 남자가 아니라 편지를 전달한 우체부였습니다.

여자는 보내는 사람이 안 적힌 편지를 매일 배달하던 우체부와 우연히 마주쳤고 이후 가끔씩 인사를 하다가 정이 들어 사랑에 빠진 것이었습니다.

사랑도 복음도 생각만 하는 것보다는 편지로, 메시지로라도 전하는 것이 효과적입니다. 또한 거절당할 생각에 마음이 어렵고 힘들어도 직접 만나서 전하는 것이 글로만 전하는 것보다 월등히 효과적입니다.

전도는 쉽지 않은 일이며 많은 용기가 필요한 일입니다. 그러나 반드시 해야하는 일이며, 믿음으로 행하는 사람에게 주님은 놀라운 용기와 은혜를 부어주십니다. 그리스도인은 어떠한 상황에서도 결코 전도를 포기해서는 안 됩니다.

사람과 사람의 만남을 통해 역사하시는 주님을 믿고 지금 마음에 떠오르는 사람과 약속을 잡고 복음을 전하십시오. 아멘!!!

🖤 주님, 소외된 이웃들에게 힘이 되는 메시지를 전하며 그분들을 돕게 하소서.

🧩 평소 말씀을 전하고 싶었던 사람들을 만나 용기 내어 복음을 전합시다.

나의 영적 일지

하나님이 원하시는 스펙

읽을 말씀 : 마태복음 24:42-51

● 마 24:45 충성되고 지혜 있는 종이 되어 주인에게 그 집 사람들을 맡아 때를 따라 양식을 나눠 줄 자가 누구뇨

미국 메이저리그 구단 중 가장 재정이 열악한 오클랜드의 단장을 맡은 빌리 빈(William Lamar Beane)은 「머니볼 이론」으로 유명한 전설적인 인물입니다.

빌리 빈 단장은 선수들의 진짜 능력을 알아볼 수 있는 새로운 안목을 제시했습니다. 예를 들어 타율이 3할인 타자는 열 번 중 세 번을 출루합니다. 반면에 타율은 2할이지만 출루율이 3할인 타자도 역시 열 번 중 세 번을 출루합니다.

안타를 못 쳐도 포볼을 고르거나 희생타를 잘 쳐도 출루할 수 있기 때문입니다.

이론상 두 선수의 능력은 거의 비슷하지만 두 선수의 대우는 천지차이였습니다. 빌리는 자신이 만든 새로운 수치를 기반으로 저평가된 선수들로 팀을 꾸려 정규 시즌 20연승이라는 신기록을 세우고 월드 시리즈까지 진출했습니다.

모든 사람이 말도 안 되는 처사라고 비난할 때 빌리는 자신의 안목을 믿었고, 선수들을 믿었습니다. 그리고 지금은 빌리가 제시한 새로운 「머니볼 이론」이 메이저리그에서 기본이라고 할 만큼 가장 신뢰받는 수치 평가 방법으로 인정받고 있습니다.

열두 제자를 선택한 예수님의 안목이 세상 사람들과는 달랐던 것처럼 하나님이 원하시는 우리의 스펙은 세상에서 인정받기 위한 스펙과는 다릅니다.

하나님이 필요로 하시는 우리의 스펙은 순종과 믿음뿐입니다.

전능하신 하나님을 믿고 그 음성에 순종하는, 하나님의 스펙에 부합하는 그리스도인이 되십시오. 아멘!!!

🤍 주님, 주님이 기뻐하시는 순종과 믿음으로 늘 승리하는 삶을 살게 하소서.
🧎 세상의 스펙이 아니라 하나님의 스펙을 위해 노력하며 삽시다.

나의 영적 일지

6월 25일

미리 준비하라

읽을 말씀 : 데살로니가전서 4:13-18

● 살전 4:14 우리가 예수의 죽었다가 다시 사심을 믿을찐대 이와 같이 예수 안에서 자는 자들도 하나님이 저와 함께 데리고 오시리라

일반적으로 야구에서 오른손잡이는 오른쪽 타석에 들어서는 우타자입니다. 그런데 최근에는 어려서부터 야구를 하는 선수 중에 오른손잡이임에도 왼손으로 타석에 들어서는 좌타자가 많아지고 있습니다. 왼쪽 타석이 1루에 더 가깝기 때문에 짧은 타구에도 안타가 될 확률이 조금이라도 높기 때문입니다. 타고난 오른손잡이가 좌타자가 되는 것은 쉬운 일은 아니지만 어려서부터 꾸준히 연습을 하는 선수들은 충분히 적응할 수 있습니다.

미국 프로 농구인 NBA에서 이름을 날리는 선수들의 특징은 초등학교 입학 전부터 아빠와 같은 어른들과 1:1로 농구시합을 했다는 점입니다.

키도 2배 이상 차이 나고 농구 실력은 말할 것도 없지만 어려서부터 압도적인 대상과 농구를 하면서 약점을 극복하고 강점을 살릴 방법을 저절로 터득한 것입니다. 그런 이유로 현대 농구에서는 예전에는 상상도 할 수 없는 높은 성공률로 슛을 넣고 화려한 기술들을 선보이는 선수들이 많아졌습니다.

「돈키호테」를 쓴 세르반테스(Miguel de Cervantes)는 "미리 준비하는 사람은 절반의 승리를 거둔 사람이다"라고 말했습니다.

우리는 언젠가 다가올 미래가 아닌 바로 지금 본향인 천국에 갈 그 순간을, 다시 오실 주님을 맞을 준비를 해야 합니다. 언제 올지 알 수 없는 그날을 위해 매일 준비하는 성도가 말씀이 말하는 지혜로운 성도입니다.

기름을 미리 준비한 지혜로운 다섯 처녀처럼 성공적인 신앙생활을 위해 필요한 일들을 준비해 나가십시오. 아멘!!!

♡ 주님, 약점을 극복하고 강점을 살리는 성도가 되어 주님께 영광 돌리게 하소서.

📷 성공적인 신앙생활을 위해 필요한 것을 미리 준비하는 지혜를 가집시다.

나의 영적 일지

하늘과 땅 모두

읽을 말씀 : 누가복음 17:1-10

● 눅 17:6 주께서 가라사대 너희에게 겨자씨 한알만한 믿음이 있었더면 이 뽕나무더러 뿌리가 뽑혀 바다에 심기우라 하였을 것이요 그것이 너희에게 순종하였으리라

실존주의를 대표하는 철학자 중 한 명이자 신학자인 마르틴 부버(Martin Buber)는 그리스도인의 삶에 대해 다음과 같이 말했습니다.

"완전한 하나님이신 예수님은 완전한 사람으로 세상에 오셨습니다.

마찬가지로 그리스도인의 삶은 천국이나, 이 땅에 국한되지 않습니다.

궁극적으로 하나님을 위해 사는 사람은 이 세상도 변화시킵니다."

유대계 혈통이었던 부버는 존경하는 랍비 멘델의 가르침을 참고해 「그리스도인의 세상을 변화시키기 위해서 지켜야 할 세 가지 사항」에 대해 말했습니다.

● 첫째 / 다른 사람과 자신을 비교하지 말고
  하나님이 주신 달란트에 집중하십시오.
● 둘째 / 다른 사람에게 과도한 관심을 갖지 말고
  특히 상대의 약점을 알려고 하지 마십시오.
● 셋째 / 나만 잘 되면 된다는 이기주의를 버리고
  하나님을 섬기듯 사람과 자연을 섬기십시오.

하나님을 온전히 섬기는 사람은 사람을 사랑하지 않을 수 없고, 자연을 마구잡이로 훼손할 수 없습니다.

생육하고 번성하며, 이웃을 내 몸같이, 원수조차 용서하고 사랑하라고 주님이 성경을 통해 명령하셨기 때문입니다.

하늘과 땅 모두를 아름답게 변화시키는 초석이 되도록 하나님의 말씀대로 순종하며 섬기십시오. 아멘!!!

♡ 주님, 성경 말씀대로, 말씀에 순종하는 삶을 살게 하소서.
🧎 그리스도인으로서 세상을 변화시키는 길을 찾으며 삽시다.

나의 영적 일지

거룩한 책 읽기

읽을 말씀 : 시편 119:145-151

● 시 119:148 주의 말씀을 묵상하려고 내 눈이 야경이 깊기 전에 깨었나이다

10세기 경의 그리스도인들은 성경을 매우 중요하게 여겼습니다. 당시 그리스도인들은 다음과 같은 절차를 걸쳐 성경을 읽었습니다.

● 주의 깊게 모든 구절을 읽는다.

● 읽은 내용을 되새기며 곱씹는다.

● 말씀을 마음에 품고 기도하며 구한다.

당시 성경은 아무나 읽을 수 있는 책이 아니었기에 힘겹게 성경을 구한 성도들은 마음을 다해 한 구절 한 구절을 읽으며 곱씹었습니다. 그리고 반드시 기도로 성경 묵상을 끝마쳤습니다. 머리로 아는 것에서 끝나지 않고 삶에서 실천하기 위해서는 무엇보다 주님의 도우심이 필요하다는 것을 알고 있었기 때문입니다.

당시 그리스도인들의 이런 성경 묵상 방법은 거룩한 책 읽기라는 단어, '렉시오 디비나'라고 불렸습니다. 라틴어로 '책을 읽는다'는 뜻의 '렉시오'(Lectio)와 '거룩하다'는 뜻의 '디비나'(Divina)가 합쳐진 단어입니다.

성경이 아니고서는 그 어떤 책도 이러한 방법으로 거룩하게 읽을 필요가 없기 때문에 당시 성도들은 이런 묵상 방법을 '거룩한 성경 읽기'가 아니라 그냥 '거룩한 책 읽기'라고 불렸습니다.

하나님의 진리와 사랑이 담긴 성경은 한 구절 한 구절에도 끝을 알 수 없는 능력과 진리가 있습니다. 이 놀라운 능력을 기쁘게 받아 매일 즐겁게 묵상하며 주님이 주시는 은혜를 누리십시오. 아멘!!!

🖤 주님, 매일 성경을 즐겁게 묵상하며 주님이 주시는 은혜를 누리게 하소서.
🌀 마음을 다해 성경을 한 구절 한 구절 곱씹으며 읽고 묵상합시다.

나의 영적 일지

4M의 함정

읽을 말씀 : 히브리서 13:1-8

● 히 13:8 예수 그리스도는 어제나 오늘이나 영원토록 동일하시니라

학자들에 따르면 세상은 날이 갈수록 발전을 거듭하고 있지만 그 발전을 통해 오히려 개인은 사회에 고립되며 영적으로도 소홀해지는 경향이 있다고 합니다.

한국 철학의 거목 안병욱 교수는 「네 가지 *M*」이 현대 사회 인간들의 몸과 마음을 병들게 하고 하나님과 멀어지게 한다고 경고했습니다.

● 첫 번째 *M* / 기계(Machine)입니다.

기계는 사람의 삶을 편리하게 변화시켰지만 그로 인해 인간성은 소홀히 여겨지고 효율만이 최고의 덕목이 됐습니다.

● 두 번째 *M* / 대량(Mass)입니다.

집도, 교회도, 가전제품도 일단 크고 봐야 한다는 사람들이 늘수록 사람들은 본질이 아닌 부풀리기에 혈안이 됩니다.

● 세 번째 *M* / 집단의식(Marshal)입니다.

진실보다는 다수의 생각이 더 중요하다고 여기는 사람이 많아지면 거짓과 폭력도 정당화됩니다.

● 네 번째 *M* / 돈(Money)입니다.

배금주의는 역사 이래로 사람의 영혼을 타락하게 만드는 일등공신입니다.

깨어 정신을 차리지 않으면 구원받은 그리스도인들도 마귀가 세상에 풀어놓은 간교한 덫에 걸립니다.

세상의 흐름이 어떠하든 결코 변하지 않는 유일한 진리의 등대인 말씀이 비추는 곳으로만 발걸음을 향하십시오. 아멘!!!

♡ 주님, 혼란한 세상 가운데서도 오직 주님만을 바라보며 승리하게 하소서.

🧎 이미 승리하신 주님을 붙잡고 진리의 말씀을 향해 걸어갑시다.

나의 영적 일지

6월 29일

세상에서의 행복

읽을 말씀 : 시편 4:1-8

● 시 4:7 주께서 내 마음에 두신 기쁨은 저희의 곡식과 새 포도주의 풍성할 때보다 더하니이다

미국 워싱턴 지역의 유서 깊은 일간지 「시애틀 타임지」(The Seattle Times)에 작가 제인 로터(Jane Lotter)의 부고가 실렸습니다.

이 부고를 보고 제인 로터를 아는 사람들은 깜짝 놀랐습니다.

왜냐하면 그녀는 말기암 환자였지만 멀쩡히 살아있었기 때문입니다.

로터는 자신이 길어야 1년 정도 밖에 살지 못한다는 사실을 알고 남은 인생을 연명이 아닌 아름다운 마무리를 위해 살겠다고 마음먹었습니다.

그래서 자신의 부고를 미리 신문에 실었던 것입니다.

'시한부 환자가 누리는 몇 안 되는 좋은 점 중 하나는 자기 부고를 쓸 시간이 있다는 점입니다'라는 유머러스한 문장으로 시작한 그녀의 부고는 30년간 함께한 남편, 엄마 없는 세상에 남겨질 자녀들에 대한 사랑과 당부가 담겨 있었고 60년 동안 살아오며 느꼈던 삶에 대한 소회로 마무리되었습니다.

부고가 실린 지 6개월이 지나고 제인은 세상을 떠났고 가족들은 그녀의 유언에 따라 장례식에 참석한 하객들에게 "아름다운 날이에요. 세상에 머물러서 행복했어요"라는 배지를 나눠줬습니다.

로터의 말처럼 세상에서의 삶은 짧고 행복한 여정입니다. 그러나 구원주이신 주님을 만나고 이후에 천국에 들어갈 확신이 있을 때만 가능한 전제입니다.

믿음으로 죄의 문제를 해결한 사람만이 세상에서 진정한 행복을 누릴 수 있음을 기억하십시오. 아멘!!!

♡ 주님, 이 땅에서의 짧은 행복보다 천국에서 영원한 행복을 사모하게 하소서.
▨ 우리는 지금 믿음으로 죄의 문제를 해결했는지 다시 한번 점검합시다.

나의 영적 일지

의심을 버려라

읽을 말씀 : 마태복음 14:22-33

● 마 14:31 예수께서 즉시 손을 내밀어 저를 붙잡으시며 가라사대 믿음이 적은 자여 왜 의심하였느냐 하시고

영국의 저명한 정신분석학자이자 「힘의 심리」의 저자 존 하트필드(John Heartfield) 박사는 동일한 사람들의 악력을 세 가지 방식으로 실험했습니다.

먼저 일반적인 상태에서 보통 악력을 측정했습니다.

이 상태에서 평균 악력은 45kg이었습니다.

다음으로는 심리적으로 무력감을 느끼는 상황을 겪게 한 뒤 '당신은 매우 약한 사람입니다'라는 암시를 준 뒤 악력을 측정했습니다. 그러자 일반적인 상태의 절반도 되지 않는 13kg의 평균 악력이 나왔습니다.

마지막으로는 심리적으로 강함을 느낄 수 있는 상황을 겪게 했습니다. '나는 강하다'라는 암시를 받고 난 뒤 악력을 측정하자 평균 악력은 64kg이었습니다.

단지 심리적인 상태의 변화만으로 사람들은 본래 힘의 30%밖에 내지 못하기도 했고 반대로 50%나 더 힘을 내기도 했습니다.

셰익스피어는 '마음속에 의심을 키우는 사람은 충분히 얻을 수 있는 것들도 놓치는 사람'이라고 말했습니다.

무슨 일이든 할 수 있다고 생각하는 사람은 더 많은 일을 이룰 수가 있습니다. 하지만 할 수 없다고 생각한다면 아무 일도 이룰 수 없습니다. 생각의 차이가 사람의 인생을 송두리째 변화시킵니다.

나의 힘이나 세상의 지식에 의지하지 말고, 나에게 할 수 있다고 말씀하신 주님의 능력에 힘입어 할 수 있음을 확신하십시오. 아멘!!!

♡ 주님, 할 수 있다고 말씀하신 주님의 능력에 힘입어 할 수 있게 하소서.
🖼 주님 안에서 무슨 일이든 할 수 있다는 믿음을 가집시다.

나의 영적 일지

7월

"하나님은 우리의 피난처시요 힘이시니
환난 중에 만날 큰 도움이시라
그러므로 땅이 변하든지 산이 흔들려 바다 가운데 빠지든지
바닷물이 흉용하고 뛰놀든지
그것이 넘침으로 산이 요동할찌라도
우리는 두려워 아니하리로다"

– 시편 46:1-3 –

믿음으로 따르라

읽을 말씀 : 히브리서 11:1-12

● 히 11:10 이는 하나님의 경영하시고 지으실 터가 있는 성을 바랐음이니라

『한 청취자의 문자사연을 소개합니다.

"저는 하루 종일 극동방송을 듣는 애청자이자 택시 기사입니다. 택시를 오래 하다 보면, '몇 시쯤 어디로 가면 승객이 많이 있다'는 경험이 쌓입니다. 그러나 특정한 시간대를 제외하고는 순간순간 어디로 가야 할지 판단을 내리기 어려운 일이 택시 운전입니다. 그럴 때마다 저는 자연스럽게 한 찬송가를 부릅니다.

'나는 갈 길 모르니 주여 인도하소서

어디 가야 좋을지 나를 인도하소서'

오늘도 제가 운전대를 잡고 어떤 선택을 내릴지 저는 알 수 없습니다.

그러나 내 삶에 가장 좋은 계획을 갖고 계신 하나님이 함께 하심을 신뢰하며 믿음으로 순종하길 원합니다. 이런 믿음을 함께 나누며 극동방송의 복음 전파 사역과 함께 하고 싶습니다."

아브라함처럼 나아갈 바를 알지 못하고 믿음으로 순종하는 삶이 우리 모두의 삶이 되어야 한다고 생각했습니다. 삶의 순간마다 마주치는 선택의 순간들, 내딛는 걸음. 우리가 알 수 있는 확실한 일은 하나도 없습니다. 저의 사역도 언제나 그랬고, 그리스도인이 걸어가야 할 사명의 길은 항상 그래왔습니다. 이제 내가 잡은 내 인생의 운전대가 아니라 하나님이 인도하시는 약속의 땅을 바라보십시오.』 - 「김장환 목사의 인생 메모」 중에서

모든 인생의 앞길은 안갯속에 가려져 있습니다. 중요한 것은 '가려진 그 길을 온전히 주님께 맡겨 드릴 용기가 있는가?'입니다. '나는 갈 길 모르니, 주여 인도하소서!' 이 귀한 고백으로 오늘도 주님께 순종하십시오. 아멘!!!

♡ 주님, 오늘도 저의 삶을 주님께 맡기고 의지하게 하소서.

🎴 주님께서 인도하신 경험들을 믿음의 사람들과 서로 나눕시다.

나의 영적 일지

부요함의 함정

읽을 말씀 : 잠언 30:1-9

● 잠 30:8 곧 허탄과 거짓말을 내게서 멀리 하옵시며 나로 가난하게
도 마옵시고 부하게도 마옵시고 오직 필요한 양식으로 내게 먹이시
옵소서

가난하지만 신실한 농부가 있었습니다.

농부는 늘 마른 빵 한 덩이로 점심을 해결했습니다.

이 농부를 타락시키려고 호시탐탐 노리던 마귀는 농부가 하나님께 불평하도
록 만들려고 점심때 먹을 빵 한 조각을 몰래 훔쳐 갔습니다.

빵이 사라진 것을 깨달은 농부는 오히려 하나님께 감사를 드렸습니다.

"그 맛없는 빵 한 덩이를 훔쳐 가다니 얼마나 배가 고픈 사람이었을까.

누구라도 배불리 먹게 해주시니 감사합니다, 주님."

이 모습을 본 선배 마귀는 후배 마귀를 크게 꾸짖었습니다.

"사람을 타락시키려면 가진 것을 빼앗지 말고

오히려 풍성하게 주어야 한다는 걸 모르는군."

이후 마귀는 농부의 빵을 숨기는 대신 농사가 크게 잘 되도록 손을 썼습니다.
농사가 잘되어 곡식이 남아돌자 농부는 곡식을 팔아 크게 번 돈으로 매일 친구
들을 불러 성대한 잔치를 벌였고 남은 곡식으로는 술을 담갔습니다.

농부의 삶에서 하나님은 완전히 사라졌고 오로지 먹고 마실 생각만이 가득했
습니다.

톨스토이가 쓴 「마귀와 빵 한 조각」이라는 단편의 줄거리입니다.

풍요한 삶, 빈곤한 삶보다 중요한 것은 어떤 환경에도 주님을 놓치지 않는 삶
입니다. 내 삶에 뿌리내린 모든 불평과 불만을 뽑아버리고 하나님을 향한 믿음
의 씨앗만을 심으십시오. 아멘!!!

♡ 주님, 제 마음을 욕심으로 채우는 대신 주님의 사랑으로 채우게 하소서.

▨ 지금 불평과 불만을 갖고 있다면 모두 벗어버리고 욕심을 버립시다.

나의 영적 일지

인생의 쭉정이

읽을 말씀 : 고린도전서 15:46-52

● 고전 15:50 형제들아 내가 이것을 말하노니 혈과 육은 하나님 나라를 유업으로 받을 수 없고 또한 썩은 것은 썩지 아니한 것을 유업으로 받지 못하느니라

미국 메릴랜드주에서 가장 많은 부수를 판매하는 일간지인 「볼티모어 선」(The Baltimore Sun)에서 다음과 같은 설문조사를 했습니다.

'앞으로 남은 수명이 1년이라면 어떤 일을 하시겠습니까?'

천 명 정도의 사람들이 다양한 답변을 보냈는데 그중 상위에 오른 세 가지 답변은 다음과 같았습니다.

1. 가족과 시간을 보내겠다.

2. 오해가 생겼던 사람들과 화해하고 싶다.

3. 도움이 필요한 사람들을 돕겠다.

"많은 돈을 벌겠다"거나, "땅을 사두겠다"거나, "맛있는 음식을 마음껏 먹겠다"라는 사람은 없었습니다. '인간은 죽음이 가까울수록 본연의 목적이 무엇인지를 깨닫는다'라는 문구로 기사는 마무리됐습니다.

머물 곳, 먹을 것, 입을 옷, 모두 삶에 있어서 중요한 것들이지만 삶의 목적은 될 수 없는 헛된 본질들입니다.

생명이 얼마 남지 않았을 때야 바라던 것들이 아무런 쓸모가 없다는 것을 깨닫듯이 죽음 앞에선 인간에게 필요한 것은 오직 죄의 결과인 사망을 극복한 주님의 보혈입니다.

세상의 일들은 아무리 중요한 일이라 해도 쭉정이같이 곧 날아갈 일들입니다. 정말 중요한 알곡과 같은 일, 우리 믿음과 복음 전파를 위한 일에 집중해야 합니다. 결국은 사라질 헛된 것들을 쫓느라 인생을 허비하지 마십시오. 아멘!!!

♡ 주님, 저에게 진정으로 필요한 것이 무엇인지 다시 한번 알게 하소서.

🕮 결국은 사라질 헛된 것들을 쫓고 있지는 않는지 살펴봅시다.

나의 영적 일지

작은 배려의 감동

읽을 말씀 : 마가복음 12:28-34

●막 12:31 둘째는 이것이니 네 이웃을 네 몸과 같이 사랑하라 하신 것이라 이에서 더 큰 계명이 없느니라

매번 택배를 배달하시는 기사님을 위해 현관 앞에 작은 음료수를 내놓는 사람이 있었습니다. 아파트 꽤 높은 층까지 수고해 주시는 기사님께 고마운 마음을 전하고자 꺼내놓다 보니 택배가 오는 날은 자연스럽게 음료수를 놓게 되었습니다.

그런데 이분이 무슨 일이 있어 아파트 복도 CCTV를 확인하던 중 깜짝 놀랄만한 장면을 보게 됐습니다. 택배를 놓고 음료수를 가져가던 기사님이 내려가기 전에 문을 향해 꾸벅 인사를 하고 가는 모습이었습니다.

음료수라는 작은 성의였고, 보는 사람도 없었습니다.

아무런 득이 될 것도 없었지만 작은 음료수 하나에 담긴 배려의 마음에 대한 감사를 인사로 표현한 것이었습니다.

혹시나 싶어 다른 날의 영상도 확인해 보니 기사님은 음료수를 받을 때마다 매번 인사를 했습니다.

영상을 보고 큰 감동을 받은 이분은 CCTV 영상을 방송국에 보내 제보를 했고 이 영상을 통해 점점 삭막해져 가는 사회에서 힘들어하는 많은 분들이 잔잔한 감동을 받았습니다.

시대가 변하고 사람들이 삭막해져도 우리에게 필요한 것은 결국 사랑입니다. 작은 음료수 하나, 해맑은 미소 한 번으로도 많은 사람들에게 얼마든지 사랑을 베풀 수 있습니다. 점점 사막처럼 황량해지는 이 세상에 주님이 주신 사랑의 씨앗을 심으십시오. 아멘!!!

♡ 주님, 삭막한 세상에서도 주님의 사랑을 심고 하나씩 실천하게 하소서.

▩ 친절을 베푸는 사람들에게 보든 안 보든 주님 앞에서 감사하는 사람이 됩시다.

나의 영적 일지

믿는 사람의 얼굴

읽을 말씀 : 시편 149:1-9

● 시 149:5 성도들은 영광 중에 즐거워하며 저희 침상에서 기쁨으로 노래할찌어다

　세계에서 장사를 가장 잘한다고 알려진 유대인들은 자녀들이 어렸을 때부터 다음과 같은 속담을 가르칩니다.

　"웃지 않으려면 가게 문을 열지 말라."

　손님을 보고 미소를 짓는 것이 장사의 기본이며, 손님이 웃도록 기분 좋게 웃어야 물건이 많이 팔린다는 것을 유대인들은 오랜 장사 수완을 통해 깨달았습니다.

　서비스 교육의 기본 중에도 다음과 같은 말이 있습니다.

　"얼굴과 낙하산은 펴져야 산다는 공통점이 있다."

　미소는 서비스에서만이 아니라 사람을 대하는데 가장 중요한 행동입니다.

　심리학자들에 따르면 행동에는 전염성이 있기 때문에 먼저 웃는 사람을 따라 웃게 되고, 누군가 하품을 하면 곧 연이어 하품을 하게 된다고 합니다.

　상대방을 먼저 웃게 하고, 마음을 열게 하는 최고의 방법은 내가 먼저 마음을 열고, 환한 미소를 보내는 것입니다.

　표정은 마음의 창입니다. 슬픈 마음으로 박장대소할 수 없고, 기쁜 마음으로 슬픈 눈물을 흘릴 수 없습니다. 주님이 주신 기쁨이 우리 마음에 가득할 때 밝은 표정은 저절로 드러납니다. 그리고 다른 사람들과 뭔가 다른 우리의 표정을 보고 세상 사람들도 복음에 관심을 가지게 됩니다.

　복음을 전해야 할 *VIP*들을 대할 때도, 주님께 예배하려 예배당에 들어올 때도 웃을 수밖에 없는 기쁜 마음을 준비하십시오. 아멘!!!

♡ 주님, 언제 어디서나 밝은 미소와 웃음을 잃지 않는 힘을 저에게 주소서.

🎗 매일 주님을 만나는 신앙생활로 항상 기쁜 마음으로 삽시다.

나의 영적 일지

올라가야 보이는 것

읽을 말씀 : 요한1서 1:1-10

● 요일 1:1 태초부터 있는 생명의 말씀에 관하여는 우리가 들은 바요 눈으로 본 바요 주목하고 우리 손으로 만진 바라

어려서부터 등산을 자주 해 산을 매우 잘 아는 청년이 있었습니다.

하루는 이 청년이 다른 지역의 아주 유명한 산에 올랐는데 생각보다 험한 산세에 그만 길을 잃었습니다. 산에서 길을 잃었다가는 죽을 수도 있다는 사실을 잘 알았던 청년은 매우 당황했습니다.

어떻게든 길을 찾으려고 산을 내려가던 청년은 사람의 흔적이 있는 오두막을 발견했습니다. 그곳에서 살던 노인은 청년을 하룻밤 묵게 해주었고 다음날 무사히 산을 내려갈 수 있도록 안내까지 해줬습니다.

헤어지기 전 감사의 인사를 전하는 청년에게 노인은 조언했습니다.

"혹시 다음에도 산에서 길을 잃는다면 그때는 밑으로 내려가지 말고 위로 올라가세요. 위로 올라가서 자기 위치를 확인해야 내려갈 길이 보입니다. 무턱대고 내려간다고 해서 길이 나오지 않습니다."

신실한 그리스도인이었던 이 청년은 노인의 이 조언이 '땅을 보지 말고 하늘을 보고 주님의 인도하심을 따르라'라는 뜻으로 들렸습니다.

이 이야기는 빌리 그레이엄(Billy Graham) 목사님이 청년 시절 친구로부터 들은 것입니다.

험한 산에서 길을 잃은 것처럼 땅만 바라봐서는 길을 찾을 수 없습니다.

하늘의 아버지가 우리를 위해 독생자를 보내주셨기에 우리의 길은 땅이 아닌 하늘과 이어져 있기 때문입니다. 마땅히 향해야 할 곳을 아시고 우리를 인도해주시는 선한 목자이신 주님을 믿고 주님을 바라보며 걸어가십시오. 아멘!!!

♡ 주님, 어디서나 주님을 바라보며 주님의 인도하심을 따라 걷게 하소서.

🖼 오직 선한 목자이신 주님이 인도하신 바른길을 찾기 위해 노력합시다.

나의 영적 일지

바다에서의 안식처

읽을 말씀 : 시편 119:43-49

● 시 119:45 내가 주의 법도를 구하였사오니 자유롭게 행보할 것이오며

북극 탐사로 유명한 탐험가 밥 바를렛(Bob Bartlett)이 오지를 탐험하던 중 희귀한 새 몇 마리를 잡아 돌아오고 있었습니다.

밥은 새들이 답답할까 싶어 새장을 선착장 위에 올려놓았는데 푸르른 하늘을 본 한 새가 주변이 숲인 줄 알고 시끄럽게 울부짖었습니다. 마치 자신을 풀어달라고 항의하는 것 같았습니다. 시간이 지나자 새는 자기 털을 뽑고 머리를 새장에 박으며 난리를 쳤습니다. 이대로 두었다가는 스트레스로 인해 새가 죽을 수도 있다는 생각에 밥은 새장을 열고 그 새를 푸른 하늘로 날려 보냈습니다.

작은 새는 기쁜 듯이 저 멀리 하늘로 날아갔지만 1시간도 안 되어 지친 몸으로 다시 배로 돌아와 풀썩 쓰러졌습니다. 드넓은 망망대해에서의 자유는 곧 죽음이나 마찬가지였습니다. 작은 새가 그토록 벗어나고 싶어 했던 배 위의 새장은 감옥이 아닌 편안한 안식처였습니다.

작고 연약한 새가 바다를 건널 유일한 방법은 망망대해를 나는 자유가 아니라 탐험가의 새장에 들어가는 것입니다.

삭막하고 넓은 사막에서 자유가 무슨 소용이 있겠습니까?

망망대해 바다에서 완전한 자유로 무슨 일을 할 수 있겠습니까?

완전한 자유는 그저 방종입니다.

인생이란 망망대해를 무사히 지나 영원한 천국으로 가는 유일한 방법은 주님이 예비하신 구원의 배에 탑승하는 것뿐입니다.

주님이 운행하시는 구원의 배를 결코 떠나지 마십시오. 아멘!!!

♡ 주님, 인생이란 망망대해를 주님의 은혜로 무사히 건널 수 있게 도와주소서.

🎴 주님의 품 안에서 느끼는 자유가 곧 안식처이자 구원임을 깨달읍시다.

나의 영적 일지

멸망의 원리

읽을 말씀 : 출애굽기 20:1-8

● 출 20:7 너는 너의 하나님 여호와의 이름을 망령되이 일컫지 말라 나 여호와는 나의 이름을 망령되이 일컫는 자를 죄 없다 하지 아니하리라

로마가 세계를 정복한 제국이 되는 데는 53년 밖에 걸리지 않았습니다.

당대의 역사학자들도 미스터리로 여길 정도로 매우 짧은 시간이었습니다. 이토록 단기간에 세워진 로마 제국은 무려 2,000년이 넘도록 영광을 누렸습니다. 그러나 "모든 길은 로마로 통한다"라는 말을 남기며 영원할 것 같았던 로마 역시 어느 날 갑자기 무너져 역사 속으로 사라졌습니다.

영국의 역사학자 에드워드 기번(Edward Gibbon)은 「로마 제국은 다음의 다섯 가지 이유로 망했다」고 주장했습니다.

1. 급증하는 이혼율로 붕괴된 가정
2. 높은 세금과 정부의 재정 낭비
3. 순리를 거스르며 비정상적인 쾌락을 추구하는 사람들
4. 군비 확장과 인구 감소
5. 종교의 부패

로마뿐 아니라 모든 제국이나 사람은 하나님의 창조 섭리를 거스르고 법도를 따르지 않을 때 망합니다.

세상의 역사는 말씀대로 살아가는 그리스도인에 의해 바뀌고, 말씀을 떠나 살아가는 그리스도인 때문에 망합니다.

진리의 성경이 이를 명확히 증거하고 있습니다.

하나님이 기뻐하시는 믿음을 품고, 하나님이 기뻐하시는 가정을 세우고, 하나님이 기뻐하시는 나라로 변화되게 해달라고 기도하십시오. 아멘!!!

♡ 주님, 가족과 이웃과 나라가 주님의 말씀대로 안정되기를 위해 기도하게 하소서.
🎨 주님의 창조 섭리와 법도를 따르며 믿음을 품고 살아갑시다.

나의 영적 일지

나라를 변화시킨 힘

읽을 말씀 : 디모데후서 2:1-6

● 딤후 2:1,2 내 아들아 그러므로 네가 그리스도 예수 안에 있는 은혜 속에서 강하고 또 네가 많은 증인 앞에서 내게 들은 바를 충성된 사람들에게 부탁하라 저희가 또 다른 사람들을 가르칠수 있으리라

약 200년 전 너무도 가난해 국민들이 나무껍질을 긁어 먹는 나라가 있었습니다. 그마저도 먹지 못해 굶어 죽는 사람도 많았고 대학교가 하나도 없을 정도로 교육 환경도 열악했습니다. 대다수의 국민들은 글도 모른 채 살았습니다.

가난한 농부의 아들이었던 허그(Hauge)라는 청년도 다른 사람들과 마찬가지로 힘든 삶을 살았습니다. 그런데 하루는 한 외지인이 '인생의 모든 진리가 담겨 있는 책'이라며 성경을 선물했습니다.

청년은 이 책이 말하는 진리가 무엇인지 너무도 궁금해 없는 시간을 쪼개 글을 배우고 손에서 성경을 놓지 않으며 탐독했습니다.

성경을 통해 하나님을 만난 청년은 이 진리를 다른 사람에게도 전해야겠다고 생각해 전국을 돌아다니며 사람들에게 글을 가르치고 성경을 가르쳤습니다.

또한 성경적 가르침을 따라 사람들이 정직하게 돈을 벌 수 있도록 사회 기반 시설에 필요한 여러 공장을 세웠습니다.

청년은 나라가 발전할 기틀을 세웠으며 1,000개가 넘는 가정 교회를 세우고 인구의 절반이 넘는 사람들에게 복음을 전했다고 합니다.

오늘날의 노르웨이를 만들었다고 평가받는 이 변혁은 청년의 이름을 따 '허그 부흥'이라는 이름으로 불립니다.

하나님의 말씀으로 변화된 한 사람, 하나님의 말씀대로 살아가는 한 사람은 나라를 변화시킬 힘을 가진 사람입니다. 무엇보다 말씀을 배우고, 말씀을 지키며 살아가는 그리스도인이 되십시오. 아멘!!!

♡ 주님, 말씀을 배우고 말씀을 지키고, 전하는 일에 소홀하지 않게 하소서.

🧩 하루 중 말씀에 집중할 수 있는 시간을 정해 말씀을 따릅시다.

나의 영적 일지

한 번 더 시도하라

읽을 말씀 : 히브리서 6:5-12

● 히 6:12 게으르지 아니하고 믿음과 오래 참음으로 말미암아 약속들을 기업으로 받는 자들을 본받는 자 되게 하려는 것이니라

로마의 16대 황제인 마르쿠스 아우렐리우스(Marcus Aurelius)는 '철인 황제'로 불렸습니다. 로마의 부흥기를 이끌었던 5명의 황제 중 마지막 황제로 그 명성이 얼마나 자자했는지 먼 중국의 역사서인 「후한서」에도 기록되어 있습니다.

아우렐리우스는 자신이 현명한 황제가 될 수 있었던 비결에 대해 '남들보다 한 번 더 시도했던 것'이라고 말했습니다.

다음은 아우렐리우스가 이에 대해 직접 남긴 글입니다.

『내가 할 수 없어 보이는 일이라 하더라도
아무리 큰일처럼 보인다 하더라도 일단 시작해 보라.
그 일을 시작했다는 사실만으로 일단 반은 이룬 셈이다.
이제 남아있는 반이 있다.
한 번 더 시도하면 다시 반이 끝난다.
계속해서 시도한다면 결코 끝내지 못할 일은 없다.』

한 번의 시도가 성공과 실패를 가릅니다.

하나님은 우리를 결코 포기하지 않고 예수님을 보내시기까지 하며 사랑하셨던 것처럼 우리도 믿음을, 아직 구원받지 못한 영혼들을 결코 포기해서는 안 됩니다. 하나님이 맡겨 주신 복음 전파의 중대한 사명을 결코 포기하지 말고 한 번 더 시도하십시오. 아멘!!!

♡ 주님, 어느 경우에도 복음 전파의 사명을 결코 포기하지 않게 하소서.
🔅 주변에 복음을 전할 VIP를 정한 후 포기하지 말고 전도합시다.

나의 영적 일지

유일한 희망

읽을 말씀 : 로마서 15:5-13

●롬 15:12 또 이사야가 가로되 이새의 뿌리 곧 열방을 다스리기 위하여 일어나시는 이가 있으리니 열방이 그에게 소망을 두리라 하였느니라

2차 세계대전으로 영국과 독일이 서로 폭격을 주고받는 가운데 고통받는 것은 선량한 시민들이었습니다.

영국의 대공습으로 독일의 함부르크는 완전히 불타고 4만 명의 시민과 군인들이 몰살당했는데 그 가운데 기적과도 같이 살아남은 생존자가 있었습니다.

과학을 공부하다가 징병되어 전쟁터로 끌려온 남자는 눈앞에 펼쳐진 현실을 이해할 수 없었습니다. 철저한 무신론자였던 남자의 눈에도 너무나 끔찍한 참상이었습니다. 남자는 폐허 속에서 하나님을 향해 처절히 외쳤습니다.

"하나님이 정말로 살아있다면 왜 세상이 이처럼 참혹합니까?

이토록 많은 사람들이 죽었는데 도대체 나는 왜 살리신 겁니까?"

누구보다 철저히 하나님을 부정했던 남자는 이후 포로생활을 하며 기적적으로 하나님을 만나고 과학이 아닌 신학으로 진로를 변경했습니다.

감옥에서의 포로생활 가운데 그가 깨달은 것은 "그래도 하나님만이 인간의 희망이다"라는 사실이었습니다.

가장 깊은 절망에서 참된 희망이 무엇인지를 깨달은 이 남자는 20세기 신학에 가장 지대한 영향을 미쳤다고 평가받는 '희망의 신학자' 위르겐 몰트만(Jürgen Moltmann)입니다.

예수님의 십자가가 구원의 유일한 방법이듯이 주님을 믿고 따르는 것이 인간의 유일한 희망입니다. 사망의 골짜기에서도 나를 안위하시는 선한 목자이신 주 예수님을 믿으며 어떤 상황에서도 희망을 포기하지 마십시오. 아멘!!!

♡ 주님, 고난이 닥칠 때마다 주님만이 유일한 희망임을 알고 붙잡게 하소서.

🐾 지친 일상에서도 선한 목자이신 주님을 믿으며 희망을 꼭 붙듭시다.

나의 영적 일지

화평인가 분란인가

읽을 말씀 : 마태복음 5:3-12

● 마 5:9 화평케 하는 자는 복이 있나니 저희가 하나님의 아들이라 일컬음을 받을 것임이요

'여러분은 화평의 성도인지, 분란의 성도인지 체크해 보십시오'라는 글이 어떤 교회의 주보에 실렸습니다.

1. 나는 교회에 새로운 사람이 오는 것이 좋다.

　그러면 그 사람도 당신 때문에 교회를 편하게 나올 것입니다.

2. 나는 교회의 단점보다 장점에 집중한다.

　당신 때문에 교회의 좋은 소문이 퍼져나갈 것입니다.

3. 교역자들의 약점에는 눈을 감고, 장점은 칭찬한다.

　당신은 하나님의 종을 위해 기도하는 사람입니다.

4. 나는 다른 사람의 작은 실수도 그냥 넘어갈 수 없다.

　언젠가 당신 때문에 교회를 떠나는 사람이 생길 것입니다.

5. 나는 다른 성도들의 대소사에 관심이 많다.

　당신 때문에 루머가 재생산될 수도 있을 것입니다.

옳고 그름보다 중요한 것은 덕을 세우고 사람을 살리는 일입니다.

지혜로운 말은 사람의 영혼을 살리는 말이고, 미련한 말은 다른 사람의 마음을 상하게 하는 말입니다. 같은 선물을 포장지에 담을 수도 있고 폐지에 담을 수도 있듯이 성도들을 위한 말을 사랑을 담아 합당한 때에 할 수 있는 지혜를 달라고 주님께 간구해야 합니다.

나로 인해 다른 성도들이 실족하고 있지는 않은지, 나의 삶과 행동이 하나님의 복음을 가리지는 않은지 늘 스스로를 돌아보십시오. 아멘!!!

💜 주님, 덕을 세우고 사람을 살리는 화평의 성도가 되게 하소서.

🖼️ 나의 삶과 행동으로 하나님의 복음에 해를 끼치지는 않은지 돌아봅시다.

나의 영적 일지

전기와 촛불

읽을 말씀 : 에베소서 3:14-21

● 엡 3:20 우리 가운데서 역사하시는 능력대로 우리의 온갖 구하는 것이나 생각하는 것에 더 넘치도록 능히 하실 이에게

아일랜드에 전기가 막 보급되었던 때의 일입니다.

해변 쪽에 있는 거대한 저택에 가족도 없이 외로이 사는 여인이 있었습니다. 여인은 평생 써도 다 쓰기 힘들 정도의 막대한 재산을 가졌지만 남을 위해서는 조금도 사용하지 않는 구두쇠였습니다. 그런데 이 여인이 큰돈을 투자해 자기 집에 전기를 들였습니다.

이 소식을 들은 마을 사람들은 매우 놀랐습니다.

첫째는 구두쇠인 여인이 전기에 엄청난 돈을 썼기 때문에 놀랐고, 두 번째는 전기가 들어왔음에도 한밤중의 저택은 여전히 어두웠기 때문입니다.

여인이 왜 막대한 돈을 들여 전기를 들여놨는지, 또 들여놓은 전기를 왜 사용하지 않는지 마을 사람들은 궁금했습니다. 나중에 검침원에 의해 밝혀진 바로는 여인은 해가 질 때 아주 잠깐만 불을 켰습니다. 불이 켜져 있는 동안 집 안에 촛불에 불을 밝히고는 그대로 전등을 껐습니다. 무엇보다 밝고 편한 전등을 여인은 고작 촛불을 켜는 용도로만 사용했습니다.

하나님의 놀라운 약속을 받은 우리는 어떻게 살고 있습니까? 내 마음과 삶을 밝게 비추는 진리의 등불이 꺼지지 않도록 잘 보관해야 합니다. 주님을 믿지 못하고 의심할 때, 이 등불이 꺼지고 다시 이전의 삶으로 돌아가게 됩니다.

전등을 집에 설치하고도 촛불을 켜는 여인과 같은 삶을 살아가고 있지는 않습니까? 나를 구원하신 하나님이 나를 통해 놀라운 일을 행하실 전능하신 주님이심을 믿으십시오. 아멘!!!

💟 주님, 주님의 놀라운 약속을 누리며 담대하게 살게 하소서.

🎨 언제나 우리와 함께 하시는 전능하신 주님을 온 마음으로 믿읍시다.

나의 영적 일지

퍼져가는 선행

읽을 말씀 : 시편 34:12-18

● 시 34:14 악을 버리고 선을 행하며 화평을 찾아 따를찌어다

미국 텍사스의 멕시칸 음식 체인점 「치폴레」(Chipotle Mexican Grill)에서 한 남자가 음식값을 계산하며 점원에게 한 가지를 부탁했습니다.

"내 뒤에 있는 사람들의 음식값을 내고 싶습니다. 1,000 달러를 더 드릴게요."

1,000달러나 추가 결제한 존이라는 남자 덕분에 80명의 손님이 공짜로 저녁을 먹었고 이 이야기는 삽시간에 미국 전역으로 퍼졌습니다. 그리고 존과 같이 '누군가에게 작은 도움이라도 주고 싶어' 뒷사람의 음식, 커피, 상품 등을 결재하는 사람들이 미국 전역에 나타나기 시작했습니다.

플로리다나 코네티컷주에서는 이 운동이 점점 발전해 '뒷사람 커피값 내주기 릴레이'로 이어졌는데 하루 만에 천 명이 넘는 사람들이 릴레이를 이어갔습니다.

비록 한 잔에 몇 천원 하는 커피지만 이 커피로 회사에서 받은 스트레스가 풀리고, 답답하던 하루가 행복해지는 경험을 한 사람들이 다른 사람에게 작은 선행을 베풀어 나갔기 때문입니다.

우리가 베푼 작은 선행이 누군가에게는 하루의 행복이 될 수 있습니다.

선행은 능력이 아닌 의지입니다. 조금만 더 관심을 갖고 노력하면, 조금만 손해 보고 헌신하면, 하루에도 많은 선행을 베풀며 사람들에게 행복과 복음을 나누어줄 수 있습니다.

"받는 것보다 주는 것이 더욱 복되다"라는 예수님의 말씀처럼 작은 것이라도 매일 베풀며 살아가십시오. 아멘!!!

🤍 주님, 평생 가족과 이웃들에게 베푸는 삶을 살 수 있도록 인도해 주소서.
🖼 받는 것보다 주는 것의 행복을 느끼며 작은 것도 베풀며 삽시다.

나의 영적 일지

7월 15일

쾌락의 근원

읽을 말씀 : 요한1서 2:7-17

● 요일 2:15 이 세상이나 세상에 있는 것들을 사랑치 말라 누구든지 세상을 사랑하면 아버지의 사랑이 그 속에 있지 아니하니

영국의 대형 할인매장 「디 오리지널 팩토리 숍」(The Original Factory Shop)의 조사에 따르면 요즘 시대를 살아가는 사람들은 필요가 아닌 쾌락을 위해 소비를 한다고 합니다.

'필요'하지 않아도 '쾌락'을 준다면 소비자들은 얼마든지 지갑을 연다는 것입니다. 몇 년간 경제가 좋지 않았던 우리나라도 명품 소비는 매년 10% 이상 증가했습니다.

고통을 싫어하고 쾌락을 추구하는 것은 사람의 본능입니다.

옥스퍼드 영어 사전에 의하면 쾌락은 '바람직하게 여겨지거나 좋게 느껴지는 것을 누리거나 기대하는 상태. 고통과 반대되는 것'이라고 합니다.

그래서 사람들은 쾌락을 좇아 살아갑니다.

그러나 레오나르도 다빈치(Leonardo da Vinci)는 쾌락이 오히려 사람을 병들게 한다고 생각했습니다.

다빈치가 보기에 사람들은 쾌락을 위해 고통을 참으며 노력하고, 그렇게 얻은 쾌락은 그저 허영심을 채우고 허무하게 사라졌습니다.

다빈치의 노트에는 하반신은 하나지만 상반신이 둘로 나뉜 남자가 그려져 있는데 이 그림의 제목은 「쾌락과 고통에 대한 상징」입니다.

사람에게 가장 좋은 쾌락을 주는 마약이 오히려 인생을 망치듯이 사람은 쾌락만을 추구하도록 창조되지 않았습니다.

마귀가 세상에 덧씌운 허영과 탐욕의 덫에 빠지지 말고 주님이 베풀어주시는 은혜로 진정한 행복과 평안을 누리십시오. 아멘!!!

🖤 주님, 주님이 베풀어주시는 은혜로 진정한 행복과 평안을 누리게 하소서.

🗺 진정한 행복과 평안을 누릴 수 있도록 주님께 기도합시다.

나의 영적 일지

좋은 소식을 전하는 자

읽을 말씀 : 로마서 10:1-15

● 롬 10:15 보내심을 받지 아니하였으면 어찌 전파하리요 기록된바
아름답도다 좋은 소식을 전하는 자들의 발이여 함과 같으니라

『전 세계가 누구도 예상 못 한 팬데믹에 빠진 지난날 동안 특히나 많은 교회가
전도에 전례 없는 어려움을 겪었습니다.

이런 와중에도 극동방송은 전도 특별 생방송을 비롯한 전도 프로그램들을 통
해 영혼 구원에 힘썼고, 전도된 분들을 교회로 연결시켜드렸습니다. 이런 프로
그램 중 광주극동방송에서 진행하는 '홍 장로가 간다'라는 프로그램이 있습니
다. 홍공숙 장로(포도원 교회)가 애청자들이 신청한 전도 대상자들을 직접 찾아가
복음을 전하고 함께 영접 기도까지 하는 프로그램입니다.

청취자들은 평소 너무 가까워서 오히려 복음을 전하기가 어려웠던 가족, 친구
들을 주로 전도 대상자로 신청하고 있습니다.

홍 장로님은 신청이 접수되자마자 작정 기도에 들어가고 아무리 거리가 먼 지
역이라도 기꺼이 일정을 빼서 찾아갑니다.

약속한 날짜가 되면 대상자가 가장 좋아하는 선물을 한아름 사서 찾아갑니다.
홍 장로님의 눈물 어린 기도와 정성 가득한 섬김 덕분에 프로그램은 대부분 대
상자들의 결신으로 끝이 납니다.

'기도와 섬김'에 올인한 홍 장로님의 전도가 수십 년간 가까이 지내며 복음을
전해도 꼼짝 않던 가족들의 마음을 움직이는 것처럼 '기도와 섬김'은 시대를 막
론하고 복음이라는 선물을 전할 최고의 포장지입니다. 전도는 가장 어렵지만,
가장 중요한 실천입니다.』 - 「김장환 목사의 인생 메모」 중에서

가장 좋은 전도 방법은 전도 대상자를 사랑하여 그를 진심으로 돕는 것이라고
합니다. 기도와 섬김의 삶으로 복음을 전하며 살아가십시오. 아멘!!!

💜 주님, 기도와 섬김으로 복음을 전하는 자가 되게 인도하소서.
🧑 꼭 전도를 해야 하는 가족이나 친구의 이름을 적으며 기도합시다.

나의 영적 일지

사자와 철조망

읽을 말씀 : 시편 121:1-8

● 시 121:3 여호와께서 너로 실족지 않게 하시며 너를 지키시는 자가 졸지 아니하시리로다

아들과 동물원에 간 아버지가 있었습니다.

동물원을 돌아다니며 한참을 재밌게 놀던 아들은 갑자기 울음을 터트렸습니다. 깜짝 놀란 아버지가 이유를 묻자 아이가 울며 대답했습니다.

"우리 바로 앞에 사자가 있어요."

아버지가 괜찮다며 아이를 위로하자 아이가 다시 물었습니다.

"아빠는 바로 앞에 있는 사자가 보이지 않으세요?"

아버지가 아들을 안으며 속삭였습니다.

"물론 나도 보인단다. 하지만 그 앞에 철조망이 있기 때문에 우리는 안전한 거야. 앞에 있는 사자만 바라보지 말고 그 앞에 있는 철조망도 함께 바라보렴."

미국의 저명한 신학자이자 목회자인 토니 에반스(Tony Evans) 목사님은 그리스도인이 믿음의 방패를 단단히 들지 않을 때 예화의 아이처럼 사자만 바라보고 두려워하게 된다고 말했습니다.

우리의 힘은 너무나 연약해 사자 같은 마귀의 유혹과 간교함을 이겨낼 수 없습니다. 혼자 힘으로는 아무리 노력해도 결국 넘어지고, 다시 죄를 짓고, 결국 사망의 올무에 걸리게 됩니다.

그러나 사자의 힘으로는 절대 뚫을 수 없는 전능하신 주님의 보호하심이 철조망처럼 우리를 지켜주고 계심을 기억해야 합니다.

마귀가 사자처럼 우리를 삼키려고 호시탐탐 노릴지라도 아버지이신 하나님이 주신 강력한 믿음의 방패로 물리치십시오. 아멘!!!

♡ 주님, 마귀에 두려워하지 말고 대적할 수 있는 담대하고 굳건한 믿음을 주소서.
🎴 주님이 주신 강한 믿음의 방패를 붙들고 믿음 생활을 굳건히 합시다.

나의 영적 일지

예술가의 변명

읽을 말씀 : 고린도전서 4:14-21

7월 18일

● 고전 4:20 하나님의 나라는 말에 있지 아니하고 오직 능력에 있음 이라

연구 중심인 「암스테르담 자유대학교」(VU Amsterdam) 미술사 교수 한스 루크마 커(Hans Rookmaaker)가 쓴 대중을 위한 미술사의 중요 순간들에 나오는 이야기입 니다.

19세기 일본을 대표하는 천재 화가 후쿠사이에게 하루는 죽마고우가 찾아와 수탉 그림을 부탁했습니다. 후쿠사이는 그동안 수탉 그림을 한 번도 그려본 적 이 없어 1주일만 시간을 달라고 부탁했습니다. 1주일이 지나고 친구가 찾아오 자 후쿠사이는 다시 약속을 미뤘습니다. 그러나 2주 뒤에도, 한 달 뒤에도 수탉 그림은 완성되지 않았습니다. 조금씩 미루는 날짜가 길어져 어느덧 3년의 시간 이 흘렀습니다. 후쿠사이의 죽마고우는 크게 실망해 후쿠사이의 작업실로 찾아 와 더 이상 참지 못하고 소리를 질렀습니다.

"그림을 그려주기 싫으면 거절하면 되지 왜 시간을 낭비한단 말인가?"

후쿠사이는 멋지게 그려진 수탉 그림을 친구에게 건네며 작업실 구석에 산더 미처럼 쌓여있는 그동안 습작한 수탉 그림을 친구에게 보여주며 말했습니다.

"작품에는 입이 달려 있지 않아 변명할 수 없기에 3년이 걸려도 연습할 수밖 에 없었네."

루크마커 교수는 이 일화에 감명을 받아 책의 제목을 후쿠사이의 대답을 응용 해 「예술에는 변명이 필요 없다」(Art needs no justification)라고 지었습니다.

그리스도인은 세상 사람들에게 변명이 아닌 증거로 보여줘야 합니다. 하나님 이 살아계신 증거는 바로 우리의 삶입니다. 잘못에 대한 변명보다는 변화된 분 명한 삶으로, 충만한 기쁨으로 살아계신 하나님을 세상에 보여주십시오. 아멘!!!!

♡ 주님, 변명하지 않는 변화된 삶으로 그리스도를 나타내게 하소서.

🖼 충만한 기쁨과 변화된 삶으로 살아계신 주님을 증거합시다.

나의 영적 일지

그리스도인이 지닌 불빛

읽을 말씀 : 요한복음 3:11-21

● 요 3:21 진리를 좇는 자는 빛으로 오나니 이는 그 행위가 하나님 안에서 행한 것임을 나타내려 함이라 하시니라

독일의 한 작은 예배당은 성도들이 앉을 자리가 정해져 있습니다.

또한 아무리 어두워도 예배당 안에 불을 켜지 않습니다. 성도들은 예배 시간 전에 미리 교회 앞마당에서 준비된 초에 불을 붙여 예배당으로 들어갑니다.

한 사람, 한 사람 불을 붙이고 예배당에 들어가도 실내는 여전히 성경을 볼 수 없을 정도로 어둡습니다.

그러나 시간이 흘러 모든 사람이 자리에 앉으면 예배당은 불을 켜지 않아도 빛으로 환해집니다. 모든 성도들이 각자의 자리에서 밝힌 빛 가운데 드러나는 찬란한 십자가는 너무 아름다워서 이 십자가를 보기 위해 굳이 찾아오는 관광객도 많다고 합니다.

교회의 안내원은 교회를 처음 찾은 사람들에게 촛불을 켜는 이유에 대해 다음과 같이 설명합니다.

"한 사람이 빠지면 촛불도 하나 빕니다. 교회는 그만큼 어두워지고 십자가도, 성경도, 서로의 얼굴도 그만큼 보이지 않습니다. 한 사람의 소중함, 그리고 세상에서 우리가 빛의 역할을 해야 한다는 사실을 잊지 않기 위해서 우리는 매주 촛불을 들고 예배를 드립니다."

하나님이 주신 사랑을 마음에 품고 있는 사람은 세상 가운데 저절로 진리의 빛을 발하는 사람입니다.

하나님이 주신 말씀을 마음에 새기고, 그 복음을 세상에 전해야 하는 사람이 바로 우리라는 사실을, 매주 드리는 소중한 예배를 통해 기억하십시오. 아멘!!!

💙 주님, 주님이 주신 사랑을 세상에 베푸는 사람이 되어 주님께 영광되게 하소서.

🖼 말씀을 마음에 새기고 복음을 세상에 전하는 일에 매진합시다.

나의 영적 일지

거룩함의 조건

읽을 말씀 : 로마서 6:15-23

● 롬 6:22 그러나 이제는 너희가 죄에게서 해방되고 하나님께 종이 되어 거룩함에 이르는 열매를 얻었으니 이 마지막은 영생이라

주님의 종이 되고 싶었지만 자신은 다른 목사님들처럼 거룩한 삶을 살 수 없다고 생각해 일반 대학에 진학한 청년이 있었습니다.

영화를 좋아하는 청년은 어느 날 「베켓」(Becket)이라는 영화를 봤는데 권력에 굴하지 않고 목숨을 걸고서 하나님의 부르심에 순종하는 영국의 성직자 토마스 베켓(Thomas Becket)에 대한 내용이었습니다. 청년은 영화를 보는 내내 마치 하나님이 자신에게 다음과 같이 말씀하시는 것 같은 감동을 받았습니다.

"네가 거룩할 필요는 없다.

영화의 주인공인 베켓은 거룩한 삶이 아니라 순종하는 삶을 살았다.

너도 베켓처럼 나에게 순종하기만 하면 된다."

영화관에서 나온 청년은 주님 앞에 무릎을 꿇고 자신의 전부를 바쳐 충성하겠다고 기도했습니다.

영화를 비롯한 다양한 문화를 사용해 복음을 전한 「영화와 영성」의 저자 로버트 존스톤(Robert Johnston) 목사님의 청년 시절 이야기입니다.

하나님은 다양한 상황에서 다양한 방법으로 우리에게 말씀하고 계십니다.

하나님의 응답에 대한 고정관념을 버릴 때 하나님은 우리가 생각지도 못하는 다양한 상황과 방법으로 응답해 주십니다. 내 생각과 뜻까지도 모두 내려놓을 때 하나님이 우리 삶 전체의 영역에서 역사하십니다.

거룩한 삶은 우리의 힘으로 살아가는 것이 아니라 하나님께 순종할 때 살아지는 것입니다. 다만 주님께 충성하십시오. 아멘!!!

♡ 주님, 다양한 상황과 방법으로 우리에게 말씀하심을 감사하며 깨닫게 하소서.

🕮 나의 힘으로 살아가는 것이 아니니 주님께 순종하는 삶을 훈련합시다.

나의 영적 일지

편견이란 색안경

읽을 말씀 : 시편 17:1-5

● 시 17:2 나의 판단을 주 앞에서 내시며 주의 눈은 공평함을 살피소서

영국의 극작가 조지 버나드 쇼(George Bernard Shaw)는 어느 날 영국의 유명한 예술평론가들을 모아놓고 자신이 구입한 조각을 소개했습니다.

"제가 힘들게 구한 귀한 조각입니다.

바로 프랑스의 유명한 조각가 로댕의 작품입니다!"

버나드 쇼의 소개를 들은 평론가들은 일제히 혹평을 했습니다.

구도가 좋지 않다느니, 작품이 생생하지 않다느니, 여러 이유가 있었고 칭찬은 하나도 없었습니다. 평론가들의 열띤 혹평을 듣던 버나드 쇼는 자신이 큰 실수를 했다며 작품을 다시 소개했습니다.

"여러분 죄송합니다. 제가 큰 착각을 했군요.

사실 이 작품은 그 유명한 천재 미켈란젤로의 작품입니다!"

이 말을 들은 평론가들의 얼굴이 하얗게 질렸습니다. 미켈란젤로는 예술평론가들이 가장 좋아하는 예술가였기 때문입니다.

영국의 예술평론가들이 프랑스 사람이라는 이유로 로댕의 작품을 제대로 보지도 않고 무조건 싫어한다는 걸 알게 된 버나드 쇼가 준비한 깜짝 이벤트였습니다.

편견을 가진 사람은 사람도, 사물도 제대로 볼 수 없기에 많은 가능성을 놓칩니다. 세상 사람들이 누구보다 피하던 사람들에게 예수님은 가장 먼저 찾아가셨고, 복음의 기쁜 소식을 전하셨습니다.

내 생각과 잣대로 사람을 판단하지 말고 오직 주님이 주신 사랑의 마음으로 다른 사람을 바라보십시오. 아멘!!!!

♡ 주님, 편견 없는 순수한 마음으로 다른 사람들을 대하는 겸손을 주소서.

🖼 삐뚤어진 시선으로 세상을 보지 말고 주님의 시선으로 세상과 상황을 봅시다.

나의 영적 일지

질문을 바꿔라

읽을 말씀 : 데살로니가후서 3:6-15

●살후 3:15 그러나 원수와 같이 생각지 말고 형제 같이 권하라

7월 22일

미국 군인을 대상으로 다음과 같은 심리학 실험이 진행됐습니다.

식사 배식 마지막 코너에 미국인들이 그다지 좋아하지 않는 살구를 나눠줬습니다. 배식을 맡은 사람이 "살구는 별로 받고 싶지 않으시죠?"라고 묻자 90%가 살구를 싫어한다며 받지 않았습니다.

다음 날 배식자가 "살구 받으셔야죠?"라고 물었습니다.

그러자 50%가 살구를 받았습니다.

질문 하나를 바꿨을 뿐인데 전날 살구를 싫어한다던 사람들 중 40%가 살구를 받았습니다.

마지막 날 배식자는 "살구를 한 개 드릴까요? 두 개 드릴까요?"라고 물었습니다. 그러자 40%는 한 개를, 50%는 두 개를 받았습니다. 대상자의 90%가 살구를 싫어한다며 받지 않던 첫날과 달리 무려 90%의 사람들이 살구를 한 개 이상 받았습니다. 단지 질문을 바꿨을 뿐인데 말입니다.

복음을 전하는 귀한 사명을 가진 우리도 더욱 지혜롭게 묻고 권할 필요가 있습니다. 전도는 옳고 그름을 따지는 문제가 아니라 사랑과 관심으로 마음의 문을 여는 행동입니다. 사랑과 덕을 세우는 행동으로 부드럽고 담대히 복음을 전할 때 다른 모든 일은 성령님이 책임져주십니다.

우리가 할 일은 용기와 사랑으로 이웃에게 다가가는 것뿐입니다.

생명을 살리는 구원의 복음을 전한다는 자신감을 가지고 구원을 받아도, 안 받아도 그만인 것이 아니라 언젠가는 반드시 받아야 하는 중요한 것으로 전하고 느끼게 만드십시오. 아멘!!!

♡ 주님, 주변 사람들과 지혜로운 관계 속에서 친절하게 복음을 전하게 하소서.

🖼 생명을 살리는 구원의 복음을 쉽게 믿고 싶은 마음을 갖도록 전합시다.

나의 영적 일지

7월 23일

하나님의 주목

읽을 말씀 : 에베소서 1:3-14

● 엡 1:4 곧 창세 전에 그리스도 안에서 우리를 택하사 우리로 사랑 안에서 그 앞에 거룩하고 흠이 없게 하시려고

현재까지 관측된 우주의 크기는 약 400광년입니다.

세상에서 가장 빠른 빛의 속도로도 400년을 가야 도달할 수 있는 거리입니다. 이 우주에는 무수히 많은 은하와 행성들이 있는데 그중 지구는 백사장의 모래한 알보다도 작다고 합니다. 그 모래 한 알에는 70억여 명의 사람들이 살아가고 있습니다. 한 사람의 존재는 우주와 비교할 때 그야말로 먼지보다도 작은 존재입니다.

많은 과학자들은 이런 우주의 광활함 때문에 외계인이 존재한다거나, 세상이 우연히 창조됐을 것이라고 주장합니다. 이 넓은 공간에 모래알같이 작은 지구에만 생명체가 산다는 것은 확률적으로도 이해가 안 되는 일입니다.

빌리 그레이엄 전도협회의 핵심 멤버였던 레이튼 포드(Leighton Ford) 목사님은 이처럼 광활한 우주를 다음과 같이 해석했습니다.

"성경은 이 넓은 세상을 창조해 놓고 사람들을 방치해 버린 하나님의 이야기가 아닙니다. 오히려 이 광활하고 넓은 우주에서도 우리 한 사람을 위해 주목하시는 세심한 아버지에 대한 이야기입니다. 이 사랑이 바로 하나님의 본질이며 우리가 근원적으로 갈구하는 사랑입니다."

우리는 세상에 우연히 생겨 버려진 존재가 아닙니다.

우주의 창조주이신 하나님이 가장 사랑하는 주목받는 존재입니다.

나의 모든 것을 아시고, 태초부터 계획하신 하나님의 사랑을 충만히 느끼며 살아가십시오. 아멘!!!

♡ 주님, 이 광활한 우주를 만드신 분이 주님이심을 굳게 믿게 하소서.

▨ 우리는 우주의 창조주이신 하나님이 사랑하며 주목하는 존재임을 깨달읍시다.

나의 영적 일지

순간을 넘어 영원으로

읽을 말씀 : 데살로니가후서 2:9-17

● 살후 2:16 우리 주 예수 그리스도와 우리를 사랑하시고 영원한 위
로와 좋은 소망을 은혜로 주신 하나님 우리 아버지께서

미국의 기독교 잡지 「목회자를 위한 리더십」의 편집인 마셜 셸리(Marshall Shelley)
는 사랑하는 어린 두 자녀를 3개월 간격으로 하늘나라로 떠나보냈습니다.

하나님의 존재를 부정하고 싶어질 정도로 큰 고통이었습니다. 그러나 이 고
통으로 하나님의 놀라운 섭리와 사랑을 다시 깨달은 셸리는 잡지에 다음과 같은
기고문을 실었습니다.

『둘째 아이 토비는 희귀한 유전병을 갖고 태어났습니다. 몸이 아파도 평생 사
랑해 주리라 다짐했지만 이유도 모른 채 태어난 지 2분 만에 세상을 떠났습니다.
3개월 뒤 멀쩡히 자라던 첫째 딸마저 갑자기 세상을 떠났습니다. 저에게 이런 시
련을 주시는 이유가 무엇이냐고 매일 울면서 하나님께 외쳤습니다.

'주님, 이럴 거면 사랑하는 자녀들을 왜 허락하셨나요?

세상에 고작 2분, 그리고 2년 머물렀을 뿐입니다.'

몇 달 동안 같은 주제로 기도를 드리자 하나님은 다음과 같은 응답을 주셨고
저는 비로소 평안을 얻었습니다.

'얘야, 나는 너희를 이 땅에 잠시만 머물도록 창조하지 않았다.

이 땅에서의 삶이 2분이든, 2년이든, 100년이든 너희와는 아무런 상관이 없
다. 너희는 나와 영원히 살도록 창조되었다.'』

영원의 관점으로 세상을 볼 때 구원주 예수님을 만나는 것 외에 세상의 그 어
떤 것도 중요하지 않습니다. 주님의 이름을 믿는 모든 사람들을 영원한 천국으
로 인도하실 하나님의 굳건한 약속을 믿으십시오. 아멘!!!

💚 주님, 세상을 살며 가장 중요한 것이 무엇인지 순간순간 깨닫게 하소서.
🧵 영원한 천국으로 인도하실 주 하나님의 굳건한 약속을 믿읍시다.

나의 영적 일지

7월 25일

진짜 목적

읽을 말씀 : 사무엘상 12:16-25

● 삼상 12:21 돌이켜 유익하게도 못하며 구원하지도 못하는 헛된 것을 좇지 말라 그들은 헛되니라

미국에서 가장 존경받는 교육가이자 시민들의 멘토인 파커 팔머(Parker J. Palmer)가 한 대학교의 총장직을 제안받았습니다.

이미 '교사들의 교사'로 불리며 많은 학생들과 선생님들을 가르치던 팔머는 자신이 총장이 되면 미국 교육계에 더 선한 영향력을 미칠 수 있을 것이라고 생각했습니다. 그러나 그날부터 기도를 할때 마음이 너무 불편했습니다. 마치 하나님이 "너는 왜 총장이 되려고 하느냐?"라고 물으시는 것 같았습니다.

팔머는 조용히 앉아 자신이 왜 총장이 되고 싶은지를 곰곰이 따졌습니다.

'총장 파커 팔머'라고 적힌 명패가 달린 넓은 총장실이 가장 먼저 떠올랐고, 지역 신문과 여러 매체에서 사람들의 관심과 칭찬을 받는 자신의 모습이 떠올랐습니다. 총장이 되고 싶은 이유는 하나님이 주신 삶의 목적을 따르는 것이 아니라 자기 자랑에 있었습니다.

팔머는 총장직을 거절하고 자신이 교사로 있던 메릴랜드주의 시골 학교에서 계속 학생들을 가르치고, 책과 강연으로 깨달은 바를 사람들과 나누며 하나님이 주신 비전을 따라 살아갔습니다.

하나님께 간절히 구하는 우리의 기도 제목은 누구를 위한 것입니까? 내 안위와 허황된 소원을 이루려고 무릎 꿇는 1차원적인 기도를 내려놓고, 나의 만족과 유익이 아닌 하나님 나라와 일을 위한 기도 제목을 위해 무릎을 꿇으십시오.

나의 자랑과 기쁨이 아니라 복음 전파와 하나님이 주신 사명을 위한, 진짜 소원을 하나님께 구하십시오. 아멘!!!

♡ 주님, 오늘의 기도 제목이 주님의 영광만을 위한 것인지 깨닫게 하소서.

▨ 내가 요즘 주님이 아닌 나만을 위한 삶을 사는 것은 아닌지 살펴봅시다.

나의 영적 일지

저는 크리스천입니다

읽을 말씀 : 사도행전 11:19-30

● 행 11:26 만나매 안디옥에 데리고 와서 둘이 교회에 일년간 모여 있어 큰 무리를 가르쳤고 제자들이 안디옥에서 비로소 그리스도인 이라 일컬음을 받게 되었더라

　캐나다에서 발행 부수가 가장 많은 신문 「토론토 스타」(The Toronto Star)의 기자가 자동차 수리점의 실태를 조사 중이었습니다.

　멀쩡한 자동차를 정비소에 맡기고 점검을 의뢰했는데 방문한 13곳 중 12곳은 멀쩡한 부품을 갈아야 한다며 과잉 수리를 권했습니다.

　나머지 1곳의 정비공은 느슨해진 볼트와 녹슨 곳만 청소한 뒤 돈도 받지 않고 보냈습니다.

　정비공의 정직함에 감명을 받은 기자는 자신의 신분을 밝히고 물었습니다.

　"고객들은 대부분 차에 대해서 잘 모릅니다.

　왜 다른 곳처럼 과잉 수리를 하지 않으십니까?"

　정비공은 이 질문에 한 마디로 대답했습니다.

　"저는 크리스천입니다."

　기자는 취재 내용을 가감 없이 신문에 실었고 이 정비소는 캐나다에서 사람들이 가장 많이 찾는 유명 정비소가 됐습니다.

　20년 뒤 이 정비공이 세상을 떠났을 때 「토론토 스타」는 '89세에 세상을 떠난 세실 브랜튼, 캐나다에서 가장 정직한 크리스천 정비공'이라는 제목의 부고와 함께 그의 일생을 다룬 특집 기사를 실었습니다.

　우리가 세상 사람들과 다른 삶을 살아야 하는 이유는 바로 크리스천이기 때문입니다. 교회에 대한 세상 사람들의 신뢰를 회복시킬 수 있는 진짜 크리스천으로 살아가십시오. 아멘!!!

💜 주님, 믿음이 흔들릴 때 더욱 주님의 보좌 앞에 나아가게 하소서.

🧩 언제 어디서라도 거리낌 없이 크리스천임을 밝힐 수 있도록 합시다.

나의 영적 일지

4센트의 기적

읽을 말씀 : 마가복음 11:20-25

● 막 11:24 그러므로 내가 너희에게 말하노니 무엇이든지 기도하고 구하는 것은 받은 줄로 믿으라 그리하면 너희에게 그대로 되리라

미국 인디애나주의 해몬드 제일침례교회(First Baptist Church of Hammond)는 미국에서 가장 큰 규모의 주일학교가 있는 생명력 있는 교회입니다.

이 교회의 담임인 잭 하일스(Jack Hyles) 목사님은 19살 때부터 강단에서 복음을 전했는데 개척한 뒤 매우 오랫동안 재정적인 문제로 어려움을 겪었습니다.

한 번은 반드시 납부해야 하는 세금이 있었는데 54달러 17센트가 모자랐습니다.

다른 일을 할 수도 없었던 목사님은 그저 하나님께 기도로 매달렸습니다.

납기일이 다가왔지만 하루 전까지 여전히 돈은 생기지 않았습니다.

그래도 목사님은 의심하지 않고 끝까지 기도했습니다.

납기 마감일 목사님 집에 편지가 한 통 도착했는데 그 편지에는 보낸 사람의 주소도, 메모도 없이 54달러 21센트가 들어 있었습니다. 금액을 확인한 목사님은 매우 기뻤지만 한 편으로는 궁금했습니다. 부족한 금액보다 4센트가 더 있었기 때문입니다.

잠시 뒤 세금을 내러 우체국을 찾은 목사님은 하나님의 완전하신 계획을 인정할 수밖에 없었습니다. 청구서와 세금을 보내는데 필요한 우푯값이 정확하게 4센트였습니다.

하나님은 정말로 우리에게 필요한 모든 것을 알고 계십니다.

믿고 구하는 것이 전능하신 하나님을 믿는 우리의 할 일입니다.

나의 모든 필요를 아시고, 모든 것을 응답해 주실 전능하신 하나님께 다만 구하십시오. 아멘!!!

♡ 주님, 우리는 그저 구할 뿐, 모든 것은 주님께 온전히 맡기게 하소서.

🎞 나의 모든 필요를 아시는 주님을 인생의 목표로 정하고 따릅시다.

나의 영적 일지

영혼의 냄새

읽을 말씀 : 베드로전서 1:17-25

● 벧전 1:23 너희가 거듭난 것이 썩어질 씨로 된 것이 아니요 썩지 아니할 씨로 된 것이니 하나님의 살아 있고 항상 있는 말씀으로 되었느니라

미국 하버드 대학교의 생물학자인 에드워드 윌슨(Edward O. Wilson) 교수는 개미를 연구하던 중 이상한 사실을 발견했습니다.

개미들은 굴에서 다른 개미가 죽어도 아무 반응이 없었습니다. 다른 곤충의 시체나 침입자가 들어오면 일사불란하게 몰아내는 개미였지만 같은 개미가 죽었을 때는 마치 그 개미가 살아있는 것처럼 아무 반응도 하지 않았습니다.

그런데 시간이 오래 지나고 나면 갑자기 죽은 개미를 끌어다 밖에 버립니다. 몇 번을 살펴봐도 개미가 죽었을 때 바로 버리지 않고 오랜 시간이 흐른 뒤에야 밖에 버렸습니다.

이 문제를 깊이 연구하던 박사는 그 원인이 냄새에 있다는 걸 알았습니다.

개미는 시체가 썩어갈 때 올레산(Oleic Acid)이라는 물질을 내뿜는데 이는 개미들한테 매우 안 좋은 영향을 끼칩니다.

개미는 시각이 없어 후각으로만 모든 것을 판단하기 때문에 죽은 개미를 냄새로 판단하는 것입니다.

반대로 살아있는 개미에 일부러 올레산을 묻히자 다른 개미들은 그 개미가 죽었다고 판단하고 억지로 끌어냈습니다.

구원받지 못한 사람은 살아있어도 살아있는 것이 아니며, 구원받은 사람은 죽어도 죽은 것이 아닙니다. 하나님이 알곡과 쭉정이를 거르는 기준은 바로 주님을 향한 믿음입니다. 잘 먹고, 잘 살지만 구원의 확신이 없는 죽어 있는 사람과 같이 살아가지 말고 아름다운 복음의 향기를 풍기는 구원의 확신이 있는 그리스도인이 되십시오. 아멘!!!

♡ 주님, 아름다운 복음의 향기를 풍기는 성숙한 그리스도인이 되게 하소서.
🦋 구원의 확신을 가진 사람으로서 잘 살고 있는지 살핍시다.

나의 영적 일지

세상에서의 안식처

읽을 말씀 : 시편 144:1-10

● 시 144:2 여호와는 나의 인자시요 나의 요새시요 나의 산성이시요 나를 건지는 자시요 나의 방패시요 나의 피난처시요 내 백성을 내게 복종케 하시는 자시로다

세계적인 작가 어니스트 헤밍웨이(Ernest Miller Hemingway)는 스페인의 투우에 큰 매력을 느껴 여러 번 경기장을 찾았습니다.

수많은 경기를 보던 헤밍웨이는 한 가지 이상한 점을 발견했습니다.

위기에 처한 소들은 투우사를 버리고 경기장 한쪽 구석으로 도망을 치는 것이었습니다. 그리고 이 구역을 다녀온 소는 엄청나게 강해졌습니다. 운동장 전부가 똑같은 경기장이었지만 소들은 저마다 특정 구역에 가면 힘을 회복하고 강해졌습니다.

스페인 사람들은 소들이 저마다 편안하게 느끼는 부분이 경기장에 있다는 사실을 깨닫고 이 구역을 '피난처, 안식처'라는 뜻의 '퀘렌시아'(Querencia)라고 불렀습니다. 헤밍웨이는 투우에 관한 글에서 "퀘렌시아에 들어간 소는 이루 말할 수 없이 강해져 쓰러트리는 것이 도저히 불가능하다"라고 적었습니다.

치열한 경기장에서도 소는 특정 구역에서 안식처와 같은 편안함을 느끼고 힘을 얻습니다. 마찬가지로 그리스도인은 치열한 세상에서 지치고 힘든 몸과 영혼을 주님을 만남으로 치유받고 능력을 얻습니다.

주님께 드리는 예배는 그리스도인들에게는 오히려 영과 육이 회복되는 생명력 넘치는 축제의 시간이 되어야 합니다. 예배를 드린 후 오히려 지치고 피곤하다면 우리의 신앙이 잘못되고 있다는 확실한 신호입니다.

마음을 돌이켜 주님이 주신 은혜와 기쁨에 집중하십시오.

지치고 힘들 때마다 우리의 힘이 되시고, 우리의 피난처가 되시는 주님의 품 안에서 참된 안식을 얻으십시오. 아멘!!!

♡ 주님, 세상에서 지치고 힘든 몸과 마음을 주님의 품 안에서 치유하게 하소서.

🎴 피난처이자 안식처인 주님을 만남으로 모든 상처를 치유합시다.

나의 영적 일지

지금 요청하라

읽을 말씀 : 마태복음 7:7-12

● 마 7:7 구하라 그러면 너희에게 주실 것이요 찾으라 그러면 찾을 것
이요 문을 두드리라 그러면 너희에게 열릴 것이니

미국의 베스트셀러 작가이자 교회 교육전문가인 카일 아이들먼(Kyle Idleman) 목
사님이 식당으로 가는 중에 한 노숙자를 만났습니다.

"얼마라도 좋으니 좀 도와주세요."

아이들먼 목사님은 주머니에 있는 지폐 몇 장을 건네며 혹시 복음을 전할 수
있을까 싶어 말을 걸었습니다. 남자는 이 지역에서 8년이나 노숙을 했으며 노숙
자 쉼터와 구걸로 생활하고 있다고 말했습니다.

목사님은 남자에게 쉬운 일이라도 구해줄 수 있을까 싶어 노숙을 하면서 가장
힘든 것이 무엇이냐고 물었습니다. 그런데 남자의 대답은 의외였습니다.

"누군가에게 도와달라고 말하는 겁니다."

목사님은 큰 충격을 받았습니다.

지금도 얼마든지 도움을 요청하면 일자리를 구해줄 수 있는 사람이 눈앞에 있
었지만 노숙자는 대답을 마치자마자 적선 받은 돈을 들고 자리를 떠났습니다.

우리의 모든 간구를 하나도 땅에 떨어트리지 않으시는 하나님께 우리는 얼마
나 도움을 요청하고 있습니까?

그리스도인은 자신의 힘이 아닌 하나님이 주시는 능력과 은혜로 살아가는 사
람입니다. 우리의 힘으로 해결할 수 없는 일들이 생겼을 때 부족한 것은 우리의
능력이 아닌 하나님을 향한 믿음입니다.

간절히 구하지 않는 사람은 아무것도 받을 수 없습니다.

하나님의 도움이 내 삶에 필요할 땐 주님께 즉각 구하십시오. 아멘!!!

♡ 주님, 무엇이든 필요한 것이 있으면 전지전능하신 주님께 아뢰게 하소서.

🧩 주님이 주신 능력과 은혜로 살아가는 사람이 됩시다.

나의 영적 일지

아무도 하지 않은 일

읽을 말씀 : 요한복음 20:19-29

● 요 20:21 예수께서 또 가라사대 너희에게 평강이 있을찌어다 아버지께서 나를 보내신 것 같이 나도 너희를 보내노라

미국의 마이클 버튼(Michael Burton)이라는 사람이 새로운 사업을 하려고 많은 돈을 빌려 창업을 했습니다. 그런데 버튼이 무슨 사업을 하는지 알려지자 돈을 빌려준 사람들이 한달음에 몰려와 당장 돈을 내놓으라고 화를 냈습니다.

채권자 중에는 여러 은행과 친한 친구들, 심지어는 가족까지 있었습니다.

버튼이 하려던 사업은 스노보드의 대중화였습니다.

당시에는 스노보드가 전문 선수들이나 타는 비싼 장비가 필요한 운동이었기 때문에 이 사실을 들은 채권자들이 황급히 버튼의 사무실을 찾아온 것입니다.

"망할 것이 뻔한 사업에 돈을 투자하는 바보가 어딨습니까?

지금이라도 남은 돈을 돌려주십시오. 투자를 철회하겠습니다."

그러나 버튼은 사업을 성공시킬 자신이 있다며 끝까지 채권자들을 설득했습니다.

"실패할까 봐 다른 사람이 시작하지 않았던 일이기에 오히려 기회가 있습니다. 저는 정말로 성공할 자신이 있습니다."

버튼이 회사를 창업하고 40년이 지난 지금 전 세계에서 천만 명이 넘는 사람들이 취미로 스노보드를 즐기고 있으며 버튼의 회사는 매출이 1억 달러가 넘는 대기업으로 성장했습니다.

아무도 하지 않는 일, 아무도 가지 않는 길에 기회가 있습니다.

주님이 인도하시는 곳이라면 사막이라도, 정글이라도, 누구도 찾지 않는 사람이라도 순종하며 달려가 기회를 잡으십시오. 아멘!!!

🤍 주님, 주님께서 기회를 주시면 어디든 복음을 들고 달려가게 하소서.
🏃 주님이 인도하신 길이라면 어떤 어려움이 있어도 달려갑시다.

나의 영적 일지

8월

"나의 영혼아 잠잠히 하나님만 바라라
대저 나의 소망이 저로 좇아 나는도다
오직 저만 나의 반석이시요 나의 구원이시요
나의 산성이시니 내가 요동치 아니하리로다"

― 시편 62:5,6 ―

세상의 미련, 하나님의 지혜

읽을 말씀 : 고린도전서 1:18-25

● 고전 1:25 하나님의 미련한 것이 사람보다 지혜 있고 하나님의 약한 것이 사람보다 강하니라

『극동방송이 대부도에 AM 송신소를 건립한다고 했을 때, 타 방송사 관계자들을 포함한 많은 사람들이 의문을 가졌습니다. 요즘은 사람들이 AM 라디오를 거의 듣지 않는 데다, 막대한 시설비가 투자되기 때문에 돈 낭비가 아니냐는 말이었습니다. 다른 방송사들은 오히려 AM 설비를 철수하는 것이 추세였습니다.

게다가 대부도 송신소를 통해 극동방송을 듣는 사람들은 방송사에 직접적으로 후원을 할 수 없는 환경의 사람들이 대부분이었습니다. 세상이 보기에는 '밑 빠진 독에 물 붓기'였습니다. 하지만 2020년 10월, 극동방송은 안산시 단원구에 2대의 AM 안테나와 송신소를 완공하고 하나님께 감사예배를 드렸습니다.

극동방송이 이처럼 하는 분명한 이유는, 저 북방 지역에는 이 안테나가 아니면 죽을 때까지 복음을 들을 수 없는 이들이 분명히 있기 때문입니다. 이 전파를 통해 지금도 자신의 신앙을 점검하고 하나님을 만나는 영혼들이 있으며, 무엇보다 국내에서 극동방송을 듣는 수많은 청취자들이 '북방선교', '복음통일'의 꿈을 함께 꾸며 극동방송에 물질로 복음의 씨앗을 심고 있기 때문입니다.

예수님은 우리를 구원하시기 위해 세상의 눈으로 볼 때 가장 '미련한 방법'(고전 1:21)을 사용하셨지만 그 방법으로 모든 인류는 죄의 사슬에서 풀려나 자유를 누리게 됐습니다. 우리를 향한 하나님의 사랑, 예수 그리스도의 복음은 세상의 어떤 지혜나 효율로 설명할 수 없습니다. 주님을 따르는 우리의 삶도 동일하기를 소망합니다.』 - 「김장환 목사의 인생 메모」 중에서

복음을 전해야 할 곳에는 설령 밑이 빠진 독이라 하더라도 복음의 마중물을 붓는 순종하는 성도가 되십시오. 아멘!!!

♡ 주님, 주님께서 일하시는 방법을 깊이 깨달아 알게 하소서.
🖼 주 예수의 십자가 사랑만이 구원의 문제를 해결할 수 있음을 선포합시다.

나의 영적 일지

청년과 노인의 차이

읽을 말씀 : 신명기 34:4-12

● 신 34:7 모세의 죽을 때 나이 일백 이십세나 그 눈이 흐리지 아니하였고 기력이 쇠하지 아니하였더라

뉴욕에서 가장 존경받는 랍비 시드니 그린버그(Sydney Greenberg)는 종교를 넘어 모든 사람들에게 교훈을 주는 글을 평생 썼습니다.

다음은 그린버그의 글 중 가장 널리 알려진 「청년과 노인」입니다.

『사람을 먼저 믿을 수 있는 사람은 여전히 청년이다.

하지만 먼저 의심하는 사람은 노인이다.

사소한 것이라도 인생을 즐길 줄 아는 사람은 청년이다.

해보기도 전에 모든 것을 포기하는 사람은 노인이다.

새로운 아이디어를 반긴다면 청년이다. 그러나 무조건 새로운 생각을

거부하고 과거의 전통과 방법만을 지지하며 따른다면 노인이다.

다른 사람들과 친분을 쌓고 관계를 유지하고 있다면 청년이다.

그러나 헤어 나올 수 없는 깊은 고독에 빠져있다면 노인이다.

사랑을 줄줄 아는 사람은 청년이다.

사랑을 받으려고만 하는 사람은 노인이다.

무엇보다도 여전히 꿈을 가지고 있다면 우리는 청년이다.

그러나 이미 꿈을 포기하고 오늘만 바라보고 살아간다면 우리는 노인이다.』

하나님이 부르실 그날까지 맡은 바 충성을 다하는 것이 우리의 본분입니다. 하나님이 주신 꿈을 품고 끝까지 포기하지 않는 영원한 청년으로 살아가십시오. 아멘!!!

♡ 주님, 주님이 부르실 그날까지 맡은 일에 충성을 다하는 종이 되게 하소서.
👤 주님이 우리에게 주신 능력을 주님이 주신 꿈을 이루는데 씁시다.

나의 영적 일지

무신론자의 하나님

8월 3일

읽을 말씀 : 잠언 3:1-8

● 잠 3:6 너는 범사에 그를 인정하라 그리하면 네 길을 지도하시리라

미국의 무신론 협회 회장이자 철학자인 모들린 머리 오헤어(Madalyn Murry O'Hare)는 미국 전역에서 '공립학교 기도 반대 운동'을 이끌었습니다.

모든 학생에게 기도를 시키는 것은 헌법 정신에 위배되고 종교의 자유를 무시하는 처사라는 주장이었습니다. 오헤어는 급기야 기도 금지 운동을 법정으로까지 끌고 갔습니다.

미국 50개 주 중에서 최초로 시카고 법원에서 '공립학교의 기도 금지'에 대한 판결이 난 날이었습니다. 이 판결에 따라 다른 주에서 벌어지는 재판들도 영향을 미칠 것이었기에 미국 전역의 언론들의 시선이 집중됐습니다.

미국은 청교도들의 신앙을 기반으로 세워진 나라이기에 오헤어가 패소할 것이라는 의견이 지배적이었는데 이 예상을 뒤엎고 시카고 법원은 모든 공립학교에서의 기도를 금지했습니다. 소송을 건 오헤어도 예상하지 못한 승리였습니다. 판결을 들은 오헤어는 믿을 수 없다는 듯 두 손을 들고 "오 마이 갓"을 외쳤고 다음 날 미국의 언론들은 '기도 금지 운동을 이끄는 무신론자가 자신의 승리를 하나님께 돌리다'라는 제목의 기사를 실었습니다.

심리학자 칼 융(Carl Jung)은 오랜 연구 끝에 '하나님에 대한 의식'이 사람들에게 가장 강렬한 의식이라고 말했습니다. 우리의 모든 것을 하나님이 창조하셨기에, 유일한 구원의 방법을 하나님이 내려주셨기에 하나님을 인정하지 않고는 누구도 인생을 제대로 살아갈 수 없습니다.

나를 지으시고 인정하시는 창조주 하나님을 범사에 인정하십시오. 아멘!!!!

🩵 주님, 주님을 인정하지 않으면 인생을 제대로 살아갈 수 없음을 알게 하소서.

🧶 우리나라에는 하나님의 뜻을 거스르는 법안이 없길 기도합시다.

나의 영적 일지

꿀같은 죄, 불같은 죄

읽을 말씀 : 요한1서 3:1~9

● 요일 3:4 죄를 짓는 자마다 불법을 행하나니 죄는 불법이라

며칠 동안 밥도 제대로 먹지 못한 파리가 꿀이 가득 찬 단지를 발견했습니다.

파리는 꿀단지 한가운데로 날아가 정신없이 꿀을 먹었습니다. 어찌나 정신이 팔렸는지 날개가 꿀에 젖어가는 것도 몰랐습니다.

배를 한껏 채운 파리는 꿀단지 밖으로 날아가려고 했지만 날개가 꿀에 절여져 날 수가 없었습니다.

꼼짝없이 꿀단지 안에서 죽게 생긴 파리 주변을 나비 한 마리가 유유히 날으며 비웃었습니다.

"미련하게 꿀을 퍼먹으니까 그런 꼴을 당하는 거야.

나처럼 맛만 조금 보고 날아가면 꿀단지에 빠져 죽을 일은 없단다."

나비는 한동안 미련한 파리를 놀리더니 유유히 날아갔습니다.

그런데 천장에서 환하게 타고 있던 램프를 보고는 무언가에 홀린 듯 달려들다가 타죽고 말았습니다. 이 모습을 본 파리가 안타까운 표정으로 말했습니다.

"어차피 나도 곧 죽을 목숨이지만 나를 그렇게 놀리고는 불속으로 뛰어드는 너도 참 어리석은 곤충이구나."

매일 조금씩 우리의 양심을 좀 먹는 꿀 같은 죄도 있고, 단번에 믿음의 근간을 흔드는 불같은 죄도 있습니다.

죄는 모양과 크기에 상관없이 결국 사망이라는 값을 치르게 됩니다.

마귀의 간교에 빠지지 말고 꿀같은 죄도, 불같은 죄도 멀리하고 다만 주님의 품 안에 거하십시오. 아멘!!!

💚 주님, 어리석거나 교만하지 않고 주님의 뜻에 맞게 살게 하소서.
🕮 영혼을 살릴 말씀을 전할 지혜와 용기를 달라고 기도합시다.

나의 영적 일지

사람부터 섬겨라

읽을 말씀 : 요한1서 4:15-21

● 요일 4:20 누구든지 하나님을 사랑하노라 하고 그 형제를 미워하면 이는 거짓말 하는 자니 보는바 그 형제를 사랑치 아니하는 자가 보지 못하는바 하나님을 사랑할 수가 없느니라

독일 잘리어 왕가의 국왕인 하인리히 3세(Heinrich III)는 선정을 베푸는 훌륭한 통치자였습니다. 그러나 자신의 인생에 자유가 없다고 느낀 하인리히는 오히려 화려한 왕궁 생활에 허무함과 회의를 느꼈습니다.

하인리히는 자신의 남은 인생을 왕이 아닌 하나님의 종으로 살아가기로 다짐하고 독일에서 가장 유명한 수도원을 찾아갔습니다.

왕의 이야기를 들은 수도사는 한 가지 질문을 했습니다.

"폐하, 수도사가 되기 위해서는 누구나 반드시 지켜야 하는 절대적인 규율이 있습니다. 하나님의 어떠한 명령이라도 절대적으로 순종해야 합니다. 수도원장인 저와 선배 수도사들의 명령에도 마찬가지입니다. 나라의 가장 높으신 자리에 있던 폐하가 이 규율을 지키실 수 있겠습니까?"

하인리히는 일말의 고민도 없이 지키겠다고 대답했습니다.

그러자 수도사가 말했습니다.

"그럼 첫 번째 명령을 드리겠습니다.

지금 바로 왕궁으로 돌아가서 국민들을 위한 선정을 베풀어주십시오.

국민을 잘 섬기지 못하는 사람은 하나님도 잘 섬길 수 없습니다."

세상에서 가장 높은 주님이 바로 나를, 우리를 구원하기 위해 이 세상에 오셨습니다. 주님을 사랑한다면 마땅히 우리의 주인이신 주님이 사랑하시는 형제와 자매도 열과 성을 다해 사랑해야 합니다.

하나님을 섬기는 마음으로 곁에 있는 사람들을 섬기며 하나님의 사랑을 전하십시오. 아멘!!!

♡ 주님, 주님이 사랑하시는 이들을 열과 성을 다해 더욱 사랑하게 하소서.
🎴 조건 없는 주님의 사랑을 섬기는 마음으로 실천하며 배웁시다.

나의 영적 일지

최선을 다했는가

읽을 말씀 : 마태복음 22:34-40

● 마 22:37 예수께서 가라사대 네 마음을 다하고 목숨을 다하고 뜻을 다하여 주 너의 하나님을 사랑하라 하셨으니

해군사관학교를 우수한 성적으로 졸업한 장래가 촉망받는 생도가 있었습니다. 이 생도가 학교를 졸업하고 미국 원자력 해군의 아버지라 불리는 하이먼 조지 리코버(Hyman George Rickover)와 면담을 가졌습니다.

생도는 전설적인 리코버 제독 앞에서도 조금도 떨지 않고 당차게 자신의 생각과 포부를 밝혔습니다. 워낙 우수한 성적을 받았기에 가능한 일이었습니다.

그러나 리코버 제독은 생도의 우수한 성적에 대한 이야기를 듣고 나서 날카로운 질문을 던졌습니다.

"자네가 좋은 성적을 받은 것은 알겠네.

그런데 이게 정말 최선을 다한 결과인가?

성적이 좋고 나쁨에 관계없이 정말 최선을 다했느냐고 묻는 걸세."

자신만만하던 생도는 이 질문에 한참을 답변하지 못하고 땀을 뻘뻘 흘렸습니다. 이 질문은 평생 그의 머릿속을 떠나지 않고 무슨 일을 하든지 "정말 최선을 다했는가?"라고 되묻게 만들었습니다.

훗날 미국 대통령이 된 지미 카터(James Earl Carter Jr.)의 해군사관학교 생도 시절의 이야기입니다.

신실한 그리스도인인 지미 카터는 자신이 리코버 제독에게 받은 "정말 최선을 다했는가?"라는 질문을 모든 그리스도인이 훗날 똑같이 받게 될 것이라고 말했습니다. 우릴 구원하기 위해 최선의 것을 주신 하나님께 우리는 정말로 최선을 다했습니까? 최선을 다하고 있습니까?

가장 귀한 예수님을 선물로 주신 하나님을 최선을 다해 예배하십시오. 아멘!!!

🤍 주님, 무슨 일이든 주님 안에서 최선을 다했는지 살피게 하소서.
🧎 지금 내게 주어진 일에 정말로 최선을 다하고 있는지 살펴봅시다.

나의 영적 일지

신앙의 선

읽을 말씀 : 빌립보서 2:19-30

● 빌 2:22 디모데의 연단을 너희가 아나니 자식이 아비에게 함같이 나와 함께 복음을 위하여 수고하였느니라

산속에서 흘러 내려오는 맑은 강물은 흘러 흘러 바다로 갑니다.

강물과 바닷물이 만나는 지점은 '솔트 라인'(Salt Line)이라고 부르는데 이 지점을 넘어가자마자 담수인 강물이 마실 수 없는 바닷물이 됩니다. 그러나 솔트 라인이 항상 일정한 것은 아닙니다.

비가 적게 올 때는 솔트 라인이 강 쪽으로 올라가고, 많이 올 때는 바다 쪽으로 내려갑니다. 그러나 위치에 상관없이 라인을 기점으로 먹을 수 있는 물과 없는 물이 구분됩니다.

고지대의 높은 산에는 수목한계선이라 불리는 '트리 라인'(Tree Line)이 있습니다. 고지대는 일년내내 찬바람이 불고 만년설이 쌓여 있기 때문에 풀이 한 포기도 자랄 수가 없습니다. 캐나다의 로키산맥을 올라가 보면 '트리 라인'을 기준으로 나무와 풀의 경계가 나누어져 있습니다. 기후 온난화의 영향으로 트리 라인도 솔트 라인과 같이 매년 조금씩 올라가지만 그래도 트리 라인을 넘어서 자랄 수 있는 나무와 풀은 없습니다.

선을 기준으로 담수와 바닷물이 결정되고, 생명이 살 수 있는 땅과 없는 땅이 구분되듯이 신앙생활에도 선이 있습니다. 예수님의 십자가의 선을 넘어선 사람이라면 분명히 구원을 받지만 선 아래로 내려가지 않기 위해 경건생활을 게을리 해서는 안 됩니다.

구원받은 현실에 안주하지 말고 이미 주신 은혜와 기쁨을 지속적인 경건생활로 더욱 충만하게 누리십시오. 아멘!!!

💙 주님, 주님이 주신 은혜와 기쁨을 더욱 충만하게 누리고 나누며 살게 하소서.

🧶 의미 없는 수많은 말보다 신실한 경건생활로 모범적인 삶을 삽시다.

나의 영적 일지

아들의 자격

읽을 말씀 : 로마서 8:9-17

● 롬 8:17 자녀이면 또한 후사 곧 하나님의 후사요 그리스도와 함께
한 후사니 우리가 그와 함께 영광을 받기 위하여 고난도 함께 받아
야 될 것이니라

그리스 시대에는 훌륭한 자질을 가진 아들을 양자로 삼는 일이 아주 흔했습니
다. 로마 시대에도 이와 같은 관습은 동일하게 이어져 내려왔습니다.

당시 로마에서는 자녀가 아버지의 완전한 소유물로 여겨졌기에 설령 친자식
이라 하더라도 아버지의 기준에 모자라면 버려지고 대신 양자가 가문을 잇는 경
우가 많았습니다.

로마 시대에 입양된 아들은 다음의 세 가지 권리를 누렸습니다.

● 첫째 / 친아들처럼 아버지의 완전한 소유가 됩니다.

● 둘째 / 과거가 완전히 말소됩니다.

● 셋째 / 아버지의 재산을 물려받을 상속권을 갖습니다.

아들에게는 이토록 막대한 권리가 있었기 때문에 명문 가문이라 하더라도 성
인식을 치르기 전까지는 친아들로 대하지 않는 경우가 많았습니다. 성인식을 치
르고 가문을 이어나갈 훌륭한 인재가 되었을 때 아버지는 비로소 아들을 입양해
친자식으로 삼았습니다.

아버지의 인정을 받는 사람이 진정한 자녀가 될 수 있는 것처럼 우리도 예수
님을 믿을 때 하나님의 자녀로 인정받습니다.

다른 어떤 조건도 필요 없습니다.

오직 나를 위해 이 땅에 오신 독생자를 믿는 것, 그것만이 유일한 조건입니다.

하나님을 믿음으로 하나님의 소유이자 귀한 자녀가 되고, 전능하신 아버지가
주시는 놀라운 큰 복을 누리는 자녀의 권리를 찾으십시오. 아멘!!!

🤍 주님, 전지전능하신 주 하나님이 주시는 놀라운 큰 복을 누리며 살게 하소서.
🖼 하나님을 믿음으로 하나님의 소유이자 귀한 자녀가 됨을 감사합시다.

나의 영적 일지

좁은 문의 비결

읽을 말씀 : 마태복음 7:7-14

● 마 7:13 좁은 문으로 들어가라 멸망으로 인도하는 문은 크고 그 길이 넓어 그리로 들어가는 자가 많고

미국 북동부에 있는 「마운트 홀리요크 대학」(Mount Holyoke College)은 미국에서 가장 먼저 생긴 여자대학입니다. 미국에서는 아무리 뛰어난 여대라도 일반적인 명문대와는 비견되기에 어려운 요소가 많습니다. 그러나 마운트 홀리요크 대학은 여대임에도 미국 교육부가 선정한 '최고의 교육 여건을 제공하는 대학'으로 두 번이나 선정되었습니다.

세계 최고의 명문인 하버드, 스탠퍼드, MIT 등을 제치고 1등을 달성했기에 '여대의 아이비리그'라고 불릴 정도입니다. 학점을 'A, B, C, D, F.' 등급으로 매기는 방식도 마운트 홀리요크 대학이 가장 먼저 도입했고 이후 다른 학교들이 따라 사용하면서 표준이 되었습니다.

마운트 홀리요크 대학은 프린스턴 대학처럼 처음에는 신학교로 설립됐습니다. 미국 여성 교육의 개척자라 불리는 메리 라이언(Mary Lyon)은 이 학교를 지금의 명문대로 만들려는 목적이 아닌 오직 하나님의 말씀을 따라 세상의 빛과 소금 역할을 하는 인재를 키워내려고 설립했습니다.

마운트 홀리요크 대학의 설립 이념이자 표어는 다음과 같습니다.

『남들이 가기 싫어하는 곳에 가고, 남들이 하기 싫어하는 일을 하라!』

하나님이 가라고 명하시는 곳이 우리에겐 푸른 초장이며, 하나님이 하라고 명하신 일이 우리에겐 무엇보다 복된 일입니다.

세상 사람들이 향하는 넓은 문이 아니라 하나님이 인도하시는 좁은 문으로 기꺼이 걸어가십시오. 아멘!!!

♡ 주님, 주님이 가라고 명하시는 곳이 주님께서 예비한 푸른 초장임을 알게 하소서.

🎴 남들이 가기 싫어하는 곳에 가고, 남들이 하기 싫어하는 일을 합시다.

나의 영적 일지

사람의 시간

읽을 말씀 : 시편 90:9-17

● 시 90:10 우리의 년수가 칠십이요 강건하면 팔십이라도 그 년수의 자랑은 수고와 슬픔 뿐이요 신속히 가니 우리가 날아가나이다

미국의 대표적인 온라인 미디어 「디스트랙티파이」(Distractify)에서 조사한 「사람이 살아가며 사용하는 시간」입니다.

01. 사람은 평생 25년을 잔다.

02. 사람은 평생 10.3년을 일한다.

03. 사람은 평생 9.1년간 TV를 본다.

04. 사람은 평생 2년간 광고를 본다.

05. 사람은 평생 3.6년간 밥을 먹는다.

06. 사람은 깨어있는 시간의 70%를 디지털 기기 앞에서 보낸다.

07. 사람은 평생 1.2만 잔의 커피를 마신다.

08. 여자는 평생 1년 동안 옷을 고른다.

09. 사무직 종사자는 평생 5년을 책상 앞에서 보낸다.

10. 사람은 평생 2백만 번의 다짐을 한다.

우리는 영원한 것처럼 하루를 살아가지만 인생의 대부분은 우리의 생각과는 달리 의미 없이 흘러갑니다. 세상에 우리를 보내신 하나님의 뜻을 떠올리며 살아가야 유한한 시간을 소중히 사용할 수 있습니다.

지금 내 삶에서 가장 많이 차지하는 시간의 비중은 무엇입니까?

주님은 지금 어떤 일로 시간을 보내기를 원하실까요?

쓸데없는 일을 제하고, 주님이 원하시는 일들로 조금씩 채워나가야 합니다.

하나님이 주신 삶을 하나님을 위해 사용하십시오. 아멘!!!

♡ 주님, 세상에 나를 보내신 주님의 뜻을 시간을 아끼며 이루어가게 하소서.

▨ 나의 하루와 한주 생활에 헛되이 사용하는 시간이 없게 합시다.

나의 영적 일지

가장 큰 은혜

읽을 말씀 : 로마서 5:12-21

●롬 5:20 율법이 가입한 것은 범죄를 더하게 하려 함이라 그러나 죄가 더한 곳에 은혜가 더욱 넘쳤나니

훌륭한 성경교사이며 사역자인 해리 아이언사이드(Harry A. Ironside) 목사님은 「모든 일을 주님을 위해 하라」의 저자이자 평생 7,500번이 넘는 전도 집회에서 복음을 전할 만큼 모든 삶을 하나님께 드렸습니다.

그가 시무하던 시카고의 무디교회(Moody Church)에서 중요한 일로 열띤 회의가 진행 중이었는데 의견이 좀처럼 좁혀지지 않자 분위기가 격앙됐습니다.

회의에 참석한 한 청년이 흥분을 이기지 못하고 갑자기 자리에 일어나 크게 소리쳤습니다.

"이제 됐습니다. 회의고 뭐고 법대로 합시다!"

이 말은 들은 아이언사이드 목사님은 곧바로 다음과 같이 대응했습니다.

"정말 법대로 하는 걸 원하십니까? 하나님이 우리를 법대로 대하신다면 우리 모두는 당장 지옥에 떨어질 것입니다."

중세 시대의 천재 천문학자인 니콜라우스 코페르니쿠스(Nicolaus Copernicus)의 묘비에는 다음과 같은 유언이 적혀 있습니다.

『내가 바라는 것은 주님이 바울에게 주신 특권도 아니며,

베드로에게 주신 권능도 아닙니다.

나는 다만 십자가의 한 편 강도에게 주신 용서를 바랍니다.』

사람이 주님께 받은 가장 큰 은혜는 바로 용서입니다.

주님께서 우리의 모든 죄를 용서하시고 깨끗하게 해주신 것처럼 다른 사람들의 잘못도 용납하며 아무리 작은 의견에도 귀를 기울여 주십시오. 아멘!!!

♡ 주님, 주님의 용서를 기억하며 이웃의 잘못을 용납하고 작은 의견에도 귀 기울이게 하소서.

🖼 작은 일이든, 큰일이든 일단 용서의 마음을 갖고 삽시다.

나의 영적 일지

분노가 만드는 상처

읽을 말씀 : 에베소서 4:25-32

● 엡 4:26 분을 내어도 죄를 짓지 말며 해가 지도록 분을 품지 말고

어떤 학교에 조금만 기분이 나빠도 친구들에게 거친 말을 하는 학생이 있었습니다. 이 학생 때문에 상처받은 학생들이 너무나 많았기 때문에 보다 못한 학교의 상담 선생님이 방과 후에 학생을 불러 잘 타일렀습니다. 그런데 선생님의 말을 들은 이 학생은 조금도 반성하지 않고 오히려 다음과 같이 말했습니다.

"선생님, 하지만 저는 화를 내도 오래가지는 않아요.
바보같이 참고 사는 것보다는 잠깐 화를 내고
뒤끝이 없는 게 낫지 않을까요?"

선생님은 이해한다는 듯이 고개를 끄덕이며 말했습니다.

"폭탄이 터지는 시간도 매우 짧지만 때론 복구가 불가능한 피해를 입히는 법이야. 너의 화로 상처 입은 친구들의 마음은 어떻게 책임질 생각이니?"

선생님의 말을 들은 학생은 부끄러움에 얼굴이 빨개져 아무 말도 하지 못했습니다.

세상에서 가장 강한 원자폭탄이 터지는 시간은 100만 분의 1초로 지속 시간을 다 합쳐도 0.1초도 안 됩니다. 그러나 원자폭탄이 입힌 피해는 100년이 지나도 원상복구가 되지 않습니다.

한 번의 실수, 한 번의 큰 화로도 다른 사람의 마음에 큰 상처를 입힐 수 있습니다. 다른 사람을 향한 감정과 말을 쏟아내기에 앞서 되도록 인내함으로 주님께 기도하며 뜻을 구하십시오. 그리고 성도의 삶에 맞는 겸손한 행실을 갖추십시오. 아멘!!!

🤍 주님, 화가 날 때는 생각을 멈추고 주님을 생각하며 주님의 인내를 기억하게 하소서.
🖼 가족과 이웃의 마음에 크고 작은 상처를 입히지 않았나 반성합시다.

나의 영적 일지

진정한 경건

읽을 말씀 : 사도행전 10:1-8

● 행 10:2 그가 경건하여 온 집으로 더불어 하나님을 경외하며 백성을 많이 구제하고 하나님께 항상 기도하더니

「열려있는 구원의 문」의 저자이자 추방을 당하면서까지 믿음을 지킨 대표적인 청교도인 조지 스윈녹(George Swinnock) 목사님의 「진정한 경건」이라는 글입니다.

『혼자 있을 때 경건한 사람이 진정으로 경건한 사람입니다.
사람은 다른 사람 앞에 있을 때 억지로 선을 행합니다.
비난과 수치를 당할까 두려워 악은 일부러 멀리합니다.
그러나 홀로 있을 때는 이 모든 굴레가 사라집니다.
거룩한 척을 할 필요도 없고, 얼마든지 육욕을 추구할 수 있습니다.
내 영혼과 정신의 적나라한 민낯은 혼자 있을 때 드러나는 법입니다.』

"인간은 신 앞에 선 단독자"라고 말한 키에르케고르는 경건함에 대해 다음과 같이 말했습니다.
"경건은 인간에게 매우 중요한 일이지만 절대로 다른 사람에게 강요해서는 안 된다. 중요한 것은 하나님 앞에 서 있는 자신이기 때문이다. 하나님 앞에서 경건히 살아가는 사람은 이미 다른 사람에게 중요한 영향력을 미치고 있다."
진정한 경건은 사람이 아닌 하나님 앞에서 드러납니다. 사람의 인정을 받기 위해 만들어진 경건은 오히려 하나님과의 관계를 방해합니다.
다른 사람 앞에서가 아닌, 교회 안에서가 아닌, 혼자 있는 자유로운 시간에도 주님 앞에서 떳떳한 그리스도인으로 살아가십시오. 아멘!!!

♡ 주님, 혼자 있을 때도 경건한 사람으로 합당하게 생활하게 하소서.
🎛 경건한 생활을 통해 언제 어디서나 떳떳한 그리스도인이 됩시다.

나의 영적 일지

내가 맡은 악기

읽을 말씀 : 요한복음 21:15-25

● 요 21:22 예수께서 가라사대 내가 올 때까지 그를 머물게 하고자 할찌라도 네게 무슨 상관이냐 너는 나를 따르라 하시더라

영국에서 기사 작위를 받을 정도로 뛰어난 실력의 지휘자였던 마이클 코스타 (Michael Kosta) 경이 오케스트라를 연습 중이었습니다.

공연을 앞두고 매일 연습하던 곡이었는데 그날따라 뭔가 다르게 들렸습니다. 같은 부분을 반복해서 연습시키던 마이클 경은 갑자기 피콜로 연주자를 향해 외쳤습니다.

"피콜로! 왜 연주를 하지 않습니까?"

자기가 내는 작은 소리 하나쯤은 빠져도 연주에 지장이 없을 것이라고 생각해 피콜로를 부는 흉내만 내던 연주자는 이 말을 듣고 깜짝 놀랐습니다.

마이클 경은 다시 연습을 지시하며 피콜로 연주자를 향해 소리쳤습니다.

"아무리 작은 소리라도 필요가 없다면 악보에 넣지 않았을 겁니다. 자부심을 가지세요. 피콜로! 당신의 악기도 분명히 이 연주에 필요한 부분입니다."

누구나 이 넓은 세상에서 나 한 사람 없어져도 상관없다는 생각이 들 때가 있습니다. 나 하나쯤 빠져도 교회에서 아무런 티가 나지 않는다고 느껴질 때도 있습니다. 그러나 교회에서도 이 세상에서도 나만이 할 수 있는 하나님이 주신 귀한 일이 분명히 있습니다. 전능하신 하나님이 태초부터 나를 향한 계획을 갖고 계셨고, 그 일을 위한 능력을 주셨음을 믿는 것부터 사명이 시작될 수 있습니다. 나만이 연주할 수 있는 특별한 악기가 분명히 있습니다.

나를 사랑하시는 주님이 태초부터 나를 향한 계획을 가지고 세상에 보내주셨음을 믿으십시오. 아멘!!!

♡ 주님, 주님께서 주신 일이 아무리 작은 일이어도 자부심을 갖게 하소서.
▩ 주님께서 나를 향한 계획을 가지고 세상에 보내주셨음을 기억합시다.

나의 영적 일지

민족의 희망 교회

8월 15일

읽을 말씀 : 역대하 7:11-22

● 대하 7:14 내 이름으로 일컫는 내 백성이 그 악한 길에서 떠나 스스로 겸비하고 기도하여 내 얼굴을 구하면 내가 하늘에서 듣고 그 죄를 사하고 그 땅을 고칠찌라

독일이 통일되기 전인 1980년도에 라이프치히에 위치하고 있었던 성 니콜라이 교회(St. Nicholas Church)에서는 「평화의 기도회」라는 이름으로 독일의 통일을 위해 기도하는 집회가 있었습니다.

종교개혁 당시에도 루터가 종종 방문해 설교를 하곤 했던 유서 깊은 이 교회의 성도들은 비밀경찰도 두려워 않고 매주 당당히 예배당에 모였습니다.

동독의 비밀경찰들은 이 집회를 방해하기 위해 비밀리에 다양한 방해 공작을 펼쳤지만 매주 전해지는 산상수훈의 복음을 듣고 오히려 감화되는 경찰들이 늘어나기도 했습니다.

성 니콜라이 교회의 성도들이 모이던 작은 집회 「평화의 기도회」는 점점 규모가 늘어 나중에는 교회에 다니지 않는 사람들도 참석하는 대규모 집회로 성장했습니다.

급기야는 매주 수 천명의 사람들이 기도회 참석 후 거리로 나와 "독일 통일"을 외쳤습니다.

독일 통일의 초석을 다진 것은 불의에도 굴하지 않고 꿋꿋이 모여 주님께 나라의 평화를 간구한 그리스도인들이었습니다.

이는 우리나라 역시 마찬가지입니다. 우리나라가 위기에 처해 있을 때 주님은 성도들의 기도를 듣고 응답하셨습니다.

나라를 위한 기도를 쉬지 않으며 평화의 시대를 다진 믿음의 선배들처럼 국정이 안정되고 주님 앞에 바로 서는 나라가 되도록 나라와 민족을 위한 기도를 쉬지 마십시오. 아멘!!!

💗 주님, 우리나라가 주님 말씀에 바로 서서 부강한 나라가 되게 하소서.

🖼 주님 앞에 바로 서는 나라를 만들기 위해 쉼 없이 기도하며 실천합시다.

나의 영적 일지

사역의 현장, 일터

8월 16일

읽을 말씀 : 시편 78:56-72

● 시 78:72 이에 저가 그 마음의 성실함으로 기르고 그 손의 공교함으로 지도하였도다

『제가 진행하고 있는 방송 프로그램 〈만나고 싶은 사람 듣고 싶은 이야기〉에서 만났던 한 전문의의 이야기입니다.

미용 성형수술의 부작용으로 고생하는 환자들을 전문으로 치료하는 재건 성형외과 의사였는데, 이분이 들려준 간증이 참 감동적이었습니다. 코 수술을 7번이나 해서 부작용으로 코가 들린 한 여자가 병원에 찾아와 콕 집어서 자신에게 수술을 받아야겠다고 하더라는 것이었습니다. 수술 날짜까지 미리 정해온 것이 신기해서 "저를 어떻게 알고 찾아오셨어요?"라고 물어봤는데 환자는 "저는 무당인데 선생님한테 이 날짜에 수술을 받으면 잘 될 거라는 점괘가 나왔어요"라고 대답했습니다. 이 말을 들은 의사의 대답이 참으로 걸작이었습니다.

"저는 하나님을 믿는 크리스천입니다. 제가 보기에는 하나님이 환자분을 많이 사랑하시는 것 같습니다. 코를 7번 수술하고도 어려움을 겪고 있으니까, 너무 불쌍해서 제게 수술받고 회복시키고 치유해 주시려고 귀신이 아닌 하나님이 보내주신 것입니다. 만약에 수술이 잘 되면 무당 때려치우고 교회 나가고 신앙생활을 하셔야 합니다."

수술은 성공적으로 끝났고 대만족한 환자는 의사에게 "진짜로 무당을 때려치워야 할 것 같아요"라는 말을 남기고 떠났다고 합니다. 모든 그리스도인은 사역의 현장에 있습니다. 지금 하나님이 심겨논 일터가 바로 우리의 사역의 현장이며, 전도의 현장입니다.』 - 「김장환 목사의 인생 메모」 중에서

하나님이 심겨주신 자리에서, 오늘 하루 만나는 사람들에게, 할 수 있는 방법으로 부지런히 십자가의 복음을 전하십시오. 아멘!!!

🤍 주님, 오늘 하루도 복음의 통로로 아름답게 쓰임 받게 하소서.
🖼 주님께서 쓰시기에 합당하도록 맡겨진 일을 성실히 감당합시다.

나의 영적 일지

묵상이 만든 전도자

읽을 말씀 : 여호수아 1:1-9

●수 1:8 이 율법책을 네 입에서 떠나지 말게 하며 주야로 그것을 묵상하여 그 가운데 기록한대로 다 지켜 행하라 그리하면 네 길이 평탄하게 될 것이라 네가 형통하리라

기독교의 불모지인 일본에서 기적적으로 하나님을 만난 청년이 있었습니다.

청년은 결핵에 걸려 죽을 위기에 처한 자기를 극진히 돌봐준 목사님을 통해 하나님을 만났고, 예수님처럼 일본의 가장 낮은 곳에 처한 사람들에게 복음을 전하며 살겠다고 다짐했습니다.

그러나 21살이라는 젊은 나이에 겪은 결핵은 평생 후유증을 남겨 청년을 괴롭혔습니다. 밤마다 심한 기침으로 잠을 이루지 못하던 청년은 편안한 잠을 달라고 주님께 기도하다 이런 깨달음을 얻었습니다.

'제대로 잠을 잘 수 없다면 차라리 이 시간을 기도하고 말씀을 보는 일에 써야겠다.'

그날부터 자다 깨면 청년은 어김없이 무릎을 꿇고 기도를 했습니다.

다시 잠들기까지 때로는 5분, 때로는 1시간이 걸렸지만 감사하는 마음으로 기도하며 말씀을 묵상했습니다.

일본을 대표하는 신학자이자 평생을 빈민에서 복음을 전했던 가가와 도요히코는 노년에 "오늘날의 나를 만든 것은 한밤중에 깨게 만든 결핵 후유증입니다"라고 말했습니다.

하나님을 더욱 의지하게 만들고, 하나님께 무릎 꿇게 만든다면 육체의 가시도 그리스도인에게는 축복입니다.

꾸준한 경건생활은 그리스도인에게 가장 필요한 습관입니다.

하루 중 오직 주님과만 마주하는 귀한 시간을 내십시오. 아멘!!!

♡ 주님, 시간을 정해놓고, 또는 틈틈이 주님을 만나는 습관을 갖게 하소서.

🖼 하루 중 오직 주님과만 마주하는 귀한 시간을 정해 놓읍시다.

나의 영적 일지

너는 나를 따르라

읽을 말씀 : 요한복음 12:20-26

● 요 12:26 사람이 나를 섬기려면 나를 따르라 나 있는 곳에 나를 섬기는 자도 거기 있으리니 사람이 나를 섬기면 내 아버지께서 저를 귀히 여기시리라

'닻 내림 효과'(anchoring effect)라고 불리는 심리학의 유명한 이론이 있습니다.

항구가 아닌 곳이라도 몇몇 사람이 닻을 내리면 다른 배들도 덩달아 그곳에 배를 정박한다는 뜻입니다.

예를 들어 사람들을 모아놓고 눈을 감게 시킵니다. 62초가 지난 뒤 종이에 지금 몇 초가 지났는지 써보라고 하면 매우 다양한 답이 나옵니다.

그러나 똑같은 실험도 62초가 지난 뒤 한 명씩 발표를 시키면 대부분 앞사람이 말한 시간에서 크게 벗어나지 않는 시간만 답으로 나옵니다.

앞사람이 30초라고 하면 30초가 기준이 되고, 앞사람이 70초라고 하면 70초가 기준이 됩니다.

사람들이 많이 모이는 곳일수록 '닻 내림 효과'와 같은 '군중심리'가 작용하는데 이 힘은 너무 강력하기에 대다수의 사람들이 따라가지만 앞선 실험과 마찬가지로 '옳고, 그름'과는 아무런 상관이 없으며 모두가 믿는다고 해서 '진리'인 것 또한 아닙니다.

세상에 주님을 믿는 사람이 단 한 명도 없어도 성경이 유일한 진리인 것은 변하지 않는 사실입니다.

진리는 대중의 생각과 믿음이 결정하는 것이 아니라 시대와 공간을 초월하는 유일하고 동일한 가치입니다.

오직 주님 한 분만을 바라보며 모든 것을 포기하고 따랐던 열두 제자처럼 나를 구원하신 구원주 예수님만 따르십시오. 아멘!!!

💜 주님, 성경이 유일한 진리임을 거듭 깨닫고 주님을 위해 살게 하소서.
🎴 누가 뭐라고 해도 언제 어디서나 구원 주 예수님만 믿으며 삽시다.

나의 영적 일지

침묵과 경청

읽을 말씀 : 야고보서 1:19–27

● 약 1:19 내 사랑하는 형제들아 너희가 알거니와 사람마다 듣기는 속히 하고 말하기는 더디 하며 성내기도 더디 하라

세계 최대 의류 회사인 '브이에프'(VF Corporation)의 가방 브랜드인 '잔스포츠'(Jan Sport)를 창업한 스킵 요웰(Skip Yowell)은 인구가 100명도 안 되는 시골 중에서도 아주 작은 마을에서 태어났습니다.

요웰은 이런 열악한 환경에서 세계인의 마음을 사로잡는 가방 브랜드를 창업한 비결에 대해 「6가지 글자의 두 단어」라고 말했습니다.

● 첫 번째 6가지 글자는 '경청(Listen)'입니다.

요웰이 창업을 결심한 것도 다른 사람의 제안 덕분이었고, 위기 때마다 사업을 성장시킬 수 있었던 것도 다른 사람의 의견을 귀담아들었기 때문입니다. 나에게 좋은 아이디어와 지혜가 없어도 다른 사람을 통해 얼마든지 얻을 수 있습니다.

● 두 번째 6글자는 '침묵(Silent)'입니다.

다른 사람의 의견을 듣기 위해서는 조용히 있어야 합니다. 자기의 말이 앞서는 사람은 다른 사람의 말을 놓치게 됩니다. 다른 사람의 소중한 의견을 듣기 위해 조용히 있는 것이 요웰이 말한 사업 성공의 비결이었습니다.

말을 잘하는 사람보다 잘 듣는 사람이 진정으로 지혜로운 사람입니다.

우리는 경청과 침묵의 훈련이 필요합니다.

사람과의 대화중에도 말하기보다는 들어야 하며, 주님께 기도하는 가운데에도 우리는 말하기를 멈추고 주님의 음성을 청종해야 합니다.

기도를 통해 하나님께 우리의 마음을 아뢰는 것도 중요하지만 고요한 가운데 주시는 하나님의 응답에도 귀를 기울이십시오. 아멘!!!

♡ 주님, 제가 경청과 침묵의 중요성을 깨닫고 지혜로운 자가 되게 하소서.

▨ 상대에게 내 의견을 말하기보다 상대의 의견을 잘 들읍시다.

나의 영적 일지

더 중요한 일을 위해서

읽을 말씀 : 빌립보서 3:1~9

8월 20일

● 빌 3:8 또한 모든 것을 해로 여김은 내 주 그리스도 예수를 아는 지식이 가장 고상함을 인함이라 내가 그를 위하여 모든 것을 잃어버리고 배설물로 여김은 그리스도를 얻고

올리버 크롬웰(Oliver Cromwell)은 영국 최초의 공화정을 수립한 수상이자, 「철기군」을 이끌고 진리를 수호하기 위해 청교도 운동을 일으킨 신실한 그리스도인이었습니다.

"진리를 수호하겠다"라는 크롬웰의 진실한 동기는 많은 사람들의 지지를 이끌어냈고 심지어 범죄자들도 자발적으로 회개하고 군인이 되기를 자처했습니다. 그러나 모든 전투를 승리로 이끌고 영국 전역을 다스릴 권력을 손에 넣었을 때 크롬웰은 자리에서 물러났습니다.

"모든 할 일을 마친 나는 이제 고향으로 돌아가겠습니다.

교회에서 사람들에게 말씀을 전하며 조용히 주님을 위해 일하는 것이 앞으로의 나의 사명입니다."

'크롬웰'의 이름을 따라 모인 측근들은 크게 놀라며 만류했습니다.

"지금 떠나시면 안 됩니다.

이제야 중요한 일을 할 수 있는 힘을 손에 넣었는데 왜 아무것도 아닌 일을 하러 떠나려 하십니까?"

그러자 크롬웰은 굳건한 어조로 말했습니다.

"영국 전역을 다스리는 일보다 작은 시골에서 주님을 따르는 일이 나에겐 더 중요하네. 나는 결코 사라질 환상을 좇지 않는다네."

우리가 가야 할 본향이 정말로 영원한 하늘나라임을 믿는다면 세상의 그 어떤 명성과 권력도 더 이상 중요하지 않습니다.

사라질 환상이 아닌 영원한 천국을 위한 일을 하며 살아가십시오. 아멘!!!

♡ 주님, 세상의 가치보다 하나님의 가치를 섬기게 하소서.

🐾 어떠한 명성이나 권력보다 주님의 인정만을 생각합시다.

나의 영적 일지

불행한 사람의 특징

읽을 말씀 : 로마서 12:1-8

● 롬 12:3 내게 주신 은혜로 말미암아 너희 중 각 사람에게 말하노니 마땅히 생각할 그 이상의 생각을 품지 말고 오직 하나님께서 각 사람에게 나눠주신 믿음의 분량대로 지혜롭게 생각하라

미국 필라델피아주에서 가장 공신력 있는 일간지인 「필라델피아 인콰이어러」 (The Philadelphia Inquirer)에 실린 「불행한 사람들의 10가지 특징」입니다.

01. 무슨 일이든 쉽게 포기한다.

02. 자신의 처지를 필요 이상으로 비관적으로 생각한다.

03. 아무 운동도 하지 않는다.

04. 이루기 힘든 목표를 세운다.

05. 건강에 안 좋은 음식을 자주 먹는다.

06. 수면 시간이 부족하다.

07. SNS에 너무 많은 시간을 투자한다.

08. 다른 사람의 생각과 의견에 과하게 신경 쓴다.

09. 일을 너무 많이 한다.

10. 용서를 거부한다.

세상의 학문과 기술이 아무리 발전해도 하나님의 창조의 섭리를 거스를 수는 없습니다. 말씀이 가르치는 지혜와 진리를 따르는 사람은 행복한 삶을 살게 되며 세상의 법칙을 따르고 남들과 비교하는 사람은 불행한 삶을 살게 됩니다.

주님이 주시는 은혜와 사랑이 있기에 우리의 인생은 행복과 기쁨이 가득할 이유가 충분합니다. 그 은혜와 사랑만 있다면 다른 것이 부족하다고 슬퍼할 이유도, 남과 비교할 이유도 없습니다.

영원한 하나님의 말씀을 따라 진정한 행복을 누리십시오. 아멘!!!!

🤍 주님, 창조의 섭리를 따라 살아가는 진정 행복한 사람이 되게 하소서.

🎬 짧은 인생이지만 어제보다 나은 오늘을 목표로 성실하게 삽시다.

나의 영적 일지

가장 위대한 선물

읽을 말씀 : 요한1서 4:7-13

8월 22일

● 요일 4:9 하나님의 사랑이 우리에게 이렇게 나타난바 되었으니 하나님이 자기의 독생자를 세상에 보내심은 저로 말미암아 우리를 살리려 하심이니라

미국 인디애나주에 살던 평범한 10대 라이언(Ryan Wayne White)은 혈우병 수술을 받다가 의료사고로 에이즈에 걸렸습니다.

당시에는 에이즈 환자에 대한 차별이 심했기에 라이언은 에이즈 환자라는 이유로 퇴학을 당했습니다. 언제 죽을지 모르는 상황에서 사람들의 차별과도 맞서 싸워야 했지만 라이언은 누구보다 하나님을 의지하며 항상 밝은 미소를 잃지 않았습니다. 오히려 자신과 같이 고통받는 어린이들을 대변하며 가정에서 그리고 교회에서 행복하게 살았습니다.

라이언의 노력은 언론을 통해 조금씩 알려졌고 많은 사람들이 에이즈 환자에 대해 관심을 갖게 됐습니다. 시한부 인생임에도 다른 아이들을 위해 목소리를 내며 항상 미소를 잃지 않은 라이언은 일약 스타가 되어 라이언의 이름을 딴 재단이 설립되었고 마이클 잭슨, 레이건 대통령, 당시 부동산 재벌이었던 도널드 트럼프를 비롯해 각계각층의 인사들이 라이언을 찾아와 위로하며 엄청난 선물을 주었습니다.

18살에 세상을 떠난 라이언은 죽기 며칠 전 아빠에게 이렇게 고백했습니다.

"저에게 가장 값진 선물을 주신 분은 아빠예요.

아빠가 예수님을 소개하셨기에 저는 죽은 뒤에 천국에서 영원히 살 수 있잖아요."

세상에서 우리가 받을 수 있는 가장 위대한 선물은 바로 예수 그리스도입니다. 가장 귀한 선물을 이미 주신 하나님의 은혜를 잊지 말고 감사하며 사십시오. 아멘!!!

♡ 주님, 주님이 가장 귀한 선물을 주셨다는 은혜를 늘 기억하게 하소서.
▨ 구원과 은혜는 노력으로 얻을 수 있는 것이 아님을 깨달읍시다.

나의 영적 일지

나를 삼키는 열심

읽을 말씀 : 로마서 10:1-8

● 롬 10:3 하나님의 의를 모르고 자기 의를 세우려고 힘써 하나님의 의를 복종치 아니하였느니라

정복자 알렉산더 대왕이 죽고 나서 그가 세운 제국들은 여러 갈래로 나뉘었습니다. 그중 셀레우코스 제국은 가장 넓은 영토를 이어받은 제국이자 가장 활발하게 정복전쟁을 벌였습니다. 셀레우코스의 네 번째 국왕인 안티오쿠스 4세는 동방지역으로 영토를 넓혔는데 그중에는 이스라엘도 있었습니다.

안티오쿠스 4세는 다른 어떤 민족보다 유대인을 극심히 핍박했습니다.

그는 왕권 강화를 위해 자신의 이름을 '세상에 내려온 신'이라는 뜻의 '에피파네스'(Ephipanes)라고 바꿨습니다.

당시 유대인들이 믿고 있는 유일신 하나님은 자신의 왕권을 거슬렀기에 안티오쿠스 4세는 유대인들이 신앙을 버리도록 극심하게 핍박했습니다.

이런 핍박 가운데 목숨을 걸고서라도 신앙을 지켜야 한다며 앞으로 나선 이스라엘 사람들이 있었습니다. 목숨보다 소중한 신앙을 지키자고 앞장서서 희생하는 이들에게 이스라엘 백성들은 큰 신뢰와 존경을 보내며 민족의 지도자로 세웠습니다.

이스라엘 백성들은 이 사람들을 '세상과 구별된 사람'이라는 뜻의 '바리새인'이라고 불렀습니다. 그러나 안티오쿠스 4세를 물리친 후 그들이 받던 신뢰와 존경은 권위와 율법주의라는 벽으로 변했습니다.

하나님을 향한 나의 헌신과 열정이 사실은 나를 세우기 위한 것이 아닌지 우리는 항상 살피며 조심해야 합니다. 누구보다 신앙과 율법에 열정적이었지만 오히려 메시아 그리스도 예수님을 배척했던 바리새인이 되지 말고 하나님이 가르치신 진리의 참뜻을 따르십시오. 아멘!!!

💙 주님, 혼란한 시대이지만 늘 바른 분별을 하게 하소서.

🎞 나의 헌신과 열정이 사실은 나를 세우기 위한 것이 아닌지 살핍시다.

나의 영적 일지

유일한 기준

읽을 말씀 : 디모데후서 2:1-21

● 딤후 2:15 네가 진리의 말씀을 옳게 분변하며 부끄러울 것이 없는
일군으로 인정된 자로 자신을 하나님 앞에 드리기를 힘쓰라

「천국은 이런 곳이다」를 비롯해 수많은 베스트셀러를 발표한 작가이자 빈민
구호 운동가인 랜디 알콘(Randy Alcorn)은 무신론자들의 생각을 알기 위해 한 대학
의 윤리 강의를 청강했습니다.

강의를 맡은 교수는 무신론자로써 매우 뛰어난 석학이었습니다.

강의 내용은 매우 유익했지만 랜디는 한 가지 이상한 점을 발견했습니다.

교수는 어떤 말이든지 단정을 짓지 않았습니다.

"사람을 죽이는 것은 나쁜 일이다"라는 말을 할 때도 "사람을 죽이는 것은 나
쁜 일인 것 같다"라고 두루뭉술하게 말했습니다.

상황과 시대에 따라 좋은 일이 나쁜 일이 될 수 있고, 때로는 그 경계가 애매
할 수도 있기 때문에 한 가지 사건을 두고도 다양한 해석으로 접근할 뿐 '옳고,
그름'이나 책임질 말은 철저히 피했습니다.

랜디는 이때의 경험으로 사람은 결코 선과 악을 바르게 구분할 수도 판단할
수도 없다는 사실을 깨달았습니다.

"사람이 만든 모든 기준은 시대와 주관에 따라 변하는 허울입니다.

절대적으로 믿을 수 있는 것은 오직 성경 말씀이며, 우리를 바르게 심판하실
수 있는 분은 오직 하나님뿐입니다."

나의 생각과 지식으로는 세상의 옳고 그름을 결코 바르게 판단할 수 없습니
다. 세상의 그 누구도 마찬가지입니다. 우리가 믿고 따를 수 있는 유일한 진리는
오직 성경뿐입니다. 하나님이 주신 유일한 진리를 따라 살며 세상의 모든 유혹
을 뿌리치십시오. 아멘!!!

♡ 주님, 하나님의 말씀을 차근차근 공부할 계획을 세우고 실행하게 하소서.
🧎 내가 믿고 따를 수 있는 진리는 오직 성경뿐임을 고백합시다.

나의 영적 일지

길을 내신 주님

읽을 말씀 : 이사야 43:14-21

● 사 43:19 보라 내가 새 일을 행하리니 이제 나타낼 것이라 너희가 그 것을 알지 못하겠느냐 정녕히 내가 광야에 길과 사막에 강을 내리니

미국 항공우주국(NASA)이 화성 탐사를 위해 쏘아 올린 탐사선인 '패스파인더' (Pathfinder)는 군대의 병과에서 따온 이름입니다.

'패스파인더'는 '개척자'라는 뜻도 있지만 '선도대'라는 의미가 좀 더 강합니다. 제2차 세계대전 때 지휘관들은 오랜 전쟁 경험을 통해 전투에서 가장 중요한 부대는 전투 부대가 아닌 '길을 내주는 부대'라는 사실을 깨달았습니다. 제대로 된 지형과 길을 파악하지 못한 상태에서는 전투도, 지원도, 진지 구축도 성공하기 힘들었기 때문입니다.

이 사실을 깨달은 각국의 장성들은 전쟁 중에 뛰어난 병사들을 선발해 '선도대'라는 부대를 편성했습니다. 선도대는 전쟁 이후 특수부대의 정식 병과로 인정받았고 가장 힘든 훈련을 받아야 하는 부대 중 하나로 손꼽혔습니다.

대부분의 나라에서는 '선도대'에게 특수부대 중에서도 특별한 마크를 수여합니다. 선도대는 어떤 상황에서도 물불을 가리지 않고 가장 먼저 적진에 뛰어들어 목숨을 걸고 아군이 해야 할 일을 알려주는 가장 희생적이고 중요한 부대이기 때문입니다.

길이라곤 존재하지 않는 삭막한 황야에 예수님이 구원의 유일한 길을 내주셨고, 그 길을 다시 열두 제자가, 초대교회 성도들이, 수많은 선교사들이 여러 갈래로 내며 걸어가고 있습니다.

지금도 주님의 복음이 흘러가지 않는 많은 지역과 민족이 있습니다.

그곳에 길을 내고 복음을 흘려보내는 패스파인더가 되십시오. 아멘!!!

💜 주님, 지금도 복음이 필요한 많은 민족에게 선도대처럼 복음을 전하게 하소서.

🖼 복음을 전하기 위해 희생한 많은 사람들을 생각하며 기도합시다.

나의 영적 일지

대통령의 추천

읽을 말씀 : 베드로전서 2:1-10

● 벧전 2:2 갓난 아이들 같이 순전하고 신령한 젖을 사모하라 이는 이로 말미암아 너희로 구원에 이르도록 자라게 하려 함이라

데이비드 플랫(David Joseph Platt) 목사님의 책 「래디컬」(radical)은 신앙서적이지만 뉴욕타임스가 선정한 베스트셀러로 꼽힐 만큼 선풍적인 인기를 끌었습니다.

미국 정부는 여러 메가 처치 담임 목사 중 가장 젊은 나이인 플랫 목사님이 장차 미국의 그리스도인에게 큰 영향력을 미칠 것으로 예상하고 이런저런 조언을 듣기 위해 백악관으로 초청했습니다.

「미합중국 대통령 비서실입니다」라는 제목의 이메일을 받은 플랫 목사님은 처음에는 눈을 의심했습니다. '스팸 메일인가?'라는 생각이 들었지만 내용에는 확실한 초대장이 첨부되어 있었습니다. 초대장에 첨부된 날짜가 일주일도 남지 않았음을 확인한 목사님은 즉시 빼곡히 잡혀 있던 스케줄을 조정해 시간을 만들었습니다. 혹시라도 정해진 시간을 지키지 못할까 봐 전날과 다음날의 스케줄까지 모두 조정했습니다.

무슨 말을 해야 할지, 무엇 때문에 초청했는지 이런저런 생각들이 머릿속을 떠나지 않았고, 하루 종일 심장이 쿵쾅거릴 정도로 긴장하던 목사님은 돌연 무언가를 깨닫고 하나님께 회개 기도를 했습니다.

"주님, 몇 년 동안 한 나라를 통치하는 대통령과의 만남을 이토록 열심히 준비하면서 만왕의 왕이신 주님을 매주 만나는 일은 소홀히 여겼음을 회개합니다."

최선의 준비와 노력이 깃든 찬양과 예배만이 하나님이 받으시기 합당한 예배입니다. 일주일에 한 번이 아니라 하루에 몇 번이라도 주님께 드리는 예배는 온 마음과 정성을 다해 전심으로 드리십시오. 아멘!!!

🤍 주님, 예배를 준비하는 시간이나 예배 때 온 마음과 정성을 다해 하게 하소서.
🖼 날마다 온 마음과 정성을 다해 하나님과 동행하는 삶을 삽시다.

나의 영적 일지

즐거움의 근원

읽을 말씀 : 역대상 16:25-36

● 대상 16:27 존귀와 위엄이 그 앞에 있으며 능력과 즐거움이 그 처소에 있도다

프랑스를 대표하는 천재 여류작가 프랑수아 사강(Francoise Sagan)은 말년에 마약 복용 혐의로 재판을 받던 중 다음과 같이 진술했습니다.

"타인에게 피해를 주지 않는다면 나는 나를 파괴할 권리가 있습니다."

사강은 이른 문학적 성공으로 엄청난 돈을 벌었지만 사치와 낭비, 잦은 이혼과 도박, 마약 중독으로 노년에는 완전히 파산해 아들 집에 얹혀살았습니다.

사강은 끝까지 자신의 삶을 후회하지 않는다고 말했지만 18살에 프랑스의 문학비평상을 수상하며 '지나칠 정도의 재능'을 타고났다고 평가받았음에도 작품 활동을 오래 이어가지 못하고 재능을 썩혔습니다.

저명한 문화비평가인 닐 포스트먼(Neil Postman)은 현대인들의 쾌락주의에 대해 다음과 같이 말했습니다.

"이 시대 사람들은 오직 즐기기만을 원합니다.

사람들이 원하는 것은 말초적인 감각의 충족이기 때문에 영혼의 깊은 곳을 채우지는 못합니다. 그 결과 아무리 즐거움을 추구하는 사람이라도 우울증에 걸릴 수밖에 없습니다."

감각적인 즐거움을 추구하는 사람들은 더 이상 하나님과 영성에는 관심이 없습니다. 감각주의와 소비주의의 끝은 고독과 허무, 절망입니다.

탐스러운 치즈가 있는 덫에 들어가면 죽게 됩니다. 주님의 빛이 비추이는 넓은 들판으로 나가면 삶을 풍성하게 채워주는 기쁨과 은혜가 가득합니다.

내 영혼을 좀 먹는 가벼운 즐거움을 끊어버리고 영혼의 깊은 곳을 만족시키는 주님의 기쁨으로 채우십시오. 아멘!!!

🤍 주님, 작은 일에도 감사하며 주님의 은혜로 가득한 삶을 살게 하소서.
🧩 마음속 깊은 곳에서부터 주님의 기쁨으로 가득 채웁시다.

나의 영적 일지

시선의 영향력

읽을 말씀 : 사무엘상 16:1-7

● 삼상 16:7 여호와께서 사무엘에게 이르시되 그 용모와 신장을 보지 말라 내가 이미 그를 버렸노라 나의 보는 것은 사람과 같지 아니하니 사람은 외모를 보거니와 나 여호와는 중심을 보느니라

영국의 옥스퍼드 대학에서 치즈와 관련된 한 가지 실험을 했습니다.

연구진은 사람들에게 "새로 개발한 두 종류의 치즈인데 향을 표현해 주세요"라고 말했습니다.

한 치즈는 '체다 치즈'라는 이름의 병에 담겨 있었고 다른 치즈는 '썩은 치즈'라는 이름의 병에 담겨 있었습니다.

사람들은 병에 붙은 이름을 보고 '체다 치즈 병에서 나온 치즈는 향이 고소하고 썩은 치즈 병에서 나온 치즈는 향이 고약하고 역겹다'라고 평가했습니다.

그러나 사실 둘 다 같은 치즈였습니다.

프랑스 최고의 소믈리에들을 모아놓고 진행한 실험에서도 비슷한 결과가 나왔습니다. 소믈리에들은 준비된 두 잔의 와인 중 '레드와인에서는 꽃향기와 진한 농도가 느껴지고 화이트 와인에서는 상큼함과 산뜻함이 느껴진다'라고 평가했습니다. 그러나 두 와인은 같은 화이트 와인이었고 한 와인에만 색소를 넣어 붉은색으로 만든 것이었습니다.

아무리 전문가라도 편견에 사로잡힐 때 본질을 놓칩니다. 편견이 있는 사람은 하나님을 온전히 바라볼 수 없고 이웃을 있는 그대로 바라볼 수 없습니다.

다른 성도, 다른 이웃에 대해 평가하기 전에 그들을 바라보는 나의 시선이 어떤지를 먼저 돌아봐야 합니다. 날카로운 비판이 아닌 따스한 사랑의 시선으로 모든 사람을 바라봐야 합니다. 바로 주님이 하셨던 것처럼 말입니다.

있는 모습 그대로 나를 받아주신 주님의 사랑으로 이웃을 사랑하고 하나님을 섬기십시오. 아멘!!!

🤍 주님, 주님을 온전히 바라보고 이웃을 주님의 시선으로 섬기게 하소서.
🧩 주님의 사랑으로 이웃을 사랑하고 하나님을 섬깁시다.

나의 영적 일지

진짜 행복이 있는 곳

읽을 말씀 : 시편 16:1-11

● 시 16:11 주께서 생명의 길로 내게 보이시리니 주의 앞에는 기쁨이 충만하고 주의 우편에는 영원한 즐거움이 있나이다

솔트레이크 신학교의 총장인 도널드 맥컬로우(Donald W. McCullough) 목사님은 종종 어떤 행복감을 느낀 뒤에는 훨씬 더 큰 허무한 감정이 찾아온다는 느낌을 받았습니다.

하나님이 주신 행복에는 이런 허무감이 느껴지지 않을 것이라는 생각에 맥컬로우 목사님은 오랜 시간 연구를 했고 많은 사람들이 '잘못 포장된 행복'을 추구하고 있다는 사실을 알았습니다.

다음은 맥컬로우 목사님이 말한 「사람들이 착각하는 7가지 행복」입니다.

1. 현재 자신의 상태에 만족스러울 때
2. 내 힘으로 무언가 성취했다고 느낄 때
3. 뭐든지 해낼 수 있다는 자신만만한 느낌이 들 때
4. 고통에 초연한 듯한 상태일 때
5. 내 마음대로 해도 되는 자유를 얻었다는 생각이 들 때
6. 스트레스와 갈등이 존재하지 않는 것처럼 느껴질 때
7. 세상의 인정을 받고 있다고 느낄 때

이 7가지는 예수님의 은혜가 아닌 자신의 능력으로 얻어낸 행복의 느낌입니다. 맥컬로우 목사님은 위의 행복들은 죄를 짓기 직전의 상태라며 그리스도인들이 매우 경계해야 할 대상이라고 말했습니다.

진정한 행복은 예수님의 십자가로 구원받은 은혜를 통해서만 느낄 수 있습니다. 십자가의 은혜를 벗어난 모든 삶의 행복을 주의 깊게 살피십시오. 아멘!!!

🩷 주님, 진정한 행복이 있는 곳이 어디인지 지혜롭게 생각하며 살게 하소서.

📖 십자가의 은혜 그 자체가 기쁨과 행복임을 깨달읍시다.

나의 영적 일지

뿌리 깊은 나무

8월 30일

읽을 말씀 : 마태복음 7:21-27

● 마 7:24 그러므로 누구든지 나의 이 말을 듣고 행하는 자는 그 집을 반석 위에 지은 지혜로운 사람 같으리니

한 마을에 극심한 가뭄이 찾아왔습니다.

시냇물이 마를 정도로 극심한 가뭄이었습니다.

농작물은 물론이고 풀 한 포기 자라지 못하고 모두 말라 죽었습니다.

시냇가 바로 옆에 있는 나무들도 가뭄을 버티지 못하고 말라갔습니다.

그런데 이상하게도 산 위에 있는 가늘고 마른 나무들은 극심한 가뭄에도 이파리를 낼 정도로 싱싱했습니다. 너무도 신기한 현상이기에 많은 학자들이 이 마을을 찾아 연구한 결과 비밀은 뿌리에 있었습니다.

언제든지 물을 빨아들일 수 있는 시냇가의 나무들은 뿌리를 깊이 내릴 필요가 없었기에 시냇물이 마르자 함께 말라갔습니다. 그러나 평소 땅에서 물을 빨아들일 수 없는 산속의 나무는 살기 위해 훨씬 깊은 곳까지 뿌리를 내렸습니다.

오랜 가뭄으로 땅 표면은 말랐으나 깊은 곳에는 여전히 물이 있었기에 기나긴 가뭄에도 산속의 나무는 말라 죽지 않고 잎을 틔울 수가 있었습니다.

고난과 역경에도 주님을 의지하는 사람은 깊은 곳까지 믿음의 뿌리를 내립니다. 크고 작은 시련에도 흔들림 없이 굳건히 주님을 바라보고 예배하기 위해서는 우리 믿음의 뿌리가 반석 아래까지 깊이 내려가야 합니다.

매일 주님을 바라보고 경건의 연단을 게을리하지 않을 때 우리 믿음의 뿌리가 조금씩 아래로 내려갑니다.

작은 시련에도 마르고 뽑히는 연약한 믿음 대신 거친 풍파에도 버티며 결국은 승리하는 뿌리 깊은 믿음을 추구하십시오. 아멘!!!!

♡ 주님, 거친 풍파에도 버티며 결국은 승리하는 뿌리 깊은 믿음을 주소서.

🖼 고난과 역경에도 흔들리지 않는 뿌리 깊은 믿음을 가집시다.

나의 영적 일지

신앙의 유익

읽을 말씀 : 디모데전서 4:6-16

● 딤전 4:8 육체의 연습은 약간의 유익이 있으나 경건은 범사에 유익하니 금생과 내생에 약속이 있느니라

한 재벌이 '교회를 다니는 사람은 교회를 안 다니는 사람에 비해 뭐가 나을까?'라는 궁금증이 생겼습니다.

이 재벌은 미국의 여론조사기관 '갤럽'에 조사를 의뢰했습니다.

자신의 이름을 익명으로 처리해달라는 것이 유일한 조건이었습니다.

갤럽이 조사한 바에 따르면 「교회를 다니는 사람과 다니지 않는 사람에게는 네 가지의 큰 차이」가 있었습니다.

1. 삶의 행복도입니다.

　하나님을 위해 살고 있다고 대답한 그리스도인들이 삶의 행복도가 월등히 높았습니다.

2. 가정생활입니다.

　교회를 다니는 가정은 이혼율이 매우 낮았고, 구성원 간의 신뢰도도 높았습니다.

3. 관용의 마음입니다.

　생각이 다르고 문화가 다른 사람들을 이해하려는 자세가 있었습니다.

4. 봉사활동입니다.

　교회를 다니는 사람들은 봉사와 기부를 45%나 더 많이 하고 있었습니다.

하나님과 이웃을 섬기는 신앙생활은 우리에게도 큰 유익이 됩니다.

하나님의 말씀이 곧 우리가 따라 살아야 할 인생의 나침반입니다.

인생의 방향이 고민될 땐 언제나 말씀이 가리키는 방향을 따르십시오. 아멘!!!

🤍 주님, 저의 생각보다 주님의 말씀을 먼저 떠올리며 살아가게 하소서.

🧩 본문에 나온 4가지 차이점이 내게도 있는지 살피고 진정한 그리스도인이 됩시다.

나의 영적 일지

9월

"내 영혼아
네가 어찌하여 낙망하며 어찌하여 내 속에서 불안하여 하는고
너는 하나님을 바라라 그 얼굴의 도우심을 인하여
내가 오히려 찬송하리로다"

– 시편 42:5 –

내 생각과 다른 하나님의 생각

읽을 말씀 : 이사야 55:6-13

● 사 55:8 여호와의 말씀에 내 생각은 너희 생각과 다르며 내 길은 너희 길과 달라서

『2006년 11월, 저는 5명의 일행과 함께 전쟁이 한창인 이라크로 향했습니다. 9.11 테러로 시작된 이라크 전쟁에 우리나라는 평화, 재건을 목표로 자이툰 사단을 파병했고, 저는 장병들을 위문하고 복음을 전하고자 이라크를 찾았습니다. 처음에는 우리 교회 집사님의 딸이며 음악을 전공한, 그리고 당시 미스코리아로 큰 인기가 있었던 자매와 함께하려고 했습니다. 하지만 여러 가지 사정으로 그 자매 대신 다른 음악가들이 위문 공연을 담당하게 됐습니다.

자이툰 부대 사단장인 황 장군과 참모장인 김 장군은 독실한 크리스천이었습니다. 그들은 매일 새벽 믿는 장병들과 새벽 기도를 드리며 다른 장병들의 안전과 작전의 성공을 간구하는 신실한 군인이었습니다. 전쟁터 한복판의 대형 텐트에서 열린 집회를 마친 뒤, 참모장인 김 장군이 저를 찾아와 간증을 나눴습니다.

"목사님, 사실 저는 미스코리아 자매가 온다는 말을 듣고 이라크에 그 자매가 못 오게 해달라고 간절히 기도했습니다. 우리 장병들의 정신 전력에 도움이 되지 않는다고 생각했기 때문입니다. 제게는 큰 기도의 응답입니다."

사실 그 자매가 이라크에 가지 못할 어떤 이유도 없었는데 동행하지 못했습니다. 막상 자이툰 부대에 도착해서야 그 이유를 알게 됐습니다. 전쟁터에서 간구하는 장군의 기도에 하나님께서 응답하셨던 것입니다. 기도로 잘 준비된 사흘간의 집회는 어떤 부흥회보다 뜨겁고 은혜가 넘쳤습니다. 하나님의 생각은 내 생각과 다릅니다. 그리고 하나님은 신실한 마음으로 간구하는 성도의 기도에 반드시 응답하십니다.』-「김장환 목사의 인생 메모」중에서

하나님이 주신 마음으로 기도를 쉬지 않는 신실한 성도가 되십시오. 아멘!!!

♡ 주님, 어떤 일이든지 포기하지 않고 기도로 승리하게 하소서.
🖋 주님의 뜻에 합당한 기도를 드리기 위해 늘 노력합시다.

나의 영적 일지

재고가 쌓이는 이유

읽을 말씀 : 잠언 25:9-15

● 잠 25:15 오래 참으면 관원이 그 말을 용납하나니 부드러운 혀는 뼈를 꺾느니라

미국의 강아지 사료 회사에서 야심 차게 새로운 제품을 개발했습니다.

강아지의 건강을 위한 최적의 단백질, 탄수화물, 지방의 조합을 구성했고 필수 비타민까지 챙겨 넣었습니다. 지금까지 나온 어떤 사료보다도 훌륭한 제품이었습니다.

제품에 자신이 있었던 회사는 마케팅에도 심혈을 기울였습니다.

강아지를 정말로 사랑하는 마음이 느껴지는 훌륭한 광고였습니다. 이 회사의 제품은 출시되자마자 날개 돋친 듯이 팔렸습니다. 강아지를 키우는 사람들이라면 이 제품을 구입하지 않을 수 없을 정도로 제품과 마케팅 모두 훌륭했습니다.

그런데 그토록 불티나게 팔리던 사료는 몇 달 뒤부터 급격히 판매량이 감소했습니다. 제품의 퀄리티는 여전했고, 광고도 공격적으로 진행했지만 판매율은 좀처럼 올라가지 않았습니다. 사장은 영업부 담당자를 불러 원인을 찾아오라고 불같이 화를 냈습니다.

며칠 뒤 원인을 찾은 영업부 담당자는 사장 앞에서 쥐 죽은 듯한 소리로 작게 이유를 말했습니다.

"그게… 정작 강아지들이 맛이 없다고 저희 제품을 먹지 않는다고 합니다."

말이 안 통하는 강아지에게 영양에 좋다고 맛없는 사료를 억지로 먹일 수는 없습니다.

우리를 이해하고 구원하시기 위해 예수님이 세상에 오셨듯이 우리도 다른 사람을 이해하기 위해서는 상대방의 입장에서 생각해야 합니다. 위로도, 사랑도, 전도도, 먼저 상대방의 입장에서 생각한 뒤 신중하게 전하십시오. 아멘!!!!

♡ 주님, 복음을 전할 때 상대방의 입장에서 정확하고 신중하게 전하게 하소서.
🎴 다른 사람의 감정에 공감하며 이해와 배려의 마음으로 전도합시다.

나의 영적 일지

믿음이 필요할 때

읽을 말씀 : 이사야 40:25-31

● 사 40:31 오직 여호와를 앙망하는 자는 새 힘을 얻으리니 독수리의 날개치며 올라감 같을 것이요 달음박질하여도 곤비치 아니하겠고 걸어가도 피곤치 아니하리로다

아프리카 태생의 미국인 선교사 겸 작가 제임스 애그리(James Emman Kwegyir Aggrey)는 몇 년 동안 아프리카에 머물며 선교활동을 한 적이 있습니다.

하루는 어떤 사람이 독수리 새끼를 주워와 닭장에서 키웠습니다.

독수리가 무럭무럭 자라 더 이상 키울 수 없게 되자 닭장에서 꺼내어 하늘로 날려 보냈지만 독수리는 날개만 몇 번 퍼덕이다가 땅으로 떨어졌습니다.

더 높은 지붕에서 던져도 결과는 마찬가지였습니다.

애그리는 마침 아프리카에서 연구를 하던 조류학자를 만나 독수리 이야기를 하며 도움을 청했습니다.

조류학자는 독수리라면 아무리 닭장에서 자랐어도 틀림없이 하늘을 날 수 있다고 확언했습니다.

다음 날 조류학자는 독수리를 들고 산에서 가장 높은 봉우리에 올랐습니다. 그중에서도 가장 가파른 절벽을 찾아가 독수리를 힘껏 던졌습니다.

절벽에서 떨어지던 독수리는 바람을 맞아 날개를 몇 번 펄럭이더니 이내 유유히 창공을 향해 날아갔습니다. 독수리가 날기 위해 필요했던 것은 험할지라도 더 높은 고도였습니다.

안전하지만 낮은 지붕이 아닌 위험할지라도 높은 절벽에서 독수리가 날아가듯이 평온한 일상보다 고난 가운데서 주님의 능력을 더욱 체험하게 됩니다.

주님이 주신 힘으로 그 어떤 절벽에서도 푸른 하늘을 날 수 있음을 믿으십시오. 아멘!!!

💙 주님, 고난 가운데서도 주님의 능력을 체험하는 하루하루가 되게 하소서.

🎴 세상 끝 날까지 함께하시는 주님의 능력을 믿으며 주님만을 따릅시다.

나의 영적 일지

세상의 소리를 끄라

9월 4일

읽을 말씀 : 요나 2:1-10

● 욘 2:2 가로되 내가 받는 고난을 인하여 여호와께 불러 아뢰었삽더니 주께서 내게 대답하셨고 내가 스올의 뱃속에서 부르짖었삽더니 주께서 나의 음성을 들으셨나이다

영국의 가장 유서 깊은 대학인 글래스고 대학교(University of Glasgow)에서 성서비평학을 가르치던 윌리엄 바클레이(William Barclay) 교수는 바쁜 와중에도 30권이 넘는 성경 주석과 신앙서적을 집필했습니다.

대학에서의 업무만 해도 산더미 같은데 때때로 방송에 출연해 진리를 대변하고, 수많은 교회를 방문해 설교를 전했습니다. 바클레이 교수는 이토록 많은 연구를 하고 책을 쓸 수 있는 비결을 '청각 장애'라고 말했습니다.

"저는 보청기를 끼지 않으면 바로 앞에서 소리를 질러도 듣지 못할 정도로 청력이 좋지 않습니다. 그래서 성경을 묵상하고 연구할 때면 언제나 보청기를 뺍니다. 세상의 소리가 차단되면 그제야 하나님의 말씀이 들립니다."

심리학에는 '칵테일파티 효과'(cocktail party effect)라는 이론이 있습니다.

시끄러운 파티장에서 똑같은 크기로 사람들의 음성이 들려도 내가 관심 있어 하는 단어나 좋아하는 사람의 목소리가 더 뚜렷하게 들린다는 이론입니다.

우리가 하나님의 음성을 정말로 듣고자 한다면 혼잡한 일상 속에서도 세상의 소리보다 하나님의 음성이 더욱 또렷하게 들릴 것입니다.

최근의 삶을 한 번 돌아보십시오.

분주한 가운데 하나님이 주시는 마음을 깨닫고 살아가는 삶이었습니까?

아니면 하나님 없이 나 혼자만 열심히 살아가는 정신없고 바쁜 삶이었습니까? 하나님이 내 삶에 임재하지 않는 것처럼 느껴진다면 세상의 소리를 잠시 끄고 하나님의 음성에 더욱 귀 기울이십시오. 아멘!!!

🤍 주님, 매일매일 하나님의 음성을 들으며 성장하며 승리하게 하소서.

🙇 늘 응답하시는 주님께 감사하며 기도를 게을리하지 맙시다.

나의 영적 일지

말이라는 무기

읽을 말씀 : 잠언 25:6-13

● 잠 25:11 경우에 합당한 말은 아로새긴 은쟁반에 금사과니라

프랑스 독립군이 오랜 전투 끝에 독일군을 몰아내고 마침내 프랑스를 탈환했을 때의 일입니다.

전쟁을 승리로 이끈 샤를 드 골(Charles de Gaulle) 장군은 나라를 되찾자마자 가장 먼저 나치에 협력했던 부역자들을 색출했습니다.

자신의 안위를 위해 나라를 팔고 동포를 밀고한 사람들에게는 가차 없이 사형이 선고됐습니다.

그런데 로베르 브라실락(Robert Brasillach)이라는 남자의 판결을 두고는 국민들끼리도 갑론을박이 벌어졌습니다.

민중 신문의 편집장이었던 브라실락은 수려한 말솜씨로 사람들을 설득해 많은 사람들이 나치를 따르고 유대인을 핍박하는 일에 동조하게 만들었습니다.

그러나 그의 글솜씨가 워낙 천부적이었기에 '나라를 위해 일할 기회를 주도록 용서해야 한다'라는 의견과 '부역자는 똑같이 처형해야 한다'라는 의견이 팽팽하게 대립했습니다.

결국 로베르는 프랑스의 철학자 보부아르(Simone de Beauvoir)의 다음과 같은 주장으로 인해 사형을 당했습니다.

"그의 재능은 아깝지만 글이 가진 무서운 힘에 경각심을 울려야 합니다.

그의 말과 글은 수용소의 독가스보다 더 많은 사람들을 죽였습니다."

말은 사람을 살리기도 하고 죽이기도 하는 도구입니다.

하루에도 수없이 사용하는 말을 사람들을 세우고 복음을 전하는 사랑과 진리의 도구로 사용하십시오. 아멘!!!

♡ 주님, 사람을 해치는 말은 입에 담지도 않게 하시고 복음을 전하게 하소서.
🦮 오늘 내 말이 누군가에게 상처나 손해가 되었는지 뒤돌아봅시다.

나의 영적 일지

인생은 축복

읽을 말씀 : 창세기 1:24-31

● 창 1:28 하나님이 그들에게 복을 주시며 그들에게 이르시되 생육하고 번성하여 땅에 충만하라, 땅을 정복하라, 바다의 고기와 공중의 새와 땅에 움직이는 모든 생물을 다스리라 하시니라

미국 최고의 재무 설계사인 스테판 폴란(Stephen M. Pollan)은 인생의 최전성기에 폐암으로 죽을 고비를 넘긴 뒤 삶에서 가장 중요한 건 물질이 아니라는 사실을 깨달았습니다.

미국에서 가장 유명한 부자이자 재무 설계사인 그는 이 사실을 더 많은 사람들에게 알리기 위해 재무 설계사를 그만두고 사람들에게 도움을 주는 '라이프 코치'가 됐습니다.

다음은 스테판이 말한 「인생을 축복으로 만들기 위해 버려야 할 8가지 걱정」입니다.

1. 경험이 지혜다. 나이 먹어가는 것에 대한 걱정을 버려라.
2. 실수를 받아들여라. 지나간 일은 후회하지 말아라.
3. 비교는 함정이다. 남과 비교하지 말고 자신의 삶에 집중하라.
4. 스스로를 깎아내리지 말라. 자격지심을 버려라.
5. 주고받는 것이 인간의 본성이다. 개인주의를 버려라.
6. 완벽한 타이밍은 없다. 망설임을 버리고 일을 미루지 말아라.
7. 최고보다는 최선이다. 완벽해야 한다는 강박을 버려라.
8. 인생은 지금이다. 미래에 대한 환상을 버려라.

세상에 대한 걱정을 버릴 때 하나님이 주시는 좋은 것들이 우리의 삶을 채웁니다.

인생 최대의 축복인 주님이 매일 주시는 주님의 은혜와 사랑을 충만하게 누리며 사십시오. 아멘!!!

♡ 주님, 버릴 것은 버리고 주님이 주시는 좋은 것들이 저의 삶을 채우게 도와주소서.
▧ 위의 8가지 중 나에게 해당되는 것을 찾아봅시다.

나의 영적 일지

빵 대신 벽돌

9월 7일

읽을 말씀 : 시편 34:15-22

● 시 34:19 의인은 고난이 많으나 여호와께서 그 모든 고난에서 건지시는도다

대통령 자유 훈장과 10번의 에미상을 받은 미국 *NBC* 방송국의 대표 앵커 데이비드 브랭클리(*David McClure Brinkley*)는 '빵과 벽돌'로 알려진 유명한 말을 했습니다.

"하나님은 가끔 우리 앞에 빵 대신 벽돌을 놓으십니다. 어떤 사람은 왜 빵이 아니냐고 불평합니다. 어떤 사람은 화를 내면서 벽돌을 걷어차다 다리가 부러집니다. 그러나 어떤 사람은 앞에 놓은 벽돌을 주워 집을 짓기 시작합니다."

미국의 격언 중에는 '삶이 너에게 레몬을 준다면, 그것으로 레몬에이드를 만들어라'(*When life gives you lemons, make lemonade*)라는 말이 있습니다.

레몬을 레몬에이드로 만들어 팔면 다시 레몬 여러 개를 살 돈이 생깁니다.

몇 번을 반복하면 단순한 레몬으로 사업을 시작할 수도 있게 됩니다. 그러나 여기에는 한 가지 뜻이 더 있습니다. 미국 사람들은 신맛이 강한 레몬을 인생의 고난이나 불행이라는 의미로 사용하기도 합니다.

레몬과 같은 고난, 벽돌과 같은 고난이라 하더라도 그것을 오히려 축복으로 여길 때 불행이 아닌 행복의 근원이 된다는 소중한 격언입니다.

하나님은 우리에게 필요한 것들을 우리보다 더 잘 아십니다. 지금의 고난도, 지금의 기쁨도, 모두 내 삶을 향한 하나님의 계획 가운데 일부분입니다.

고난에도 기쁨에도 오직 순종하며 주님을 의뢰하십시오.

하나님이 내 삶에 주시는 모든 상황을, 설령 고난이라 할지라도 감사하게 받으며 레몬으로 에이드를 만들고 벽돌로 집을 짓는 참된 그리스도인이 되십시오. 아멘!!!

💚 주님, 필요한 모든 것을 알아서 주시는 주님의 은혜에 감사하게 하소서.

🧎 고난이 와도 축복이라 여기며 주님을 향한 마음이 변치 않도록 합시다.

나의 영적 일지

함께 하시는 하나님

읽을 말씀 : 베드로전서 5:1-11

● 벧전 5:7 너희 염려를 다 주께 맡겨 버리라 이는 저가 너희를 권고 하심이니라

전도자 무디가 가장 존경하는 헨리 무어하우스(Henry Moorhouse) 목사님에게는 소아마비를 앓아 휠체어를 타는 딸이 있었습니다.

어느 날 목사님은 마음에 큰 걱정이 있어 잔뜩 어두운 얼굴을 한 채 집에 들어왔습니다. 중요한 기념일이라 아내를 위한 꽃바구니도 사들고 왔지만 어두운 표정은 숨길 수가 없었습니다. 아빠의 어두운 표정을 눈치챈 딸은 휠체어를 끌며 나와 반갑게 맞아주었습니다.

딸은 아빠의 목을 끌어안고 거의 일어서다시피 하며 말했습니다.

"엄마에게 드릴 꽃다발이죠? 엄마는 2층에 계세요.

꽃다발은 제가 전달해 드릴게요."

2층까지는 높은 계단이 있어 휠체어를 타고는 도저히 오를 수 없었습니다.

꽃바구니를 어떻게 엄마에게 전달할지를 묻자 딸은 목사님을 더 끌어안으며 대답했습니다.

"꽃바구니를 든 저를 아빠가 안고 가면 되잖아요?"

이 말을 들은 목사님은 큰 깨달음을 얻었습니다.

'이 말이 맞다. 내 손에 어떤 걱정이 들려 있든 내가 하나님 품 안에 안겨 있으면 정말로 걱정할 일이 없겠구나.'

하나님은 한 시도 우리를 떠나지 않으시며 눈동자같이 시종일관 지켜주십니다. 나의 모든 근심과 걱정을 해결해 주실 능력의 하나님을 믿으며 오직 감사하십시오. 아멘!!!

🫀 주님, 어떤 근심과 걱정이 있어도 눈동자같이 지켜주시는 주님을 꼭 붙들게 하소서.

🧶 모든 근심과 걱정을 해결해 주실 주님께 모든 것을 맡겨 버립시다.

나의 영적 일지

하나님의 말씀

읽을 말씀 : 사무엘상 17:41-47

● 삼상 17:45 다윗이 블레셋 사람에게 이르되 너는 칼과 창과 단창으로 내게 오거니와 나는 만군의 여호와의 이름 곧 네가 모욕하는 이스라엘 군대의 하나님의 이름으로 네게 가노라

작자 미상의 한 성도가 쓴 「할 수 없다는 나에게 하나님은 말씀하십니다」라는 글입니다.

『● 내가 "갈 길을 모르겠어요"라고 할 때
　하나님은 "내가 널 인도하리라"라고 말씀하십니다(잠 3:5).
　● 내가 "피곤해 힘이 없어요"라고 할 때
　하나님은 "내가 널 쉬게 하고 힘을 주리라"라고 말씀하십니다(마 11:28).
　● 내가 "이건 불가능합니다"라고 할 때
　하나님은 "내가 그 일을 이루리라"라고 말씀하십니다(눅 18:27).
　● 내가 "아무도 날 사랑하지 않아요"라고 할 때
　하나님은 "내가 이처럼 너를 사랑한다"라고 말씀하십니다(요 3:16).
　● 내가 "저는 씻을 수 없는 죄인이에요"라고 할 때
　하나님은 "그래도 내가 널 용서하노라"라고 말씀하십니다(롬 8:1).
　● 내가 "저는 너무 부족함이 많아요"라고 할 때
　하나님은 "내가 모든 필요를 채워주겠노라"라고 말씀하십니다(빌 4:19).』

하나님은 이미 나에게 필요한 모든 것을 주시겠다고 말씀을 통해 약속하셨습니다. 하나님 한 분만으로 우리의 인생은 세상의 그 누구보다 풍요롭고 행복할 수 있습니다.

작고 약한 내가 아닌 크고 강한 하나님 한 분만을 의지하십시오. 아멘!!!

💚 주님, 생명을 주기까지 저를 사랑하시는 주님의 사랑을 깨닫게 하소서.
🧎 세상을 의지하지 말고 오직 주님 한 분만을 의지하고 삽시다.

나의 영적 일지

같은 시작, 다른 끝

읽을 말씀 : 누가복음 24:36-43

● 눅 24:38 예수께서 가라사대 어찌하여 두려워하며 어찌하여 마음에 의심이 일어나느냐

세계적인 명문인 영국의 옥스퍼드 대학(University of Oxford)에 모인 수재들 중에서도 '천재'라는 소리를 들은 두 사람이 있습니다.

두 사람은 닮은 점이 많았습니다.

두 사람은 자연과학을 전공했고, 분자생물학에 큰 관심이 있었습니다.

또한 두 사람 모두 확고한 무신론자였습니다.

그러나 졸업 후 두 사람의 행보는 180도 달랐습니다.

한 사람은 무신론자를 대표하는 석학이 되어 「만들어진 신」이라는 책을 써서 세계적인 명성을 얻었습니다. 같은 무신론자인 다른 한 사람은 더 깊이 공부하던 중에 하나님의 살아계심을 느끼고 예수님을 믿게 되었습니다.

신학대학까지 졸업한 이 사람은 동문이 쓴 「만들어진 신」이라는 책을 전면 반박하는 「도킨스의 망상」이라는 책을 썼습니다.

시대를 대표하는 무신론자인 리차드 도킨스(Richard Dawkins)와 무신론의 허위를 드러내는 복음주의 신학자 알리스터 맥그래스(Alister McGrath)의 이야기입니다.

맥그래스 박사는 '하나님을 향한 믿음'이라는 단 한 가지 차이 때문에 도킨스와 자신은 같은 자연을 바라보고 있음에도 전혀 다른 결론을 내리게 됐다고 말했습니다.

물질과 탐욕이 지배하는 세상에서 희망을 찾을 수 있는 유일한 이유는 바로 하나님이 살아계시기 때문입니다. 창조주 하나님이 주신 소망이 있기에 하나님을 향한 믿음이 있는 사람은 같은 세상을 살아도 좋은 결과가 있는 삶을 삽니다. 나를 창조하신 하나님을 믿음으로 완벽한 인생을 살아가십시오. 아멘!!!

♡ 주님, 물질과 탐욕에 집착하지 않고 오직 주님만을 바라보게 하소서.
🖼 나에게 있는 지식과 지혜와 삶으로 주님을 증언, 증거합시다.

나의 영적 일지

9월 11일

수고의 기쁨

읽을 말씀 : 시편 128:1-6

● 시 128:2 네가 네 손이 수고한대로 먹을 것이라 네가 복되고 형통 하리로다

미국 에모리 대학교(Emory University)의 정신의학과 전문가인 그레고리 번스(Gregory Berns) 박사는 돈이 사람의 뇌에 어떤 영향을 미치는지를 연구했습니다.

실험은 매우 단순했습니다.

사람들은 매일 두 기계 앞에서 하루를 살아갈 생활비를 받아 갑니다. 한 기계 는 앞에 서 있기만 하면 돈이 나왔고, 다른 한 기계는 버튼을 누르고 복잡한 과정 을 거쳐야 돈이 나왔습니다. 두 기계를 통해 얻는 돈의 액수는 같았습니다.

번스 박사는 매일 돈을 받을 때마다 사람들의 뇌에서 일어나는 반응을 체크했 습니다. 그 결과 자동으로 나오는 기계에서 돈을 받는 사람들보다 복잡한 조작 을 통해 돈을 받는 사람들이 더 큰 만족감을 느꼈습니다. 측정 결과 즐거움을 느 낄 때 생성되는 도파민 물질이 몇 배나 많이 생성됐습니다.

사람들은 도박이나 복권 등으로 일확천금을 노립니다.

많은 돈이 갑자기 생기면 인생이 매우 즐거울 것이라고 생각합니다. 하지만 번스 박사의 연구에 따르면 진정한 만족감을 주는 것은 땀 흘린 대가로 얻은 정 직한 소득입니다.

번즈 박사의 이 연구는 뉴욕 타임스, *BBC*, 사이언티스트, *CNN* 등을 비롯한 세 계 여러 공신력 있는 기관에 소개된 유명한 연구 중 하나입니다.

하나님은 사람이 돈에서 행복을 찾도록 창조하지 않으셨습니다.

마음의 탐욕을 벗어버리고 하나님이 주신 정직한 손으로 떳떳한 소득을 구하 십시오. 아멘!!!!

💟 주님, 남의 것을 탐하지 않게 하시고 주님 안에서 정직하게 살게 하소서.

🧩 욕심을 버리고 부당한 대가를 바라지 않는 성실한 마음을 가집시다.

나의 영적 일지

가장 소중한 오늘

읽을 말씀 : 잠언 27:1-6

● 잠 27:1 너는 내일 일을 자랑하지 말라 하루 동안에 무슨 일이 날는 지 네가 알 수 없음이니라

영어 단어 '프레젠트'(Present)는 '선물'이라는 뜻과 함께 '현재'라는 뜻도 있습니다. 하나님이 허락하신 오늘이 가장 귀한 선물이라는 뜻 같습니다.

영국의 역사가 토마스 칼라일(Thomas Carlyle)은 「오늘의 소중함」에 대해 다음과 같이 글로 나타냈습니다.

『어제는 이미 과거 속에 사라지고,

미래는 아직 오지 않은 날이니…

우리가 살고 있는 날은 바로 오늘,

우리가 사용할 수 있는 날도 오늘,

우리가 소유할 수 있는 날은 오늘뿐

오늘을 사랑하라. 오늘에 정성을 쏟아라.

오늘 만나는 사람을 후회 없이 대하라.

어제의 미련에 집착하지 말아라.

오지도 않은 내일을 걱정하지 말아라.

오늘이 모여 한 달이 되고 오늘이 모여 일 년이 되고

오늘이 모여 일생이 된다. 오늘 하루란 얼마나 중요한가?』

인생에서 가장 중요하고 소중한 날은 바로 오늘입니다.

하나님이 주신 가장 귀한 선물인 오늘을 주님의 뜻을 위해 지혜롭게 사용하십시오. 아멘!!!

🤍 주님, 어제가 아닌 내일이 아닌 오늘을 주님 안에서 성실하게 살게 하소서.

▨ 오늘 힘들고 어려운 고난을 만났다면 믿음으로 극복합시다.

나의 영적 일지

1%의 신앙

읽을 말씀 : 요한복음 16:25-33

● 요 16:33 이것을 너희에게 이름은 너희로 내 안에서 평안을 누리게 하려함이라 세상에서는 너희가 환난을 당하나 담대하라 내가 세상을 이기었노라 하시니라

지금까지 밝혀진 바로는 바다에는 10만 3,000 종류의 조개가 살고 있다고 합니다. 그중에 우리가 아는 진주를 만드는 조개는 대략 1만 5,000 종류라고 합니다. '진주조개'는 진주를 만들 수 있는 모든 조개 종류의 총칭입니다.

그러나 이중 대부분의 조개가 만들어 낸 진주는 보석으로 사용할 수 없을 정도로 질이 좋지 않습니다.

어떤 진주는 영롱한 빛이 없고, 어떤 진주는 강도가 약해서 금방 바스러지고, 어떤 진주는 모양이 빛다만 진흙처럼 울퉁불퉁합니다.

먹이를 찾다가 품 안으로 들어온 모래가 살을 찢어도 그 아픔을 이겨내고 또 이겨내야 영롱한 진주가 완성되는데 대부분은 아픔을 참지 못하고 중간에 만들다만 진주를 뱉어버립니다.

살을 파고든 모래를 끝까지 품어 진주로 변화시키는 종류는 1,300여 종류밖에 되지 않습니다. 바다에 사는 모든 조개 중 유일하게 홀로 빛을 내는 보석인 진주를 만들 수 있는 조개는 단 1%뿐인 것입니다.

기쁨과 환희의 순간 못지않게 아픔과 고난의 순간들도 우리의 삶에 숱하게 찾아옵니다. 하나님이 주신 은혜와 능력으로 이 모든 시련들을 품어내고 이겨낸다면 우리가 품고 있는 믿음은 진주처럼 영롱해질 것입니다.

하나뿐인 아들을 나를 위해 보내주신 하나님의 사랑이 있기에, 그 사랑을 믿기에 어떤 고난도 감내하며 주님 곁에서 이겨낼 수 있습니다. 그 어떤 시련이 찾아와도 주님을 바라보며 견디는, 승리하는 1%가 되십시오. 아멘!!!!

♡ 주님, 시련 가운데서도 주님을 바라보며 굳건하게 견딜 힘을 주소서.
🐾 주님은 우리에게 한 가지 이상의 달란트를 주셨음을 기억합시다.

나의 영적 일지

천천히의 함정

읽을 말씀 : 누가복음 5:1-11

9월 14일

● 눅 5:11 저희가 배들을 육지에 대고 모든 것을 버려두고 예수를 좇으니라

　지옥에서 세상으로 보낼 사탄의 부하들을 훈련하는 과정 중 가장 마지막 단계 때 훈련을 담당한 고참이 신참들에게 다음과 같이 질문했습니다.

　"어떤 방법으로 사람들을 지옥으로 끌고 올 것인지 작전을 말해보거라."

　한 부하가 재빠르게 대답했습니다.

　"하나님이 세상에 계시지 않는다고 설득하겠습니다."

　"예전부터 쓰던 방법이다. 그걸로는 안 된다."

　다른 신참 부하가 말했습니다.

　"그렇다면 지옥이 없다고 말하겠습니다.

지옥이 없다고 믿으면 죄를 마구 짓지 않을까요?"

　"지금 사람들이 사는 모습을 봐라. 어차피 지금도 지옥을 안 믿고 있다."

　고참은 음흉한 미소를 지으며 정답을 말했습니다.

　"너희들이 세상에서 해야 할 말은 딱 한 가지다.

'서두를 것 없습니다. 천천히 알아보고 진짜면 그때 믿으면 되지 않습니까? 천천히 예수 믿으십시오. 아주 천천히….'"

　마틴 루터가 설교 중에 종종 사용한 예화를 조금 각색한 것입니다. 오늘날 마틴 루터가 이 예화를 사용한다면 한 가지 작전을 더 추가할 거 같습니다.

　"시간이 많으니 사람들에게는 복음을 천천히 전해도 됩니다. 천천히…."

　제자들이 모든 것을 버려두고 예수님을 따랐듯이 우리도 즉시 믿어야 하고, 즉시 전해야 합니다. 복음을 전하기 가장 좋은 때는 가장 빠른 때입니다.

　지금 즉시 복음을 전하십시오. 아멘!!!

♡ 주님, 사람들에게 복음 전하는 일을 미루지 말고 서두르게 하소서.

🕎 지금, 바로, 당장, 주저하지 말고 주님을 의지하며 복음을 전합시다.

나의 영적 일지

네 번의 역경

읽을 말씀 : 욥기 42:7-17

● 욥 42:10 욥이 그 벗들을 위하여 빌매 여호와께서 욥의 곤경을 돌이키시고 욥에게 그전 소유보다 갑절이나 주신지라

미국 뉴욕의 브루클린 지역에서 정육점을 운영하던 남자가 있었습니다.

이 남자는 어찌나 운이 나빴는지 한 달에 강도를 네 번이나 만나 장사한 돈을 전부 빼앗겼습니다. 그러나 반대로 생각해 보니 강도를 네 번이나 만나고도 목숨을 건졌으니 운이 좋은 것 같았습니다.

다시 힘을 내 열심히 일하던 중 계속해서 강도가 다시 찾아오면 어쩌나 하는 생각이 들었습니다.

'만약 네 번 중 한 명이라도 나에게 총을 쐈다면….'

만만한 가게로 소문이 나서 계속 강도들이 찾아올지도 몰랐습니다.

남자는 시간을 내서 총알을 막아줄 수 있는 안전한 조끼를 연구했습니다.

남자는 자신이 만든 '방탄조끼' 덕분에 다음부터는 강도가 찾아와도 강경하게 대응할 수 있었습니다.

이 소문을 들은 다른 상인들도 방탄조끼를 만들어달라고 요청했습니다. 넘쳐나는 주문을 소화하기 위해 남자는 정육점 문을 닫고 방탄조끼를 만드는 회사를 세웠습니다.

세계적인 방탄조끼 회사 「바디 아머」(Body Armor International)의 창업자 윌리엄 리바인(William Levine)은 네 번이나 강도를 당한 것이 자기 인생의 가장 큰 전환점이자 축복이었다고 말합니다.

혹독한 훈련이 뛰어난 선수를 만들 듯이 그리스도인은 역경을 통해 믿음이 성장합니다. 결국 나의 모든 것을 책임 지시는 주님이심을 욥처럼 철저히 믿으며 역경이 찾아올 때 더욱 감사하십시오. 아멘!!!

💚 주님, 문제에 숨어있는 주님의 뜻을 찾으며 고난과 역경을 이기게 하소서.

🖼 역경을 이겨낸 그리스도인들의 삶을 본받아 삶을 무장합시다.

나의 영적 일지

대구에 꽃 핀 생명의 씨앗

읽을 말씀 : 요한복음 12:20-36

● 요 12:24 내가 진실로 진실로 너희에게 이르노니 한 알의 밀이 땅에 떨어져 죽지 아니하면 한 알 그대로 있고 죽으면 많은 열매를 맺느니라

『최경표 학생은 학교와 가정에서 매우 모범적이고 사랑받는 크리스천이었습니다. 경표는 믿지 않는 아버지가 예수님을 믿게 해달라는 제목으로 매일 기도했습니다. 그러던 어느 날, 도저히 믿을 수 없는 소식이 들려왔습니다. 앞날이 창창한 경표 학생이 갑자기 심장마비로 하나님의 부르심을 받은 것입니다.

아들을 잃은 아버지는 너무나도 큰 슬픔과 상심에 빠졌습니다. 장례식을 마친 후 경표의 유품을 정리하던 아버지는 아들의 일기장에서 '하나님, 우리 아버지가 예수님을 꼭 믿게 해주세요. 우리 아버지가 천국 가게 해주세요. 예수님의 이름으로 기도합니다. 아멘.'이라는 기도 내용을 보고 뜨거운 눈물을 흘렸습니다.

아버지는 그 자리에서 교회에 나가기로 결심을 했고, 예배당에 나간 그날 예수님을 구주로 영접했습니다.

그로부터 얼마 뒤 경표 아버지는 대구 지역에 극동방송이 세워진다는 소식을 들었습니다. 아버지는 생전 아들이 실천했던 복음, 전도, 사랑의 뜻을 기리기 위해 아들 장례식 조의금을 대구극동방송에 헌금으로 드렸고, 2011년 2월 12일 고 최경표 학생 이름의 공개홀이 헌당 됐습니다.

한 소년이 심은 진심 어린 기도의 씨앗이 지금 대구 전역에 복음을 전하는 전진기지로 아름답게 쓰임 받고 있습니다. 하나님을 만나고, 끝까지 기도하는 사람의 삶은 세상을 떠난 뒤에도 풍성한 열매를 맺습니다.』 -「김장환 목사의 인생 메모」중에서

가까이 있는 이들에게 복음을 전하는 일을 끝까지 포기하지 말고 하나님께 기도하며 기다리십시오. 아멘!!!

🖤 주님, 주님 나라 확장을 위하여 한 알의 밀알이 되게 하소서.
🧎 가족과 친지 중에 전도 대상자를 찾아 기도하며 복음을 전합시다.

나의 영적 일지

깊이 들어가라

읽을 말씀 : 요한1서 2:18-29

● 요일 2:28 자녀들아 이제 그 안에 거하라 이는 주께서 나타내신바 되면 그의 강림하실 때에 우리로 담대함을 얻어 그 앞에서 부끄럽지 않게 하려 함이라

바다에 놀러 온 아버지와 딸이 있었습니다.

딸은 깊은 바다에 들어간 적이 없어 깊이 들어가는 것을 두려워했습니다.

이 모습을 본 아버지가 말했습니다.

"물 온도가 괜찮은지 먼저 발만 담가보렴."

"약간 차갑지만 괜찮아요."

아버지는 딸을 이끌고 무릎이 잠길 정도까지 들어갔습니다.

딸은 여전히 차갑지만 괜찮다고 말했습니다.

그러자 아버지는 갑자기 딸을 들어 깊은 바다에 던졌습니다.

딸은 잠시 놀랐지만 물 안에 몸을 푹 담그고 한참을 재밌게 놀았습니다.

아버지가 딸에게 소감을 묻자 딸은 웃으며 말했습니다.

"제가 물을 이렇게 좋아하는지 처음 알았어요."

그러자 아버지는 딸에게 말했습니다.

"바다에 들어와 보지 않았으면 평생 몰랐겠지?

이제 앞으로 뭔가를 알고 싶다면 그 안에 푹 빠져보렴."

36개국에서 출간해 동시에 베스트셀러가 된 파울로 코엘료(Paulo Coelho)의 「브리다」라는 소설의 일부입니다.

'들어가 보라'라는 것은 결국 '경험해 보라'라는 뜻입니다.

예수님을 통해 부어주신 하나님의 놀라운 사랑은 그 안에 직접 들어가지 않고서는 결코 알 수 없는 놀라운 경험입니다.

주님이 예비하신 바다 같은 사랑 안에 한 걸음 더 깊이 들어가십시오. 아멘!!!

♡ 주님, 바다 보다 넓고 깊은 주님의 사랑을 두려움 없이 직접 체험하게 하소서.

🖼 두려움을 물리치고 주님이 주신 무한한 사랑을 직접 체험합시다.

나의 영적 일지

행복의 열쇠가 있는 곳

9월 18일

읽을 말씀 : 신명기 10:12-22

● 신 10:13 내가 오늘날 네 행복을 위하여 네게 명하는 여호와의 명령과 규례를 지킬 것이 아니냐

밖에서 기분 나쁜 일을 겪고 집에 들어온 소년이 있었습니다.

어머니는 소년의 얼굴을 보자마자 기분이 상해 있다는 것을 알았습니다.

어머니는 소년을 안아주며 기분을 회복시킬 가장 좋은 방법을 알려주었습니다.

"잠깐 나가서 옆집에 혼자 사시는 할아버지를 좀 도와드리고 오겠니?

그밖에 도움이 필요한 사람이 있다면 얼마든지 베풀고 오렴."

그 후로도 소년의 기분이 안 좋을 때마다 어머니는 밖으로 나가 도움을 베풀고 오라고 말했습니다.

기분이 아무리 상해 있어도 엄마의 말을 따라 일단 누군가를 돕고 오면 거짓말처럼 행복감이 밀려들었습니다.

세계적인 심리학자 마틴 셀리그먼(Martin E.P. Seligman)은 자신이 창시한 긍정심리학은 그저 어린 시절 어머니가 알려준 지혜를 학문적으로 해석하려던 것뿐이라고 말했습니다.

세상을 행복하게 살기 위해서는 깊은 학식이나 많은 부, 큰 명예가 필요하지 않습니다. 말씀대로 실천하며 살아갈 때 느끼는 행복과 보람들이 행복한 삶을 위해 하나님이 주신 행복의 작은 열쇠들입니다.

행복을 위해 필요한 것은 말씀을 향한 순종뿐입니다.

하나님이 주신 말씀대로 살아가며 우리 영혼에 임하는 행복과 평안을 누리십시오. 아멘!!!

🖤 주님, 주님의 말씀대로 실천하는 삶이 행복임을 알고 순종하게 하소서.

🖼 일상에서의 소소한 행복 또한 주님이 주신 것임에 감사합니다.

나의 영적 일지

단절된 사람들

읽을 말씀 : 사도행전 16:1-10

● 행 16:10 바울이 이 환상을 본 후에 우리가 곧 마게도냐로 떠나기를 힘쓰니 이는 하나님이 저 사람들에게 복음을 전하라고 우리를 부르신 줄로 인정함이러라

온 국민을 분노하게 만든 파렴치한 범죄자가 출소를 했습니다.

법적인 형량은 채웠으나 국민들은 피해자가 받은 고통에 비해 처벌이 약하다며 공분이 일어난 사건입니다. 그런데 20대 청년이 한밤중에 이 범죄자를 찾아가 흉기로 습격했습니다. 청년이 밝힌 동기는 충격적이었습니다.

"저는 우울증을 심하게 앓고 세상과 단절되어 살아가고 있습니다.

자살도 숱하게 시도했지만 모두 실패해 죽지 못해 살아가고 있습니다.

어차피 죽을 거 사람들이 욕하는 사람이라도 어떻게 한다면 내 인생이 조금은 가치 있지 않을까라고 생각했습니다."

하나님이 주신 소중한 삶을 목적도 없이, 함께 할 사람도 없이 외톨이로 지내던 청년이 찾은 삶의 의미는 사람들이 욕하는 범죄자를 찾아가 습격하는 것이었습니다.

일본에는 사회적으로 완전히 단절된 청년들을 '은둔형 외톨이'라는 뜻의 '히키코모리'라고 부릅니다. 일본에는 방 안에서 한 발짝도 나오지 않고 단절된 삶을 사는 사람들이 무려 100만 명을 넘어셨는데 우리나라에도 20만 명이 넘는 히키코모리가 있고 지난 3년간 고독사의 50%가 청년이었다고 합니다.

하나님의 사랑을 깨닫지 못하면 사람에 실망하고 세상과 단절될 수밖에 없습니다. 세상에 아직 희망이 있음을, 나를 언제나 받아주시는 따스한 사랑의 아버지가 지금도 우리를 기다리고 계심을 더 늦기 전에 알려야 합니다. 삶의 희망을 찾지 못하고 있는 사람들에게 하나님의 따스한 사랑을 전하십시오. 아멘!!!

♡ 주님, 주변의 고독한 이웃들에게 관심을 갖고 도울 수 있게 하소서.

▨ 모든 문제의 해답이고 해결자이신 주님을 세상 사람들에게 알립시다.

나의 영적 일지

진정한 사랑의 단계

읽을 말씀 : 요한1서 3:13-24

● 요일 3:16 그가 우리를 위하여 목숨을 버리셨으니 우리가 이로써 사랑을 알고 우리도 형제들을 위하여 목숨을 버리는 것이 마땅하니라

사랑을 하찮고 진부하게 여기는 세상 사람들에게 진정한 사랑의 의미를 알려주고 싶어 하던 한 크리스천이 말한 「진정한 사랑에 이르는 4단계」입니다.

● 첫 번째 단계 / 자신을 위해 자신을 사랑하는 단계입니다.

자신만을 생각하는 대다수 현대인들의 일반적인 사랑의 모습입니다.

● 두 번째 단계 / 자신을 위해 다른 사람을 사랑하는 단계입니다.

가족과 친한 친구처럼 가까운 사람들을 사랑하지만 이 사랑 역시 자신을 위한 사랑입니다. 세상의 사랑은 두 번째 단계를 벗어나지 못합니다.

● 세 번째 단계 / 다른 사람을 위해 다른 사람을 사랑하는 단계입니다.

내가 중심이 아닌 정말로 사랑하게 된 누군가를 위해 희생할 수 있는 단계입니다.

● 네 번째 단계 / 하나님을 위해 자신을 사랑하는 단계입니다.

하나님을 알아가는 것이 곧 하나님이 창조하시고 사랑하시는 자기 자신을 알아가는 것입니다. 하나님을 사랑하며 더 많이 알아갈수록 자기 자신을 비롯해 다른 사람들도 더욱 사랑할 수밖에 없습니다.

"세상에 사랑이 변질되고 껍데기만 남아 있다"라고 말한 「사랑의 기술」의 저자 베르나르 드 클레르보(Bernard de Clairvaux)는 12세기의 사람이었습니다.

12세기에도, 지금 시대에도, 그리고 다가올 미래에도 하나님을 알지 못하면서 진정한 사랑을 알 수 있는 사람은 아무도 없습니다. 나를 누구보다 사랑하시는 주님을 통해 진정한 사랑의 의미를 배우십시오. 아멘!!!

♡ 주님, 믿음과 소망과 사랑 중에 으뜸은 사랑임을 잊지 않게 하소서.

🖼 진정한 사랑의 참 의미가 무엇인지 날마다 생각하며 실천합시다.

나의 영적 일지

9월 21일

무릎 신앙

읽을 말씀 : 시편 17:1-5

● 시 17:1 여호와여 정직함을 들으소서 나의 부르짖음에 주의하소서
거짓되지 않은 입술에서 나오는 내 기도에 귀를 기울이소서

"하나님은 외면이 아니라 내면을 보십니다."

이 말은 성경에 나와 있는 진리로 외면으로 거룩해 보이는 것이 잘못이라는 뜻이 아니라 거룩해만 보이는 외면이 문제라는 뜻입니다.

간절한 마음으로 하나님께 구하는 기도의 사람들은 누구보다 더 간절한 자세로 기도했습니다. 엘리야는 갈멜산에서 비를 달라고 기도할 때 두 무릎 사이에 머리가 들어갈 정도로 하나님 앞에 고개를 숙였습니다.

로마의 역사가이자 신학자인 유세비우스(Eusebius of Caesarea)가 쓴 교회사에는 야고보에 대해 다음과 같은 기록이 나옵니다.

『모든 사람들을 용서해 달라고 매일 성전에서 홀로 간절히 기도했던 야고보의 무릎은 낙타처럼 딱딱해졌다. 사람들은 야고보를 '의인' 또는 '오블리아스'라고 불렀는데 이는 '인간의 방파제', 혹은 '의로움'이라는 뜻이다.』

조지 뮬러(George Muller)는 존경하는 휫필드(George Whitefield) 목사님을 따라 성경을 보고 기도를 할 때 항상 무릎을 꿇었습니다.

훗날 뮬러는 무릎을 꿇고 기도하는 습관이 자신의 신앙에 가장 큰 유익을 준 습관이라고 고백했습니다.

턱을 높이 들고 다니며 겸손하다고 말할 수 없듯이 하나님을 향한 섬김과 사랑은 신앙생활을 하는 우리의 자세를 통해 드러나야 합니다.

주님과 홀로 있는 시간 더 깊이, 더 가까이 하나님과 교제하기 위해 무릎을 꿇으십시오. 아멘!!!

💙 주님, 주님께 바른 자세로 예배하며 섬김과 사랑을 나타나게 하소서.
🎴 주님을 향한 섬김과 사랑을 예의 바른 자세를 통해 드러나게 합시다.

나의 영적 일지

절약의 목적

읽을 말씀 : 누가복음 12:24-34

● 눅 12:33 너희 소유를 팔아 구제하여 낡아지지 아니하는 주머니를 만들라 곧 하늘에 둔바 다함이 없는 보물이니 거기는 도적도 가까이 하는 일이 없고 좀도 먹는 일이 없느니라

중국 청나라 때 서양과의 무역을 독점한 오병감이라는 사람이 있었습니다. 오병감이 혼자서 버는 돈은 당시 청나라가 벌어들이는 1년 세금과 비슷할 정도로 막대했습니다.

미국의 사업가 존 머레이 포브스(John Murray Forbes)는 오병감 밑에서 8년간 성실하게 일을 해 능력을 인정받아 양자로 들어갔습니다. 오병감의 도움으로 포브스도 미국에서 가장 돈이 많은 부호 중의 한 사람이 됐지만 검소한 생활이 몸에 배어 밤에도 촛불을 켜놓고 살았습니다.

하루는 늦은 저녁 한 노파가 기부금을 부탁하려고 포브스의 집을 방문했습니다. 포브스는 두 개의 촛불을 켜놓고 책을 보고 있었는데 손님이 왔다는 말에 하나를 불어 꺼버렸습니다. 촛불 하나도 아끼는 포브스의 모습에 노파는 기부금을 받기는 틀렸다고 생각했지만 사정을 들은 포브스는 선뜻 큰돈을 기부하겠다고 약속했습니다. 포브스는 다시 책을 읽으려고 초에 불을 붙이며 말했습니다.

"책을 볼 때는 두 개의 촛불이 필요하지만 대화를 할 때는 한 개의 촛불만 있어도 충분합니다. 이렇게 아껴왔기 때문에 필요한 일에 큰돈을 기부할 수 있는 겁니다."

같은 물질도 사용하는 방법에 따라 가치가 달라집니다. 절약보다 더 중요한 것은 절약한 돈, 절약한 시간, 절약한 에너지로 무엇을 하냐입니다.

하나님을 위해, 하나님을 위한 사역과 선한 목적을 위해 시간과 물질을 아끼며 바르게 사용하십시오. 아멘!!!

♡ 주님, 주님을 위해 아끼고 절약한 물질을 주님을 위해 나누어 쓰게 하소서.
🖼 어려운 이웃을 돕는 일에 시간과 물질과 마음을 아끼지 맙시다.

나의 영적 일지

어둠을 이기시는 주

읽을 말씀 : 이사야 60:1-7

● 사 60:2 보라 어두움이 땅을 덮을 것이며 캄캄함이 만민을 가리우려니와 오직 여호와께서 네 위에 임하실 것이며 그 영광이 네 위에 나타나리니

인도네시아의 라덴이라는 청년은 마을에서 유명한 깡패였습니다.

그러나 선교사님을 통해 복음을 전해 듣고는 예수님을 믿기로 결심했고 신학생이 됐습니다. 라덴은 방학 때마다 '예수님'이라는 이름을 들어본 적도 없는 인도네시아의 오지로 들어가 복음을 전했습니다.

라덴이 한 마을에서 복음을 전할 때 그 마을의 정신적 지주인 주술사가 찾아와 자기가 섬기는 신의 이름을 부르며 라덴에게 저주를 퍼부었습니다.

라덴은 마음이 상해 주술사와 싸움을 벌이고 싶었지만 모든 것을 하나님께 맡기기로 했습니다.

"당신이 아무리 나를 비방해도 나는 대응하지 않겠습니다.

내가 믿는 하나님이 나를 위해 싸워주실 것이기 때문입니다."

라덴의 말이 끝나자마자 주술사는 숨을 컥컥거리며 바닥에 쓰러졌습니다.

구름처럼 모여있던 마을 사람들은 이 광경을 보고 놀랐습니다.

라덴은 이때다 싶어 큰 소리로 어둠의 권세를 물리치신 예수님의 이름을 선포하며 복음을 전했고, 그날 마을의 많은 사람들이 주 예수님을 구원주로 영접했습니다.

악한 영의 권세는 결코 진리의 복음을 더럽힐 수 없습니다. 우리의 눈을 잠시 가릴 수는 있지만 미혹되지 않는다면 주님은 여전히 내 곁에 계시며 진리의 등불은 여전히 우리 가슴 안에서 타오르고 있습니다.

어둠을 물리치는 빛 되신 주님의 말씀의 능력을 힘입어 담대히 복음을 선포하십시오. 아멘!!!

♡ 주님, 빛 되신 주 예수님의 이름으로 악한 영을 물리치게 하소서.

🖼 전능하신 주 예수님의 이름을 선포하며 복음을 전합시다.

나의 영적 일지

의지할 준비

읽을 말씀 : 잠언 3:1-6

● 잠 3:5 너는 마음을 다하여 여호와를 의뢰하고 네 명철을 의지하지
말라

양이 가축화되기 전의 조상인 산양은 먹이 욕심이 매우 강한 동물입니다.

90도에 가까운 가파른 절벽 밑이라도 풀만 보인다면 주저 없이 뛰어내립니다. 절벽을 거의 미끄러져 내려가는 산양의 모습이 인터넷에 등장해 큰 이슈가 된 적도 있습니다.

문제는 내려가다 죽는 경우도 꽤 많고, 일단 내려가서 먹이를 먹은 뒤에는 다시 올라오지 못해 갇혀 죽는 경우도 많습니다.

산양이 가축화된 면양도 이와 비슷한 습성이 있어서 목자가 양을 치던 중 잠시라도 한눈을 팔면 절벽이나 구덩이 아래로 뛰어내려 풀을 뜯습니다.

목자가 양을 구하려고 줄을 내려 걸면 양은 자신을 가두려는 줄 알고 도망가다 떨어져 죽거나 크게 다칩니다. 이 사실을 알고 있는 지혜로운 목자는 양이 구덩이에 빠지고 몇 시간이 지난 뒤에야 양을 건져냅니다.

몇 시간 동안 굶주려 힘이 없는 양은 저항 한번 못하고 그대로 끌려 올라갑니다. 자기를 옭아매려는 줄 알고 보기만 하면 도망쳤던 그 줄이 바로 양을 살릴 수 있는 유일한 구원의 방법입니다.

우리의 욕심으로 시험에 빠져놓고 애꿎은 하나님을 원망하고 있지는 않습니까? 모든 욕심을 내려놓고 온전히 하나님만 의지할 준비가 되었을 때 하나님은 사망의 골짜기에서 우리를 건져주십니다. 내 힘으로 절벽을 탈출하려는 헛된 도전을 멈추고 잠잠히 주님의 임재를 기다릴 때 그 어떤 깊은 절벽에 떨어졌다 하더라도 주님이 우리를 구해주십니다. 다시 푸른 초장으로 인도하십니다. 목숨을 걸고 양을 지키시는 선한 목자이신 주님만을 전적으로 의지하십시오. 아멘!!!

🩷 주님, 모든 욕심과 지식을 내려놓고 온전히 주님만 의지하게 하소서.
🧎 우리를 구원해 주신 선한 목자이시고 전능하신 주님만을 의지합시다.

나의 영적 일지

익숙한 은혜

읽을 말씀 : 시편 116:12-19

● 시 116:12 여호와께서 내게 주신 모든 은혜를 무엇으로 보답할꼬

미유라 아야코가 쓴 소설 「빙점」은 지금까지 출판된 일본 소설 중에서 가장 많은 언어로 번역된 책이라고 합니다.

아야코는 폐결핵과 척추질환으로 13년 동안이나 병원에서 요양을 했습니다. 삶에 대한 미련도 꿈도 모두 잃어버린 아야코는 신실한 크리스천인 마에카와 쇼의 헌신으로 주님을 만났고 그와의 결혼으로 인생의 희망을 찾을 수 있었습니다. 병약한 아야코의 모든 수발을 들고 소설가라는 꿈을 응원해 준 남편의 헌신은 진정한 사랑이 아니고서는 감당할 수 없는 수고였습니다.

그러나 그런 남편의 사랑도 해가 지날수록 당연한 것으로 느껴졌고, 때로는 싫증이 났습니다. 남편의 사랑을 당연시 여기는 자신의 모습을 깨달은 아야코는 바로 회개했고 훗날 수필에 당시의 심정에 대해 다음과 같이 적었습니다.

『병약한 나와 결혼해 준 남편이 처음엔 무척이나 고마웠다.

그러나 결혼생활에 익숙해지자 고마움은 사라지고

오히려 화를 내고 짜증을 내는 나의 모습이 드러났다.

익숙해진다는 것은 참으로 무서운 것이다.

하나님! 저를 구원해 주신 놀라운 은혜에도 익숙해지지 않도록

인도해 주세요.』

은혜에 익숙해질 때 죄에 무뎌지고 회개를 잊게 됩니다. 십자가의 놀라운 은혜는 매주, 매일, 새로운 감격으로 우리 마음에 샘솟아야 합니다.

하루의 1분 1초도 하나님의 은혜 없이는 이루어질 수 없습니다.

이 놀라운 은혜와 범사에 감사하십시오. 아멘!!!

🖤 주님, 아주 작은 시간이라도 매일 시간을 정해놓고 기도하게 하소서.

🖼 주님이 주신 은혜를 일일이 헤아려가며(노트하며) 감사합시다.

나의 영적 일지

해야 할 두 가지 일

읽을 말씀 : 로마서 6:6-14

● 롬 6:13 또한 너희 지체를 불의의 병기로 죄에게 드리지 말고 오직 너희 자신을 죽은 자 가운데서 다시 산 자 같이 하나님께 드리며 너희 지체를 의의 병기로 하나님께 드리라

제자도와 영성에 대한 많은 저서를 남긴 달라스 윌라드(Dallas Albert Willard) 목사님은 사역자들의 상담가로도 유명합니다.

그는 미국 캘리포니아에서 가장 오래된 역사를 지닌 서던 캘리포니아 대학교(University of Southern California)의 철학과 교수를 40년 넘게 역임했고 일상에서의 영성 또한 오랜 세월 연구했습니다.

신앙의 다양한 문제에서 고민의 기로에 빠진 많은 성도들이 저마다의 고충을 목사님께 편지나 이메일로 보내곤 하는데 목사님은 그때마다 대부분 단 두 줄로 이루어진 답장을 보냅니다.

1. 매일 아침 일어날 때마다 하나님이 원하신다고 생각되는 일을 할 것.

2. 남들이 어떻게 생각하는지에 대해서는 걱정하지 말 것.

나를 구원하신 예수 그리스도만을 따라 사는 것, 이 한 가지 원리가 신앙생활의 유일한 원칙입니다.

예수 그리스도가 아닌 세상에 시선이 돌아갈 때 모든 문제가 생기고 고민이 깊어집니다.

하나님을 위해 살아가기로 결심했다면 하나님의 말씀에만 순종하며 살아가야 합니다. 하나님의 말씀대로 살겠다고 결심만 하고 인생은 내 멋대로 살아가고 있지는 않습니까? 하나님의 말씀이 가리키는 그곳으로 매일 한 걸음씩 걸어나가는 것이 진정한 순종입니다.

내 삶이 오직 하나님을 향해 걸어가는 순례의 여정이 되도록 기도로 간구하며 하루를 살아가십시오. 아멘!!!

🤍 주님, 주님을 위해, 주님께서 원하시는 일을 하며 살 수 있도록 하소서.

🖼 나의 삶이 오직 주님만을 향해 걸어가고 있는지 돌아봅시다.

나의 영적 일지

빛의 소중함

읽을 말씀 : 마태복음 5:13-20

● 마 5:16 이같이 너희 빛을 사람 앞에 비취게 하여 저희로 너희 착한 행실을 보고 하늘에 계신 너희 아버지께 영광을 돌리게 하라

러시아의 대문호 도스토옙스키(Fyodor Dostoevsky)는 40살에 빚쟁이에게 쫓기는 신세가 됐습니다. 훌륭한 작품을 쓸 수 있게 정신적으로 큰 도움을 준 큰 형이 갑자기 세상을 떠났고 여기에 형이 남긴 빚까지 떠안아 하루아침에 도망자 신세가 됐습니다.

시골의 한 허름한 숙박시설에 몸을 숨긴 도스토옙스키는 방세가 밀려 쫓겨나기 일보 직전이었습니다. 이런 극한의 상황에서도 도스토옙스키는 펜을 놓지 않고 자신의 인생 역작인 「죄와 벌」을 써냈습니다.

가장 힘든 시절이던 이때에 도스토옙스키는 친구에게 심정을 토로하는 편지를 보냈습니다.

『오늘 아침부터는 숙소에서 식사도, 차도 주지 않아 사흘 동안 빵 한 조각 못 먹고 물만 먹고 있는 상황이라네.

그런데 참 이상하지. 이런 상황에서 빵을 안 주는 것보다 저녁에 어둠을 비출 촛불을 안 주는 것이 더 슬프니 말이네.

- 1865년 8월 10일, 도스토옙스키』

미래에 대한 걱정과 극심한 배고픔보다도 도스토옙스키가 필요로 했던 것은 밤을 밝힐 촛불이었습니다. 양초 하나의 불빛이 없었더라면 당시 도스토옙스키가 집필 중이었던 「죄와 벌」은 탄생할 수 없었을 것입니다.

모든 사람에게 가장 필요한 것은 마음의 어둠을 쫓을 불빛입니다.

모든 죄를 용서하고 내 마음을 영원히 환하게 비출 진리의 빛을 항상 마음속에 두십시오. 아멘!!!

🖤 주님, 육체의 배고픔보다 영의 굶주림을 먼저 챙기게 하소서.

🎴 깜깜한 밤바다의 등대 불빛을 찾아가듯 주님의 빛을 찾아갑시다.

나의 영적 일지

그날이 오면

읽을 말씀 : 요한계시록 20:7-15

● 계 20:12 또 내가 보니 죽은 자들이 무론 대소하고 그 보좌 앞에 섰는데 책들이 펴 있고 또 다른 책이 펴졌으니 곧 생명책이라 죽은 자들이 자기 행위를 따라 책들에 기록된대로 심판을 받으니

폴란드의 철도원 얀 그르제프스키(Jan Grzebski)는 근무 중 객차에 부딪히는 사고로 뇌에 큰 손상을 입었습니다.

심장도 뛰고 숨도 쉬고 있었지만 의식이 깨어나질 않았습니다.

의사는 죽은 것이나 다름없다며 뇌사를 선언했지만 그의 아내는 사랑하는 남편을 떠나보낼 수 없어 집에서 헌신적으로 간호하며 돌봤습니다.

그리고 사고가 난지 20년 만에 그르제프스키는 극적으로 깨어났습니다. 1988년 사고로 의식을 잃고 20년 만에 깨어난 그르제프스키의 눈에는 세상이 완전히 변해 있었습니다.

공산주의 국가였던 폴란드는 민주주의 국가가 되어 있었고 집 앞의 아무 상점에서도 진귀한 먹거리가 산더미처럼 쌓여 있었습니다. 마주하는 모든 것이 별천지였지만 그르제프스키는 그중에서도 스마트폰이 가장 신기했습니다.

"길거리에 먹을 것이 널려 있고 모두가 손쉽게 구입할 수 있었습니다.

손안에 들고 다니는 작은 기계로 못하는 것도 없어 보였고요.

제가 보기엔 지금 세상에서 불평할 일이 단 한 가지도 없어 보입니다."

우리가 당연한 듯 누리고 있는 일상이 20년 만에 깨어난 사람에게는 상상도 할 수 없는 세상이었습니다.

우리가 누릴 천국의 축복이 어떤 것인지는 알 수 없지만 그날이 오면 우리가 상상도 할 수 없는 놀라운 기쁨과 은혜를 누리게 될 것입니다.

우릴 위해 영원히 머물 곳을 예비하신 하나님 아버지를 찬양하십시오. 아멘!!!

🩷 주님, 제가 누릴 천국의 축복이 어떤 것인지 기억하며 살게 하소서.

🔲 쌀 한 톨도 주님이 주신 것임을 깨닫고 주님의 은혜에 감사합시다.

나의 영적 일지

9월 29일

세상을 이끈 소수

읽을 말씀 : 여호수아 24:13-21

● 수 24:15 …너희 열조가 강 저편에서 섬기던 신이든지 혹 너희의 거하는 땅 아모리 사람의 신이든지 너희 섬길 자를 오늘날 택하라 오직 나와 내 집은 여호와를 섬기겠노라

미국 뉴욕 교외에 있는 하이드 파크(Hyde Park)시에는 루스벨트(Franklin D. Roosevelt) 대통령을 기념하는 도서관과 박물관이 있습니다.

대공황과 제2차 세계대전이라는 혼란 속에서 미국을 성공적으로 이끈 루스 벨트 대통령을 기념하는 장소입니다.

하이드 파크에는 루스벨트 대통령이 당시 영국 수상인 처칠(Winston L. Churchill)과 실제로 회담했던 장소가 있습니다.

이 강당에는 루스벨트와 처칠이 실제로 마주했던 회의장이 그대로 놓여있고 더불어 127개의 빈 의자가 놓여있습니다.

미국이 가장 힘들고 어려웠던 시기에 수많은 목소리와 의견에 휩쓸리지 않고 올바른 결정을 내렸던 루스벨트와 처칠, 그리고 지혜를 짜내기 위해 모였던 127 명의 각계각층의 전문가들을 기념하기 위해 그대로 보존한 것입니다.

어려움을 극복하기 위해 많은 사람들이 모여 지혜를 모았고 결과를 냈습니다. 지금을 사는 우리가 과거를 돌아보면 그때의 방식이 당연한 정답, 혹은 오답처 럼 보일 수 있습니다. 그러나 지금 우리가 처해 있는 문제들을 바라보는 것처럼 당시의 사람들도 눈앞의 문제들이 흑암 속에 있는 것 같았을 것입니다.

혼란한 시대일수록 바른길이 어디인지 가르쳐줄 수 있는 깨어있는 성도들이 필요합니다. 하나의 등대가 수많은 배들의 갈 길을 비추는 것처럼, 열두 명의 제 자가 만방에 복음을 전하는 통로가 된 것처럼 하나님의 음성에 귀 기울이며 세 상을 변화시키는 소수가 되십시오. 아멘!!!

♡ 주님, 어렵고 힘들 때일수록 주님 말씀 안에서 지혜를 찾게 하소서.

🖼 깨어있는 성도, 바른길을 향하는 성도가 되기 위해 준비합시다.

나의 영적 일지

양심의 가치

읽을 말씀 : 로마서 2:6-16

● 롬 2:15 이런 이들은 그 양심이 증거가 되어 그 생각들이 서로 혹은 송사하며 혹은 변명하여 그 마음에 새긴 율법의 행위를 나타내느니라

　　정부에서 주는 생활보조금으로 살아가는 윌리엄 머피(William Murphy)라는 가난한 남자가 있었습니다. 배운 것도 없고 가진 것도 없었지만 머피는 열심히 신앙생활을 했습니다. 그러던 어느 주일 교회를 가던 머피는 지갑을 주웠습니다. 지갑에는 우리 돈으로 약 100억 원 정도가 당첨된 복권이 들어있었습니다.

　　지긋지긋한 가난을 끊어내고 하루아침에 억만장자가 될 수 있는 기회였습니다. 그러나 가진 것 없고, 배운 것도 없었지만 하나님 앞에 신실하게 살아가고 싶었던 머피는 백방으로 수소문해서 지갑 주인을 찾아 돌려줬습니다.

　　지갑의 주인은 머피의 정직함에 감동을 받아 120만 달러를 나눠줬습니다.

　　세상 사람들은 어리석다고 말할지 모르지만 머피는 하나님 앞에 죄를 짓지도 않으면서 하루아침에 백만장자가 되는 놀라운 큰 복을 받았습니다.

　　하나님이 우리를 세상에서 가장 귀한 예수님과도 바꾸지 않으셨던 것처럼 우리도 하나님의 말씀을 세상의 무엇보다도 귀한 가치로 여기고 지켜야 합니다. 하나님은 우리를 위해 가장 귀한 예수님을 보내주셨습니다. 세상 그 무엇과도, 하나뿐인 아들과도 하나님은 우리를 바꾸지 않았고, 결코 포기하지 않으셨습니다. 그 사랑을 믿는다면 예배를 목숨처럼 여기며, 말씀이 가르치는 바를 행하며 살아야 합니다. 말씀대로 정직하게, 양심을 지키며 사는 삶이 모든 그리스도인의 모습이 되어야 합니다.

　　하나님이 주신 구원을, 말씀을 통해 내 안에 머무는 양심을 눈앞의 이익 때문에 버리지 말고 귀하게 지키십시오. 아멘!!!

♡ 주님, 하나님의 자녀로서 부끄럽지 않은 삶을 살게 하소서.
🎚 힘들어도 주님이 주신 구원을, 내 안의 양심을 지키며 삽시다.

나의 영적 일지

10월

"여호와는 나의 반석이시요 나의 요새시요
나를 건지시는 자시요 나의 하나님이시요
나의 피할 바위시요 나의 방패시요
나의 구원의 뿔이시요 나의 산성이시로다"

– 시편 18:2 –

참 좋은 나의 친구

읽을 말씀 : 요한복음 15:11-27

●요 15:14 너희가 나의 명하는 대로 행하면 곧 나의 친구라

『극동방송을 통해 변화를 경험한 한 전파 선교사의 이야기입니다.

"저는 대구극동방송 어린이 합창단 자모이면서 전파 선교사입니다.

제 아들은 몽유병 환자입니다. 특히 자다가 거실, 화장실, 온 방을 돌아다니면서 토하며 헛소리를 합니다. 아침에는 기억을 전혀 못합니다.

그런 아들이 극동방송 어린이합창단에 입단한 후 병이 깨끗이 나았습니다.

하나님의 치유하심을 경험했습니다.

하나님을 찬양하고, 예배를 드리는 과정에서 정말 신기하게 증세가 점점 줄어들더니 완전히 사라지게 되었습니다. 할렐루야!

또 하나님은 대구극동방송을 통해 어머니를 전도하는 기회를 주셨습니다.

교회는 다니셨지만 세례(침례) 받기를 계속 거부하시던 어머니였는데 대구극동방송의 전도 특별 생방송을 통해 목사님의 영접 기도를 따라 하시고는 마음이 평안해졌다며 곧 세례(침례)를 받으셨습니다.

제 어머니의 변화와 자녀의 치유를 통해 저는 극동방송을 더욱더 애청하게 되었고 나의 친구 되어 주시는 능력의 주님이 정말로 살아계심을 체험했습니다. 아멘!"

하나님을 만나고 제 인생이 송두리째 변했듯이, 복음을 들을 때 믿음이 생기고, 믿음을 통해 하나님을 경험하고, 놀라운 능력이 우리 삶에 임하게 됩니다.』
-「김장환 목사의 인생 메모」 중에서

우리와 함께하시며 우리를 지켜주시는 참 좋은 친구 예수님의 손을 꼭 붙들고 매일 동행하십시오. 아멘!!!

♡ 주님, 제가 의지할 분은 오직 주님뿐임을 더욱 알게 하소서.

🖼 주위에 나의 도움을 필요로 하는 누군가가 있지는 않은지 돌아봅시다.

나의 영적 일지

겸손과 원칙

읽을 말씀 : 신명기 16:13-22

10월 2일

● 신 16:20 너는 마땅히 공의만 좇으라 그리하면 네가 살겠고 네 하나님 여호와께서 네게 주시는 땅을 얻으리라

세계 여러 곳에 지사를 두고 있는 한 다국적 기업의 사장님은 본인의 직분을 사장이 아닌 '대표 사원'이라고 말합니다.

이 사장님이 회사에서 가장 중요하게 여기는 것은 상호 존중입니다.

상사라 하더라도 아래 직원들에게 반드시 존댓말을 써야 하고 미화원 아주머니를 우연히 만나더라도 정중히 인사를 해야 합니다.

이 일화를 들은 한 잡지사 기자는 당시 유행하던 '섬김의 리더십'의 표본으로 사장님을 인터뷰하려고 회사를 찾았습니다.

그런데 아래 직원들은 사장님의 성격을 오히려 '온화'가 아닌 '아닌 일은 단칼에 잘라내는 불같은 성격'이라고 표현했습니다. 이유를 들어보니 아무리 유능해도 정해진 사칙을 어기거나 작은 부정을 한 번이라도 저지르는 사람은 바로 해고하기 때문이었습니다.

실제로 미화원 아주머니를 하대했다는 이유로 하루아침에 잘린 임원이 있었습니다.

사장님은 자신의 리더십의 양면성을 다음과 같이 설명했습니다.

"제 리더십의 핵심은 솔선수범, 그리고 철저한 원칙 고수입니다. 눈앞의 이익을 생각해 '한 번만…' 하고 넘어가다가는 결국 회사가 넘어가게 됩니다."

공의의 하나님이 죄를 모른 척하고 넘어갈 수 없는 것처럼 우리도 믿음에 있어서, 일에 있어서, 사업에 있어서 원칙과 원리를 철저히 지켜야 합니다.

삶의 모든 영역에서 하나님이 기뻐하시지 않는 일들은 철저히 쳐내십시오.

아멘!!!

♡ 주님, 겸손과 원칙을 지키며 이웃을 존중하며 주님 안에서 살아가게 하소서.

🦵 지금 우리의 행동을 주님이 기뻐하실지 생각해 봅시다.

나의 영적 일지

진짜가 무엇인가

읽을 말씀 : 고린도후서 4:6-15

● 고후 4:7 우리가 이 보배를 질그릇에 가졌으니 이는 능력의 심히 큰 것이 하나님께 있고 우리에게 있지 아니함을 알게 하려 함이라

지금은 남아프리카 공화국이 된 트란스발 공화국(Transvaal Republic)의 한 광산에서 3,106캐럿짜리 다이아몬드 원석이 발견되었습니다.

그때까지 발견된 다이아몬드 중 가장 거대한 원석이었기에 광산 주인의 이름을 따 '컬리넌'(Cullinan)이라고 불렸습니다.

트란스발 공화국을 식민지로 삼고 있던 영국은 당시 영국의 왕이자 인도제국의 황제였던 에드워드 7세(Edward VII)의 생일 선물로 쓰려고 컬리넌을 사들였습니다.

그러나 컬리넌에 눈독을 들이는 스파이, 도둑, 무장 세력들이 너무 많아서 영국 본토까지 수송하는 것이 문제였습니다. 무려 1만2,000km가 넘는 거리였고 1905년 당시에는 여객기도 존재하지 않았습니다.

영국 정부는 고심 끝에 한 가지 계책을 마련했습니다.

진짜 컬리넌은 평범한 포장의 소포로 영국으로 보내고, 진짜가 담긴 것 같은 빈 상자는 삼엄한 경비를 붙여 요란스럽게 호위를 했습니다. 도둑들의 관심이 엄한데 쏠려 있는 동안 진짜 컬리넌은 무사히 영국에 도착했습니다.

질그릇 안에 들어 있는 보배는 값어치를 잃지 않습니다.

말 구유에 누이신 아기 예수님은 가난한 가정에서 태어난 불쌍한 아기가 아니라 온 인류를 구원할 유일한 능력을 지니신 메시아였습니다.

우리가 가진 물건, 우리가 불리는 호칭, 우리를 덮고 있는 외형의 모든 것이 중요한 것이 아니라 우리 안에 들어있는 믿음이 진짜인지가 가장 중요합니다.

하나님이 인정하시는 진짜 믿음을 품고 살아가는 그리스도인이 되십시오.

아멘!!!

💗 주님, 진정한 믿음으로 세상에 빛을 비추는 성도가 되게 하소서.

🦋 가짜가 만연한 세상에서 진짜가 무엇인지 생각하며 살아갑시다.

나의 영적 일지

내 안에 사랑이 없다면

읽을 말씀 : 고린도전서 8:1-6

● 고전 8:1 우상의 제물에 대하여는 우리가 다 지식이 있는 줄을 아나 지식은 교만하게 하며 사랑은 덕을 세우나니

세계적인 베스트셀러 「순종」의 저자인 존 비비어(John Bevere) 목사님이 한 교회에서 집회를 마쳤을 때의 일입니다.

한 청년이 목사님을 찾아와 자기 교회의 잘못된 점을 조목조목 짚었습니다. 목사님이 살짝 당황한 표정을 짓자 청년은 더욱 기세등등하게 말했습니다.

"목사님이 여러 교회를 다니면서 복음을 전하도록 부름받으신 것처럼 저도 교회의 잘못들을 드러내도록 예언적인 은사를 받았습니다."

그러나 목사님이 보기에 청년은 자신의 의로움을 드러내려고 괜한 트집을 잡아 교회의 약점을 드러내고 있었습니다.

강사인 목사님을 굳이 찾아와 다니는 교회의 욕을 하는 것도 그런 행동의 일환처럼 보였습니다.

잠시 짧은 기도로 주님께 지혜를 구한 목사님은 청년에게 이렇게 말했습니다.

"형제님의 책망이 다른 교인들을 사랑하는 마음에서 나온 것이라면 정말 하나님이 주신 은사가 맞다고 생각합니다."

이 말을 들은 청년은 자신의 행동이 교만이라는 것을 깨닫고 깊이 회개했습니다.

성경은 교회에서 가장 중요한 것이 사랑과 덕이라고 가르칩니다.

주님이 주신 사랑으로 진실한 교제를 하며 서로에게 덕이 되는 본을 보이는 것이 크리스천의 기본입니다.

다른 사람의 잘못을 지적하기 전에 내 안에 주님이 주신 마음과 사랑이 있는지 먼저 돌아보십시오. 아멘!!!

💚 주님, 다른 사람의 잘못을 지적하기 전에 나를 먼저 살피게 하소서.

🖼 내 입으로 다른 사람의 단점을 지적하지 않도록 노력합시다.

나의 영적 일지

사랑에 눈이 멀 때

읽을 말씀 : 로마서 8:31-39

● 롬 8:39 높음이나 깊음이나 다른 아무 피조물이라도 우리를 우리 주 그리스도 예수 안에 있는 하나님의 사랑에서 끊을 수 없으리라

호주의 청년 폴 로싱턴(Paul Rossington)은 여자 친구와 크루즈 여행 중이었습니다. 크루즈가 뉴사우스웨일스(New South Wales)의 아름다운 해안을 지나자 한밤중의 아름다운 해변 경관을 즐기기 위해 로싱턴은 여자 친구와 함께 발코니로 나왔습니다. 발코니 너무 외곽에서 바다를 바라보던 여자 친구는 강한 해풍에 밀려 그만 바다로 떨어졌습니다. 이 모습을 본 로싱턴은 1초의 망설임도 없이 여자 친구를 구하려고 바다로 뛰어들었습니다.

한밤중에 깊은 바다 가운데 떨어진 여자 친구가 살 확률은 0%나 다름없었습니다. 그러나 로싱턴은 일말의 망설임 없이 바다로 몸을 던졌습니다.

'사랑하기 때문에'라고 밖에는 설명할 수 없는 행동이었습니다.

처음에는 실종으로 알려졌다가 CCTV 확인 결과로 드러난 이 안타까운 사건은 호주 사람들에게 큰 감명을 줬고 3년 뒤 폴 로싱턴은 1년에 단 한 명에게만 주는 '용감한 호주인상'을 사후에 수상했습니다.

사랑이시기도 하신 예수님도 우리를 위해 십자가에서 돌아가실 걸 알면서도 세상에 오시고, 십자가의 잔을 피하지 않으셨습니다.

하나님은 우리를 위해 독생자 예수님을 세상에 보내셨습니다.

예수님은 우리를 위해 목숨을 잃을 것을 알면서도 끝까지 골고다의 십자가를 향해 걸어가셨습니다. 아무런 죄도 흠도 없으신 주님이 십자가에 달리신 이유는 오직 하나, 우리를 사랑하기 때문입니다.

죽음도 이기지 못한 위대한 사랑을 보여주시고 부어주신 주님께 진정한 감사와 찬양을 드리십시오. 아멘!!!

💙 주님, 저를 위해 십자가에서 돌아가신 주님만을 높이게 하소서.
🎞 죽음도 이기지 못한 위대한 사랑을 베풀어주신 주님께 감사합시다.

나의 영적 일지

모든 것의 근원

읽을 말씀 : 시편 111:1-10

● 시 111:10 여호와를 경외함이 곧 지혜의 근본이라 그 계명을 지키는 자는 다 좋은 지각이 있나니 여호와를 찬송함이 영원히 있으리로다

세상을 바꾼 천재 과학자라고 알려진 아인슈타인(Albert Einstein)이 미국 프린스턴 대학교(Princeton University)에서 강의를 하던 때의 일입니다.

아인슈타인은 시간이 날 때마다 집 근처에 있는 프린스턴 신학교를 들러 신학 교수들과 깊은 교제를 나눴습니다.

아인슈타인은 "세계 최고의 과학자가 왜 뚜렷한 증거도 없는 신학에 관심을 갖느냐"라는 질문을 많이 받았는데 그 이유를 다음과 같이 설명했습니다.

"저는 심오한 신앙이 없는 순수한 과학자를 생각할 수 없습니다.

과학자의 열정과 헌신은 신앙에서 출발하며 과학은 종교와 대립하거나 혹은 분리될 수 없다고 생각합니다."

1933년 프린스턴 신학교의 초청을 받은 아인슈타인은 강의 중 다음과 같이 말했습니다.

"과학은 진리를 이해하고자 하는 열정을 가진 사람이 창조한 학문입니다.

그러나 이러한 감정의 원천은 종교에서 나오며 여기에 신앙이 중요한 역할을 한다고 생각합니다."

과학이 세상의 많은 원리를 발견하고 이로운 기술들을 만들어 냈지만 결국 모든 것의 근원을 알아가다 보면 어디에서든 창조주 하나님의 흔적을 발견할 수밖에 없습니다. 지구 역사상 가장 뛰어난 지혜를 가진 사람이 나타난다 해도 하나님을 인정하지 않고는 결코 세상을 온전히 이해할 수 없습니다.

우주 만물을 창조하신 하나님이 세상의 모든 것을 다스리시는 주권자임을 인정하십시오. 아멘!!!

♡ 주님, 모든 것의 근원이신 하나님을 믿고 따르게 하소서.

🙇 부족하지만 최선을 다해 주님께 영광 돌리는 삶을 삽시다.

나의 영적 일지

올바른 대상을 설정하라

읽을 말씀 : 시편 40:8-17

●시 40:9 내가 대회 중에서 의의 기쁜 소식을 전하였나이다 여호와여 내가 내 입술을 닫지 아니할 줄을 주께서 아시나이다

1980년대 코카콜라의 미국 시장 점유율은 35%였습니다.

팔리는 음료 3병 중 1병이 코카콜라였으며 2위는 따라올 수조차 없는 부동의 1위였습니다. 콜라를 모르는 사람도 없었고, 더 이상 많이 팔 수 있는 방법도 없었습니다. 천문학적인 돈을 투자해도 점유율은 0.1% 단위로 거의 변동이 없었습니다.

코카콜라 직원들조차 미국 내에서는 더 이상 성장할 수 없다는 의식이 팽배했습니다.

회사는 점점 수동적이 됐고 점차 후발주자들에게 점유율을 빼앗겼습니다.

이런 위기 가운데 신임 회장으로 선출된 고이주에타(Roberto Goizueta)는 고위 임원들을 불러 패러다임의 변화를 촉구했습니다.

"사람이 하루 마시는 액체는 2L 정도지만 그중 콜라의 양은 600ml밖에 안 됩니다. 다른 음료와 경쟁하지 말고 다른 액체와 경쟁해야 합니다."

이후 직원들은 다른 음료가 아닌 물, 우유, 주스를 경쟁 상대로 설정했습니다. 그 결과 10년 동안 정체됐던 35%의 점유율이 57%까지 성장했습니다.

절대로 오를 수가 없다고 평가받던 점유율이 생각의 차이로 바뀌었습니다.

모두가 어렵다고 생각하는 시기에도 분명한 방법은 있습니다.

전도가 더더욱 어렵고 힘들다고 느껴지는 시대가 바로 그 어느 때보다 전도가 필요한 때입니다. 아직도 예수님을 모르는 수많은 사람들을 대상으로 기도하며 복음을 전하십시오. 아멘!!!!

♡ 주님, 생각의 차이가 많은 것을 바꿀 수 있음을 기억하고 지혜롭게 하소서.

▨ 세상이 힘든 때일수록 전도 대상자가 많다는 것을 잊지 맙시다.

나의 영적 일지

빛 가운데 나아오라

읽을 말씀 : 시편 80:14-19

● 시 80:19 만군의 하나님 여호와여 우리를 돌이키시고 주의 얼굴 빛을 비취소서 우리가 구원을 얻으리이다

모태신앙으로 자라 예수님을 구주로 고백하고 구원받았다고 생각한 성도가 학생 시절 간증을 위해 글을 쓰다가 문득 의문이 들었습니다.

'예수님이 정말 나의 주인이신가?'

'믿는 사람은 정말 구원받는가?'

성경을 펼쳐 예수님이 하신 일들을 읽어봤는데 도저히 믿어지지 않는 기적들도 많았습니다. 결국 간증문을 마무리하지 못하고 간증도 포기한 채 그때부터 되는 대로 인생을 살았습니다. 주일 예배드리는 시간만 잠시 기독교인이었고 다른 시간은 세상 사람과 조금도 다를 바 없는 삶을 살았습니다.

주님만이 진리임을 알고는 있었지만 마음으로 인정하기가 싫었습니다.

그렇게 세상 속에서 살아가던 어느 날 점점 커지는 마음속 공허함을 이기지 못해 성경을 펼치고 무릎을 꿇자 그동안 방황했던 이유가 깨달아졌습니다.

'아, 죄인인 내가 빛이신 예수님 앞으로 나가는 것을 두려워했구나.

내 시꺼먼 죄가 낱낱이 밝혀지는 게 싫어서 그동안 피해 다녔구나.'

자신이 죄인이라는 사실을 깨닫자 마침내 진정으로 주님을 구주로 영접할 수 있었고, 진정한 신앙생활을 해나갈 수 있었습니다.

쓰다 만 간증문은 10년에 걸친 방황을 통해 마침내 완성될 수 있었습니다.

진리의 빛이신 주님 앞에 나올 때 우리가 죄인임을 인정할 수밖에 없습니다. 주님 앞에 나오는 귀한 시간마다 내 죄를 솔직하게 고백하며 회개함으로 빛의 자녀로 살아가십시오. 아멘!!!

🤍 주님, 주일 예배드리는 시간만 기독교인이 아니라 항상 성도이게 하소서.

🖼 혹시 주일 예배드리는 시간만 잠시 기독교인이 아닌지 살펴봅시다.

나의 영적 일지

파도 같은 은혜

읽을 말씀 : 고린도후서 9:7-15

● 고후 9:8 하나님이 능히 모든 은혜를 너희에게 넘치게 하시나니 이는 너희로 모든 일에 항상 모든 것이 넉넉하여 모든 착한 일을 넘치게 하게 하려 하심이라

미국의 깊은 내륙 지방에서 태어나 10살 때까지 실제로 바다를 본 적이 없는 소년이 있었습니다. 11살 때 캘리포니아 산타모니카 해변에 사는 삼촌의 집을 방문해서야 소년은 실제로 바다를 볼 수 있었습니다. 그동안 책과 사진, 영상으로만 보던 동경하던 바다였습니다.

소년은 매일같이 삼촌과 함께 바다에 나가 드넓게 펼쳐진 푸른 지평선, 새하얀 백사장, 반짝거리는 물결을 하루 종일 넋 놓고 바라봤습니다. 소년을 무엇보다 감동시켰던 것은 끊임없이 밀려오는 파도였습니다.

"삼촌, 파도가 쉬지 않고 밀려와요. 바다에 물이 그렇게 많나요?"

"파도는 바다가 만들어진 후 한 번도 그친 적이 없단다.

우리가 오기 전에도, 떠나고 난 뒤에도, 백 년 전에도, 천 년 전에도 파도는 끊임없이 밀려오고 있었어."

맥스 루케이도(Max Lucado) 목사님이 사람들에게 하나님의 은혜를 설명하기 위해 예화로 사용한 자신의 어린 시절 경험입니다.

"하나님의 은혜는 제가 어린 시절 바라본 파도와 같아서 우리가 천 번을 넘어져도 그치지 않고 밀려오는 은혜입니다."

바다가 있기에 파도는 그치지 않습니다. 한량없는 주님의 사랑이 있기에 우리를 향한 주님의 은혜도 끊임없이 밀려옵니다.

작고 연약한 우리를 포기하지 않고 계속해서 부어주시는 주님의 은혜로, 다시 일어서고, 다시 도전하십시오. 아멘!!!

🩶 주님, 연약한 저를 포기하지 않는 주님의 은혜를 늘 기억하며 감사하게 하소서.
🧩 포기를 느끼는 순간, 주님의 은혜로 다시 일어나 도전합시다.

나의 영적 일지

어떻게든 전도하라

10월 10일

읽을 말씀 : 고린도전서 9:16-23

● 고전 9:16 내가 복음을 전할지라도 자랑할 것이 없음은 내가 부득 불 할 일임이라 만일 복음을 전하지 아니하면 내게 화가 있을 것임 이로라

기독교가 급격히 쇠퇴해 이제는 최전방 선교 지역이 돼버린 유럽으로 선교를 떠난 선교사님이 있었습니다. 런던 외곽인 버크셔 카운티의 이스트버리(Eastbury, Berkshire) 지역에 개척을 하고 주민들을 대상으로 전도를 시작했습니다.

선교사님은 집집마다 방문해 축복 기도를 해주며 간단히 복음을 전하는 '축호 전도'를 기획했는데 현지 사정을 잘 아는 사람들이 정색을 하며 반대했습니다.

"선교사님, 영국 사람들은 모르는 사람이 갑자기 방문하는 것을 매우 큰 실 례로 여깁니다. 정통 교단이 아닌 이단 사람들로 괜한 오해를 받을 수도 있습 니다."

한국의 사정으로 비추어봐도 틀린 말은 아니었습니다. 그렇다고 다른 방법은 없었고 하나님의 명령인 전도는 어떠한 방법으로도 계속되어야 했습니다.

선교사님은 결국 하나님이 다른 마음을 주실 때까지는 계획한 대로 '축호 전 도'를 하겠다고 선포했습니다.

막상 전도를 나가자 반응은 매우 호의적이었습니다.

처음 방문한 가정부터 복음을 받아들였고, 복음을 받아들이지 않은 사람도 "찾아와줘서 고맙습니다"라며 "종종 방문해 주세요"라고 부탁할 정도였습니다.

하나님의 말씀은 순종할 때 역사가 일어납니다.

때론 두렵고, 때론 부끄러울지라도 주님의 말씀에 순종할 때 주님은 담대한 믿음을 주십니다.

담대함과 확신으로 복음을 전파하십시오. 아멘!!!

♡ 주님, 때론 두렵고, 때론 부끄러울지라도 담대하게 복음을 전하게 하소서.

🖼 주변에 전도가 필요한 사람들에게 담대하게 복음을 전합시다.

나의 영적 일지

1세대의 신앙

읽을 말씀 : 데살로니가전서 1:2-10

● 살전 1:6 또 너희는 많은 환난 가운데서 성령의 기쁨으로 도를 받아 우리와 주를 본받은 자가 되었으니

「야베스의 기도」의 저자이자 세계 최대 규모의 기독교 세미나 단체인 「성경과 함께 걷는 삶」(Walk Thru the Bible Ministries)의 설립자인 브루스 윌킨슨(Bruce Wilkinson)은 구약에는 '믿음의 3세대'가 나온다고 말했습니다.

『●1세대 / 여호수아와 같이 하나님을 직접 만나고 순종하는 사람들입니다. 말씀을 신앙과 삶의 기준으로 삼은 이 사람들은 세상 사람들의 말에 연연하지 않고 하나님 말씀에만 순종합니다.

●2세대 / 이스라엘 장로들처럼 하나님에 대해서 알기만 하는 사람들입니다.
1세대로부터 들은 말로 간접적인 믿음을 가진 이 사람들은 상황에 따라 달라지는 믿음을 가진 사람들입니다.

●3세대 / 이스라엘 백성들처럼 하나님을 제대로 알지 못하는 사람들입니다. 이 사람들은 하나님 말씀을 듣고도 이성적인 판단, 세상적인 시선에 의지해 삶을 살아갑니다.』

윌킨슨은 이 분류를 통해 진정한 신앙인은 1세대 밖에 없다고 말했습니다.
"진정한 의미의 신앙인은 1세대 밖에 존재하지 않습니다.
기독교 가정에서 태어난 2세대 자녀라 하더라도 2세대 신앙인이 아닌 1세대 신앙인이 되어야 합니다."

진정한 믿음은 나를 구원하기 위해 이 땅에 오신 주님을 만날 때 생깁니다.
다른 사람의 하나님이 아닌 나를 사랑하시고, 나를 구원하기 위해 이 땅에 오신 예수님으로 인해 참된 1세대의 신앙을 이루십시오. 아멘!!!

♡ 주님, 저도 믿음의 1세대 신앙인이 되어 주님의 말씀에 순종하게 하소서.
🏃 주님의 말씀을 신앙과 삶의 기준으로 삼는 참 신앙인이 됩시다.

나의 영적 일지

'나'라는 이름 뒤

읽을 말씀 : 베드로전서 2:18-25

● 벧전 2:21 이를 위하여 너희가 부르심을 입었으니 그리스도도 너희를 위하여 고난을 받으사 너희에게 본을 끼쳐 그 자취를 따라 오게 하려 하셨느니라

미국의 전설적인 기업인 잭 웰치(Jack Welch) 회장은 자신의 자서전 서문에 자신이 이룬 모든 것들은 누군가의 도움으로 이루어진 것이라며 다음과 같은 글을 적었습니다.

『이 책을 집필할 때 가장 힘들었던 점은 '나'라는 1인칭 표현을 계속해서 써야한다는 점이었습니다. 지금까지 제가 이룬 모든 일들은 항상 많은 사람들의 도움으로 이루어진 일들이었습니다. 그 어떤 일도 결코 저 혼자만의 능력으로는 불가능했습니다.

그러나 자서전이기 때문에 '우리'나 '누군가'와 함께 한 일들도 부득이하게 '나'라고 써야 할 수밖에 없었습니다.

이 책을 읽는 독자들께 무엇보다 부탁드리고 싶은 점이 있습니다.

이 책에서 '나'라는 단어가 나올 때마다 그 뒤에는 저와 함께 했던 모든 동료들이 있었음을 기억해 주십시오.』

20세기의 가장 위대한 경영자라고 칭송받는 웰치도 많은 사람들의 도움이 없었다면 어떤 일도 불가능했을 것이라고 겸손히 고백했습니다.

하물며 모든 것이 주님의 은혜라고 고백하는 우리 그리스도인들은 어떻습니까? 하나님이 나에게 주신 큰 복들을 '주님'이 아닌 '나'를 드러내는 일에 사용하고 있지 않습니까?

우리 삶에 이루어진 모든 일들이 '내'가 아닌 '주님'이 이루신 것임을 결코 잊지 마십시오. 아멘!!!

♡ 주님, 저의 삶을 통해 이뤄주신 일에 오직 주님만 높이고 송축하게 하소서.
🖼 지금까지 나와 함께한 사람들을 떠올리며 감사합시다.

나의 영적 일지

10월 13일

성도의 성공

읽을 말씀 : 전도서 5:1-9

● 전 5:7 꿈이 많으면 헛된 것이 많고 말이 많아도 그러하니 오직 너는 하나님을 경외할찌니라

성공을 나타내는 영어 단어인 'SUCCESS'는 '어떤 일을 한 다음에 온 결과'라는 뜻의 라틴어 '석 세데레 투스'(SUCCEDERE TUS)라는 문장이 어원입니다.

성공은 복권 당첨처럼 갑자기 찾아오는 행운이 아니라 노력한 대로 무언가를 일구어 얻는 것입니다.

열심히 일을 하는 사람은 돈을 버는 것이 성공이고, 열심히 운동을 하는 사람은 건강을 얻는 것이 성공입니다.

그렇다면 그리스도인들의 성공은 무엇일까요?

미국의 한 그리스도인은 다음의 「7가지 열매가 맺혀야 성공한 그리스도인」이라고 정의했습니다.

『Salvation - 구원

Understanding - 이해

Commitment - 헌신

Character - 성품

Enthusiasm - 열정

Sacrifice - 희생

Service - 봉사』

각 단어의 앞 글자를 따면 영어 단어로 'SUCCESS' 즉, 성공이 됩니다.

주님이 말씀하신 성공은 세상의 성공과는 180도 다릅니다.

허탄한 세상의 성공을 누리려고 헛된 힘을 낭비하지 말고 주님의 말씀을 따라 살며 참된 행복을 누리는 진정한 성공을 이루십시오. 아멘!!!

♡ 주님, 세상의 성공을 누리려고 헛되게 힘을 낭비하지 않게 하소서.

🎴 주님 말씀에 따라 주님 안에서 성공을 이루고 참된 행복을 누립시다.

나의 영적 일지

이길 수 없는 싸움

읽을 말씀 : 로마서 6:1-11

● 롬 6:6 우리가 알거니와 우리 옛 사람이 예수와 함께 십자가에 못 박힌 것은 죄의 몸이 멸하여 다시는 우리가 죄에게 종노릇 하지 아니하려 함이니

캐나다 인디언들은 곰을 잡을 때 꿀을 바른 돌을 덫으로 사용합니다.

먼저 튼튼한 나무를 찾아 가지에 밧줄을 묶고 곰의 머리쯤에 해당하는 위치에 커다란 돌덩이를 묶어놓습니다.

마지막으로 돌에 꿀을 듬뿍 발라놓으면 곰을 잡는 덫이 완성됩니다.

멀리서 꿀 향기를 맡은 곰은 돌덩이를 잡으려고 손으로 건드립니다.

곰이 건드린 돌은 시계추처럼 다시 돌아와 곰을 때리고, 화가 난 곰은 다시 이 돌멩이를 더욱 강하게 때립니다. 그러나 곰이 아무리 강하게 팔을 휘둘러도 움직이는 돌을 부술 수는 없습니다. 곰이 강하게 돌을 칠수록 돌은 더 강하게 돌아와 곰을 공격합니다.

오랜 시간이 지나면 결국 곰은 자기 힘으로 친 돌에 얻어맞고 쓰러지게 됩니다.

곰이 인디언들의 덫에 걸려 죽는 이유는 원리를 모르기 때문입니다.

곰이 아무리 힘이 세도 돌을 이길 수는 없습니다. 줄을 끊어야 꿀을 먹을 수 있는데 돌에 눈이 팔려 결국 덫에 걸리고 맙니다.

마찬가지로 인간이 아무리 도덕적으로 완벽하게 살기 위해 노력해도 죄의 굴레에서 스스로 벗어날 수는 없습니다.

예수님을 믿음으로만 죄의 줄을 끊어낼 수 있습니다.

이길 수 없는 죄와의 싸움을 그만두고 이미 승리하신 예수님을 믿음으로 더불어 승리하십시오. 아멘!!!

🤍 주님, 예수님의 이름으로 모든 일에서 승리할 수 있음을 믿게 하소서.

🎗 예수님을 믿음으로만 죄의 줄을 끊어낼 수 있음을 믿으십시오.

나의 영적 일지

온전한 신뢰의 위력

읽을 말씀 : 누가복음 17:1-10

● 눅 17:6 주께서 가라사대 너희에게 겨자씨 한알만한 믿음이 있었더면 이 뽕나무더러 뿌리가 뽑혀 바다에 심기우라 하였을 것이요 그것이 너희에게 순종하였으리라

미국의 인디언 부족인 호피족은 320년간 복음의 문이 닫혀 있는 부족이었습니다. 수많은 미국의 선교사들이 복음을 전하려고 노력했지만 이들은 단 한 번도 복음의 문을 열지 않았습니다. 호피족은 다른 부족들보다 토속 신앙을 더 굳건히 숭배했고, 백인들에게 당한 안 좋은 기억이 많았습니다. 320년 동안 수많은 사람들이 복음을 전했지만 단 한 명도 마음을 돌리지 않을 정도로 굳게 닫혀 있었습니다.

그런데 한국의 한 선교사님이 이 부족에게 마침내 복음을 전했습니다.

이 선교사님도 처음에는 완강한 벽 앞에 부딪혔습니다.

그러나 기도하는 중에 인디언들을 진정한 형제자매로 생각하지 않고 가르쳐야 할 미개한 부족으로만 생각하고 있음을 깨닫고 회개했습니다. 그러자 거짓말처럼 복음이 흘러 들어가기 시작했습니다. 지금 호피족이 거주하는 지역에는 교회가 세워졌고 다른 인디언들을 전도하기 위한 선교센터까지 세워졌습니다. 선교사님은 호피족에게 복음을 전할 수 있었던 비결을 다음과 같이 고백했습니다.

"내가 하나님을 10% 의지했을 때 하나님은 10%만 책임져 주셨습니다.

내가 하나님을 50% 의지했을 때 하나님은 50%를 책임져 주셨습니다.

그러나 내가 하나님을 100% 의지했을 때 하나님은 3,000%, 6,000%, 10,000%로 채워 주셨습니다."

겨자씨만한 믿음이 있는 사람은 세상을 변화시킬 수 있습니다. 부족한 것은 하나님을 향한 믿음입니다.

나를 들어 세상에 복음을 전하실 하나님을 더욱 의지하십시오. 아멘!!!

💙 주님, 어떤 역경에서도 주님만을 온전히 의지하는 믿음으로 승리하게 하소서.

🖼 지금 이 순간, 모든 걱정과 근심을 주님께 온전히 맡기고 의지합시다.

나의 영적 일지

하나님의 오묘한 섭리

읽을 말씀 : 이사야 55:6-13

● 사 55:8,9 여호와의 말씀에 내 생각은 너희 생각과 다르며 내 길은
너희 길과 달라서 하늘이 땅보다 높음 같이 내 길은 너희 길보다 높
으며 내 생각은 너희 생각보다 높으니라

『우리나라 서해 최북단에 위치한 아름다운 섬, 백령도는 인천에서 배로 4시간
남짓 가면 닿을 수 있는 곳으로 날씨가 좋은 날은 육안으로 북한 땅이 보이는 곳
입니다. 인구는 군인들을 포함해 만여 명이 살고 있고 복음화율은 70~80%로
다른 지역보다 높은 특징을 갖고 있습니다.

그런데 이곳에 극동방송 중계소가 설립되어 있다는 사실을 모르는 분들이 많
이 계신 것 같습니다. 2019년 4월, 시험 방송을 시작으로 24시간 말씀과 찬양이
백령도를 비롯해 인근의 대청도와 소청도에 전해집니다. 그뿐만이 아니라 지리
적으로 북한 땅과 가깝기 때문에 북한 서해안 일부 지역에서는 극동방송을 통해
복음을 들을 수 있습니다.

그런데 안테나가 세워진 철탑이 예전에 성탄 트리 점등식을 통해 북한에 성탄
의 기쁜 소식을 전하던 곳이었다는 사실을 알고 큰 감동을 받았습니다.

성탄 트리 점등이 남북한의 정세 변화에 따라 더 이상 이루어지지 못하고, 철
탑이 방치되어왔는데 하나님께서는 백령도 중계소 설립을 통해 이제 그곳에 복
음을 전하는 안테나가 서게 하신 것입니다. 매일 24시간, 365일 끊임없이 직접
복음을 전하도록 하나님은 역사하신 것이지요.

조선 시대와 구한말 북한 선교의 관문 역할을 했던 백령도가 지금은 극동방송
의 전파 선교를 통해 그 역할을 감당하고 있습니다. 하나님의 섭리가 참으로 오
묘함을 또 한 번 느꼈습니다.』 - 「김장환 목사의 인생 메모」 중에서

북한에서 방송을 듣고 예수님을 믿고 전도하는 사람이 많이 생기길 기도해야
합니다. 아멘!!!

💜 주님, 백령도 중계소를 세우신 하나님의 뜻이 이루어지게 하소서.
📻 방송으로 복음을 전하는 여러 기독교계 방송을 위해 기도합시다.

나의 영적 일지

확신이 없을 때

읽을 말씀 : 히브리서 11:1-10

● 히 11:6 믿음이 없이는 기쁘시게 못하나니 하나님께 나아가는 자는 반드시 그가 계신 것과 또한 그가 자기를 찾는 자들에게 상 주시는 이심을 믿어야 할찌니라

어떤 마을에 임종을 앞둔 어르신이 한 분 계셨습니다.

목사님이 수차례 복음을 전했지만 그동안 한 번도 교회에 나오지 않았던 완고한 어르신이었습니다. 어르신이 임종을 앞두었다는 말을 듣고 목사님은 더 자주 찾아가 복음을 전했습니다.

"어르신, 지금이라도 예수님을 영접하세요."

"지금이라도 주님을 영접하면 천국에 가실 수 있습니다."

몇 날 며칠을 찾아가도 어르신은 한 마디도 대꾸하지 않았습니다.

"어르신, 지금 사탄의 방해를 받고 있을 수도 있습니다. 지금이라도 구원받을 수 있는 기회가 눈앞에 있는데 도대체 뭐 때문에 망설이십니까?"

그러자 어르신이 입을 열었습니다.

"죽고 나서 어느 쪽으로 갈지도 모르는데 누구 하나를 화나게 하긴 싫소."

확신이 없을 때 우리는 망설이며 선택을 주저합니다.

지금 하나님과 멀어지고 있다면 믿는다고 고백을 했을 뿐 세상의 즐거움을 잊지 못해 망설이는 중일 지도 모릅니다.

죽음 뒤의 세상을 알 수 있는 사람은 아무도 없지만 믿음이란 결단 없이는 결코 천국의 축복을 누릴 수 없습니다.

믿음은 더 많이 안다고, 더 세월이 지난다고 생기는 것이 아닙니다.

믿음은 하나님을 인정하고 예수님의 구원의 선물을 받겠다는 결단입니다.

일단 산을 올라가야 정상이 보이듯이 일단 믿기로 작정하는 사람만이 진리를 알게 됩니다. 나중, 언젠가가 아닌 지금 당장 주님을 믿기로 결단하십시오. 아멘!!!

♡ 주님, 구원의 확신이 없는 사람들이 주님의 공로를 믿고 구원받게 하소서.

🙆 예수님을 믿어야만 천국의 축복을 누릴 수 있다는 것을 잊지 맙시다.

나의 영적 일지

모든 것이 하나님의 뜻

읽을 말씀 : 이사야 25:1~8

● 사 25:1 여호와여 주는 나의 하나님이시라 내가 주를 높이고 주의
이름을 찬송하오리니 주는 기사를 옛적의 정하신 뜻대로 성실함과
진실함으로 행하셨음이라

인도 선교의 아버지라고 불리는 윌리엄 캐리(William Carrey)의 처음 목표는 인도
어로 성경을 번역하는 것이었습니다.

그런데 막상 인도에 도착하니 현실의 장벽이 너무도 높았습니다.

땅도 넓고 인구도 많은 인도의 언어 체계는 다른 나라와는 확연히 달랐습니
다. 대표적으로 사용되는 공용어만 29개가 있었고, 지역의 크고 작은 방언도
800개가 넘었습니다.

인도어를 전혀 모른 채 32살에 번역을 시작한 캐리에게는 사실상 불가능한
일이었습니다. 그렇지만 캐리는 이 모든 것이 하나님의 뜻이라 믿고 매일매일
할 수 있는 일을 했습니다. 그 결과 인도에서 가장 많이 쓰이는 6개의 언어로 성
경을 완역했고, 이어 중국과 말레이시아 등 44개 나라의 언어로까지 성경을 번
역했습니다. 또한 캐리는 최초의 인도 신문, 주요 인도어의 문법책과 사전도 정
립했습니다.

혼자서 이 일들을 어떻게 다 이루었냐고 사람들이 칭송할 때마다 캐리는 다음
과 같이 대답했습니다.

"하나님의 뜻, 그 이상도 이하도 아닙니다."

하나님의 뜻이면 무엇이든 이룰 수 있습니다.

진정한 크리스천이 구해야 할 것은 순전한 하나님의 뜻입니다.

내가 무엇을 할 수 있나를 생각하지 말고, 하나님이 무엇을 하라고 말씀하셨
는지를 생각하십시오.

하나님의 뜻이 무엇인지 알고 그 뜻대로 순종하십시오. 아멘!!!

🤍 주님, 제게 말씀하신 주님의 뜻이 무엇인지 바르게 깨닫고 믿게 하소서.
🎴 하나님의 뜻을 따라 충성되고 선한 청지기의 삶을 삽시다.

나의 영적 일지

10월 19일

죄를 속히 꺼내라

읽을 말씀 : 시편 7:10-17

● 시 7:12 사람이 회개치 아니하면 저가 그 칼을 갈으심이여 그 활을 이미 당기어 예비하셨도다

중국 허난성의 한 마을에 사는 남자가 이유를 알 수 없는 복통에 시달리고 있었습니다. 도저히 참을 수 없는 고통에 이르자 병원을 찾아 검사를 받았는데 믿을 수 없는 결과가 나왔습니다.

엑스레이를 찍자 위장 안에 금속으로 된 안경다리가 들어 있었습니다.

남자는 몇 달 전에 실수로 안경다리를 삼킨 후 복통이 시작됐다고 말했습니다. 의사가 그동안 왜 병원을 찾지 않았냐고 묻자 수술을 하자고 할까 봐 무서워서 병원을 피했다고 고백했습니다.

더욱 믿을 수 없는 일은 남자가 위장에 안경다리가 있는 것을 알고도 1년 동안 수술을 미뤘다는 사실입니다. 수술이 너무나 무서웠던 남자는 그 상태에서 1년이나 더 고통을 참으며 살았습니다.

1년 뒤 도저히 참을 수 없어서 결국 수술을 결심했는데 엑스레이를 찍어보니 안경다리는 위장을 지나 십이지장까지 들어가 있는 상태였습니다.

매일 피를 토하고 구토와 울렁거림을 달고 살았지만 수술이 두렵다는 이유로 피해오던 남자는 마침내 수술을 통해 고통에서 해방될 수 있었습니다.

수술이 조금만 늦었으면 복막염으로 진행돼 목숨이 위험할 뻔한 상태였습니다.

죄를 해결할 유일한 방법은 하나님께 모든 것을 내어놓고 회개하는 것뿐입니다. 모든 것을 알고 계시는 하나님을 속일 수 있는 방법은 없습니다.

사람을 사망으로 이끄는 죄를 멀리하고 즉시 주님 앞에 회개하십시오. 아멘!!!

💗 주님, 죄의 문제를 해결하기 위해 사람들이 예수 그리스도를 믿게 하소서.

🖼 주님께서 문제 해결 방법을 알려주시면 바로 순종합시다.

나의 영적 일지

손해 보다 순종

읽을 말씀 : 창세기 26:12-22

● 창 26:22 이삭이 거기서 옮겨 다른 우물을 팠더니 그들이 다투지 아니하였으므로 그 이름을 르호봇이라 하여 가로되 이제는 여호와께서 우리의 장소를 넓게 하셨으니 이 땅에서 우리가 번성하리로다 하였더라

이탈리아 서쪽 지역인 아시시(Assisi)의 성자로 불린 프란치스코(Franciscus)가 제자들과 복음을 전하러 먼 지역으로 가고 있었습니다.

가는 중에 제대로 옷도 입지 못한 가난한 사람들을 만났습니다.

이 모습을 본 프란치스코가 제자들에게 말했습니다.

"주님의 말씀대로 우리 옷을 저 사람들에게 벗어줍시다.

우리가 입은 옷은 가난한 사람들에게 주기 전까지 빌려 입은 옷입니다."

말을 마친 프란치스코가 옷을 벗자 제자들이 다급히 말렸습니다.

프란치스코와 제자들도 모든 돈을 구제에 써버렸기에 옷을 나눠주면 입을 옷이 없었습니다.

"이 옷을 벗어주면 저희는 도착한 마을에서 벌거벗고 복음을 전해야 합니다. 하나님의 이름에 누를 끼치지 않겠습니까?"

그러나 프란치스코는 망설임 없이 옷을 벗어 나눠주었습니다.

"예수님이 우리에게 옷을 나누라고 말씀하셨지 뒷일을 생각하라고 말씀하지 않으셨습니다. 나는 영리한 도둑놈이 되기보다는 놀림당하는 예수님의 제자로 살아가겠습니다."

하나님의 말씀대로 사는 삶은 세상적으로는 분명한 손해를 보는 삶일 수 있습니다. 세상이 알 수 없는 행복은 세상이 알 수 없는 지혜로부터 나옵니다.

예수님의 말씀대로, 예수님이 보여주신 본 대로, 손해를 보더라도 순종하는 크리스천이 되십시오. 아멘!!!

♥ 주님, 세상이 알 수 없는 행복은 주님으로부터 옴을 믿고 알게 하소서.

▧ 하나님의 말씀에 순종하는 크리스천이 되기 위해 기도합시다.

나의 영적 일지

10월 21일

체력과 도덕

읽을 말씀 : 시편 26:1-7

● 시 26:2 여호와여 나를 살피시고 시험하사 내 뜻과 내 마음을 단련 하소서

미국의 하버드대학교(Harvard University)와 유타대학교(University of Utah)는 공동의 연구팀을 꾸려 사람의 도덕심에 대한 연구를 진행했습니다.

327명의 참가자들에게 어려운 수학 문제를 풀게 해 정답을 맞힌 사람에게는 적당한 금액을 지급했습니다. 다만 채점을 스스로 하게 했습니다.

마음만 먹으면 얼마든지 속이고 보상금을 받을 수 있는 시스템이었습니다.

연구팀은 같은 실험을 이른 아침, 오전, 늦은 오후로 나눠 반복해서 진행했습니다. 그리고 그 결과 아침보다 오전, 오전보다는 늦은 오후에 사람들이 더 거짓말을 많이 하는 것으로 밝혀졌습니다. 심한 경우 2.5배나 더 많은 사람들이 거짓말을 했습니다.

연구팀은 이 실험의 결과를 「아침 도덕 효과」(morning morality effect)라고 이름 붙였습니다.

사람은 도덕성을 유지하기 위해서 많은 에너지를 사용해야 하는데 이미 다른 일로 에너지를 소진한 오후에는 같은 사람이라도 도덕성을 유지하기가 더 어렵다는 것이 연구팀의 설명이었습니다.

사람의 힘만으로는 세상의 법을 지키며 사는 것이 쉽지 않습니다.

아침에 눈을 뜰 때도, 점심의 잠깐 휴식에도, 하루가 끝나는 저녁에도 우리는 말씀을 묵상하며 기도로 주님의 인도하심을 구해야 합니다.

우리의 모든 일과가 주님의 인도 가운데 있도록 좋은 경건의 습관을 기르십시오. 아멘!!!

♡ 주님, 어떤 일도 말씀과 기도로 주님의 인도하심을 구하게 하소서.

🖼 늘 말씀을 묵상하는 경건의 습관을 생활화합시다.

나의 영적 일지

인격과 존경

읽을 말씀 : 로마서 14:13-23

● 롬 14:18 이로써 그리스도를 섬기는 자는 하나님께 기뻐하심을 받으며 사람에게도 칭찬을 받느니라

미국의 4대 대통령이었던 제임스 메디슨(James Madison)의 아내인 돌리 메디슨(Dolley Madison) 여사는 미국인들에게 가장 존경받는 영부인이었습니다.

임기 중에도 얼마나 많은 존경을 받았는지 메디슨 대통령이 퇴임할 때 많은 기자가 메디슨 여사에게 다음과 같이 질문했습니다.

"영부인께서는 국민들에게 누구보다 큰 존경을 받으셨습니다.

그 비결이 뭐라고 생각하십니까?"

항상 겸손했던 메디슨 여사는 이 질문에도 부끄럽다는 듯이 고개를 가로저으며 조용히 대답했습니다.

"저는 사람들에게 존경을 받으려고 노력해 본 적이 없습니다.

단지 만나는 사람 모두에게 최대한 친절하게 대하려고 애썼습니다.

부모님의 가르침을 따라 어린 시절부터 지켜 온 저의 습관입니다."

높은 인격을 가진 사람은 어떤 사람을 만나든지 항상 친절합니다.

어린아이부터 노인에게까지 친절할 수 있는 사람이 모든 사람에게 존경을 받는 사람입니다. 바로 예수님처럼 말입니다.

어떤 상대든지 인격을 존중하고 배려할 때 상대방도 마음을 열고 우리가 전하는 복음을 받아들입니다. 모든 사람들이 함께 있기를 바라고, 말을 듣기를 원했던 예수님처럼 우리도 겸손과 존중으로 다른 이들을 대해야 합니다.

예수님에게 배운 겸손으로 사람들에게 존경을 받고, 복음을 전달하는 제자가 되십시오. 아멘!!!

♡ 주님, 친구, 가족, 이웃들에게 겸손하고 친절한 사람이 되게 하소서.

🎴 만나는 사람 모두에게 최대한 친절하게 대하려고 애씁시다.

나의 영적 일지

기본이 중요하다

읽을 말씀 : 베드로후서 1:1-11

● 벧후 1:10 그러므로 형제들아 더욱 힘써 너희 부르심과 택하심을
굳게 하라 너희가 이것을 행한즉 언제든지 실족지 아니하리라

영국의 국영가스회사인 「센트리카」(Centrica)는 영국 내의 모든 가스 산업을 독점하고 있었습니다. 그런데 갑자기 법안이 바뀌면서 하루아침에 미국의 다국적 기업들과 경쟁해야 하는 위기가 닥쳤습니다.

다국적 기업들은 기다렸다는 듯이 센트리카가 따라올 수 없는 저렴한 가격으로 공격적인 영업을 펼쳤습니다.

센트리카의 임원들은 열심히 머리를 짜냈지만 어떤 방법을 써도 도저히 경쟁 기업의 단가를 맞출 수가 없었습니다.

고심 끝에 센트리카가 선택한 방법은 바로 기본이었습니다.

센트리카는 합당한 가격에 가스를 제공하고 정확한 양을 측정해 정확한 값을 편하게 수납할 수 있게 하는 시스템을 무기로 내세웠습니다. 다국적 기업은 가스의 가격은 매우 쌌지만 수납을 비롯한 기본이 엉망이었습니다.

사용하지도 않은 가스비를 내라고 하기도 하고, 금액이 잘못 청구되는 경우도 많았습니다. 사람들은 조금 더 비싸도 신뢰할 수 있는 회사를 원했습니다.

그 결과 센트리카는 다국적 기업들의 공격적인 운영에도 흔들리지 않고 압도적인 차이로 업계 1위를 지켰습니다.

모든 일은 기본이 가장 중요합니다.

기초공사가 제대로 되지 않으면 건물이 흔들리듯이 기본이 약하면 학문, 사업, 신앙 등은 흔들리고 결국엔 무너지게 됩니다.

세상이 변하고 문화도 달라졌지만 그럼에도 예수님의 십자가 복음이라는 구원의 기본을 믿고, 구원의 기본으로 전도하십시오. 아멘!!!

🖤 주님, 주님의 십자가 복음을 분명하게 전하며 구원의 기본으로 전도하게 하소서.
🧩 기본에 충실한 삶의 자세로 청지기의 사명을 다합시다.

나의 영적 일지

승리의 순간, 패배의 순간

읽을 말씀 : 마태복음 14:22-33

● 마 14:28,29 베드로가 대답하여 가로되 주여 만일 주시어든 나를 명하사 물 위로 오라 하소서 한대 오라 하시니 베드로가 배에서 내려 물 위로 걸어서 예수께로 가되

세계적인 베스트셀러 「갈매기의 꿈」을 쓴 리처드 바크(Richard Bach) 박사는 일을 성취하는 단계가 다이빙에 도전하는 단계와 똑같다고 설명했습니다.

다이빙에는 크게 세 가지 단계가 있습니다.

● 첫 번째 / 쳐다보는 단계입니다.

다이빙대의 높이는 11m로 인간이 가장 두려움을 느끼는 높이입니다.

밑에서 바라만 봐도 도전하기가 쉽지 않습니다.

어떤 일을 시작하기 전에는 고심하며 쳐다만 보는 단계입니다.

● 두 번째 / 계단을 올라가는 단계입니다.

계단을 올라가는 행동은 곧 도전입니다.

성공을 위한 작은 전진을 이룬 단계입니다.

● 세 번째 / 다이빙대에 서는 단계입니다.

계단을 올라가 다이빙대에 섰다면 이제 최종 단계입니다.

다이빙대에 선 사람에게는 두 가지 선택만 남아있습니다.

용기를 내어 뛰든가, 아니면 뒤로 돌아 내려가든가. 뛰지 못하고 도로 내려 가는 계단을 두고 다이빙계에서는 '실패의 계단'(the steps to defeat)이라고 부릅니다. 만약 뛰는데 성공했다면 '성공에 뛰어들었다'(the dive to victory)라고 표현합니다.

하나님이 주신 비전은 하나님을 의지하지 않고서는 이룰 수 없습니다.

두렵고 떨리지만 전능하신 하나님으로 인해 그 일을 할 수 있다고 믿으며 당당히 성공을 향해 뛰어드십시오. 아멘!!!

♡ 주님, 언제 어디서나 어떤 일이든 주님을 의지하게 하소서.

🧎 주님과 함께라면 어떤 어려움도 극복할 수 있다는 믿음을 가집시다.

`나의 영적 일지`

결국은 죽는다

읽을 말씀 : 요한복음 5:19-29

● 요 5:24 내가 진실로 진실로 너희에게 이르노니 내 말을 듣고 또 나 보내신 이를 믿는 자는 영생을 얻었고 심판에 이르지 아니하나니 사망에서 생명으로 옮겼느니라

교회의 담임목사님이 특별히 주일학교 학생들에게 설교를 하고 있었습니다.

목사님은 아이들에게 구원의 확신을 심어주고자 천국과 지옥에 대해 설명했습니다.

"여러분! 죽지 않는 사람은 세상에 한 명도 없습니다.

그런데 죽음이 끝이 아니라 그 뒤에 천국과 지옥이 있습니다.

예수님을 믿는 사람은 죽어서 기쁨과 즐거움이 가득한 천국에 가고,

예수님을 믿지 않는 사람은 꺼지지 않는 뜨거운 불이 있는

지옥에 떨어집니다."

열정을 다해 설교를 마친 목사님은 마지막으로 한 가지를 질문했습니다.

"천국에 가려면 우리는 어떻게 해야 할까요?"

한 학생이 손을 들고 말했습니다.

"네, 이제 죽어야 해요."

맞습니다. 천국은 죽어야만 갈 수 있는 곳입니다. 결국은 누구나 죽기 때문에 세상에서의 일들에 천년만년 살 것처럼 집착할 필요가 없습니다.

세상의 자랑과 정욕에 대해 매일 죽어야 합니다.

구원은 주님을 영접하는 그 순간 일어나는 놀라운 기적이지만, 그 선물을 잃지 않기 위해 우리는 매일 경건의 연단을 해야 합니다. 우리의 본향이 어디인지, 우리의 정체성이 무엇인지, 우리가 오늘 해야 할 일이 무엇인지 잊지 않고 정말 가치 있는 일을 하며 살아가는 마음으로 오늘을 가꾸십시오.

세상에 대해 죽고, 예수님으로 인해 사는 그리스도인이 되십시오. 아멘!!!

💙 주님, 세상 일에 집착하지 않고 오직 주님만을 따르게 하소서.

🖼 돌아갈 본향이 있음을 기억하며 주님께 감사합시다.

나의 영적 일지

성령이 충만할 때

읽을 말씀 : 에베소서 5:15-21

● 엡 5:18 술 취하지 말라 이는 방탕한 것이니 오직 성령의 충만을 받으라

에베소서 5장에 기록된 하나님의 말씀입니다.

"술 취하지 말고 오직 성령의 충만함을 받으라."

'그런데 왜 하필 성령과 술 취함을 함께 언급했을까요?'

이 말씀을 깊게 고민한 한 성도가 인터넷 사이트에 올린 「술 취함과 성령 충만의 공통점」입니다.

1. 말이 많아진다.

2. 노래한다.

3. 다른 사람에게 끈질기게 권한다.

4. 갑자기 운다.

5. 용감해진다.

6. 지배당한다.

7. 중독된다.

8. 냄새를 풍긴다.

비슷한 공통점이 있지만 술에 취한 사람의 삶은 점점 피폐해지고 모든 것을 잃게 됩니다. 그러나 성령님으로 충만한 사람은 성령의 열매로 삶이 더욱 풍성해지고 다른 사람을 진리의 길로 인도하는 복된 삶을 살게 됩니다.

우리 삶에는 어떤 열매가 맺히고 있습니까? 주님의 향기를 세상에 전하는 성령의 열매입니까? 내 만족과 유익만을 추구하고 있는 세상의 열매입니까?

세상의 쾌락과 유혹을 멀리하고 술보다, 다른 그 어떤 즐거움보다 주님을 따라 살며 성령의 충만함을 구하십시오. 아멘!!!

🤍 주님, 세상의 쾌락과 유혹을 멀리하고 성령 충만한 삶을 살게 하소서.

📖 그 어떤 즐거움보다 주님을 따라 살며 성령의 충만함을 구합시다.

나의 영적 일지

서열 정리

읽을 말씀 : 마태복음 19:16-26

● 마 19:17 예수께서 가라사대 어찌하여 선한 일을 내게 묻느냐 선한 이는 오직 한 분이시니라 네가 생명에 들어 가려면 계명들을 지키라

　개는 집단생활을 했던 서열 동물이기 때문에 집에서 반려견으로 키워도 가족들을 서열화합니다. 배가 보이도록 눕힐 때 개가 가만히 있으면 그 사람은 개보다 서열이 높은 것이고 반항하거나 으르렁대면 자기보다 서열을 낮게 보는 것입니다.

　그런데 사회학자들에 따르면 집단생활에서의 서열화 작업이 인간 세상에도 똑같이 일어난다고 합니다.

　속칭 '파워 게임'이라고 불리는 현상입니다.

　회사, 학교, 단체, 어떤 집단에서도 "누구의 서열이 가장 높은지", "누가 실세인지", "누가 가장 일을 잘하는지" 등으로 암묵적인 서열이 매겨집니다.

　어린 시절에도 마찬가지입니다.

　학교에서도 누가 가장 달리기를 잘하는지, 누가 가장 싸움을 잘하는지, 누가 전교 1등인지…. 마치 개가 집안에서 서열을 매기듯이 우리는 평생 사람들을 '잘하는 사람', 혹은 '못하는 사람'으로 나눠서 평가합니다.

　이게 바로 세상의 방식이며 이런 방식으로는 하나님의 사랑과 방법을 온전히 실천할 수 없습니다. 모든 주권자는 주님이시며, 내가 세상에서 가장 잘났다 하더라도 그 재능을 주신 분 역시 주님이시기 때문입니다.

　C.S. 루이스(*C.S. Lewis*)는 교만한 사람은 발밑의 사람을 보느라 하늘 위의 주님을 바라보지 못한다고 말했습니다.

　나, 가정, 회사, 학교, 교회, 그 어디든지 절대자는 하나님 한 분이심을 인정하고 모든 사람들을 같은 형제와 자매로 섬기며 겸손히 살아가십시오. 아멘!!!

🖤 주님, 주님을 으뜸으로 모시는 이들을 존중하며 겸손히 살아가게 하소서.

🖼 세상에서 잘 살도록 재능을 주신 주님께 감사와 찬송을 드립시다.

나의 영적 일지

십자가의 유산

읽을 말씀 : 고린도전서 1:10-17

● 고전 1:17 그리스도께서 나를 보내심은 세례(침례)를 주게 하려 하심이 아니요 오직 복음을 전케 하려 하심이니 말의 지혜로 하지 아니함은 그리스도의 십자가가 헛되지 않게 하려 함이라

교향곡 작곡가가 되고 싶은 음악가가 있었습니다.

꿈을 이루기 위해서는 많은 공부와 돈이 필요했습니다.

그는 돈을 벌기 위해 한 시골 고등학교의 음악선생으로 취직했습니다.

'딱 4년만 하고 그만두겠다'라고 마음먹었던 음악 교사 일을 무려 30년이나 한 그는 퇴임식을 앞두고 있었습니다.

작은 시골에서 자신에게 음악을 배우며 성장하는 학생들을 포기할 수 없었기 때문에 그의 4년은 30년이 되었습니다. 음악가는 그동안의 인생을 돌아보며 착잡한 심정으로 퇴임식에 참석했습니다.

퇴임식 축사는 주지사가 맡았는데 그는 선생님에게 클라리넷을 배우며 열등감을 극복한 제자였습니다.

"선생님은 우리를 위해 꿈을 포기하셨습니다. 하지만 실망하지 마세요.

우리가 바로 선생님이 쓰신 교향곡입니다."

축사를 마치자 무대 뒤 커튼이 걷히며 지난 30년 동안의 제자들이 제각각 악기를 들고 서 있었습니다.

제자들은 선생님이 작곡한 유일한 교향곡 「아메리칸 심포니」 초연을 자신들을 위해 꿈을 포기한 선생님에게 선물로 올려드렸습니다. 실화를 기반으로 한 영화 「홀랜드 오퍼스」(Mr. Holland's Opus)의 내용입니다.

예수님이 남기신 제자들과 복음이 온 세상으로 퍼져나갔듯이 우리도 주님이 주신 이 소중한 유산을 더 멀리, 더 많은 사람들에게 전해야 합니다.

주님이 남기신 십자가의 유산인 복음을 전하며 살아가십시오. 아멘!!!

💜 주님, 주님의 십자가 복음에 합당하게 행하며, 전하며 살게 하소서.

🧎 내가 주님을 위해 하고 있는 일은 무엇인지 생각해 봅시다.

나의 영적 일지

10월 29일

믿어지는 은혜

읽을 말씀 : 고린도전서 12:1-11

● 고전 12:3 그러므로 내가 너희에게 알게 하노니 하나님의 영으로 말하는 자는 누구든지 예수를 저주할 자라 하지 않고 또 성령으로 아니하고는 누구든지 예수를 주시라 할 수 없느니라

교회를 습관적으로 출석하는 성도가 있었습니다.

성경도 열심히 읽었지만 이해가 되지 않았습니다. 그는 "하나님이 진짜 전능하다면 한 번 믿게 해보시죠"라는 생각으로 무미건조한 신앙생활을 이어갔습니다. 교회는 열심히 나갔고 청년부 회장을 맡을 정도로 겉으로는 아무 문제 없는 독실한 교회생활이었습니다.

그러던 어느 날 더 이상 이렇게는 믿을 수 없다는 생각이 들었습니다.

그는 신앙의 의문이 전부 풀리면 제대로 믿을 수 있을 것 같아 유명한 기독교 변증가의 집회를 찾아가 궁금한 점을 메모지에 잔뜩 적어 제출했습니다.

그런데 자기가 써놓은 질문이 화면에 뜨는 순간 갑자기 마음에 큰 감동이 임하며 눈물이 흘렀습니다. 마치 하나님이 이렇게 말씀하시는 것 같았습니다.

"너는 계속해서 나를 의심할지라도 나는 한 번도 너를 떠난 적이 없고, 잊은 적이 없다."

변증가의 논리 정연한 해답은 귀에 들어오지도 않았습니다. 그럼에도 이날 주님이 주시는 마음을 경험한 후에는 모든 일에 의심보다 믿음이 먼저 생겨나며 진정한 신앙생활을 시작하게 되는 놀라운 변화가 일어났습니다.

어떤 방법, 어떤 경로로든 지금 교회에 다니며 주님을 믿고 있다면 하나님의 놀라운 은혜를 누리고 있는 것입니다. 주님이 주시는 풍성한 은혜를 경험한 사람만 말씀이 믿어지는 축복을 경험합니다.

나를 잊지 않으시고 늘 함께 계시는 주님이 주시는 마음을 깨닫고, 모든 말씀이 믿어지는 은혜를 달라고 구하십시오. 아멘!!!

🫰 주님, 주님의 놀라운 은혜를 누리며 풍성한 삶을 살게 하소서.
🙇 주님께 풍성한 은혜, 놀라운 은혜의 모든 것을 달라고 기도합시다.

나의 영적 일지

말씀 따라, 말씀대로

읽을 말씀 : 누가복음 5:1-11

● 눅 5:5 시몬이 대답하여 가로되 선생이여 우리들이 밤이 맞도록 수고를 하였으되 얻은 것이 없지마는 말씀에 의지하여 내가 그물을 내리리이다 하고

미국의 철학자이자 복음주의 운동가인 프랜시스 쉐퍼(Francis A. Schaeffer)가 성도들에게 가장 많이 받은 질문은 "말씀과 너무 다른 세상에서 우리는 도대체 어떻게 살아가야 합니까?"였습니다.

쉐퍼는 자신의 저서인 「그러면 우리는 어떻게 살 것인가」에서 이 질문에 다음과 같이 답했습니다.

"우리는 하나님의 말씀으로 돌아가야 합니다."

세례(침례) 요한이 광야에서 말씀을 외친 이유는 하나님께 선택받았다고 생각하는 이스라엘 백성들조차 하나님의 말씀대로 살고 있지 않았기 때문입니다. 500년 전 종교개혁이 일어난 이유도 말씀을 연구하는 학자들이 당시의 신앙생활이 말씀과는 다르다는 걸 깨달았기 때문입니다.

말씀에서 멀어질 때 신앙도, 세상도 개혁이 필요합니다.

개혁은 완전히 갈아치우는 것이 아니라 '이미 있는 것을 고쳐서 사용한다'는 뜻입니다.

위기의 순간에는 모두가 개혁을 외칩니다.

고치고, 바꾸면 더 나아질 것이라는 희망이 있기 때문입니다.

그리고 그에 대한 답은 언제나 말씀입니다.

하나님의 말씀을 중심으로, 말씀대로 살아갈 때 심심한 음식에 맛을 내는 소금처럼, 어두운 곳을 밝게 비추는 빛처럼 살아갈 수 있습니다.

하나님의 말씀대로 살아가는 것이 세상의 빛과 소금처럼 살아가는 유일한 방법이며, 시대를 막론하고 통용되는 진정한 개혁의 방법임을 깨달으십시오. 아멘!!!

♡ 주님, 성경의 가르침대로, 성경 말씀 안에서 소금과 빛으로 살아가게 하소서.
🧖 위기의 순간일수록 성경 말씀을 되새기며 답을 찾읍시다.

나의 영적 일지

훌륭한 인격의 조건

읽을 말씀 : 갈라디아서 5:16–26

● 갈 5:22 오직 성령의 열매는 사랑과 희락과 화평과 오래 참음과 자비와 양선과 충성과

인문 심리학의 창시자 칼 로저스(Carl Ransom Rogers) 박사는 「훌륭한 인격을 가진 사람들에게는 네 가지 특징」이 있다고 말했습니다.

● 첫 번째 / 자기를 자랑하지 않고 남을 인정하고 존중하는 사람입니다.
● 두 번째 / 생각하는 그대로 말하고 살아가는 솔직하고 순수한 사람입니다.
● 세 번째 / 상대방의 입장을 헤아리며 말하는 사려 깊은 사람입니다.
● 네 번째 / 다른 사람에게 일을 전적으로 맡기는 믿음이 있는 사람입니다.

로저스 박사는 훌륭한 인품을 만드는 이 네 가지 특징에는 반드시 포함되어야 하는 성품이 있다고 말했습니다. 바로 온유함입니다.

모세처럼, 예수님처럼 온유한 사람이 훌륭한 인품으로 사람을 변화시키는 리더가 될 수 있습니다.

자기를 자랑하지 않고 하나님과 다른 이를 높이며, 말씀대로 믿고, 말씀대로 순수하게 살아가며, 죄를 지은 상대라 하더라도 배려하며 사랑의 마음으로 다가가고, 예수님이 제자들을 믿으셨던 것처럼 동역자와 다음 세대를 믿고 응원하는 사람이 훌륭한 크리스천이 가져야 할 품위와 인격입니다.

믿음은 우리의 영혼을 구원할 뿐 아니라 우리의 삶과 성품, 모든 것을 더 좋게 변화시킵니다. 말씀을 따라 살 때 우리 삶에 성령의 열매가 더욱 풍성하게 열립니다. 우리 삶에 성령의 열매가 풍성하게 맺힐수록 세상에서 구할 수 없는 기쁨과 즐거움이 우리 마음에, 우리 삶에 범람하는 강물처럼 흘러넘칩니다.

주님의 온유함을 배워 훌륭한 인품을 가꾸십시오. 아멘!!!

♥ 주님, 주님의 말씀과 삶을 생각하며 훌륭한 인품을 가꾸며 살게 하소서.
🏶 나에게는 훌륭한 인격의 네 가지 특징이 있는지 찾아봅시다.

나의 영적 일지

11월

"여호와께서 사람의 걸음을 정하시고
그 길을 기뻐하시나니
저는 넘어지나 아주 엎드러지지 아니함은
여호와께서 손으로 붙드심이로다"

– 시편 37:23,24 –

나는 그리스도인이고…

읽을 말씀 : 골로새서 1:9-23

● 골 1:13 그가 우리를 흑암의 권세에서 건져내사 그의 사랑의 아들의 나라로 옮기셨으니

『미국에 아일랜드 이민자 출신으로 한국전쟁 참전 용사였고, 주유소를 운영하는 아버지 밑에서 자란 한 남자가 있었습니다.

대학에서 변호사가 되려고 공부하던 중 예수님을 만나고 이 청년의 가치관과 인생관이 송두리째 변했습니다. 바로 예수님 한 분 때문에 말입니다. 훗날 정치인이 되어 숱한 선거를 치르던 이 청년은 자신을 다음과 같이 소개했습니다.

"저는 그리스도인이고, 보수주의자이며, 공화당원입니다.

(I am a Christian, a Conservative and a Republican. In that order.)"

바로 마이클 펜스 전(48대) 미국 부통령의 이야기입니다.

2022년 3월 극동포럼 강사로 아내와 함께 방한한 펜스 전 부통령의 간증은 전국에서 찾아온 극동방송의 가족들에게 큰 은혜를 주었습니다. 간증을 들은 저도 여기에서 끝나면 안 되겠다는 생각이 들어 특별히 믿지 않는 사람들을 위한 구원 초청의 시간을 가졌는데… 이날 100여 명의 믿지 않는 사람 가운데 40여 명이 예수님을 구주로 영접하는 역사가 일어났습니다. 큰 감동을 받은 펜스 전 부통령 내외도 이날 예수님을 영접한 이들을 위해 간절히 기도해 주었습니다. 그중 경주에 사는 한 분은 그 주부터 교회에 출석했고, 한 달 뒤에는 극동방송 라디오 전도대회에 헌금을 하는 등 구원의 감격 속에 날마다 살아가고 있습니다.

하나님께서 가장 기뻐하시는 일은 영혼 구원입니다.

우리가 하는 행사나 만남 역시 영혼 구원이라는 가장 원대한 목적을 위한 일이 되어야 할 줄 믿습니다.』-「김장환 목사의 인생 메모」 중에서

하나님이 주신 영혼을 찾아가 복음을 담대하고 친절하게 전합시다. 아멘!!!

🤍 주님, 언제 어디서나 예수님이 저의 주님이심을 담대하게 선포하게 하소서.

🧩 나의 신앙 고백을 문장으로 정리해 선포합시다.

나의 영적 일지

하늘나라의 룰

읽을 말씀 : 에베소서 6:10-20

● 엡 6:12 우리의 씨름은 혈과 육에 대한 것이 아니요 정사와 권세와 이 어둠의 세상 주관자들과 하늘에 있는 악의 영들에게 대함이라

「1만 시간의 법칙」이라는 새로운 단어를 만든 베스트셀러 작가 말콤 글래드웰(Malcolm Gladwell)은 성경에 나오는 다윗과 골리앗의 싸움에서 다윗의 승리가 당연한 결과라고 주장합니다.

골리앗은 정정당당히 칼을 부딪히며 싸우는 전통적인 전투의 룰을 따랐습니다. 그러나 다윗은 기존의 룰을 거부하고 가벼운 차림으로 도망다니며 싸우지 않았고 강력한 무릿매를 던졌습니다. 지금으로 따지면 마치 칼을 든 사람을 총으로 공격하는 것이나 다름없었습니다.

전통적인 생각을 가진 사람에게 골리앗은 다윗이 이길 수 없는 큰 위기였지만, 새로운 생각을 가지고 있던 다윗에게 골리앗은 오히려 큰 기회였습니다.

미국 보스턴 대학교(Boston University)의 연구에 따르면 19세기에 벌어진 강대국과 약소국의 200여 건의 전투에서 다윗이 승리한 경우가 50%를 넘는다고 합니다. 대부분 강자의 방식을 따르지 않고 다윗처럼 새로운 룰을 따랐을 때 일어난 결과입니다.

신생 IT기업 애플이 절대적 강자 노키아를 이길 수 있었던 것은 '스마트폰'이라는 새로운 룰 때문인 것처럼 말입니다.

세상의 잣대를 따를 때 크리스천은 약하고 불쌍한 사람들이지만 하늘나라의 잣대를 따를 때는 세상이 감당할 수 없는 놀라운 능력의 승리자입니다. 크리스천은 전능하신 하나님의 도우심을 힘입어 능히 세상을 이겨내는 사람입니다.

세상의 방식이 아닌 말씀이 가르치는 하나님 나라의 새로운 룰을 따르는 지혜로운 성도가 되십시오. 아멘!!!

♡ 주님, 최선을 다해 주님을 섬기는 지혜로운 성도가 되게 하소서.
🖼 하늘나라의 원리로 사는 능력의 승리자가 됩시다.

나의 영적 일지

인생과 시간

읽을 말씀 : 시편 119:55-62

● 시 119:60 주의 계명을 지키기에 신속히 하고 지체치 아니하였나이다

　　미국 건국의 아버지이자 다양한 분야에서 수많은 업적을 이룬 벤자민 프랭클린(Benjamin Franklin)은 삶을 거의 완벽하게 컨트롤한 위인입니다.

　　시간을 매년, 매달, 매주, 매일, 매시간으로 쪼개가며 조금도 허투루 살지 않았던 프랭클린을 본받기 위해 그가 세상을 떠난 지 300년이 넘었지만 지금도 많은 사람들이 「프랭클린 플래너」를 사용합니다. 무엇보다 인생에서 시간을 가장 중요하다고 여겼던 프랭클린은 시간과 인생에 대해 다음과 같은 글을 남겼습니다.

　　『그대는 인생을 사랑하는가?

　　그렇다면 시간을 낭비하지 말라.

　　시간이야말로 인생을 형성하는 가장 중요한 재료이기 때문이다.

　　똑같이 시작한 일도 세월이 지난 뒤에 보면 어떤 이는 앞서가고 있고,

　　어떤 이는 낙오되어 있다.

　　이 두 사람의 거리는 좀처럼 좁혀질 수 없을 정도로 벌어져 있다.

　　이 차이는 하루하루 주어진 자신의 시간을 잘 이용하였느냐,

　　허송하였느냐에 달려 있다.』

　　'오늘 할 수 있는 일을 내일로 미루지 말라'라는 프랭클린의 말처럼 우리도 삶에서 가장 중요한 말씀의 실천을 '내일, 언젠가'가 아닌 '지금, 오늘' 실천하며 살아야 합니다. 주님이 나에게 맡겨주신 사명은 무엇입니까? 그 일을 위해 우리는 오늘 어떤 일을 해야 합니까? 주님이 맡겨주신 일을 하루하루 해나가는 것이 성공한 사명자의 삶입니다. 주님을 다시 만날 그날까지 시간을 아껴 맡겨주신 사명을 실천하는 지혜로운 성도가 되십시오. 아멘!!!

🖤 주님, 시간을 잘 활용하며 저에게 주어진 사명대로 올바로 살게 하소서.

🧩 주님이 주신 지혜로 시간을 아껴가며 삶을 살고 있는지 점검합시다.

나의 영적 일지

불변의 법칙

읽을 말씀 : 시편 111:1-10

● 시 111:9 여호와께서 그 백성에게 구속을 베푸시며 그 언약을 영원히 세우셨으니 그 이름이 거룩하고 지존하시도다

미국 노스캐롤라이나 샬럿의 갈보리교회(Calvery Evangelical Church)의 담임이자 베스트셀러 작가인 로스 로즈(Ross Rhoads) 목사님은 그리스도인의 모든 성공에는 변함없는 7가지 기초가 필요하다고 말했습니다.

다음은 로즈 목사님이 말한 「그리스도인의 성공의 토대를 쌓는 7가지 기초 재료인 믿음」입니다.

1. 끝까지 우리를 포기하지 않으시는 하나님의 보호하심(신 31:6)

2. 다 이루어질 것이 분명한 하나님의 말씀(수 23:14)

3. 무궁한 하나님의 사랑과 긍휼(애 3:22)

4. 나의 모든 행위를 기억하시는 하나님(마 6:20)

5. 믿음은 결국 승리한다는 확신(벧전 1:9)

6. 분명한 영생의 약속(요 10:28)

7. 변하지 않는 영원한 사랑(고전 13:8-13)

아무리 아름다운 건물이라도 기초가 부실하다면 금방 무너집니다.

마찬가지로 하나님의 말씀이라는 기초로 튼튼히 세워지지 않는다면 언제 무너져도 이상하지 않습니다.

세상에 영원한 것은 없습니다. 사람의 노력으로 이루어내고, 성취해낸 모든 것이 언젠가는 빛을 발하며 결국 사라집니다. 오직 주님이 말씀으로 우리에게 약속하신 언약만이 영원합니다.

하나님이 주신 분명한 약속의 말씀을 기초로 무너지지 않는 튼튼한 성공의 탑을 세우십시오. 아멘!!!

🩷 주님, 주님의 말씀으로 기초가 튼튼한 신앙인이 되게 하소서.

🖼 구원의 확신 후에 받았던 양육 공부를 다시 한번 복습합시다.

나의 영적 일지

믿음과 회개

읽을 말씀 : 누가복음 13:1-5

● 눅 13:3 너희에게 이르노니 아니라 너희도 만일 회개치 아니하면 다 이와 같이 망하리라

"믿기만 하면 아무리 흉악한 범죄자도 천국에 가나요?"

기독교를 잘 모르는 사람들이 가장 많이 하는 질문 중 하나입니다.

믿음으로 이르는 은혜의 구원만 알지 회개에 대해서 잘 모를 때 믿는 우리들 역시 이런 의문을 갖게 됩니다.

영국의 훌륭한 큰 사역자였던 스펄전(C.H. Spurgeon)은 회개에 대해 다음과 같이 설교했습니다.

"믿음과 회개는 쌍둥이와 같은 존재입니다.

그러나 저는 요즘 믿는 성도에 대한 이야기는 많이 듣는 반면 회개하는 성도에 대한 이야기는 많이 듣지 못하고 있습니다.

저는 여전히 비통한 참회가 우리에게 존재하고 있다고 믿고 싶습니다.

제 신앙생활의 동반자인 회개가 여러분에게도 살아있기를 간절히 희망합니다."

스펄전은 자신이 눈물의 십자가를 건너 주님께로 건너왔다고 말했습니다.

"제가 믿음으로 갈보리에 왔을 때, 죄를 고백하며 진정한 구원이 예수님인지 알기를 간절히 바라는 마음으로 왔습니다.

저는 통곡과 탄원으로 구원에 이르렀습니다.

눈물 없는 믿음이 존재한다는 사실을 저는 이해할 수 없습니다."

모든 죄를 진심으로 뉘우치는 회개가 없이는 믿음으로 구원에 이를 수가 없습니다. 복음의 은혜를 누리기 전 죄를 깨닫고 통회하는 마음으로 주님께 고백하는 진정한 회개의 단계를 먼저 거치십시오. 아멘!!!

♡ 주님, 은혜를 누리기 전 통회하는 마음으로 주님께 나오게 하소서.

🖼 우리의 죄를 용서해주신 주님의 사랑을 많은 사람들에게 전합시다.

나의 영적 일지

나부터 돌아보라

읽을 말씀 : 베드로전서 3:8-17

● 벧전 3:8 마지막으로 말하노니 너희가 다 마음을 같이 하여 체휼하며 형제를 사랑하며 불쌍히 여기며 겸손하며

'내가 하면 로맨스, 남이 하면 불륜(내로남불)'이라는 말이 있습니다.

다음은 익명의 성도가 신앙생활을 하며 느낀 「그리스도인의 내로남불」에 관한 이야기들입니다.

『● 남이 성경을 안 들고 다니는 건 경건함이 없어서이고,
내가 성경을 안 들고 다니는 건 스마트폰 앱을 활용하는
똑똑한 신앙인이어서다.

● 남이 새벽을 깨우지 못하는 건 게을러서이고,
내가 새벽을 깨우지 못하는 이유는 너무나 바빠서 일어날 수 없어서이다.

● 남이 기도하며 눈물 흘리는 건 유별나게 티를 내는 위선이고,
내가 기도 중에 흘리는 눈물은 그만큼 간절하기 때문이다.

● 남이 대표 기도를 길게 하면 주책없는 것이고,
내가 대표 기도를 길게 하면 정성껏 준비한 것이다.

● 남이 헌금을 적게 내는 것은 인색해서이고,
내가 헌금을 적게 내는 것은 마음이 더 중요해서이다.

● 남이 예배를 빠지는 것은 십계명을 어기는 것이고,
내가 예배에 빠지는 것은 하나님이 어디에나 계시기 때문이다.』

하나님을 향한 믿음은 '하나님과 나'와의 관계가 제일 중요합니다.

다른 사람을 평가하고 비교하기 보다 오직 하나님 앞에 더욱 바로 서고자 노력하는 그리스도인이 되기를 소망하며 노력하십시오. 아멘!!!

🩶 주님, 다른 사람에게는 관대해도 스스로에게는 철저하게 하소서.
🎬 주님의 성품으로 남을 나보다 낫게 여기는 그리스도인이 됩시다.

나의 영적 일지

말보다 중요한 발

읽을 말씀 : 이사야 52:4-12

● 사 52:7 좋은 소식을 가져오며 평화를 공포하며 복된 좋은 소식을 가져오며 구원을 공포하며 시온을 향하여 이르기를 네 하나님이 통치하신다 하는 자의 산을 넘는 발이 어찌 그리 아름다운고

미국의 한 대형 방송국에 입사한 토니 토모플로스(Tony Thomopoulos)는 편안한 사무직을 두고 각 부서에 우편물을 나르는 허드렛일을 자청했습니다.

토모플로스가 진정으로 원하는 것은 방송국을 경영하는 임원이 되는 것이었습니다. 그러기 위해서는 한 부서에서만 일하는 직원이 아니라 모든 부서가 어떤 일을 하고, 어떻게 돌아가는지를 알아야 했습니다.

토모플로스의 생각으로는 매일 수십 곳의 사무실을 들르는 우편물 분류 작업이 이 일을 위한 최선이었습니다.

토모플로스는 모든 부서를 돌아다니며 되도록 많은 사람들에게 궁금한 점을 물었습니다. 그리고 단순히 우편물만 배달하지 않고 각 부서의 업무를 위해 필요한 능력이 무엇인지를 파악해 경영자라는 꿈을 이루기 위해서는 어떤 일을 배우고 어디로 가야 하는지를 하나님께 묻고 구했습니다.

마침내 토모플로스가 일하고 싶어 하는 부서에 공석이 생겼고, 이미 그 일에 필요한 능력을 갖춘 토모플로스는 기회를 잡았습니다.

맡은 일을 완벽하게 해낸 토모플로스는 차근차근 자신이 원하는 일을 해냈고, 몇 년 뒤 미국의 간판 방송사 중 하나인 *ABC*의 사장 자리에까지 올랐습니다.

토모플로스는 정확한 정보를 위해 발로 뛰고자 했던 것은 자기였지만 한 단계씩 위로 이끌어주신 분은 주님이라고 고백했습니다.

복음을 들고 사람을 만나지 않으면 하나님의 역사는 일어나지 않습니다.

전해야 할 복음을 들고, 만나야 할 사람을 찾아 직접 발로 뛰는 사명자가 되십시오. 아멘!!!

🤍 주님, 주님 말씀대로 제가 착하고 충성된 종이 되게 하소서.
🧩 발로 뛰며 이웃에게 복음을 전하고 선한 일로 이웃을 섬깁시다.

나의 영적 일지

아직 오지 않았다

읽을 말씀 : 베드로후서 3:10-18

● 벧후 3:18 오직 우리 주 곧 구주 예수 그리스도의 은혜와 저를 아는 지식에서 자라 가라 영광이 이제와 영원한 날까지 저에게 있을찌어다

'천국과 지옥'에 대한 설교를 들은 한 성도가 예배가 끝난 후 목사님을 찾아와 물었습니다.

"목사님, 그런데 도대체 지옥은 어디에 있습니까?

온 우주를 그렇게 살펴봐도 텅텅 비어 있는 공간뿐이지 않습니까?"

목사님은 매우 지혜로운 대답으로 성도에게 지옥이 있는 곳을 가르쳐 주었습니다.

"지옥이 어디에 있는지 정확히 말씀드리겠습니다.

예수 그리스도 없이 계속 걸어가다가 인생의 맨 끝에 도달하는 곳이 바로 지옥입니다."

천국도, 지옥도, 가장 귀한 축복도, 가장 끔찍한 저주도 생의 끝이 오기 전까지는 아직 오지 않은 것입니다.

크리스천의 삶에서 누릴 수 있는 가장 큰 축복은 예수님을 만나기 전까지 찾아오지 않습니다.

가나의 혼인잔치에서도 가장 좋은 포도주가 잔치의 마지막이 되어서야 나타났습니다.

바로 예수님이 오셨기 때문입니다.

우리의 사명이 다하는 그날까지, 예수님을 만나 뵙는 그날까지 우리 삶의 가장 큰 축복인 귀하고 좋은 것이 오고있다는 자세로 하루하루를 살아가십시오. 아멘!!!!

🤍 주님, 주님이 주시는 가장 큰 복을 기대하며, 기도하며 기다리게 하소서.

🧎 주님의 복을 받기에 합당한 삶을 살고 있는지 매일매일 돌아봅시다.

나의 영적 일지

신앙인의 자세

읽을 말씀 : 마태복음 5:13-20

● 마 5:14 너희는 세상의 빛이라 산위에 있는 동네가 숨기우지 못할 것이요

감리교의 창시자로 전 세계를 돌며 평생 전도를 했던 존 웨슬리(John Wesley)가 쓴 「할 수 있는 한」이라는 글입니다.

『할 수 있는 한 최선을 다하라.
당신이 할 수 있는 모든 수단과
당신이 할 수 있는 모든 방법으로
당신이 할 수 있는 모든 장소에서

당신이 할 수 있는 모든 시간에
당신이 할 수 있는 모든 사람들에게
당신이 할 수 있는 한 오래오래
할 수 있는 한 최선을 다하라.』

웨슬리가 사람들에게 할 수 있는 최선은 바로 전도였습니다.
그래서 그는 어디에서도, 누구를 만나도, 모든 방법으로 복음을 전했습니다.
우리도 복음 전파 중심의 삶이 되어야 합니다.
밤이 깊을수록 별이 잘 보이듯이 세상이 어려울수록 그리스도인들이 빛을 발해야 합니다.
우리가 할 수 있는 가장 선한 일인 복음 전파로 세상을 더욱 빛나게 밝히십시오. 아멘!!!

♡ 주님, 세상이 어려울수록 더욱 열심으로 복음을 전하게 하소서.
🖎 어디에서도, 누구를 만나도, 모든 방법으로 복음을 전합시다.

나의 영적 일지

창조된 이유

읽을 말씀 : 이사야 43:1-7

● 사 43:7 무릇 내 이름으로 일컫는 자 곧 내가 내 영광을 위하여 창조한 자를 오게 하라 그들을 내가 지었고 만들었느니라

　20세기 최고의 바이올리니스트로 불리는 프리츠 크라이슬러(Fritz Kreisler)는 공연과 연주로 많은 부를 얻었지만 대부분을 기부하며 검소하게 살았습니다.

　크라이슬러가 유럽을 여행하던 중 너무나 마음에 드는 바이올린을 만났는데 너무 비싸 전 재산을 팔아도 살 수가 없었습니다.

　몇 달 동안 열심히 돈을 모은 크라이슬러는 다시 그 악기점을 찾았는데 바이올린은 이미 다른 부유한 수집가에게 팔린 상태였습니다.

　크라이슬러는 수소문 끝에 수집가를 찾아가 그 바이올린을 팔라고 부탁했지만 수집가는 단칼에 거절했습니다. 크라이슬러는 그렇다면 바이올린을 한 번만 연주하게 해달라고 부탁했습니다. 바이올린을 켤 줄 모르는 수집가도 도대체 얼마나 좋은 소리를 내는지 궁금했기에 크라이슬러의 부탁을 들어주었습니다.

　크라이슬러는 능숙하게 연주를 시작했고 수집가는 거장의 연주에 큰 감명을 받았습니다. 연주가 끝나자 수집가는 크라이슬러에게 말했습니다.

　"저는 이 바이올린을 소장할 권리가 없는 것 같습니다.

　이 바이올린을 가장 잘 활용할 당신에게 거저 드릴테니 부디 이 아름다운 소리를 많은 사람들에게 들려주시길 바랍니다."

　바이올린이 만들어진 이유는 아름다운 소리를 내기 위해서이기에 연주자의 손에 들려 사용될 때만 만들어진 의미를 다합니다.

　구원받은 우리의 삶도 이와 마찬가지입니다.

　하나님을 알고, 복음을 전하기 위해 창조된 인생의 진정한 목적을 깨닫고 주님의 손에 들려 귀한 복음의 도구로 쓰임 받으십시오. 아멘!!!

🤍 주님, 주님의 손에 들려 귀한 복음의 도구로 쓰임 받게 하소서.

🖼 우리가 복음을 전할 대상을 제대로 알고 똑바로 전합시다.

나의 영적 일지

고난에 대한 반응

읽을 말씀 : 데살로니가후서 1:3-12

● 살후 1:5 이는 하나님의 공의로운 심판의 표요 너희로 하여금 하나
님 나라에 합당한 자로 여기심을 얻게 하려 함이니 그 나라를 위하
여 너희가 또한 고난을 받느니라

문명의 발생과 쇠퇴, 해체의 과정을 보편적인 이론으로 정립한 아놀드 토인비
(Arnold Joseph Toynbee)는 역사적으로 위대한 문명은 홍수와 가뭄이 잦은 척박한 지
역에서 꽃이 피었다고 주장했습니다.

어려움을 극복하고 이겨내는 과정에서 문명이 꽃피며 그 결과물에 안주할 때
문명은 쇠퇴하기 시작한다는 것을 역사를 통해 확인했기 때문입니다.

훗날 토인비는 사람 역시 문명의 역사와 같이 고난에 적응하는 것이 인생에서
가장 중요한 자질이라고 말했습니다.

토인비에 따르면 사람은 고난에 크게 네 가지로 반응합니다.

● 첫째 / 고난이 없었던 과거를 그리워한다.

● 둘째 / 고난이 사라진 미래를 떠올리기만 한다.

● 셋째 / 누군가 도와주기만을 하염없이 기다린다.

● 넷째 / 위기에 맞서 할 수 있는 일을 한다.

네 번째로 반응하는 사람만이 인생에서 무언가를 이룰 수 있는 사람이며 토인
비는 이런 사람들을 '창조적 소수자'(Creative Minority)라고 불렀습니다.

예수님의 말씀을 믿은 12명의 창조적 소수자가 만방에 복음을 전했습니다.
믿음 때문에 박해를 받고 죽임을 당하던 시절에도 진정한 그리스도인들은 신앙
을 포기하지 않았고 전도를 멈추지 않았습니다.

환란과 어려움에도 주님의 약속만을 믿고 따르던 믿음의 제자들처럼 고난에
도 주님만을 바라보는 창조적 소수자가 되십시오. 아멘!!!

💙 주님, 고난 중에도 오직 주님만을 바라보는 창조적 소수자가 되게 하소서.

🏋 12명의 제자처럼 창조적 소수자가 되어 만방에 복음을 전합시다.

나의 영적 일지

영적인 위험신호

읽을 말씀 : 고린도전서 15:50-58

● 고전 15:58 그러므로 내 사랑 하는 형제들아 견고하며 흔들리지 말며 항상 주의 일에 더욱 힘쓰는 자들이 되라 이는 너희 수고가 주 안에서 헛되지 않은 줄을 앎이니라

베스트셀러 「정서적으로 건강한 영성」의 저자이면서 뉴 라이프 펠로십 교회 (New Life Fellowship Church)의 담임목사로 섬기고 있는 피터 스카지로(Peter Scazzero) 목사님은 영적인 문제가 생겼을 때 하나님은 분명한 신호를 주신다고 말했습니다.

다음은 「영적으로 문제가 생겼을 때 일어나는 10가지」입니다.

01. 하나님으로부터 멀어지려 하며 하나님의 이름을 이용한다.

02. 분노, 두려움과 같은 부정적인 감정을 애써 무시한다.

03. 인간이 느끼는 당연한 욕구를 인정하지 않는다.

04. 과거의 문제를 완전히 외면한다.

05. 세상의 일, 거룩한 일로 세상의 모든 것을 이분법으로 나눈다.

06. 하나님과 함께 하기보다는 사역에만 빠져있다.

07. 갈등을 회피하며 가짜 평화를 유지한다.

08. 상처, 약점, 실패를 은폐한다.

09. 자신의 한계를 인정하지 않는다.

10. 다른 사람의 신앙을 함부로 판단한다.

올바른 신앙생활은 우리 삶의 모든 영역을 회복시킵니다.

건강을 위해 몸에 해로운 음식을 멀리하는 것을 고난이나 역경이라 부르지는 않습니다. 말씀을 따라 경건한 삶을 살아갈 때 우리의 삶도 결국은 전인적으로 회복됩니다. 겉으로만 열심인 착각된 신앙생활을 하고 있지는 않은지, 내 신앙생활의 위험신호를 돌아보십시오. 아멘!!!

💜 주님, 올바른 신앙생활로 제 삶의 모든 영역이 회복되게 하소서.

🧎 어떤 상황에서도 하나님을 바라보며 최선의 신앙생활을 합시다.

나의 영적 일지

11월 13일

마귀의 팔복

읽을 말씀 : 마태복음 5:3-12

● 마 5:12 기뻐하고 즐거워하라 하늘에서 너희의 상이 큼이라 너희 전에 있던 선지자들을 이같이 핍박하였느니라

미국의 더글라스 파슨스(Douglas Parsons)라는 성도가 마태복음 5장에 나오는 예수님의 팔복을 패러디해서 쓴 「마귀의 팔복」(「마귀로 인해 받게 되는 8가지 화」—편집자)이라는 글입니다.

"❶ 피곤하고 바쁘다고 교회에 나가지 않는 자는 복이 있나니/ 나의 믿을만한 일꾼이 될 것임이요, ❷ 교역자의 트집을 잡는 자는 복이 있나니/ 설교를 들어도 은혜를 받지 못할 것임이요, ❸ 나오라고 사정해야 겨우 교회 나오는 자는 복이 있나니/ 교회 안에서 말썽만 일으키게 될 것임이요, ❹ 남의 말을 좋아하는 자는 복이 있나니/ 그들은 교회 내의 다툼과 분쟁을 일으킬 것임이요, ❺ 걸핏하면 토라지는 자는 복이 있나니/ 작은 일에도 화를 내고 교회를 그만 둘 것임이요, ❻ 인색하여 헌금하지 않는 자는 복이 있나니/ 나의 일을 가장 잘하는 자가 될 것임이요, ❼ 하나님을 사랑한다 하면서도 형제와 이웃을 미워하는 자는 복이 있나니/ 나의 영원한 친구가 될 것임이요, ❽ 성경 읽고 기도할 시간이 없는 자는 복이 있나니/ 그들은 나의 꾐에 쉽게 넘어갈 것임이니라."

주님이 주시는 복을 통해 살아가는 사람은 마귀의 꾐에 넘어가지 않습니다. 그리스도인은 마귀의 팔복이 아닌 주님이 산에서 가르치신 진정한 팔복을 구하며 살아가야 합니다.

마음에 은혜가 아닌 욕심이 차 있을 때, 내 삶의 주인을 주님이 아닌 나로 놓을 때 신앙생활에 틈이 생기고 믿음의 뿌리가 얕아집니다.

말씀과 기도로 성령님의 인도하심에 민감하게 반응하고 주님의 뜻을 따라 살아가며 예배하는 복된 성도가 되십시오. 아멘!!!

♡ 주님, 주님이 주시는 복으로 살아 마귀의 꾐에 넘어가지 않게 하소서.
🧎 말씀과 기도가 중심인 삶을 사는 복된 성도가 됩시다.

나의 영적 일지

시간의 유한함

읽을 말씀 : 전도서 11:1-10

● 전 11:9 청년이여 네 어린 때를 즐거워하며 네 청년의 날을 마음에 기뻐하여 마음에 원하는 길과 네 눈이 보는대로 좇아 행하라 그러나 하나님이 이 모든 일로 인하여 너를 심판하실 줄 알라

독일 대학의 철학과에서 종종 하는 실험입니다.

교수가 학생들에게 "평생 동안 이루고 싶은 목표를 적어보세요"라고 말합니다. 학생들은 대부분 건성으로 종이를 채웁니다. 어떤 학생들은 강의 시간의 대부분이 지나도록 한두 개도 제대로 적지 못합니다.

여기서 교수가 한 가지 조건을 더 제시합니다.

"앞으로 여러분의 인생이 1년밖에 남지 않았다고 생각해 보세요."

분명 같은 내용인데도 인생이 1년밖에 남지 않았다고 하자 학생들은 부리나케 종이를 채우기 시작합니다.

이 방법은 독일을 대표하는 실존주의 철학자인 하이데거(Martin Heidegger)가 사람들에게 권장한 '자기 자신이 무엇이 되고 싶은지를 찾는 방법'입니다.

시간이 무한하다는 착각 속에 사는 사람은 자기가 정말로 바라고 원하는 일을 이룰 수 없습니다.

하나님이 허락하신 소중한 오늘 하루를 어떤 일로 채우고 싶습니까?

본문에 나온 대로 평생 이루고 싶은 일을 먼저 적어보십시오.

그리고 주님이 맡겨주신 나의 사명이 무엇인지 적어보십시오.

마지막으로 오늘 하루가 나에게 허락된 마지막 날이라면 나는 무엇을 할지 적어보십시오. 유한한 시간을 지혜롭게 활용하는 법이 무엇인지 주님이 가르쳐주실 것입니다.

마음속에 하나님이 심어주신 비전의 씨앗을 심고 가꾸는 일에 오늘 하루를 사용하십시오. 아멘!!!

♡ 주님, 오늘 하루도 비전을 위해 잘 계획하고 실천하게 하소서.

▨ 새로운 비전들을 점검하거나 세우고 그 시간들을 잘 관리합시다.

나의 영적 일지

결승점을 잊지 마라

읽을 말씀 : 마태복음 24:3-14

● 마 24:14 이 천국 복음이 모든 민족에게 증거되기 위하여 온 세상에 전파되리니 그제야 끝이 오리라

2012년 스페인에서 열린 크로스컨트리 레이스에서 있었던 일입니다.

올림픽 메달리스트인 강력한 우승 후보 아벨 무타이(Abel Mutai) 선수가 선두를 달리고 있었습니다.

2위인 스페인의 이반 페르난데스 아나야(Ivan Fernandez Anaya)와는 제법 거리가 벌어졌습니다.

그런데 결승선을 앞두고 갑자기 무타이 선수가 멈춰 서더니 세리머니를 했습니다. 결승점을 착각한 것입니다.

무타이 선수가 세리머니 후 걸어서 코스를 벗어나려 할 때 어느새 아나야 선수가 바짝 쫓아왔습니다.

무타이 선수는 그때까지도 상황을 파악하지 못했기에 그대로 달리면 아나야 선수의 우승은 확정적이었습니다.

그러나 그렇게 되면 정상적인 승부가 될 수 없다고 생각한 아나야 선수는 스포츠맨십을 발휘해 무타야 선수에게 결승선이 앞에 있다고 알려주었습니다. 그제서야 무타야 선수는 다시 달려서 우승을 차지했고 아나야 선수는 준우승에 머물렀습니다.

아나야 선수의 깨끗한 스포츠 정신도 배울 점이 되지만 그보다 더 중요한 것은 결승점이 어딘지를 똑똑이 알아야 한다는 교훈입니다.

하나님의 부르심을 받아 세상을 떠나는 그날이 그리스도인의 결승점입니다.

아무리 빨리 다다랐다 해도 다 와서 한눈을 팔면 결코 도달할 수 없습니다.

마지막까지 주님이 우리에게 주신 사명에 집중하십시오. 아멘!!!

♡ 주님, 주님이 주신 사명을 마지막까지 집중하게 하소서.

🦮 한눈팔지 않고 성도의 의무와 책임을 다하도록 노력합시다.

나의 영적 일지

북녘에도 생명을 전합시다

읽을 말씀 : 이사야 43:1-7

11월 16일

● 사 43:1 야곱아 너를 창조하신 여호와께서 이제 말씀하시느니라 이스라엘아 너를 조성하신 자가 이제 말씀하시느니라 너는 두려워 말라 내가 너를 구속하였고 내가 너를 지명하여 불렀나니 너는 내 것이라

『고향이 함경남도인 연모세 선교사님은 탈북해 중국에서 한 선교사님을 만나 예수님을 영접하고, 복음을 전하기 위해 다시 북한으로 들어가 극동방송 주파수가 맞춰진 라디오와 성경을 몰래 나눠주다가 발각돼 감옥에 갔습니다.

그는 하나님의 도우심으로 감옥을 나왔는데 하루는 동해안에서, 새벽 1시에 오징어잡이 배를 타게 됩니다. 갑자기 거센 풍랑이 일면서 주변 배들이 모두 뒤집히는 속에서 그가 탄 배는 가까스로 빠져나왔는데 이번에는 바다에 표류하였습니다. 죽게 된 절망적인 상황을 보내던 때 갑자기 갖고 온 라디오 생각이 났고, 라디오를 켜자 극동방송에서 이사야 43장 1절 설교가 나와 다시 살 힘을 얻었는데… 그때 그 방송의 설교자가 공교롭게도 저였다고 합니다. 하나님의 일하심은 놀랍습니다.

이를 통해 새 힘과 소망을 얻은 그는 마침 그곳을 지나가던 외국 상선에 의해 기적같이 발견되었고, 마침내 2012년에 한국에 오게 됐습니다.

2022년 6월 강원도 평창에서 열린 극동방송 전국운영위원회 수련회에서 나눈 그의 간증 중에 들은 내용인데 큰 감동이 됐습니다.

그는 극동방송을 통해 복음이 북한에 흘러 들어가고 있기에 북한은 복음의 불모지가 아니라 황금 어장이라면서 더 많이 복음이 들어갈 수 있도록 힘써 줄 것을 요청했습니다. 그의 간증은 극동방송이 북한에서 잘 들린다는 사실과 그 중요성을 다시 한번 확인시켜준 것이어서 우리 극동방송 사역자들과 전파 선교사들에게 큰 격려가 될 것이라 믿습니다.』 —「김장환 목사의 인생 메모」중에서

우리의 작은 헌신이지만 세상 모든 사람이 복음을 들을 수 있도록 복음 전파자가 되십시오. 아멘!!!

🩷 주님, 극동방송을 통해 복음이 북한 곳곳에 흘러가게 하소서.
🧶 복음 통일을 위해 기도하는 그리스도인이 됩시다.

나의 영적 일지

십일조를 감당할 믿음

읽을 말씀 : 말라기 3:7-12

● 말 3:10 만군의 여호와가 이르노라 너희의 온전한 십일조를 창고에 들여 나의 집에 양식이 있게 하고 그것으로 나를 시험하여 내가 하늘 문을 열고 너희에게 복을 쌓을 곳이 없도록 붓지 아니하나 보라

사업을 시작하는 성도가 목사님을 찾아와 기도를 부탁했습니다.

"지금은 제 수입이 얼마 되지 않지만 앞으로 무슨 일이 있어도 십일조를 철저히 지키겠습니다. 목사님, 제 사업을 위해 기도해 주세요."

매달 10만 원의 십일조를 내던 성도의 사업은 나날이 번창했습니다. 성도는 곧 천만 원의 십일조를 드렸고, 얼마 지나지 않아 1억을 십일조로 드렸습니다. 그런데 십일조가 1억 원을 넘어가자 너무 많이 내는 것 같은 기분이 들었습니다. 이 성도는 다시 목사님을 찾아가 말했습니다.

"목사님, 1억까지는 십일조를 낼 수 있었지만 이제는 5억이 넘는 돈을 내야 합니다. 마음에 부담이 되는데 십일조 상한선을 1억으로 정하면 안될까요?"

이 말을 들은 목사님은 그 자리에서 무릎을 꿇고 기도하기 시작했습니다.

성도가 무슨 기도를 드리냐고 묻자 목사님이 말했습니다.

"성도님의 믿음이 다시 십일조를 감당할 수 있도록 10만 원을 내던 때로 사업을 돌아가게 해달라고 기도했습니다."

목사님의 말을 들은 성도는 정신이 번쩍 들어 곧 회개했습니다.

미국 달라스 하이랜드 파크 교회(Highland Park Church)의 레이튼 퍼렐(Leighton Farrell)이 경험한 일화입니다.

십일조나 헌금은 세상의 물질에 매이지 않고 하나님을 진정 주님으로 모시겠다는 믿음의 표시입니다.

모든 것을 주신 주님께 감사하는 마음으로 십일조나 헌금의 믿음을 지키십시오. 아멘!!!

💙 주님, 주님께서 주신 은혜를 고백하는 마음으로 헌금하게 하소서.

🖼 주님과의 약속을 잘 지키며 살고 있는지 뒤돌아봅시다.

나의 영적 일지

불평보다 나은 행동

읽을 말씀 : 데살로니가전서 5:12-22

11월 18일

● 살전 5:13 저의 역사로 말미암아 사랑 안에서 가장 귀히 여기며 너희끼리 화목하라

교회에 다녀온 아이가 아버지에게 불평을 늘어놨습니다.

"요즘 찬송가는 너무 따분해요. 우리 같은 젊은 세대가 부를 수 있는 노래가 없어요. 너무 지루하고 오래된 노래만 불러요."

아이의 불평을 들은 아버지는 부드러운 목소리로 한 가지 제안을 했습니다.

"그렇다면 네가 한 번 만들어보는 건 어떻겠니?"

그냥 지나칠 수도 있는 이야기였지만 아이는 정말로 그 일에 도전해야겠다고 생각했습니다.

즉시 방으로 들어가 가사를 쓰고 작곡을 공부한 아이는 훗날 젊은 세대들에게 많이 사랑받는 찬송가를 350여 개나 발표했습니다.

「기쁘다 구주 오셨네」(115장), 「주 달려 죽은 십자가」(149장), 「만왕의 왕 내 주께서」(138장) 등을 쓴 아이작 와츠(Isaac Watts)의 이야기입니다.

신앙생활에 감동이 없고 불만이 싹트고 있다면 문제의 원인은 아무것도 하지 않는 우리들에게 있는 것일 수도 있습니다.

불평, 불만은 어떤 문제도 해결할 수 없습니다. 하나님이 주신 능력과 영감을 낭비하지 말고 더 건설적인 일에 사용하고자 노력해야 합니다.

불평과 불만 대신 그 문제를 위해 내가 할 수 있는 일이 무엇인지 생각해 보는 것이 건강한 그리스도인의 생각입니다.

복음이 말이 아닌 능력에 있듯이 우리도 말보다 행동을 앞세워야 합니다.

더 많은 포도주를 담을 수 있는 크고 유연한 새 부대의 역할을 감당하는 그리스도인이 되십시오. 아멘!!!

💗 주님, 불평, 불만을 하기보다 주님을 의지하며 감사하게 하소서.

🙇 주님이 주신 영감과 은사를 활용하기 위해 노력하며 삽시다.

나의 영적 일지

숲에 내린 뿌리

읽을 말씀 : 마태복음 13:18-23

● 마 13:20,21 돌밭에 뿌리웠다는 것은 말씀을 듣고 즉시 기쁨으로 받되 그 속에 뿌리가 없어 잠시 견디다가 말씀을 인하여 환난이나 핍박이 일어나는 때에는 곧 넘어지는 자요

일본 아오모리 지역의 후지사키 마을에서 한 농부가 친환경 사과나무를 기르고 있었습니다. 후지사키의 와키산 지역은 온 동네가 사과나무로 덮여 있을 만큼 사과로 유명한 지역입니다. 이곳에서 오랫동안 사과나무를 키운 기무라 아키노리는 농약과 비료를 과다하게 사용하는 현대 농법에 염증을 느껴 비료, 농약을 전혀 사용하지 않고 사과나무를 기르는 100% 친환경 농법을 사용했습니다.

그러나 10년간 제대로 된 사과를 수확할 수 없었습니다.

비료와 농약을 주지 않자 벌레가 들끓었고 어쩐 일인지 사과나무도 나날이 말라갔습니다. 도저히 팔 수 없는 형편없는 품질의 사과만 생산했습니다. 나무 한 그루에서 벌레가 10봉지씩 나왔고, 다음날 또 그만큼의 벌레가 나왔습니다.

대부분의 농부들은 몇 년 만에 친환경 농법을 그만뒀지만 아키노리는 무려 10년이나 연구와 실험을 거듭한 끝에 마침내 정답을 찾았습니다.

정답은 의외로 간단했습니다. 바로 숲의 흙을 농장에 갖다 심는 것이었습니다.

좋은 미생물과 영양이 풍부한 숲의 흙에 뿌리를 내린 사과나무들은 농약과 비료 없이도 건강하게 자라 훌륭한 열매를 맺었고 벌레도 꼬이지 않았습니다.

현재 아키노리 농장의 사과는 '기적의 사과'로 불리며 세계 각지에서 앞다투어 찾는 최고의 특산물이 되었습니다.

돈에 뿌리를 내리고 사는 사람은 돈만 찾는 삶을 살아가고 하나님의 말씀에 뿌리를 내리고 사는 사람은 주님을 위해 살아갑니다. 내 삶의 뿌리, 믿음의 뿌리가 주님의 말씀에 온전히 내리고 살아가고 있는지 돌아보십시오. 아멘!!!

💙 주님, 제 삶의 믿음의 토양이 좋은 땅이 되고, 많은 열매 맺게 하소서.
🧩 지금 내 삶은 참된 믿음에 뿌리를 내린 삶인지 돌아봅시다.

나의 영적 일지

의미 부여의 힘

읽을 말씀 : 이사야 64:1-9

● 사 64:8 그러나 여호와여 주는 우리 아버지시니이다 우리는 진흙이
요 주는 토기장이시니 우리는 다 주의 손으로 지으신 것이라

　　프랑스의 명품 수첩 브랜드 「몰스킨」(Moleskine)은 1800년대부터 수많은 예술가
들이 사용하던 높은 품질의 유서 깊은 브랜드였습니다.
　　그러나 비슷한 저가품이 대거 등장하고 디지털 기기들로 기록하는 사람들이
많아지면서 1980년에 역사의 뒤안길로 사라졌습니다.
　　몰스킨이 사라지고 10년도 더 지난 1995년에 이탈리아의 젊은 청년 두 명이
몰스킨이란 브랜드에 대한 이야기를 들었습니다.
　　'고흐, 피카소, 헤밍웨이가 사용했던 수첩'이라는 이 한 가지 사실만으로도 충
분한 메리트가 있어 보였습니다.
　　청년 두 명은 10년 전 망한 몰스킨을 부활시켜 매년 1,000만 개 이상이 팔리
는 히트 상품으로 만들었습니다.
　　사람들의 마음을 움직이는 광고 카피 덕분이었습니다.
　　"피카소, 채트윈, 고흐, 헤밍웨이 같은 많은 예술가들이 자신들의 창조성을 몰
스킨 수첩에 펼쳤습니다.
　　몰스킨은 비어 있는 수첩이 아니라 아직 쓰이지 않은 책입니다."
　　의미를 부여할 때 평범한 수첩에도 특별함이 깃듭니다.
　　예수님을 믿은 뒤의 삶이 완전히 새로운 삶인 이유도 우리의 삶에 새로운 의
미, 새로운 목표, 새로운 기쁨이 찾아왔기 때문입니다.
　　같은 일, 같은 삶이라도 하나님의 자녀라는 구원받은 성도의 자격으로 새로운
의미를 부여하십시오. 아멘!!!

💟 주님, 주님의 자녀로서 창조성을 가지고 의미 있는 삶을 살아가게 하소서.
📖 새 노트에 주님 안에서 살기 원하는 목록을 적읍시다.

나의 영적 일지

성도가 가야 할 곳

읽을 말씀 : 잠언 15:1~9

● 잠 15:9 악인의 길은 여호와께서 미워하셔도 의를 따라가는 자는 그가 사랑하시느니라

아이스하키 역사상 최고의 선수로 인정받는 웨인 그레츠키(*Wayne Gretzky*)는 다른 선수들이 따라올 수 없을 정도로 많은 득점과 도움을 올렸습니다.

아무리 뛰어난 선수라 해도 다른 경쟁자들 역시 프로 선수들인데 그레츠키의 기록은 도저히 따라올 수 없을 정도로 월등한 기록이었습니다.

탁월한 성적을 올리는 비결에 대해 그레츠키는 다음과 같이 말했습니다.

"다른 선수들은 하키 퍽을 쫓아다닙니다.

그러나 저는 하키 퍽이 향할 곳으로 미리 가 있습니다."

돈에 관한 유대인들의 금언 중에 "돈을 쫓지 말고 돈이 따라오게 하라"라는 말이 있습니다. 수많은 성공한 부자들도 돈을 따르지 말고, 열정이나 비전을 따를 때 다른 부수적인 것들은 저절로 따라온다고 말합니다.

예수님을 믿는 그리스도인들이 따라야 할 가치는 무엇입니까?

미리 가 있어야 할 곳은 어디입니까?

나의 인생이 어디를 향하고 있는지 냉철히 돌아보십시오.

주님은 먼저 하나님의 나라와 의를 구하라고 말씀하셨습니다.

그밖에 모든 것들은 주님이 채워주시기 때문입니다.

이 믿음과 소망을 가진 사람이 세상 속에서 하나님을 위해 살아가는 빛과 소금의 역할을 감당할 그리스도인이 되며 세상 어디를 가서라도 담대하게 복음을 전파하고, 하나님의 능력을 보이는 참된 제자가 됩니다.

성령님이 인도하시는 그곳에 가서 말씀이 가르치는 일을 하며 주님께서 기뻐하게 하십시오. 아멘!!!

♡ 주님, 성령님의 인도를 따라가면서 가치 있는 삶을 살 수 있게 하소서.

🐾 기도하면서 성령님이 인도하시는 삶을 살도록 노력합시다.

나의 영적 일지

정말 사랑하십니까

11월 22일

읽을 말씀 : 예레미야애가 3:25-33

● 애 3:26 사람이 여호와의 구원을 바라고 잠잠히 기다림이 좋도다

사람은 사랑에 빠지면 뇌에서 페닐에칠아민이라는 물질이 분비됩니다.

과학자들은 이 물질을 '사랑의 묘약'이라고 부릅니다. 페닐에칠아민은 이성을 마비시킬 정도로 강력한 행복감을 느끼게 하기 때문입니다. 천연 각성제로 불릴 정도로 강력한 효과가 있기에 사랑에 빠진 사람은 물불을 가리지 않고 상대방을 위해 헌신합니다.

미국 캘리포니아 대학교(University of California)의 연구에 따르면 사랑에 빠진 커플은 심박수가 똑같이 뛴다고 합니다. 두 사람의 호흡과 심장박동까지 일치하게 만드는 것이 바로 사랑의 신비입니다.

미국 스탠퍼드 대학교(Stanford University) 의대 연구팀이 사랑을 연구한 결과도 매우 흥미롭습니다. 연구팀은 극심한 통증으로 고생하는 환자들에게 사랑하는 사람의 사진을 보여줬습니다.

사랑하는 사람의 사진을 보기만 해도 40%의 통증이 줄어들었고, 매우 극심한 통증도 15%나 강도가 줄어들었습니다.

사랑에 빠지면 호흡도 함께 하며 사진만 바라봐도 통증이 줄어듭니다.

우리가 주님과 사랑에 빠졌다면 매일 주님을 생각하며 주님이 원하시는 대로 삶을 살아가며 주님을 떠올리기만 해도 행복함을 느껴야 합니다. 사람을 사랑할 때보다 더 크고 강렬한 기쁨이 주님으로 인해 넘쳐나고 있습니까?

모든 것을 주사 끝까지 사랑하신 주 예수 그리스도를, 나의 모든 마음과 열정을 다해 열렬히 사랑하십시오. 아멘!!!

🤍 주님, 주님을 진심으로, 열정적으로 사랑하는 성도가 되게 하소서.
🖼 주님이 주시는 강렬한 기쁨으로 사람을 사랑합시다.

나의 영적 일지

모든 것이 감사

읽을 말씀 : 시편 100:1-5

● 시 100:4 감사함으로 그 문에 들어가며 찬송함으로 그 궁정에 들어가서 그에게 감사하며 그 이름을 송축할찌어다

추수감사절은 미국의 초대 대통령인 조지 워싱턴(George Washington)이 선포한 유서 깊은 기념일입니다.

워싱턴은 추수감사절을 국가기념일로 선포하며 이날만큼은 하나님께 "진실하고 겸손한 감사(Sincere and humble thanks)를 드리자"라고 말했습니다.

신약 성경에 주로 나오는 감사는 '유카리스티아'(Eujcaristiva)라는 헬라어입니다. 이 단어는 '생각하다'라는 뜻도 가지고 있습니다.

하나님에 대해 생각해 보십시오. 오로지 감사뿐입니다.

하나님께 받은 것을 생각해 보십시오. 감사 외에는 드릴 것이 없습니다.

또한 유키리스티아라는 단어에는 '은혜'라는 뜻의 '카리스'(Karis)라는 단어가 포함되어 있습니다. 은혜가 무엇입니까? 받을 자격이 없는 사람도 누리는 축복입니다. 우리가 누리는 모든 삶이 하나님이 거저주신 은혜입니다.

모든 것을 주신 분께 우리가 무엇을 드릴 수가 있겠습니까?

단 한 가지, 감사만 드릴 수 있습니다. 하나님이 주신 모든 은혜에 대한 보답으로, 모든 것이 은혜라는 사실을 깨달은 사람만이 '진실하고 겸손한' 진정한 감사를 하나님께 드릴 수 있습니다.

하나님이 무엇을 주셨기 때문에 감사하는 것이 아니라, 이미 모든 것을 주셨기에 감사하는 것입니다. 세상의 그 어떤 것도 주님의 은혜가 아니고서는 우리가 누릴 수 없습니다.

한시라도 주님을 향한 감사를 잊지 않도록 주님의 은혜를 깊이 생각하며 의심과 불만이 끼어들지 못하도록 충만한 감사로 삶을 채우십시오. 아멘!!!

♡ 주님, 모든 좋은 것들을 주님의 은혜 임을 잊지 않고 항상 감사하게 하소서.
▩ 입과 마음에서 감사의 인사가 끊이지 않게 합시다.

나의 영적 일지

지금 예수님이 계신다

읽을 말씀 : 요한복음 14:12-18

11월 24일

● 요 14:16 내가 아버지께 구하겠으니 그가 또 다른 보혜사를 너희에게 주사 영원토록 너희와 함께 있게 하시리니

어떤 교회의 예배 시간에 30대 정도의 낯선 청년이 새로 찾아왔습니다.

목사님은 그 청년에게 자꾸만 시선이 끌리고 신경이 쓰였습니다.

예배가 끝난 후 그 청년을 찾았지만 이미 어디론가 사라져버리고 없었습니다.

그 청년을 안내한 안내 위원에게 혹시 청년의 이름을 아냐고 물었더니 안내 위원이 대답했습니다.

"네, 자기 이름이 예수라고 하더군요."

이름을 듣고 깜짝 놀란 순간 목사님은 잠에서 깼습니다. 사무실에서 설교 준비를 하다가 꿈을 꾼 것이었습니다.

그러나 꿈의 내용이 너무나 강렬했던 목사님은 그날 주일 설교 시간에 이 이야기를 성도들에게 전했습니다.

"여러분, 지금 이 자리에 분명히 예수님이 함께 계십니다.

이 자리에 예수님이 계신다고 생각하고 저도 말씀을 전할 테니, 여러분도 예수님이 이 자리에 함께 앉아 계신다고 생각하고 예배를 드려주십시오."

그날 이후로 이 교회의 예배에는 하나님이 부어주시는 은혜가 넘쳐 점점 부흥했습니다.

미국이 파송한 최초의 선교사인 아도니람 저드슨(Adoniram Judson)의 일화입니다.

예수님은 언제나 우리와 함께 하십니다. 이 말씀은 제자들에게, 그리고 우리에게 말씀하신 예수님의 분명한 약속입니다.

모든 예배와 삶 가운데 주님이 동행하신다는 생각을 잊지 마십시오. 아멘!!!

🖤 주님, 주님께서 저와 동행하심을 믿고 사람들에게 주님을 전하게 하소서.

🧎 언제 어디서나 우리와 함께 하시는 주님을 믿고 따릅시다.

나의 영적 일지

희망이 없다면

읽을 말씀 : 갈라디아서 5:2-9

● 갈 5:5 우리가 성령으로 믿음을 좇아 의의 소망을 기다리노니

러시아의 알렉산드르 솔제니친(Aleksandr Solzhenitsyn)은 11년간의 러시아 수용소에서 겪은 경험을 바탕으로 「수용소군도」라는 소설을 썼습니다.

수용소에서 철저하게 짓밟히는 인간의 존엄성에 대한 기록은 전 세계를 놀라게 했고 솔제니친은 이 책을 쓴 뒤 다음과 같은 말을 남겼습니다.

"우리는 희망이 없이는 살아갈 수 없습니다.

희망 없이 살아가겠다는 말은 삶은 그만두겠다는 말과 같습니다."

솔제니친은 소련의 굴라크 수용소에서 벌어지는 참상은 희망이 없기 때문이라고 생각했으며, 희망이 없는 곳이라면 세상 어디에서도 같은 참상이 일어날 수 있다고 생각했습니다.

세계 제2차대전 때 적군에게 포로로 잡힌 미군은 2만 명이었습니다.

이들 중 절반에 가까운 8천 명이 석방 전에 목숨을 잃었습니다.

사망 원인은 영양부족도, 질병도, 고문도 아니었습니다.

이들의 사망 원인은 희망이 없었기 때문입니다.

고국으로 돌아갈 희망이 없었기에 이들은 힘든 시간을 버틸 수 없었을 것입니다. 마음에 희망을 품은 사람들은 끝끝내 버텨 고국으로 돌아갔고, 절망에 싸인 사람들은 대부분 감옥에서 생을 마감했습니다.

희망이 없는 인생은 살아갈 동력을 잃게 됩니다. 인간 스스로 건널 수 없는 죽음이라는 완전한 절망 앞에 희망을 주실 수 있는 분은 죽음을 이기사 영원한 생명의 큰 복을 예비하신 예수님뿐입니다. 세상 마지막 날까지 영원한 소망이 되시는 예수님의 십자가의 능력을 마음에 품으십시오. 아멘!!!

♡ 주님, 죽음을 이기고 영생의 큰 복을 주신 주님을 철저히 믿게 하소서.

🖼 주님이 주시는 말씀을 따라 순종하며 희망을 품고 삽시다.

나의 영적 일지

죽음을 대하는 자세

읽을 말씀 : 요한복음 3:1-8

● 요 3:3 예수께서 대답하여 가라사대 진실로 진실로 네게 이르노니 사람이 거듭나지 아니하면 하나님 나라를 볼수 없느니라

우리나라 40세 이상 중 80%는 죽음이 무엇인지를 한 번쯤 생각해 본 적이 있다고 합니다. 그리고 그중 60%는 죽음을 두렵게 느낀다고 응답했습니다.

나이가 들수록 세상을 떠나는 여러 사람을 보며 다양한 죽음의 모습들을 보게 되고 자연스럽게 죽음을 생각하게 됩니다. 그러나 대부분의 죽음이 좋지 않은 모습이기에 자연스레 죽음에 대한 두려움이 생기는 것입니다.

이런 이유로 이제는 많은 사람들이 무작정 오래 살기보다는 적당할 때 떠나는 방식의 죽음을 선호하고 있습니다.

통계에 의하면 첫해에는 10만 건이던 연명의료결정제도 사전 등록이 3년 만에 75만 건으로 큰 폭으로 상승했습니다.

대부분은 무의미한 치료를 하지 말라는 내용이었습니다.

영원한 소망을 품고 사는 그리스도인들이라면 죽음을 어떻게 받아들여야 할까요?

신학자이자 기독교 변증가인 팀 켈러(Timothy J. Keller) 목사님은 다음과 같이 말했습니다.

"충분히 슬퍼하되 깊은 소망을 가져라!"

세상적으로 죽음은 위로하며 슬퍼해야 할 일입니다. 그러나 여기에서 그쳐서는 안 됩니다. 기독교는 죽음 이후의 소망을 믿으며 그 소망을 다른 사람의 마음에 심어줍니다.

죽음 이후의 영원한 기쁨을 누릴 하나님이 예비하신 천국이 분명히 있음을 믿고 또 전하십시오. 아멘!!!

♡ 주님, 주님 앞으로 가는 마지막 순간까지 후회 없는 인생을 살게 하소서.

🕮 오늘이 마지막이라면 어떤 삶을 살고 싶은지 생각해 봅시다.

나의 영적 일지

하나님의 손에 붙들린 삶

읽을 말씀 : 스바냐 3:14-20

● 습 3:17 너의 하나님 여호와가 너의 가운데 계시니 그는 구원을 베푸실 전능자시라 그가 너로 인하여 기쁨을 이기지 못하여 하시며 너를 잠잠히 사랑하시며 너로 인하여 즐거이 부르며 기뻐하시리라 하리라

심한 소아마비로 다리가 거의 꼬여서 태어난 신생아가 있었습니다.

의사는 이 아이가 한 달도 안 되어서 세상을 떠날 것이며 설령 산다 해도 식물인간처럼 침대에 누워 평생을 지내야 할 것이라고 말했습니다.

독실한 크리스천인 부모님은 아이를 포기하지 않고 걷기 훈련을 시켰습니다. 아이는 혹독한 연습에도 9살이 돼서야 2살 아이처럼 걸을 수 있었습니다. 거울 속에 비친 초라한 자신의 모습을 보고 아이는 절망에 빠져 하나님께 외쳤습니다.

"왜 나를 이런 비참한 모습으로 세상에 태어나게 하셨나요?"

그 순간 분명한 하나님의 음성이 들렸습니다.

"내가 너를 만들었다. 그러니 슬퍼하지 말고 나를 믿어라!"

분명한 하나님의 음성을 들은 아이는 그날부터 하나님을 의지해 무엇이든 할 수 있다고 생각하며 살았습니다.

하나님은 멀쩡한 다리는 주지 않으셨지만 다른 재능을 주셨습니다.

아이는 항상 미국 전국 상위 10%에 들 정도로 머리가 명석했고, 여러 웅변대회에서 수상할 정도로 말솜씨가 좋았습니다.

36세에 세상을 떠났지만, 자신의 재능을 살려 미국의 장애인 교육과 복음 전파에 큰 업적을 남긴 로버트 시얼스(Robert Searls) 목사님의 이야기입니다.

목사님이 세상을 떠났을 때 교회를 다니지 않는 사람들도 조의를 표할 정도로 모든 버밍엄 시민들은 목사님을 존경했습니다.

얼마나 사느냐가 중요한 것이 아니라 어떻게 사느냐가 중요합니다.

하나님의 손에 붙들려 주님의 뜻대로 살아가는 성도가 되십시오. 아멘!!!

🖤 주님, 주님의 손에 붙들려 하루하루를 주님의 뜻대로 살아가게 하소서.

🎴 주님이 허락하신 매일매일을 감사와 찬양이 넘치게 합시다.

나의 영적 일지

하나님의 방법

11월 28일

읽을 말씀 : 고린도전서 4:1-9

● 고전 4:1,2 사람이 마땅히 우리를 그리스도의 일군이요 하나님의 비밀을 맡은 자로 여길찌어다 그리고 맡은 자들에게 구할 것은 충성이니라

　　신학자이자 선교사인 에드워드 파웰(Edward Powell)이 두 명의 동역자와 함께 서아프리카로 선교를 떠났습니다.

　　서아프리카의 소규모 부족들에게 복음을 전하고 현지어로 성경을 번역하려는 목적이었습니다.

　　파웰 일행은 어렵게 한 오지 마을에 도착했는데 샤머니즘을 신봉하는 추장은 복음을 들으려고 하지 않으며 강하게 배척했습니다.

　　섭씨 50도가 넘는 무더위에 음식도 입에 맞지 않은 파웰은 설상가상으로 이질에 걸려 앓아누웠습니다. 주님을 위해 오지까지 왔는데 기적은 고사하고 복음은 꺼내지도 못한 채 초가집에 누워있는 자신의 처지가 너무 한탄스러웠습니다. 이제 어떻게 해야 하냐고 주님께 부르짖었지만 어떤 응답도 없었습니다.

　　그런데 다음 날 추장이 찾아와 깜짝 놀랄 이야기를 했습니다.

　　"내가 믿는 신께 당신의 회복을 구했지만 도저히 낫지가 않으니 이제 당신이 믿는 신께 기도해도 좋습니다."

　　함께 온 동역자가 파웰을 위해 기도하자 하루 만에 이질은 나았고 이 모습을 본 추장은 하나님의 살아계심을 믿게 되어 곧 온 마을이 복음을 영접했습니다. 하나님을 원망하게 했던 이질이 결국 부족에게 복음을 전하는 가장 빠르고 확실한 방법이었습니다.

　　하나님의 완전한 계획을 믿는다면 우리에게 필요한 것은 오직 순종뿐입니다. 주님이 명하신 곳에 가고, 주님이 명하신 일을 순종하는 충성된 일꾼이 되십시오. 아멘!!!

🤍 주님, 주님의 충성된 일꾼으로서의 본분을 잊지 않게 하소서.
🖼 마지막까지 주님이 주시는 말씀을 따라 순종하며 삽시다

나의 영적 일지

11월 29일

나비가 된 번데기처럼

읽을 말씀 : 디도서 3:1-11

● 딛 3:5 우리를 구원하시되 우리의 행한바 의로운 행위로 말미암지 아니하고 오직 그의 긍휼하심을 좇아 중생의 씻음과 성령의 새롭게 하심으로 하셨나니

나비가 되기 전 애벌레는 날지도 못하고 잎사귀 위를 기어 다니는 평범한 벌레입니다. 하지만 고치 안에 들어간 애벌레는 그 안에서 무슨 일이 있었는지 몰라도 화려한 나비가 되어 새로운 삶을 살아갑니다.

곤충학자들은 처음에는 고치에서 애벌레가 날개를 달고, 몸이 어느 정도 변하는 약간의 변화가 일어날 것이라고 예상했습니다. 그러나 아무리 신기한 변화가 일어난다 해도 애벌레에서 나비가 된다는 것은 상식적으로 납득하기 어려웠습니다.

하버드 대학교의 캐롤 윌리엄스(Carroll Milton Williams) 박사는 고치의 생성과정을 오랜 기간 연구하다가 충격적인 사실을 발견했습니다.

연구 결과 애벌레는 고치 안에서 완전히 액체처럼 녹아 나비로 변화한 것입니다. 말 그대로 새로 태어난 것입니다. 그러나 애벌레 때의 기억은 나비가 되어서도 고스란히 가지고 있었습니다.

애벌레가 나비가 되는 과정에서 모든 세포는 녹아버리고 새롭게 생성되기에 이는 불가능한 일이지만 연구를 거듭해도 나비는 애벌레 때의 기억을 분명히 가지고 있었습니다.

예수님을 믿고 그리스도인이 되는 순간 우리의 겉모습은 그대로일지라도 우리의 속사람은 나비가 된 번데기처럼 완전히 새롭게 변화됩니다. 죄에 붙잡혀 인생을 허송하던 우리의 모습은 예수님을 영접하는 순간 완전히 사라집니다.

나를 구원하시고 새롭게 변화시켜주신 주님의 놀라운 은혜로 완전히 변화된 삶을 살아가십시오. 아멘!!!

♡ 주님, 죄에 붙잡혀 인생을 허송하며 유혹에 빠지지 않고 살게 하소서.
🧩 주님만을 바라보며 주님의 뜻이 무엇인지 묵상합시다.

나의 영적 일지

평가보다 격려를

읽을 말씀 : 빌립보서 2:1-11

11월 30일

● 빌 2:4 각각 자기 일을 돌아볼 뿐더러 또한 각각 다른 사람들의 일을 돌아보아 나의 기쁨을 충만케 하라

한 어린이가 부모님이 외출한 사이 거실 바닥을 물감으로 잔뜩 칠했습니다.

집으로 돌아온 부모님이 그 모습을 보고 깜짝 놀라자 어린이는 자랑스럽게 자기의 그림을 소개했습니다.

"제 동생의 얼굴을 보고 그린 그림이에요. 어때요?"

사실 사람의 얼굴인지 형체조차 알아볼 수 없는 엉망진창인 그림이었습니다. 게다가 물감이 딱딱히 굳어 거실은 한바탕 대청소를 해야 했습니다.

화가 날 수 있는 상황이었지만 부모님은 오히려 격려를 부어주었습니다.

"어머나, 누가 봐도 동생인 걸 바로 알아보겠구나.

우리 벤자민 그림 실력이 너무 뛰어나서 나중에 커서

화가가 될 수도 있겠는걸?"

부모는 말을 마치고 자녀를 따스하게 안아주었습니다.

부모의 격려로 그림에 흥미를 느끼게 된 벤자민 웨스트(Benjamin West)라는 어린이는 훗날 영국 왕립 예술원의 2대 원장이자 19세기 미국의 신고전주의를 대표하는 화가로 성장했습니다.

하나님이 주신 우리의 재능은 격려와 사랑으로 피어납니다. 10m가 자라날 나무도, 수십m 이상 자라날 나무도 똑같이 좋은 토양과 햇살이 필요합니다.

비판과 비난이 아닌 재능과 격려만이 하나님이 주신 재능을 꽃피웁니다. 우리 역시 마찬가지고, 다른 사람 역시 마찬가지입니다.

하나님이 주신 비전을 품고 열심히 노력하는 사람들에게 더욱 따스한 격려와 칭찬을 부어주십시오. 아멘!!!

🤍 주님, 가슴에서 우러나오는 진심으로 사람들을 대하게 하소서.

🦋 따스한 격려와 칭찬의 말이 사람을 변하게 할 수 있음을 깨달읍시다.

나의 영적 일지

12월

"네 하나님 여호와께서 권고하시는 땅이라
세초부터 세말까지
네 하나님 여호와의 눈이 항상 그 위에 있느니라"

– 신명기 11:12 –

12월 1일

고마운 분들을 기억하라

읽을 말씀 : 로마서 16:3-16

● 롬 16:3 너희가 그리스도 예수 안에서 나의 동역자들인 브리스가와 아굴라에게 문안하라

『저는 매년 연말이 다가오면 고마웠던 분들을 떠올리며 성탄 카드를 보냅니다. 그중에서도 학창 시절 저에게 큰 사랑을 베풀어주셨던 선생님들을 기억하고 성탄 카드와 용돈을 보내드리고 있습니다. 영어라고는 미군부대에서 하우스보이 시절 배운 간단한 표현이 전부였기에 미국 학교 입학 초기에는 모든 과목에서 낙제점을 받았습니다. 그럼에도 선생님들은 제가 영어만 익숙해지면 시험을 다 패스할 수 있을 것이라 믿고 F가 아닌 D학점을 주셨습니다.

이 일은 저에게 큰 격려와 힘이 됐습니다. 선생님들의 도움과 피나는 노력 끝에 제 영어 실력은 일취월장했고 그 후 영어 웅변대회에 학교 대표로 선발됐습니다. 시 대회, 주 대회까지 우승한 저는 미국 전국 영어 웅변대회에서 일등상인 아이젠하워 대통령상까지 받았습니다. 그때 선생님들의 도움이 아니었다면 1973년 빌리 그래함 전도대회에서 제가 통역을 맡는 일은 불가능했을지도 모릅니다.

매년 카드와 선물을 보내드렸던 두 분의 선생님 중에서 매카운(Ms. McCown) 선생님은 2년 전에 돌아가셨고, 90세가 훌쩍 넘으신 마컴(Ms. Markham) 선생님께서는 노제자가 되어서도 해마다 감사를 표현하는 저에게 큰 감동을 받고 있다고 손 편지로 답장을 보내주십니다.

우리 모두 지금까지 살아오는 동안 기다려주고, 격려하고 도와주신 고마운 분들이 계십니다. 은혜가 나의 노력으로 받은 것이 아니듯이 많은 분들의 도움 없이는 지금의 나도 없었을 것입니다.』-「김장환 목사의 인생 메모」중에서

지금 생각나는 그분들에게 정성 어린 카드와 함께 선물을 보내십시오. 아멘!!!

♡ 주님, 나의 나 된 것은 하나님의 은혜임을 알게 하소서.
🖼 오늘 생각나는 사람, 기억해야 할 은인에게 작은 선물이라도 드립시다.

나의 영적 일지

그릇을 키워라

읽을 말씀 : 시편 81:9-16

● 시 81:10 나는 너를 애굽땅에서 인도하여 낸 여호와 네 하나님이니
네 입을 넓게 열라 내가 채우리라 하였으나

경제잡지 포브스에 따르면 역사상 두 번째로 돈이 많은 것으로 알려진 강철왕 앤드류 카네기(Andrew Carnegie)가 말한 「부자가 되는 십계명」입니다.

1. 돈을 따라 쉽게 옮겨 다니지 말고 지금 자리에서 최선을 다하라.

2. 사람을 소중히 여기고 인맥 관리에 신경을 쓰라.

3. 시련을 두려워하지 말고 웃어넘겨라.

4. 정직하게 품질로 승부하라.

5. 아무도 시도하지 않는 것을 시도하라.

6. 여행으로 시야를 넓혀라.

7. 자신에게 정직하라.

8. 기쁨을 함께 나눌 수 있는 진정한 친구를 만들라.

9. 어떤 유혹에도 신념을 지켜라.

10. 부자인 채로 죽는 것은 부끄러운 일이다.
　　부를 이웃을 섬기는 데 사용하라.

"부자인 채로 죽는 것은 부끄러운 일이다"라는 카네기의 명언은 이 십계명에서 비롯됐습니다.

그리스도인인 강철왕 카네기는 이런 사고방식을 가진 사람들은 비록 평범한 능력을 갖췄을지라도 비범한 능력을 낼 수 있는 리더십을 가지게 된다고 말했습니다.

하나님께 복을 달라고 구하기 전에 먼저 주시는 복을 담을 수 있는 크고 튼튼한 그릇이 되게 해달라고 기도하십시오. 아멘!!!

🤍 주님, 주님께서 주시는 복을 담을 수 있는 튼튼한 그릇이 되게 해주소서.
🎐 주시는 복을 온전히 받을 수 있는 넓은 그릇의 사람이 됩시다.

나의 영적 일지

12월 3일

내일은 너무 늦다

읽을 말씀 : 누가복음 12:13-21

● 눅 12:19,20 …영혼아 여러 해 쓸 물건을 많이 쌓아 두었으니 평안히 쉬고 먹고 마시고 즐거워하자 하리라 하되 하나님은 이르시되 어리석은 자여 오늘 밤에 네 영혼을 도로 찾으리니 그러면 네 예비한 것이 뉘 것이 되겠느냐 하셨으니

심장에 이상한 통증을 느낀 한 남자가 병원을 찾았습니다.

정밀 검사를 마친 의사는 남자에게 수술 동의서를 내밀며 말했습니다.

"내일 아침에 수술해야 합니다.

상황이 심각해 다른 일정도 모두 미뤄놓았습니다.

수술 동의서에 사인하고 가족들에게 빨리 알리십시오."

검사를 마치자마자 수술을 해야 한다는 말에 남자는 당황스러웠습니다.

"며칠만 시간을 주십시오.

일단 가족들과 상의도 해야 하고, 기도도 해봐야 할 것 같습니다.

내일 당장 수술하는 건 무리일 것 같습니다."

의사는 끝까지 수술을 받아야 한다고 권했지만 남자는 계속해서 거절했습니다. 그때 병원에서 같은 교회를 다니며 친분이 있던 다른 의사가 이 소식을 듣고 찾아왔습니다. 이 의사는 들어오자마자 인사도 없이 다급히 끼어들었습니다.

"여보게! 지금 이럴 시간이 없네. 당장 입원해서 내일 수술을 받아야 해.

안 그러면 너무 늦어!"

하루만 지나도 위급할 수 있다는 다급한 외침에 남자는 수술을 결심했고 다행히 골든타임을 넘기지 않고 무사히 회복했습니다. 레잇 앤더슨(Leith Anderson) 목사님이 담임인 미국 미네소타주 우드데일(Wooddale) 교회에서 일어난 일입니다.

우리에게 보장된 삶은 오직 오늘뿐입니다.

내일 믿고, 내일 헌신하고, 내일 전도하면 너무 늦을지 모릅니다.

하나님이 맡겨주신 귀한 일들을 내일이 아닌 바로 오늘 하십시오. 아멘!!!

♡ 주님, 오늘 할 수 있는 일을 내일로 미루지 않고 살게 하소서.

🎞 그리스도인으로서 매일매일 해야 할 일을 충실히 합시다.

나의 영적 일지

마음을 채우는 말

읽을 말씀 : 베드로전서 3:8-17

●벧전 3:10 그러므로 생명을 사랑하고 좋은 날 보기를 원하는 자는 혀를 금하여 악한 말을 그치며 그 입술로 궤휼을 말하지 말고

국민건강보험공단의 조사에 따르면 우리나라에 우울증을 겪고 있는 환자는 100만 명으로 매년 10%씩 가파르게 증가한다고 합니다.

우울증, 불안감 유발률도 40%로 OECD 국가 중 1위입니다. 10명 중 4명이 우울증과 불안감으로 생활의 불편함을 느끼고 있다는 의미입니다.

다음은 세계적인 정신과 전문의인 존스 홉킨스 대학교(The Johns Hopkins University)의 아담 카플린(Adam Kaplin) 박사가 말한 「우울증 환자에게 해줘야 하는 6가지 말」입니다.

1. 내가 네 곁에 있어.

2. 너는 혼자가 아니야.

3. 네 잘못이 아니야.

4. 내가 함께 할게.

5. 내가 뭘 도와주면 될까?

6. 지금 무슨 생각을 하고 있어?

반면에 "당신의 기분을 잘 알고 있다", "어떻게든 힘을 내라"라는 종류의 말은 절대로 해서는 안 된다고 박사는 덧붙였습니다.

어렵고 힘든 상황에서 마음의 공허함은 더욱 크게 느껴지고 삶을 힘들게 합니다. 바로 이런 사람들에게 우리가 다가가 하나님의 사랑을 전하고 지친 마음을 위로해야 합니다.

사랑과 관심이 필요한 이웃을 찾아가 겸손한 섬김으로 위로와 복음을 전하십시오. 아멘!!!

♡ 주님, 주변의 모든 사람들을 섬기는 마음으로 대하며 위로하게 하소서.

▧ 어렵고 힘든 상황에서 마음이 공허한 사람을 위해 관심을 가집시다.

나의 영적 일지

포크로 전한 복음

읽을 말씀 : 사도행전 9:36-43

● 행 9:36 욥바에 다비다라 하는 여제자가 있으니 그 이름을 번역하면 도르가라 선행과 구제하는 일이 심히 많더니

미국 서부 지역의 교회들이 자주 찾는 한 수련회 장소에는 포크로 복음을 전하는 전설적인 조리장이 있었습니다.

40년 동안 시설을 찾는 성도들에게 맛있는 요리를 만들어주던 조리장은 무엇보다 디저트에 가장 공을 들였습니다.

식사가 끝나고 디저트가 나오기 직전에 조리장은 식당으로 나와 사람들을 주목시키고 다음과 같이 외쳤습니다.

"여러분, 아직 포크를 내려놓지 마세요.

가장 맛있는 요리인 디저트가 아직 나오지 않았습니다.

우리에게 가장 큰 기쁨과 행복이 될 천국이 아직 오지 않은 것과 같이요."

세상을 살아가며 크고 작은 고난이 있을지라도 결국 마지막은 행복이 가득한 천국이 우리의 본향이라는 사실을 조리장은 요리를 통해 사람들에게 전하고 싶었습니다. 이 조리장의 이름은 전해지지 않지만 40년 동안 포크를 놓지 말라며 복음을 전한 조리장의 이야기만큼은 지금도 전설처럼 전해지고 있습니다.

조리장의 유언은 손에 포크를 쥔 채로 관에 넣어달라는 것이었습니다.

조리장이 준비한 디저트처럼 자신의 삶도 마침내 기쁨이 가득한 본향으로 떠난 것이라는 사실을 마지막까지 전하고 싶었기 때문입니다.

삶이라는 여정을 통해 우리가 가고 있는 곳이 어딘지 아는 사람에게는 그 어떤 고단한 시험도 영향을 미칠 수 없습니다.

슬픔도 눈물도 없는 영원한 하늘나라에 들어가기까지 다만 하나님이 맡기신 일들에 최선을 다하는 충성된 종이 되십시오. 아멘!!!

🤍 주님, 저에게도 복음을 이해하기 쉽게 전할 수 있는 방법과 능력을 주소서.
🧶 삶의 마지막까지 복음을 전하기 위해 최선을 다합시다.

나의 영적 일지

만남의 축복

읽을 말씀 : 빌레몬서 1:1-7

● 몬 1:6 이로써 네 믿음의 교제가 우리 가운데 있는 선을 알게 하고 그리스도께 미치도록 역사하느니라

　　미국의 인류학자 윌리엄 비커스(William Vickers)가 아마존강 유역을 탐사 중이었습니다. 비커스는 세코아라는 이름의 원주민 부족을 만났는데 추장의 아들인 라몬 피아구아제의 그림 실력을 보고 깜짝 놀랐습니다.

　　피아구아제는 그림에 대한 어떤 교육도 받은 적이 없었습니다.

　　심심할 때마다 나뭇가지로 땅에 무언가를 그리던가 숯을 사용해 칠하는 것이 전부였는데 비커스가 보기에는 어떤 화가의 실력보다 뛰어났습니다.

　　비커스는 다음번 탐험 때 일부러 이 부족을 찾아와 추장의 아들에게 물감을 선물했습니다. 피아구아제는 물감으로 그림에 색을 칠할 수 있다는 사실을 알고 매우 놀라며 이전보다 더욱 열정적으로 그림에 몰두했습니다.

　　피아제의 그림은 4년 뒤 밀레니엄을 기념하기 위해 영국에서 열린 세계 최대의 회화 경시대회에서 대상을 탔습니다.

　　51개국의 2만 2천 명의 화가가 참가한 대회에서 한 번도 미술교육을 받은 적이 없는 원주민의 그림이 1등을 했다는 사실이 알려지며 피아구아제는 곧 세계적인 화가로 대접을 받았습니다. 비커스를 만나지 못했다면 피아구아제는 뛰어난 그림 실력을 갖고도 빛을 보지 못했을 것입니다.

　　모세에게는 아론이 있었고, 바울에게는 바나바가 있었듯이 하나님은 항상 사람과 사람의 만남을 매개로 역사하십니다.

　　나의 도움이 필요한 사람들을 만나는 축복 / 내가 도움을 받아야 할 사람들을 만나는 축복 / 하나님의 영광을 세상에 펼칠 수 있는 만남의 축복을 내 삶에 허락해 달라고 간구하십시오. 아멘!!!

♡ 주님, 주님의 영광을 세상에 펼칠 수 있는 귀한 만남을 허락하소서.
🙇 만남의 축복을 경험할 수 있도록 오직 기도와 간구로 구합시다.

나의 영적 일지

넓은 바다, 깊은 바다

읽을 말씀 : 시편 145:1-6

● 시 145:3 여호와는 광대하시니 크게 찬양할 것이라 그의 광대하심을 측량치 못하리로다

나름 바다를 좀 돌아다녔다고 자부하는 다랑어와 오징어가 태평양에서 만났습니다. 두 생선은 서로 자기가 다녀본 바다를 자랑했습니다.

먼저 다랑어는 바다가 얼마나 넓은 곳인지 아냐며 오징어에게 자랑했습니다.

"자네 바다가 얼마나 넓은 곳인지 아는가?

한 달을 돌아다녀도 다 못 볼 넓은 바다가 세계에는 몇 개나 있다네.

여기 태평양만한 바다를 나는 몇 군데나 더 가봤어."

이 말을 들은 오징어는 바다는 넓기보다는 깊은 곳이라고 반박했습니다.

"아니야. 바다는 넓은 곳이 아니라 깊은 곳이야.

내가 가본 저쪽 해구는 빛이 들어오지도 않아 완전히 깜깜할 정도로 깊은 곳이라네. 바다는 이처럼 깊은 곳이야."

바다가 넓은지, 깊은지를 두고 다투던 두 생선은 결론이 나지 않자 주변의 생선들까지 불러 토론을 시작했고, 이내 태평양의 모든 생선들은 바다가 넓다고 생각하는 생선과 바다가 깊다고 생각하는 생선으로 갈라져 큰 다툼을 벌였습니다.

사람은 자기가 아는 것, 자기가 경험한 것만이 진리라고 생각합니다. 그러나 바다가 깊기도 하고, 넓기도 한 것처럼 하나님의 은혜도 각자에게 다양한 방법으로 임합니다.

서로의 삶에 임한 하나님의 은혜를 인정하는 넓은 마음으로 다투고 논쟁하기보다 인정하고 합력함으로 하나님의 선을 이루십시오. 아멘!!!

🩷 주님, 서로의 필요를 채우며 사랑으로 화합하며 살아가게 하소서.

🎴 주님의 은혜 안에서 모두가 합력하여 선을 이룹시다.

나의 영적 일지

책임질 말만 합시다

읽을 말씀 : 잠언 18:1-9

● 잠 18:8 남의 말하기를 좋아하는 자의 말은 별식과 같아서 뱃속 깊은데로 내려가느니라

미국의 한 유명한 목사님이 목회 중 생기는 대부분의 문제는 '불만' 때문이라는 사실을 깨달았습니다.

교회 내의 문제들도 대부분 불만에서 생기는 것이었고, 목사님을 찾아와 상담하는 성도들도 대부분 어떤 불만을 털어놓으려는 것이었습니다.

이 문제를 해결하기 위해 열심히 기도하던 목사님은 방명록과 비슷한 방식의 '불평록'이라는 노트를 만들어야겠다고 생각했습니다.

다음부터 목사님은 성도들이 찾아와 불만을 털어놓을 때면 먼저 불평록을 꺼내놓고 말했습니다.

"성도님의 불만사항을 여기에 적어주시겠습니까?

문제를 해결할 수 있도록 모든 성도들과 함께 논의하겠습니다."

이 말을 들은 성도들은 단 한 명도 불평록에 글을 적지 않았습니다.

관계에서 생기는 불만사항들은 대부분 누군가의 일방적인 잘못이 아니라 함께 극복해야 할 책임이라는 사실을 깨달았기 때문입니다.

이 목사님의 40여 년 목회 가운데 불평록에는 단 한 줄의 글도 적히지 않았다고 합니다.

우리 마음속에 불평과 불만이 자리 잡을 때 마귀가 공격할 틈이 생깁니다.

작은 균열이 큰 댐을 무너트립니다. 굳건한 우리의 믿음에 금이 가지 않도록 하나님이 주시는 사랑과 긍휼의 마음으로 마귀에게 틈을 주지 말아야 합니다.

정당한 비판이라 생각되는 불평과 불만도 내가 책임질 수 있는 말만 하십시오. 아멘!!!

💜 주님, 불평과 불만이 생길 때면 주님의 말씀으로 물리치게 하소서.

🧎 지금 마음속에 불평과 불만이 있다면 불평록에 적어 봅시다.

나의 영적 일지

기도를 가로막는 벽

읽을 말씀 : 에베소서 2:11-22

● 엡 2:14 그는 우리의 화평이신지라 둘로 하나를 만드사 중간에 막힌 담을 허시고

감리교 교단에 100년이 넘는 역사를 지닌 케노시스 영성원에서 말한「기도를 가로막는 벽」이라는 글입니다.

여러 목록 중 우리가 가장 많이 가로막히는 10개의 벽만 추린 내용입니다.

01. 자기중심적인 사고에 빠져 있을 때

02. 하나님이 아닌 다른 것에 마음을 빼앗긴 상태일 때

03. 깊은 피로감과 여유가 없는 삶을 살아갈 때

04. 물질만능주의라는 벽에 사로잡혀 있을 때

05. 기도에 대해서 올바로 배우지 못해 무지할 때

06. 타성적인 신앙생활을 하고 있을 때

07. 마음이 아닌 머리로만 기도할 때

08. 세속적 쾌락에 빠져 있을 때

09. 지금 정도면 충분하다는 생각을 하고 있을 때

10. 불화, 갈등, 용서할 수 없는 상태 등 인간관계에 문제가 있을 때

하나님의 아들이신 독생자 예수님도 중요한 사역을 앞두고는 항상 기도에 온 힘을 쏟으셨습니다.

기도는 신앙생활에서 반드시 최우선으로 놓아야 할 가장 중요한 하나님과의 교제 시간입니다. 사랑하는 주님을 만나는 귀한 기도의 시간을 하루도 빼놓지 말고 준비하십시오. 아멘!!!

♡ 주님, 기도를 가로막는 벽이 없는 귀한 기도의 시간이 되게 하소서.

🎴 구하면 반드시 이루어주신다는 믿음으로 간절히 기도합시다.

나의 영적 일지

본향을 기억하라

읽을 말씀 : 고린도후서 13:1-10

● 고후 13:5 너희가 믿음에 있는가 너희 자신을 시험하고 너희 자신을 확증하라 예수 그리스도께서 너희 안에 계신 줄을 너희가 스스로 알지 못하느냐 그렇지 않으면 너희가 버리운 자니라

미국 위스콘신주의 도시 그린베이(Green Bay, Wisconsin)에서 푸치라는 길 잃은 앵무새가 발견됐습니다. 길에서 죽기 직전의 상태였던 푸치는 야생동물협회의 구조로 기적적으로 목숨을 건졌습니다.

이후 이 안타까운 소식을 접한 수 글리슨(Soo Gleeson)이라는 여성이 푸치를 입양해 키웠습니다.

글리슨의 돌봄으로 건강을 회복한 푸치는 어느 날부터 한 주소를 계속 반복해서 말했습니다.

"그린베이 오네이다 1500번지."

며칠 뒤에야 푸치가 말하는 이 말이 주소라는 것을 깨달은 글리슨은 혹시 하는 마음에 곧장 그 주소를 확인해 전화를 걸었습니다.

전화를 받은 존이라는 노인은 자신이 앵무새를 키웠지만 안타깝게도 몇 주 전에 잃어버렸다고 말했습니다.

푸치는 존이 다른 사람과 대화 중에 말한 집 주소를 기억했기에 길을 잃고, 죽을 위기를 넘겼지만 다시 주인의 품으로 돌아가게 되었습니다.

예수님과 늘 동행하며 살고 있다면, 우리가 결국 가야 할 곳이 우리의 본향 천국이라는 사실을 알고 있다면 세상에서의 어떤 어려움도 이겨낼 수 있습니다. 우리 인생에서 가장 중요한 사실, 예수 그리스도가 나의 구원자라는 사실을 생의 마지막까지 잊지 마십시오. 아멘!!!

🤍 주님, 주님만이 전부라는 사실을 마음에 깊이 새기게 하소서.

🛐 구원자이신 주님께 모든 영광을 돌리며 삽시다.

나의 영적 일지

교회를 떠나는 이유

읽을 말씀 : 로마서 12:3-13

● 롬 12:11 부지런하여 게으르지 말고 열심을 품고 주를 섬기라

최근 20여 년 전부터 우리나라를 포함한 전 세계적으로 기독교인의 인구는 점점 줄어들고 있다고 합니다.

유럽에는 이미 인구의 20~30%가 무슬림인 나라도 많으며 머지않아 무슬림이 세계에서 가장 많은 사람들이 믿는 종교가 될 것이라는 예측도 있습니다.

왜 유독 크리스천 인구만 줄어드는 것일까요?

다음은 문화선교연구원이 국내 성도들을 대상으로 조사한 「사람들이 교회를 떠나는 5가지 이유」입니다.

1. 다음 세대에 대한 부족한 관심
2. 성도들 사이의 무관심
3. 시대에 맞춰서 이해할 수 있는 깊이 있는 말씀에 대한 갈급함
4. 일반 성도가 참여할 수 있는 교회 사역의 부재
5. 식어버린 전도의 열정(75%의 사람들이 전도를 받아본 적이 없음)

복음이 다시 세상에 전파되고 믿는 성도들이 늘어나기 위해서는 누군가 해야 한다고 생각되는 일들을 바로 우리가 실행해야 합니다.

예수님이 제자들에게 명하신 귀한 복음의 사명은 다른 사람이 아닌 믿는 우리들이 똑같이 감당해야 할 평생의 사명입니다.

사랑으로 교제하며 거룩하게 생활하며 뜨겁게 복음을 전하는 참된 제자가 되어 다시 복음의 불길을 만방에 일으키십시오. 아멘!!!

🤍 주님, 겸손과 성실을 실천하는 주님의 제자다운 삶을 살게 하소서.
🙋 나는 지금 주님의 제자로서 부끄럽지 않은지 생각합시다.

나의 영적 일지

격려의 원칙

읽을 말씀 : 데살로니가전서 4:13-18

● 살전 4:18 그러므로 이 여러 말로 서로 위로하라

발달심리학 이론에 따르면 사람의 행동을 변화시키는 가장 좋은 방법은 격려라고 합니다. 심리학자들이 학생들을 세 집단으로 나눠 자기 방 청소를 시키는 실험을 진행했습니다.

● 첫 번째 집단에게는 청소를 안 하면 벌을 주었습니다.
● 두 번째 집단에게는 청소를 하면 칭찬을 해줬습니다.
● 세 번째 집단에게는 아무런 벌도 칭찬도 주지 않았습니다.

1주일이 지나자 칭찬을 받은 집단과 벌을 받은 집단은 여전히 청소를 잘했습니다. 그러나 칭찬도 벌도 받지 못한 집단은 대부분 방 청소를 그만뒀습니다.

시험이 끝나고 약 한 달이 지나자 벌을 받은 집단의 학생들도 청소를 그만뒀지만 격려를 받은 집단의 학생들은 여전히 자발적으로 청소를 열심히 했습니다.

리더십 전문가이자 베스트셀러 작가이기도 한 존 맥스웰(John Calvin Maxwell) 목사님은 격려에 대해 다음과 같은 말을 남겼습니다.

"여러분은 한 가지 행동으로 누군가에게 버틸 힘을 주고,
누군가에게 희망을 주고, 누군가를 변화시키고,
누군가를 위대하게 만들 수 있습니다.
바로 격려입니다."

예수님은 늘 부족한 제자들을 끊임없는 격려와 사랑으로 보듬어주셨습니다. 잘한 일에는 칭찬해 주고, 실수한 일에는 격려해 주며 믿음 가운데 서로의 영육을 강건하게 세워주는 예수님의 참된 제자가 되십시오. 아멘!!!

♡ 주님, 누군가에게 희망을 주고 격려하는 주님의 제자가 되게 하소서.
🎞 주님의 격려와 사랑을 생각하며 우리도 칭찬을 생활화합시다.

나의 영적 일지

행하는 믿음

읽을 말씀 : 야고보서 2:14-22

●약 2:17 이와 같이 행함이 없는 믿음은 그 자체가 죽은 것이라

저명한 심리상담가이자 여론조사기관과 언론사에서도 훌륭한 경력을 쌓은 찰스 알렌(Charles L. Allen) 박사가 미국 전역의 크리스천들을 대상으로 「신앙생활에 대한 표본조사」를 진행했습니다.

대상은 스스로를 크리스천이라고 생각하는 사람들이었는데 결과는 매우 충격적이었습니다.

- 전체 성도의 20%는 주일 예배를 반드시 지키지 않아도 된다고 생각함.
- 30%는 기도하는 방법을 전혀 모르며, 배울 생각도 없다고 응답함.
- 35%는 성경을 한 장도 읽지 않음.
- 40%는 헌금생활을 제대로 하고 있지 않음.
- 60%는 신앙과 관련된 서적을 단 한 권도 사본 적이 없음.
- 75%는 교회 출석 외에 다른 직분이나 헌신, 봉사를 하고 싶지 않다고 함.
- 85%는 단 한번도 전도를 시도조차 하지 않음.
- 그러나 응답자의 100%가 자신은 천국에 갈 것이라 믿었고 축복을 받고 싶다고 말함.

그리스도인은 주님의 가르침을 배우고, 주님의 말씀을 따라 사는 사람입니다. 교회에 하루 나가고, 말로만 주님을 믿는다고 고백한다고 모든 사람이 그리스도인이 되는 것은 아니며, 예수님의 제자가 되는 것은 더더욱 아닙니다.

행함이 없는 믿음은 죽은 믿음이라는 말씀으로 스스로를 돌아보고 믿는 대로 행하는 진실한 크리스천이 되십시오. 아멘!!!

♡ 주님, 진실한 크리스천으로서 크리스천답게 부끄럽지 않게 살게 하소서.
🎴 행하는 믿음의 삶을 살고 있는지 지난 삶을 돌아봅시다.

나의 영적 일지

만남이 성공이다

읽을 말씀 : 요한복음 1:9-18

● 요 1:12 영접하는 자 곧 그 이름을 믿는 자들에게는 하나님의 자녀가 되는 권세를 주셨으니

혼자서 1년에 9천억 원의 매출을 올리는 세계 최고의 세일즈맨 나카지마 카오루의 책「단순한 성공 법칙」에 등장하는 성공에 가장 중요한 요소들입니다.

『세상 사람들은 성공하기 위해 필요한 요소로 크게 세 가지를 꼽습니다.

'재능 / 노력 / 운'

그러나 저는 성공에 필요한 것은 무엇보다도 '만남'이라고 생각합니다.

1. 진짜 바라는 것이 무엇인지를 아는 '나'와의 만남.

2. 이루고 싶은 '꿈'과의 만남.

3. 그 '꿈'을 함께 할 '사람'과의 만남.

4. 사람을 통해 얻게 되는 꿈을 이룰 '기회'와의 만남.

이 네 가지 만남이 있는 사람은 누구나 성공할 수 있습니다.』

인생에서 만남은 정말로 중요하지만 그중에서도 가장 중요한 만남은 날 구원하신 예수님과의 만남입니다.

만남을 통해 아무리 성공을 이루고, 행복을 가꿔도 구원주 예수님을 만나지 못한다면 결국 모든 것이 사라질 헛된 것입니다.

죽을 병에 걸린 사람은 살 길을 찾기 위해 그 어떤 희생도 아끼지 않습니다. 병을 낫게 할 약만 있다면 세상에서 가장 큰 부자도 전 재산을 아낌없이 내놓을 것입니다. 그런데 바로 모든 사람이 구원을 받고, 영생을 얻을 수 있는 놀라운 축복이 이미 우리를 위해 준비되어 있습니다. 바로 복음입니다.

인생에서 꼭 만나야 할 주님을 아직도 만나지 못한 사람에게 서둘러 주님을 소개하십시오. 아멘!!!

♡ 주님, 인생에서 꼭 만나야 할 주님을 이웃 사람들에게 전하게 하소서.
🖼 우리의 구원주 예수님을 소개하는 일에 전심을 다합시다.

나의 영적 일지

마음을 가꾸는 법

읽을 말씀 : 베드로전서 1:3-12

● 벧전 1:7 너희 믿음의 시련이 불로 연단하여도 없어질 금보다 더 귀하여 예수 그리스도의 나타나실 때에 칭찬과 영광과 존귀를 얻게 하려 함이라

세계적으로 유명한 호텔 체인점 「홀리데이 인」(Holiday Inn)의 창업자 케몬스 윌슨(Kemmons Wilson)이 말한 「우리 마음을 하나님의 정원으로 가꾸는 방법」입니다.

『하나님을 섬기는 것처럼 사람을 섬긴 것이 제 성공의 비결입니다.

● 우리 마음을 하나님이 기뻐하시는 정원으로 가꾸기 위해서는
먼저 다음의 다섯 가지 씨앗을 심으십시오.
‘기도/준비/부지런함/인내/예의’
● 다음으로는 마음에 자라난 세 가지 잡초를 뽑으십시오.
‘험담/비난/무관심’
● 다음으로는 다섯 가지 거름을 주십시오.
‘사랑/신실/충성/양선/정직’
● 마지막으로 세 가지 벌레를 잡으면 우리의 마음은
성령의 열매로 가득한 아름다운 정원이 될 것입니다.
‘교회를 못 나가게 방해하는 벌레/타성에 젖은 신앙생활이라는 벌레/
내가 아닌 다른 사람이 하겠지라고 떠넘기는 벌레’』

신앙의 성공이 곧 인생의 성공입니다.

영원한 생명을 받고 살아가는 우리들은 성공의 기준도 세상과 달라야 합니다.

세상이 가리키는 화살표가 아닌 말씀이 인도하는 좁은 길을 성공의 길로 삼으십시오.

우리의 주인이 되시고 우리의 마음 안에서 늘 함께 거하시는 주님을 위해 마음을 성령의 열매가 풍성한 정원으로 가꾸십시오. 아멘!!!!

🤍 주님, 제 안에 주님이 주신 성령의 열매가 풍성한 정원을 꾸미게 하소서.

🎞 세상이 정한 성공이 아닌 신앙 안에서의 성공을 위해 기도하며 노력합시다.

나의 영적 일지

주님 안에서 한 걸음씩

읽을 말씀 : 시편 37:20-40

● 시 37:23 여호와께서 사람의 걸음을 정하시고 그 길을 기뻐하시나니

『강원도 속초에 위치한 영동극동방송은 지난 2019년 4월 대형 산불로 방송사 건물이 전소되는 아픔을 겪었습니다.

다행히 수많은 분들의 기도와 도움으로 방송사를 다시 건축하게 됐습니다.

그런데 땅의 지반이 무르고 약해 파일을 박아야 한다는 지질 조사 결과가 나왔습니다. 추가 건축비가 7천만 원이 더 필요했습니다.

어려운 마음에 기도하던 중 부산에서 한 젊은 부부가 영동극동방송 임시 사무실 문을 두드렸습니다. 하나님이 가라고 해서 왔다는 부부는 교회 이름이 적힌 헌금 봉투를 수줍게 내밀었습니다. 봉투 안에는 놀랍게도 정확히 7천만 원이 들어있었습니다.

부산에서 사업을 하던 남편분은 고민거리였던 땅이 처분되면서 십일조를 해야겠다는 생각을 했다고 합니다. 그런데 새벽 기도 시간에 누군가 옆에서 "가라, 가라"라고 말하는 소리가 들렸다고 합니다. 주변을 돌아봐도 아무도 없어서 "도대체 어디를 가라고 하는 겁니까?"라고 중얼거렸는데 그때 하나님이 산불로 전소된 영동극동방송을 보게 해주셨다고 합니다. 저는 이후에 부산에 내려가서 그 부부를 만나 기도해 드렸고, 영동극동방송 신사옥 헌당식 때 기도실을 그분의 이름으로 봉헌했습니다.

믿음 안에서 살아가는 사람은 어떤 문제에도 결코 두려워할 이유가 없습니다. 삶의 걸음을 우리 스스로 정하는 것 같지만, 우리의 한 걸음, 한 걸음 방향을 정하시는 분은 하나님이십니다.』 -「김장환 목사의 인생 메모」 중에서

하나님의 음성에 온전히 순종하는 삶이 되십시오. 아멘!!!!

💟 주님, 주님의 음성을 들을 수 있는 겸손과 믿음을 주소서.
🖼 주님께서 발걸음을 인도해 주신 경험들을 서로 나눕시다.

나의 영적 일지

부자가 된 걸인

읽을 말씀 : 에베소서 4:17-24

● 엡 4:22 너희는 유혹의 욕심을 따라 썩어져 가는 구습을 좇는 옛 사람을 벗어 버리고

영국에 줄리안 모리스(Julian Ellis Morris)라는 유명한 걸인이 있었습니다.

줄리안은 단순히 길에서 구걸을 하지 않고 거리에서 주운 물건을 집집마다 방문해 팔았습니다.

매일 수십 군데의 집을 방문했기 때문에 도시에서 줄리안을 모르는 사람이 없었습니다.

그런데 어느 날 어떤 변호사가 줄리안을 찾아왔습니다.

"당신의 부모님이 당신에게 막대한 유산을 남겼습니다."

줄리안의 부모님은 어린 시절 잃어버린 아들을 찾아 모든 재산을 물려달라는 유언을 남기고 세상을 떠났는데 변호사가 온갖 고생 끝에 찾아낸 것입니다.

하루아침에 도시에서 제일가는 부자가 된 줄리안은 한동안 유럽의 여러 나라를 돌아다니며 돈을 펑펑 썼습니다.

대저택에서 리무진을 타고 다녔지만 그래도 일이 없는 날은 여전히 거리를 돌아다니며 물건을 주워서 팔았습니다.

도시에서 제일가는 부자였지만 거리를 돌아다니는 그의 모습은 영락없이 걸인이었기에 줄리안 모리스는 한때 영국에서 '가장 이해할 수 없는 부자'라고 불렸습니다.

예수님의 공로로 하나님의 자녀가 된 우리도 어디서든지 하나님의 자녀답게 살아야 합니다.

예수님을 만나기 전 옛 습관을 좇는 옛사람을 버리고 하나님이 주시는 새로운 삶을 당당하게 영위하는 진정한 그리스도인으로 살아가십시오. 아멘!!!

♡ 주님, 지금 나는 하나님의 자녀답게 살고 있는지 생각하게 하소서.

🖼 과거에 얽매이기보다는 한걸음 전진하는 진정한 그리스도인이 됩시다.

나의 영적 일지

말씀이 말하는 나

읽을 말씀 : 빌립보서 2:1-11

● 빌 2:3 아무 일에든지 다툼이나 허영으로 하지 말고 오직 겸손한 마음으로 각각 자기보다 남을 낮게 여기고

미국 의회를 취재하던 한 신참 기자가 의원들의 행태에 크게 분노해 다음과 같은 제목의 기사를 썼습니다.

'미국 국회의원들은 전부 모자란 사람이다.'

기자의 기사에는 충분히 타당한 근거가 있었습니다.

그러나 그 기사를 본 편집장이 한마디 했습니다.

"자네의 분노는 충분히 이해하지만 이렇게 제목을 썼다가는 의원들의 격렬한 항의를 마주하게 될 걸세. 그러나 내용은 아주 좋으니 제목을 조금만 수정하면 어떨까?"

편집장이 고친 기사를 본 신참 기자는 흔쾌히 승낙했습니다.

그리고 신문이 발간된 뒤에도 단 한 통의 항의 전화도 받지 않았습니다.

편집장이 수정한 기사 제목은 다음과 같습니다.

'미국 국회의원들은 한 명을 빼고는 전부 모자란 사람이다.'

모든 의원들이 자신이 그 한 명이라고 생각했기 때문입니다.

사람은 본능적으로 자기 자신이 다른 사람보다 낫다고 생각하며 살아갑니다. 그러나 누구보다 겸손하게 하나님 앞에 무릎으로 나아가야 할 바로 그 사람이 나입니다.

하나님보다 나를 높이려고 하는 그 순간, 남보다 내가 낫다고 생각되는 그 순간이 바로 우리가 더욱 겸손해야 할 때입니다.

내가 아닌 남을 나보다 낫게 여기며 말씀의 교훈으로 조금씩 성장해 나가십시오. 아멘!!!

♡ 주님, 저 자신보다 남을 높일 수 있는 겸손한 마음가짐을 갖게 하소서.
🦵 내가 아닌 남을 나보다 낫게 여기며 말씀의 교훈으로 살아갑시다.

나의 영적 일지

가장 가까운 방법

읽을 말씀 : 로마서 1:8-17

● 롬 1:17 복음에는 하나님의 의가 나타나서 믿음으로 믿음에 이르게 하나니 기록된바 오직 의인은 믿음으로 말미암아 살리라 함과 같으니라

서로가 옆집에 사는 친한 친구 두 명이 있었습니다.

두 친구가 서로의 집에 찾아가는 방법은 두 가지입니다.

하나는 집을 나서서 바로 옆에 있는 집을 찾아가는 방법이고, 다른 하나는 반대쪽으로 지구를 한 바퀴 돌아 찾아가는 방법입니다.

바로 옆에 있다는 사실은 가장 가깝게 갈 수도 혹은 가장 멀게 갈 수도 있다는 뜻입니다.

몇 분이면 갈 수 있는 옆집을 반대편으로 지구를 돌아가려는 사람은 세상에 한 명도 없을 것입니다. 그러나 만약 집과 집 사이가 도저히 넘을 수 없는 장벽으로 막혀 있다면 친구를 만나기 위해서는 지구 반대편으로 돌아가는 방법뿐입니다.

허무맹랑한 이야기 같지만 많은 사람들이 이와 비슷한 사고방식으로 신앙생활을 하고 있습니다.

예수님은 믿기만 하면 바로 구원받을 수 있는 옆집과 같은 은혜를 허락하셨습니다. 그러나 사람들은 이 가까운 길을 멀리 돌아가려고 합니다.

'조금만 더 즐기고…, 나중에 때가 되면…, 완전히 믿어지면…,

기적을 보여주신다면….'

예수님은 이미 우리와 하나님 사이에 있던 죄의 벽을 완전히 허무셨습니다. 그 사실을 믿고 주님을 영접하는 것이 가장 빠른 구원의 길입니다.

가장 가까운 방법이자, 유일한 방법인 예수님의 보혈로 완성된 구원을 영접하십시오. 아멘!!!

♡ 주님, 생사화복을 주관하시는 주님을 철저히 믿어 큰 복 받게 하소서.

🖼 세상에 예수님의 보혈로 완성된 구원을 전합시다.

나의 영적 일지

끝이 아닌 시작

읽을 말씀 : 요한1서 1:5-10

●요일 1:9 만일 우리가 우리 죄를 자백하면 저는 미쁘시고 의로우사
우리 죄를 사하시며 모든 불의에서 우리를 깨끗케 하실 것이요

때로는 끝이 있는 곳에서 새로운 시작이 생겨나고, 죽음이 있는 곳에서 새로운 생명이 탄생합니다. 한 알의 씨앗이 땅에 묻혀 죽을 때 커다란 나무가 되어 풍성한 열매가 맺힙니다.

예수님의 십자가 희생으로 온 인류가 구원을 받았고, 그 제자들이 목숨을 아끼지 않고 세계로 퍼져나가 구원이 전해졌습니다.

미국에서의 성공이 보장된 아펜젤러(Henry Gerhard Appenzeller)는 모든 것을 포기한 채 복음을 들고 한국을 찾았습니다. 그리고 순교함으로 이 땅에 풍성한 복음의 열매가 맺히도록 했습니다.

죽음은 끝이 아닌 새로운 시작입니다.

예수님의 삶을 통해 이 사실을 분명히 목도한 제자들은 자신의 목숨을 아끼지 않고 복음을 위해 바쳤습니다.

5만 번의 기도 응답으로 알려진 고아들의 아버지 조지 뮬러(George Muller)는 다음과 같이 말했습니다.

"우리의 힘으로 할 수 있는 영역에서 하나님은 역사하지 않으십니다.

믿음의 능력은 사람의 능력이 끝나는 곳에서 시작됩니다."

우리의 힘이 끝나는 곳에서 하나님의 역사가 시작됩니다.

오늘 하루가 허무하게 간다 해도, 올 한 해가 만족스럽지 못하다 해도 낙심하지 않고 다시 주님께 모든 것을 맡기며 새롭게 시작해야 합니다.

하나님이 부르실 때까지 우리의 믿음의 여정은 결코 끝난 것이 아닙니다. 다시 한번 새로운 비전의 길로 우리를 인도하실 주님을 믿고 의지하십시오. 아멘!!!

🤍 주님, 지난 잘못을 자백하고 새롭게 다가올 기회를 놓치지 않게 하소서.
🎀 올 한 해의 수고로움은 벗고 새로운 한 해를 기쁨으로 맞이합시다.

나의 영적 일지

우리의 슬로건

읽을 말씀 : 마태복음 28:11-20

● 마 28:19 그러므로 너희는 가서 모든 족속으로 제자를 삼아 아버지와 아들과 성령의 이름으로 세례를 주고

슬로건은 대중이나 집단의 주장을 간단히 집약시킨 표현으로 기업의 특징을 나타내는데, 몇몇 기업의 슬로건입니다.

1. 코카콜라 – "인생을 맛나게"(Life tastes good)

2. 제너럴 일렉트릭 – "우린 인생의 좋은 것들을 드립니다" (We bring good things to life)

3. 노키아 – "사람들을 연결하라"(Connecting people)

4. 맥도날드 – "당신의 미소가 너무 좋습니다"(We love to see you smile)

5. HP – "발명하라"(Invent)

6. 메릴 린치 증권 – "메릴에게 물어보세요"(Ask Merrill)

7. 코닥 – "순간을 나누세요. 인생을 나누세요"(Share moments. Share life)

그리스도인은 예수님이 승천하시면서 남기신 마지막 지상 명령을 슬로건으로 삼아야 합니다.

우리의 삶의 나침반은 세상이 아닌 천성을 향해 있습니다.

끝 날까지 함께 하시겠다고 말씀하신 예수님의 능력을 힘입어 끝까지 가서 복음을 전하라는 주님의 명령에 순종하십시오.

복음을 전하고, 가르쳐 제자 삼는 것이 모든 그리스도인이 가져야 할 인생의 슬로건입니다.

빛 되신 진리를 보여주시고, 가르쳐주시고, 전하라 하신 주님의 말씀을 따라 복음을 전하고, 교회로 인도하고, 가르쳐 제자를 삼으십시오. 아멘!!!

🤍 주님, 복음을 전하고, 교회로 인도하고, 가르치는 제자가 되게 하소서.

🖼 복음을 전하고, 교회로 인도하고, 가르쳐 제자 삼을 사람을 찾아봅시다.

나의 영적 일지

믿음에 발을 담그라

읽을 말씀 : 여호수아 3:9–17

● 수 3:15,16 궤를 멘 자들이 요단에 이르며 궤를 멘 제사장들의 발이 물가에 잠기자 곧 위에서부터 흘러 내리던 물이 그쳐서 심히 멀리 사르단에 가까운 아담 읍 변방에 일어나 쌓이고 아라바의 바다 염해로 향하여 흘러가는 물은 온전히 끊어지매 백성이 여리고 앞으로 바로 건널째

남편이 급작스럽게 뇌졸중에 걸린 성도가 있었습니다.

며칠 전부터 상태가 이상해 병원을 찾았고 별일 아니니 며칠 쉬라는 진단을 받았는데 그사이 몸을 제대로 가누지도 못할 정도로 상태가 급격히 악화됐습니다. 큰 병원을 찾아가자 의사는 상태가 워낙 안 좋아 수술이 성공적으로 끝나도 실명 가능성이 거의 확실하다고 말했습니다. 그야말로 하늘이 무너질 것 같았습니다.

병원에 가지 않았던 것도 아니고, 남편과 함께 신앙생활을 소홀히 한 것도 아니었는데…. 하나님이 왜 이런 시련을 주시는지 이해할 수 없었습니다. 그러나 그런 상황에서도 더욱 하나님을 의지할 수밖에 없었습니다. 매일 큐티를 할 때마다 하나님은 말씀을 통해 남편이 병에서 깨끗해질 것이라는 평안을 주셨습니다. 그러나 눈앞의 절망적인 상황에 도저히 그 말씀을 믿을 수가 없었습니다. 남편이 수술실에 들어가기 전날 성도는 눈물을 흘리며 주님께 고백했습니다.

"주님, 믿음이 연약하여 평안 가운데 거하기가 어렵습니다.

그러나 요단강을 건너는 이스라엘 제사장처럼 이제 저도 용기를 내어 발을 내딛겠습니다. 믿음에 발을 담그겠습니다."

주님이 주시는 믿음대로 수술 후 남편은 건강을 되찾았고 시력도 이상이 없었습니다. 인생 최대의 위기였던 이 일을 성도 부부는 전도용 간증으로 귀하게 사용하고 있습니다. 지금 이해가 안될지라도 철저히 주님을 믿고 의뢰하면 주님이 책임져 주심을 믿으십시오. 아멘!!!

♡ 주님, 용기 내어 믿음에 발을 담그는 성도가 되게 하소서.
🌁 인생 최대의 위기가 찾아오더라도 오직 주님의 이름으로 승리합시다.

나의 영적 일지

오직 한 길, 복음

읽을 말씀 : 마가복음 16:14-18

● 막 16:15 또 가라사대 너희는 온 천하에 다니며 만민에게 복음을 전파하라

『'송아지, 송아지 얼룩송아지', '미루나무 꼭대기에 조각구름이 걸려있네'와 같은 동요의 노랫말을 쓴 사람은 청록파를 대표하는 박목월 시인입니다.

1971년 12월 23일 극동방송 개국 15주년을 맞아 박목월 시인이 하나님께 올려드린 시가 있는데, 함께 나누겠습니다.

「메마른 인간의 심령에

새로운 부활과 힘과 위안과 꿈을 베푸는

찬란한 새벽의 햇살의 음파여

내일의 한결 충실한 새벽을 위하여

오늘을 준비하고

내일의 한결 보람된 결실을 위하여

오늘의 프로가 마련되고 끝내 조국 통일과

인류의 자유의 평화와 구원을 불러올

승리와 축복이 예비 된 극동방송」

극동방송의 사명은 복음의 소리를 쉼 없이 전하는 것입니다.

사도 바울도, 세례(침례) 요한도 하나님의 음성을 듣고 인생이 바뀌었습니다. 저 역시 요한복음 3장 16절의 말씀을 듣고서 세계를 순회하며 복음을 전파하는 전도자의 삶을 살게 됐습니다. 우리가 쉬지 않고 전하며 하나님의 말씀을 만방에 계속 전할 때, 오늘도 누군가 하나님의 말씀을 듣고 주님께로 돌아올 것입니다.』 -「김장환 목사의 인생 메모」 중에서

오직 복음! 오직 전파!에 최선을 다하는 그리스도인이 되십시오. 아멘!!!

♡ 주님, 누구에게나 복음의 비밀을 더욱 담대히 전하게 하소서.

🔯 극동방송을 들으며 신앙을 지키고 있는 북한 땅의 지하 교인들을 돌아봅시다.

나의 영적 일지

동등한 자녀로 대하라

읽을 말씀 : 히브리서 10:19-25

● 히 10:24 서로 돌아보아 사랑과 선행을 격려하며

즐거운 성탄절을 준비하기 위해 아버지와 함께 백화점을 방문한 어린 소년이 있었습니다. 필요한 물건을 모두 사고 집으로 돌아가던 소년에게 남루한 걸인이 손을 내밀며 도움을 요청했습니다.

냄새나고 초라한 걸인을 보는 순간 어린 소년은 지금껏 느꼈던 행복이 방해받는 기분이었습니다. 드러날 정도로 기분 나쁜 표정을 지으며 빠르게 지나치려는 소년을 아버지가 붙잡으며 야단을 쳤습니다.

"사람을 그렇게 대해서는 절대로 안 된단다. 알겠니?
저 사람도 똑같은 하나님의 자녀야."

아버지는 주머니에서 지폐를 꺼내 "예수님의 이름으로 이 돈을 드립니다"라는 인사와 함께 걸인에게 건넸습니다.

걸인도 환한 미소를 지으며 감사의 인사를 돌려주었습니다.

"예수님의 이름으로 저도 감사를 드립니다. 선생님."

걸인의 환한 미소를 본 소년은 이루 말할 수 없는 행복을 느꼈습니다.

모든 사람이 하나님이 창조하신 소중한 존재라는 것을 깨달은 소년은 60년간 목사로, 동기부여 연설가로 살아가며 수많은 사람들에게 희망을 준 노만 빈센트 필(Norman Vincent Peale) 박사입니다.

세상의 힘들고 어려운 사람들, 빛을 찾지 못한 사람들, 이들을 위해 주님이 오셨고, 이들에게 가라고 주님께서 우리를 만나주셨습니다.

사랑으로 다가가며 다른 이들에게 행복을 전하는 크리스천이 되십시오.
아멘!!!

🖤 주님, 어려운 이웃에게 다가가며 행복을 전하는 성도가 되게 하소서.
🖼 나를 사랑하시는 주님과 받은 은혜를 생각하며 이웃을 사랑합시다.

나의 영적 일지

다시 주신 생명

읽을 말씀 : 누가복음 2:8-14

●눅 2:11 오늘날 다윗의 동네에 너희를 위하여 구주가 나셨으니 곧 그리스도 주시니라

역사상 가장 위대한 영화 중 하나로 평가받는 프랭크 카프라(Frank Capra) 감독의 「멋진 인생」(It's A Wonderful Life)의 줄거리입니다.

크리스마스를 앞두고 자살을 결심한 남자가 있었습니다.

전쟁의 포화와 경제 대공황 속에서도 최선을 다해 살아보려 발버둥 쳤지만 인생은 점점 암울했습니다. 자신뿐 아니라 사랑하는 아내와 가족들도 더 힘들어지는 것 같았습니다. 살아봤자 고통만 커질 뿐이라는 생각을 한 이 남자는 투신을 하러 높은 다리 위에 올랐습니다.

다리 위에는 남자를 기다리던 클레멘스라는 천사가 있었습니다.

가족들은 남자의 힘든 심경을 알고 그를 위해 간절히 기도했는데 이 기도에 하나님이 응답하시고 자살을 막기 위해 미리 천사를 보내주신 것입니다.

천사는 남자가 세상에 태어나지 않았다면 더 심각했을 가족들의 상황을 파노라마처럼 보여주었습니다.

남자는 자신이 존재함으로써 많은 사람들이 행복해졌음을 깨닫고 자살의 결심을 뒤로 한 채 가족들의 품으로 돌아갔습니다.

하나님이 주신 인생의 소중함을 깨달은 남자의 삶은 곧 모든 문제가 해결되고 행복하게 펼쳐졌습니다.

우리를 창조하신 주님이 우리를 구원하시기 위해 독생자까지 보내주셨습니다. 다시 주신 생명인 예수 그리스도가 우리를 위해 오셨습니다. 그 큰 사랑을 깊이 묵상하고 이 기쁜 소식을 널리 전하며 성탄의 기쁨을 나누십시오. 아멘!!!

💗 주님, 주님 탄생의 기쁜 소식을 보다 많은 사람들에게 전하게 하소서.

🖼 성탄의 기쁨을 가족, 친구, 동료 등 보다 많은 사람들과 나눕시다.

나의 영적 일지

시간 활용법

읽을 말씀 : 시편 119:163-172

● 시 119:165 주의 법을 사랑하는 자에게는 큰 평안이 있으니 저희에게 장애물이 없으리이다

　미국의 저명한 내과 의사인 래리 도시(*Larry Dossey*) 박사는 현대인의 10명 중 8명이 '시간병'(*Time-Sickness*) 증상을 앓고 있다고 말했습니다.

　시간병이란 종일 무언가에 쫓긴다고 느끼며 무슨 일을 하든 시간이 부족하다고 생각하는 증상입니다.

　시간병에 걸린 사람들은 걱정하고 불안에 떠느라 실제 일을 하는 것보다 더 많은 시간을 허비합니다.

　다음은 도시 박사가 말한 「시간병을 완화하는 세 가지 방법」입니다.

● 첫째 / 시간에 따르는 계획이 아닌 인생의 목표를 세우십시오.

　많은 것을 성취하는 것보다 내가 원하는 중요한 목표를 성취하는 것이 더욱 중요합니다.

● 둘째 / 시간에 얽매이지 않고 활용하고자 노력하십시오.

　잘 짜인 플래너 없이도 시간을 지혜롭게 활용할 수 있습니다.

　때로는 시계 없이 다니거나 핸드폰을 자주 확인하지 마십시오.

● 셋째 / 서두르는 것도 중독입니다.

　일을 조금 천천히 해도 큰일 나지 않습니다.

　조바심을 버리고 때로는 일부러 돌아가는 지혜를 발휘하십시오.

　여유 시간을 준비하는 것도 지혜로운 시간 활용 방법입니다.

　신앙과 영성, 일의 균형을 잘 맞출 수 있도록 시간 활용을 할 수 있는 지혜를 달라고 기도하십시오. 아멘!!!

💗 주님, 시간의 소중함을 깨닫고 지혜롭게 활용하게 하소서.

🖼 신앙생활과 일상생활을 조화롭게 잘 맞추며 삽시다.

나의 영적 일지

믿어보니 다르더라

읽을 말씀 : 베드로전서 1:13-19

● 벧전 1:15 오직 너희를 부르신 거룩한 자처럼 너희도 모든 행실에 거룩한 자가 되라

교회는 다니지 않았지만 유독 크리스천 사이에 둘러싸여 살아가는 학생이 있었습니다. 어쩌다 만나는 사람들이 모두 크리스천이다 보니 교회에 나오라는 권유를 많이 받았습니다.

그러나 기독교에 대해 부정적인 생각을 가지고 있던 학생은 그 어떤 권유도 단칼에 거절했습니다.

어린 자기가 보기에 기독교는 세속화됐고, 성도들이 나쁜 짓을 더 많이 저지르는 것 같았습니다. 매스컴을 통해 대두되는 문제들도 한두 가지가 아니었습니다. 차라리 다른 종교를 믿으면 믿었지 기독교는 믿지 않으리라 다짐을 했습니다.

미국에 있는 대학교에 진학한 학생은 유학 생활에 적응하기 위해 어쩔 수 없이 교회를 다녔습니다. 막상 다녀보니 그동안 알던 것과는 많은 것이 달랐습니다. 물심양면으로 자신을 사랑해 주고 보듬어주는 성도들의 사랑이 어찌나 큰지 남몰래 눈물을 흘릴 정도였습니다.

진정한 주님의 사랑을 보여준 성도들 때문에 굳건히 닫힌 학생의 마음은 첫 예배 때 완전히 무너졌습니다. 상상한 교회와 완전히 다른 교회를 체험한 학생은 유학 생활 내내 주님의 사랑을 경험하며 단 한 번도 예배를 빠지지 않고 주님을 사모하는 그리스도인으로 변화되었습니다.

왜곡된 교회와 교인들에 대한 모습을 바로잡기 위해 가장 필요한 것은 직접 경험하는 일입니다. 하나님의 사랑과 하나님이 주시는 평안이 가득한 교회, 평안이 가득한 성도의 모습이 어떤 것인지 믿지 않는 사람들에게 보여주십시오. 아멘!!!!

🤍 주님, 제가 경험한 주님의 사랑을 각계각층의 이웃도 알게 하소서.

🧑‍🤝‍🧑 기독교에 대해 부정적인 생각을 가진 이웃을 찾아 잘 보살핍시다.

나의 영적 일지

더 높은 가치를 찾아서

읽을 말씀 : 디모데후서 4:1-8

● 딤후 4:8 이제 후로는 나를 위하여 의의 면류관이 예비되었으므로 주 곧 의로우신 재판장이 그 날에 내게 주실 것이니 내게만 아니라 주의 나타나심을 사모하는 모든 자에게니라

　　세계적으로 공신력이 있는 과학 저널 「네이처 인간 행동」(Nature Human Behavior)에 「돈과 인간의 행복 관계에 대한 연구」가 실렸습니다.

　　164개국 약 170만 명을 대상으로 진행된 조사이기 때문에 거의 모든 사람에게 적용된다고 볼 수 있는 매우 신뢰도 높은 연구였습니다.

　　이 연구에 따르면 우리나라 돈으로 연봉이 약 1억 원이 될 때까지는 삶의 행복도가 정비례했습니다.

　　그런데 1억 원이 넘어가는 순간부터는 연봉이 늘어도 삶의 행복도는 급격하게 떨어졌습니다.

　　많은 돈을 벌수록 '얼마나 버는가?'가 아닌 '어떻게 사용하는가?'가 삶을 더 행복하게 만들었습니다.

　　그 이유는 크게 세 가지가 있었습니다.

　　● 첫째 / 재산이 많아질수록 관리하기 위해 더 큰 노력이 필요하다.

　　● 둘째 / 재산이 많아질수록 인간관계에 문제가 생길 여지가 크다.

　　● 셋째 / 재산이 많아질수록 삶에 투자하는 시간이 부족해진다.

　　돈은 세상을 살아가기 위해 반드시 필요한 요소입니다.

　　또한, 하나님이 주시는 복 중에는 재물의 복도 분명히 존재합니다. 그러나 많은 재물의 복을 구하는 것보다 하나님이 주신 복을 올바로 흘려보내는 지혜가 더욱 중요합니다.

　　세상의 일차원적인 가치를 추구하지 말고, 하나님이 가르쳐주신 더 높은 가치를 추구하는 수준 높은 가치관을 가지십시오. 아멘!!!

💗 주님, 돈에 현혹되지 않고 올바른 가치관을 갖고 살게 하소서.

🧎 세상의 재물보다 주님의 가르침을 더 중요하게 여기며 삽시다.

나의 영적 일지

12월 29일

하나님이 나를 이처럼

읽을 말씀 : 요한복음 3:12-21

● 요 3:16 하나님이 세상을 이처럼 사랑하사 독생자를 주셨으니 이는 저를 믿는 자마다 멸망치 않고 영생을 얻게 하려 하심이니라

수원에서 40년 넘게 신앙생활을 잘하신 권사님이 계셨습니다.

권사님은 큰 병에 걸려 병원에 입원을 했는데 예후가 좋지 않아 머지않아 세상을 떠날지도 모르는 상태였습니다. 병문안을 온 목사님이 권사님에게 그래도 천국 소망이 있지 않냐며 위로의 말씀을 전했습니다.

그런데 권사님이 뜻밖의 심정을 고백했습니다.

"목사님, 평생 동안 죽으면 천국 간다고 믿고 살았는데

정말 죽을 수도 있다고 생각하니 너무나 두렵고 무서워요."

목사님은 혼자 잠시 기도를 하더니 요한복음 3장 16절을 펼쳤습니다.

그리고 권사님과 함께 봉독한 후 말을 이었습니다.

"권사님, 이제는 '하나님이 세상을 이처럼 사랑하사' 부분을

'하나님이 나를 이처럼 사랑하사'라고 바꿔서 틈나는 대로 묵상해 보세요."

권사님은 목사님의 말대로 틈이 날 때마다 말씀을 묵상했습니다.

말씀을 반복해서 외우며 묵상할수록 하나님이 정말로 나를 위해 세상에 가장 귀한 독생자를 보내주셨다는 사실이 믿어졌습니다.

권사님은 며칠 후 죽음의 두려움에서 완전히 벗어나 영생의 기쁨을 누리며 살았고, 병도 호전되어 퇴원까지 하게 됐습니다.

성경에 나온 그 사랑과 축복은 다른 누군가가 아닌 바로 우리, 바로 나를 위한 하나님의 말씀입니다.

나를 위한 하나님의 사랑과 큰 복을 믿음으로 향유하는 그리스도인이 되십시오. 아멘!!!

🩶 주님, 죽음의 두려움을 벗고 영원한 생명의 기쁨을 입게 하소서.

🧎 힘든 고난 속에서도 나를 죽기까지 사랑하시는 주님을 믿읍시다.

나의 영적 일지

하나님이 주신 자리

12월 30일

읽을 말씀 : 마태복음 6:25-34

● 마 6:33 너희는 먼저 그의 나라와 그의 의를 구하라 그리하면 이 모든 것을 너희에게 더하시리라

　미국의 타임지가 선정한 '역대 최고의 *TV*쇼'의 주인공이자 미국에서 가장 신뢰받는 언론인인 월터 크롱카이트(*Walter Cronkite*)는 *TV* 프로그램의 역사를 수차례나 다시 쓴 사람입니다.

　'*TV* 저널리즘'이라는 장르를 개척한 사람이며 지금은 대명사가 된 '앵커'라는 말을 최초로 사용한 '앵커맨'이기도 합니다.

　30년 넘게 단 한 번의 위기도 없이 승승장구하던 크롱카이트에게 어떤 사람이 성공 비결을 물었습니다.

　그러자 크롱카이트는 한 마디로 대답했습니다.

　"내가 방송을 위해 일하는 것이 아닙니다. 방송이 나를 위해 존재합니다."

　자기가 선택한 일이며, 자기가 선택한 자리이기 때문에 최선을 다한다는 자신감과 사명감이 느껴지는 대답입니다.

　버클리 대학의 심리학자 아서 젠센(*Arthur Jensen*) 교수는 「유대인의 성공 비결」에 대해 철저한 신앙교육을 꼽았습니다. 요약하면 다음과 같습니다.

　● 첫째, 인생의 가장 중요한 순위를 하나님으로 놓도록 가르친다.

　● 둘째, 유대인은 그 하나님에게 선택받은 민족이라고 가르친다.

　● 셋째, 하나님의 도우심을 받아 귀한 도구로 쓰임 받아야 한다고 가르친다.

　하나님을 우선으로 놓고, 하나님의 능력을 구하는 삶의 방식은 우리도 본받아야 합니다.

　우리의 삶에는 단 하나도 우연이 없습니다. 지금 있는 자리와 지금 하는 일에도 하나님의 위대한 계획이 있다는 기대감을 갖고 살아가십시오. 아멘!!!

♡ 주님, 주님을 우선으로 놓고, 주님의 능력을 구하며 살게 하소서.
▨ 세상 모든 일에 하나님의 위대한 계획이 있음을 생각합시다.

나의 영적 일지

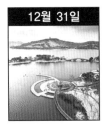

12월 31일

매일매일 감사 기도

읽을 말씀 : 시편 57:1-11

● 시 57:9 주여 내가 만민 중에서 주께 감사하오며 열방 중에서 주를 찬송하리이다

한 해를 은혜로 잘 지켜주신 주님께 감사와 찬송 드립니다.

하루도 감사 기도를 빼먹지 않았다고 알려진 대 전도인인 찰스 스펄전(Charles Haddon Spurgeon)의 「감사 십계명」입니다.

01. 하나님에 대한 생각으로 감사하라./ 은혜를 생각할 때 모두 감사가 된다.

02. 사소하고 작은 것부터 감사하라./ 작은 것에 감사하면 큰 감사가 찾아온다.

03. 하나님의 귀한 창조물인 자기 자신에게 감사하라./ 귀한 가치를 알게 된다.

04. 일상을 감사하라./ 감사의 시선이 있는 사람이 감사한다.

05. 문제에도 감사하라./ 감사할 때 하나님이 해결책을 주신다.

06. 더불어 감사하라./ 감사의 재목도 장작과 같아 쌓을수록 잘 탄다.

07. 그럼에도 불구하고 감사하라./ 결과를 통해 감사하지 마라.

08. 잠들기 전에 감사하라./ 걱정과 불평을 껴안고 하루를 마무리하지 마라.

09. 감사가 감사로 돌아올 걸 믿으라./ 감사에는 능력이 있다.

10. 모든 것에 감사하라./ 하나님이 주신 나의 삶에 감사가 아닌 것은 없다.

믿는 자에게 구원을 주시듯 하나님은 감사하는 자에게 큰 복을 주십니다.

우리는 하나님께 충분한 감사를 드리고 있습니까?

내가 감사하고 있는 내용이 무엇인지 먼저 살펴보십시오. 그리고 내년에도 매일 그 감사를 잊지 않고 하나님께 표현할 방법을 생각해 보십시오. 감사는 특별한 날의 이벤트가 아니라 매일 드려지는 일상의 예배가 되어야 합니다.

금년 하나님이 주신 모든 것에 감사하며, 내년 감사의 열매를 풍성히 맺도록 일상에서 씨앗을 심으십시오. 아멘!!!

💗 주님, 한 해를 은혜로 지켜주심을 감사하며 내년 감사의 큰 열매를 맺게 하소서.

📖 은혜로 올해를 지켜주신 주님께 감사하며 내년 큰 열매를 위해 기도합시다.

나의 영적 일지

암담한 어려움 중에 있는 분들에게
용기와 소망과 위로를 주는
김장환 목사의 기적 인생 이야기

김장환 목사(극동방송 이사장)와 결혼해
60여 년 동안 한국인으로 사는
트루디 사모의 감동 인생 이야기

망망한 바다 한가운데서 배 한 척이 침몰하게 되었습니다.
모두들 구명보트에 옮겨 탔지만 한 사람이 보이지 않았습니다.
절박한 표정으로 안절부절 못하던 성난 무리 앞에 급히 달려 나온 그 선원이
꼭 쥐고 있던 손바닥을 펴 보이며 말했습니다.
"모두들 나침반을 잊고 나왔기에… "
분명, 나침반이 없었다면 그들은 끝없이 바다 위를 표류할 수 밖에 없을 것입니다.

우리는 삶의 바다를 항해하는 모든 이들을 위하여
그 나침반의 역할을 하고 싶습니다.
우리를 구원하신 위대한 주 예수 그리스도를 널리 전하고 싶습니다.

"하나님은 모든 사람이 구원을 받으며
진리를 아는 데에 이르기를 원하시느니라"
(디모데전서 2장 4절)

하나님을 가까이 하라!
김장환 목사와 함께 / 경건생활 365일

발행처 | 나침반출판사
편집인 | 편집팀
발행인 | 김용호

발행일 | 2023년

등   록 | 1980년 3월 18일 / 제 2-32호
주   소 | 07547 서울 강서구 양천로 583
            우림블루나인 비즈니스센터 B동 1607호
전   화 | 본   사(02)2279-6321
            영업부(031)932-3205
팩   스 | 본   사(02)2275-6003
            영업부(031)932-3207

홈페이지 | www.nabook.net
이 메 일 | nabook24@naver.com
일러스트 제공 | 게티이미지뱅크/iStock
                 아이클릭아트
흑백사진 일부 | 유수영 사진작가

ISBN   978-89-318-1642-6
책번호 마-1068

※이 책은 김장환 목사님의 설교 자료와
   여러 자료를 정리해 만들었습니다.

값은 뒤표지에 있습니다.